コミュニティ音楽療法への招待

Invitation to Community Music Therapy

ブリュンユルフ・スティーゲ　レイフ・エドヴァルド・オーロ 著
Brynjulf Stige　Leif Edvard Aarø

杉田政夫 監訳　伊藤孝子　青木真理　谷 雅泰　菅田文子 訳

風間書房

Invitation to Community Music Therapy
by Brynjulf Stige and Leif Edvard Aarø

Authorized translation from English language edition published by
Routledge, an imprint of Taylor & Francis Group LLC.
through Japan UNI Agency, Inc., Tokyo

eリソースについてはウェブサイト、www.routledge.com/9780415805544 を参照のこと

日本語版への序文

聴かれざる複数の声に耳を傾け、社会変革を引き起こす

ブリュンユルフ・スティーゲ

訳書『コミュニティ音楽療法への招待』の序文の執筆依頼を受け、光栄に思う。とはいえ書き始めてみると、多少の不安を覚えるのも事実である。私が日本における今日のコミュニティ（及び音楽療法）について、何を知っているというのであろうか。日本には何人かのとても親しい友人や研究仲間がいるとはいえ、当然ながら私の理解は限定的である。がしかし、深い理解に至っていないからといって、何らかの思索を表明するのをやめるべきではなかろう。コミュニティ音楽療法（CoMT）に関する国際的な言説は、コミュニティについての多様な背景や理念を持つ論者同士の会話である。おそらくは、これがまさに著書の翻訳とは何たるかの全てであり、異なった視野を持つ人々をある種の対話へと呼び集めことになるのである。

井上勢津（2007）は、音楽療法士が日本のコミュニティ概念を国際的に学習するための可能性を、『ヴォイセス：音楽療法のための世界フォーラム』における論文で提供している。日本文化においては、考慮すべき微妙なニュアンスや複雑さがあることは明らかである。最近では木村と西本（2017）が、ノルウェーと日本における高齢者のためのコミュニティ音楽療法実践を比較し、相違と類似性を明らかにした研究を公表している。論者らは、個人主義的、集団主義的な文化的要素に由来すると思われる差異を強調する。たとえ全ての社会における個人主義的、集団主義的な

文化的要素の型が複雑、流動的、多面的であろうとも、論者らの次の結論に対し異を唱えるのは難しかろう。「コミュニティ音楽療法が文化如何にかかわらず高齢者の社会的関わりに重要な役割を果たすとしても、文化的差異は注意深く考慮すべきであるという結論に至った」。

それでは、文化的差異を考慮するとは、厳密には何を意味しているのであろうか。重要な出発点の一つは、文化とは与えられるものである、という考えを避けることである。国による違いは確かにあっても、ある意味では日本文化にもノルウェー文化にもそういったものなどない。文化とは、人々が共に時間を過ごす中で生じるものなのである(Stige, 2002/2008)。そのようなプロセスには、いくつかの安定した、あるいは流動的な構成要素が含まれる。コミュニティ音楽療法実践を発展させるには、アクティブな参加者の創造的な貢献、そして時に状況や実践全てを変容させるかもしれない貢献をしっかりと考慮に入れる必要がある。

その点では、コミュニティ音楽療法は状況的実践としての人文主義（ヒューマニズム）である（Ansdell & Stige, 2018)。それは、コンテクストや関係性を欠いた、固有の「内なる声」を持つ個人としての人間に関する仰々しい（hi-falutin）西洋的理念としての人文主義ではない。そうではなくコミュニティ音楽療法とは、人々を協働の祝福、狭隘な個人主義や「内在主義（internalism)」の批評へと共に向かわせるものである。

コミュニティは、文化的境界線を超える可能性を秘めた人間性の共有によって育まれる。ここで私が最初に日本を訪れた時の思い出を紹介したい。京都の美しい古木を堪能した後、極めてせわしない東京の駅に戻ってきた時のことである。人口の少ない国からやってきた私は、大勢で込み合った駅の熱気を帯びた喧噪には不慣れである。おそるおそる出口を探していると、私はなんと、かなりの額のお金をポケットから落としてしまったのである。最初は気付かなかったが、突然、誰かが大声を発しているのが耳に入った。振り返ると、私の方に何とか近づこうとしている人がいた。彼が私に何と言っているのかは分かるべくもなかったが、彼が私に何か、そう、私が失くしたお金を渡そうとしているのを悟った。この束の間の瞬間をとても良く覚えている。世界には正直な人々がいることは素晴らしく、それは驚くことでもない。しかしながら、誠実さを不自由で、単なる美徳ではないものにさせてしまう群衆が込み合った状況下において、その男性がなしたケアは確かに私の心を打ったのであった。

とはいえ、誠実さのないコミュニティなどない、敬意や信頼、結束のないコミュニティなどないといった価値に関する洞察によって、コミュニティとは常に何か良いものであるという無邪気な仮定を抱くべきではない。それは、抑圧的でも窮屈でもあり得る。音楽療法と障害に関する論文において三宅（2014）は、コミュニティ音楽療法が、「個人とその病理に働きかける」という支配的理念と結び付いた伝統的な階層的権力関係に挑戦し得るものであると論じる。彼女はこの主張を、次のように条件づける。

しかし、音楽療法の分野をより社会へと開いていくためには、コミュニティ音楽療法が、単に音楽活動を臨床的な設定から、コミュニティの設定へ移そうと試みるだけでは不十分である。なぜなら、単に障害のある人の社会参加を促進するだけでは、健常／障害、健康／病、正常／異常、マジョリティ／マイノリティといった、人々を分け隔てる二項対立的な境界線は変わらないからだ。これらの境界は、固定的実体として社会のどこかに存在するのではない。そうではなくて、私たちの内に価値観として内在化されていると同時に、たとえばクライエントとセラピストのような、人々の相互関係を通して遂行（パフォーム）される。〔訳注：三宅博子「障害のある人の表現に関する生政治的視点：音楽療法の事例から」『ヴォイセス：音楽療法のための世界フォーラム』２０１４年（https://voices.no/index.php/voices/article/view/2224/1979）を参照〕。

本書の読者は、同様な批判的視座が、コミュニティ音楽療法の文献にあっては中心的であることを見いだすに違いない。聴かれざる複数の声に耳を傾け、社会変革を引き起こす—社会正義のために—という試みは、コミュニティ音楽療法とは何たるかを定義するものの一部である。いつ、いかにしてそういった価値や意志が実践に移されるかは、ローカルな状況に依拠する。このことは、コミュニティ音楽療法についての対話や論争を、地域はもとより各国でも国際的にも展開する必要性を示唆する。

明らかにこれは、テクストを多様な言語へと翻訳することの価値について言及している。杉田政夫と翻訳チームを祝福したい。そして、この翻訳が恒常的な対話と議論を触発してくれることを願っている。

〈参考文献〉

Ansdell, G. & Stige, B. (2018). Can Music Therapy Still be Humanist? *Music Therapy Perspectives.* 36(2), pp. 175-182. https://doi.org/10.1093/mtp/miy018

Inoue, S. (2007). A Study of Japanese Concepts of Community. *Voices: A World Forum for Music Therapy,* 7(2). https://doi.org/10.15845/voices.v7i2.491

Kimura, H., & Nishimoto, Y. (2017). Choirs in Two Countries — A Study of Community Music Therapy for the Older Adults in Norway and Japan. *Voices: A World Forum for Music Therapy,* 17(1). https://doi.org/10.15845/voices.v17i1.860

Miyake, H. (2014). Bio-political Perspectives on the Expression of People with Disabilities in Music Therapy: Case Examples. *Voices: A World Forum for Music Therapy, 14*(3). https://doi.org/10.15845/voices.v14i3.800

Stige, B. (2002). *Culture-Centered Music Therapy.* Gilsum, NH: Barcelona Publishers.（ブリュンユルフ・スティーゲ著、阪上正巳監訳、井上勢津・岡崎加奈・馬場存・山下晃弘共訳『文化中心音楽療法』音楽之友社、二〇〇八年）

目次

日本語版への序文……i
序　論……xvii
謝　辞……xxiii
第一部　イントロダクション……1
第一章　概要……3
聴かれざる複数の声に耳を傾ける……3
今日的実践のコンテクスト……6
コラム１・１　ケープタウン大都市圏における「音楽療法コミュニティ・クリニック」……6
コラム１・２　リオデジャネイロにおける「アートを通した経路の探索」……9
コラム１・３　ベルゲンの「収監と釈放の音楽」……11
コラム１・４　癌、暗闇、恐れとの対峙：ニューヨークにおける音楽療法からコミュニティへ……13
コラム１・５　誰もが参加し音楽を共有できる場：神戸における音遊びプロジェクト……16
コラム１・６　オーストラリア北部における「アートストーリーズ」と学際的な実践……18

コミュニティ音楽療法を定義する……19
コミュニティ音楽療法を認識する……24
参加型とリソース志向の特性……30
生態学的、パフォーマンス的な特性……32
活動家の、省察的な、倫理推進的な特性……34
慣例的な音楽療法との連続性と対照性……36
結論……40
キーターム、議論のトピックス、註……42
第二章　歴史……47
音楽と健康に関する伝統的な共同的実践……47
音楽療法の文献におけるコミュニティと関連した初期の理念……50
コラム2・1　フローレンス・タイソン：コミュニティ音楽療法センター……52
音楽療法理論におけるシステム全体的、社会文化的な展開……55
コラム2・2　キャロライン・ケニー：神話とフィールド、儀礼と責務……56
コラム2・3 エヴェン・ルード：社会領域における／としての音楽療法……58
コラム2・4　クリストーフ・シュヴァーベ：社会的音楽療法……60
音楽療法のアジェンダの拡張……60
コラム2・5　ブリュンユルフ・スティーゲ：文化的積極関与、または：たとえわずかであってもいかにして

世界を変えるか……62
コラム2・6　エディス・ボクシル：平和のための音楽療法……66
関心の更新と新たなイニシアチブ……67
国際的なフィールドの出現……70
コラム2・7　ゲイリー・アンスデル：コミュニティ音楽療法と変化の風……71
コラム2・8　メルセデス・パヴリチェヴィック：時と場所を考慮した専門職的実践の再構築……74
ルーツ、支流、類縁……75
結論……80
キーターム、議論のトピックス、註……82

第二部　基礎的概念……85

第三章　健康とウェルビーイング……87
病気のない状態としての健康……87
肯定的な健康とウェルビーイングの存在……90
コラム3・1　プロセスとパフォーマンスとしての健康……96
健康の関係的概念……98
コラム3・2　参加としての健康……100
健康の次元……101

メンタルヘルスの社会構成……104
コラム3・3　音楽療法において診断のラベルは必要か……108
健康における不公正と不平等……109
健康の不平等に関する解題……114
コラム3・4　音楽療法、多様性、そして貧困……116
ウェルビーイングと生活の客観的状況……118
結論……120
キーターム、議論のトピックス、註……122
第四章　コミュニティと社会的リソース……125
社会的コンテクストにおける人間の発達……125
コラム4・1　音楽療法中の共同的経験を回復すること……127
コミュニティ……129
コラム4・2　音楽コミュニティの探究……132
社会的ネットワーク……134
社会的サポート……138
社会的ストレス……142
コラム4・3「他者」としてのコミュニティ……145
社会関係資本……146

コラム4・4　メンタルヘルスのための社会・音楽関係資本の療法的再分配 151
社会的排除と周縁化 154
結論 160
キーターム、議論のトピックス、註 163
第五章　音楽、健康、コミュニティ 167
音楽にできること 167
音楽的なものと、準音楽的なもの 171
コラム5・1　我々の外側にあるものの中に我々自身を見いだす 173
音楽性、諸音楽、音楽家性 177
関係性のパフォーマンスとしてのミュージッキング 182
共同的ミュージッキングの統一性と多様性 184
コラム5・2　儀式、ジャズ、音楽療法におけるコムニタス 185
健康ミュージッキング 189
コラム5・3　グリーグ効果 191
儀礼としての相互行為 196
実践コミュニティ 199
結論 202
キーターム、議論のトピックス、註 204

第三部　実践……209
第六章　課題……211
個人的トラブルと社会的関心の間で……212
参加型の課題：インクルージョンと市民参加……214
コラム6・1　インクルージョン、友情、そしてコミュニティへの積極関与……216
リソース志向の課題：福祉と平等……217
コラム6・2　CREST：療法の可能性を実際化するための個人的、関係的なリソース……220
生態学的な課題：関係性と移行について……222
コラム6・3　歌の地理学……225
パフォーマンス的な課題：健康とアイデンティティ……226
コラム6・4　連携的実践における健康促進……229
活動家の課題：意識と社会変革……230
コラム6・5　音楽を通じて紛争を転換する……234
省察的課題：認識と批評……236
コラム6・6　コミュニティ福祉施設内におけるグループ音楽療法へのアクションリサーチ調査……239
倫理推進の課題：反応性と責任……241
コラム6・7　山火事ブラック・サタデーの後で……244

下から、外側へ、周囲に …… 245
結論 …… 248
キーターム、議論のトピックス、註 …… 251
第七章　価値 …… 253
実践における態度と価値 …… 253
人間のニーズと人権 …… 257
争われ、試されている価値 …… 262
自由 …… 266
コラム７・１　活動、社会空間、表現の自由 …… 270
平等 …… 272
コラム７・２　社会正義と平和のための助言 …… 275
敬意 …… 277
コラム７・３　「ミュージカル・マインズ」と相互の敬意 …… 280
結束 …… 282
コラム７・４　成長と健康のための結束及びその他の道 …… 285
対立する価値を扱うこと …… 286
結論 …… 289
キーターム、議論のトピックス、註 …… 290

第八章　プロセス……293
事前の考察……293
コミュニティ音楽療法の参加型プロセスのモデル……297
批判的意識の形成……301
コラム8・1　小さな聖人からのメッセージ……303
アフォーダンスの評価……306
コラム8・2　コミュニティ音楽療法マトリックス……308
団結と架橋……309
コラム8・3　音楽でつながる……312
困難への対応……314
コラム8・4　無作法な聴衆に直面した際のレジリエンス……318
評価と調整……320
コラム8・5　音楽療法はコミュニティに何を意味し得るのか……322
コミュニケーションと祝福……324
コラム8・6　誇り、才能、成果を回復する……328
コミュニティ音楽療法のプロセスにおける時間と場所に関する注釈……330
結論……333
キーターム、議論のトピックス、註……335

第四部　研究と専門職……339
第九章　研究の目的と実践……341
前提と目的……341
プロセスと成果……344
アクションリサーチ……347
コラム9・1　誰の声が聴かれているのか：行為の最中にあるアクションリサーチ……351
エスノグラフィー研究……353
コラム9・2　予期せぬ出来事のエスノグラフィー研究……357
調査研究……359
コラム9・3　歌うことによる生存？　文化的参加の利益に関する調査……363
実験的研究……365
コラム9・4　メンタルヘルスの問題を抱えるクライエントへのリソース志向音楽療法についてのRCT……369
実践的で多元的な研究を必要とする前提と目的……371
結論……375
キーターム、議論のトピックス、註……377
第十章　参加型実践の専門職化……381
専門職化のポリティクス……381

コラム10・1　ノルウェーの刑務所における音楽療法の専門職化……385
後期近代における専門職の情勢……387
専門職的アイデンティティと再帰的適用性……391
コラム10・2　活動における療法的経験と結束としてのアマチュアグループ歌唱……394
エートスと組織としての連携……396
養成とスーパーヴィジョン……403
コラム10・3　見定めるための連携としてのスーパーヴィジョン……406
専門職倫理規約と参加型の倫理……408
コラム10・4　オーストリアにおけるコミュニティ音楽家と音楽療法士の倫理的思考……413
結論と展望……415
キーターム、議論のトピックス、註……416

フォト・クレジット……421
訳者あとがき……425
参考文献……10
人名索引……1

凡　例

一、本書は、*Invitation to Community Music Therapy*（New York: Routledge, 2012）の全訳である。
一、原著におけるイタリックによる強調は、傍点で示した。
一、原著における太字による強調は、ゴチック体で表記した。
一、原著における“ ”は「 」で示した。
一、書名、及び雑誌名等は『 』、論文タイトルは「 」とした。
一、原著においてキャピタライズされている団体名、施設名、プロジェクト名等の固有名詞には、文脈に応じて「 」を付した。
一、楽曲名は《 》で示した。
一、訳者による注釈、補筆は〔訳注：〕の形で示した。
一、原著において印刷中、近刊と記されている文献は、その後出版された年を記載し、また巻末の参考文献表には掲載された雑誌名等を追記した。

序　論

音楽は、意味や帰属意識を創出するという往々にして心浮き立つ様態において、人々を結び付ける潜在力を有している。今日、広範囲な学問分野の研究者らが、肯定的な健康やコミュニティを発展させるリソースとして、音楽に関心を寄せていることは、驚くに値しない。コミュニティ音楽療法の系統は、この様相における顕著な一部をなしている。数十年前からの系統ではあるが、文献におけるドキュメンテーションは多岐にわたる。二〇〇〇年以降、国際的な関心や論争が急速に熱を帯び、研究に基づくいくつかの論文や著書が出版された。既存の知識を結集させ、学生のためにそれを論じ、文脈化する時機が来ている、というのが我々の見立てである。

『コミュニティ音楽療法への招待』は、ブリュンユルフ（Brynjulf）による二〇〇三年の博士論文が発端となって執筆されたものである。彼はコミュニティ音楽療法の実践、理論、研究にコミットする主唱者として尽力してきた。彼のホリスティック（包括的）な関与は、本教科書を執筆するプロセスにおけるリソースでもあり、困難でもあった。当該領域における彼の能動的役割は、情報や理解へのアクセスという面では有利に働いたものの、視座と提示のバランスに関しては潜在的な困難さを伴った。レイフ（Leif）に参加してもらうことで、内部者と外部者との間で実り豊かな対話が確立するよう努めてきた。

レイフは社会心理学者（二〇〇一年以来、コミュニティ心理学を教えている）であり、量的志向の研究者である。彼にとっては、本書に寄与し、音楽療法と関わることは、いわば魅力的な旅路であった。多くの点で音楽療法は、困難と志向性において臨床心理学と近似し得る。コミュニティ音楽療法はコミュニティ心理学や、レイフが関心を寄せるもう一つの研究領域である公衆衛生とも隣接する。彼は、音楽が医療やコミュニティ状況下において充分に利用、探究すべきリソースを代表しており、アカデミックな学問としてのコミュニティ音楽療法の現出は、さらなる発展や応用の促進に貢献するものと考えている。

本書の協働的な執筆は二〇〇四年に着手され、レイフがスタンフォード大学心理学部の研究員となった二〇〇六年に強力に推し進められた。集中的な執筆期間中、我々はカリフォルニアでミーティングを重ねた。執筆は、ノルウェーのＧＡＭＵＴ（グリーグアカデミー音楽療法研究センター）及びベルゲン大学での両者のつながりを介し、何年もかけて進展した。我々の研究と協働が、コミュニティ音楽療法領域へと学生が大きな一歩を踏み出す準備になると期待される教科書へと結実したことを嬉しく思っている。本書の各ページが明らかにしていく通り、現代社会はコミュニティ音楽療法の可能性を探究するよういざなっているのである。我々は、あなたがこの可能性について探索するよう招待したい。

目標

本書執筆にあたっての我々の願いとは、理論と研究、実践、専門職に焦点化したアクセス可能なテクストを創出することであり、以下の特色を出すよう企図した。

■グローバルなアウトリーチ　本書は二人のヨーロッパの学者によって著され、アメリカで出版されており、インプットはオーストラリア、アジア、アフリカ、南アメリカを含めた世界中の研究仲間からのものである。本書は国際的な努力を真に映し出しており、我々は世界中の読者が、コミュニティ音楽療法の未来に関する恒常的な熟議に積極関与するよう願っている。

■省察的な執筆スタイル　本書は通常の教科書よりも多くの論争や議論を扱っている。コミュニティ音楽療法が多面的で複雑であるため、この執筆スタイルを選択した。概念と実践の双方は、複数の視座より探究されている。

■教育的特徴　到達の可能性を高めるため、省察的な執筆スタイルは、章の問い、コラム、資料、キーターム、議論のトピックスといった教育的ツールによって補完されている。

■焦点化されたプレゼンテーション　我々は多様な理論的視点について可能な限り丁寧に提示するよう努めてきたが、教科書として有用、且つ興味深くするため、自身の主たる視点を明確にしておく必要があるとも考えている。我々は、コンテクストにおける人々の営為に焦点化しており、それには個人的行為主体と社会的構造の間の相互依存的関係の探究も含まれている。そういった理論的視座の例を、本書全体を通して提示する。

■読者／学生のインクルーシブで参加型の役割　我々の目標とは、既存の知識の要約のみならず、コミュニティ音楽療法の批評や発展に積極関与する未来の実践家、研究者を育てるための理論に基づいた言説の発展に寄与することである。

本書の使用法

招待とは刺激、挑発、誘惑として機能するかもしれない。我々は『コミュニティ音楽療法への招待』が行為と省察を要求するものとして読まれることを望んでいる。本書は、当該領域への異なる入り口を示す四つの部分に分けられる。第一部では、コミュニティ音楽療法の伝統を紹介し、その出現へと導いた歴史的発展について提示する。第二部では健康、コミュニティ、音楽といったコミュニティ音楽療法の基礎的概念を探究する。第三部では、課題、価値、プロセスに焦点化しつつ、コミュニティ音楽療法の実践的次元について考察する。第四部では、コミュニティ音楽療法の研究、及び音楽療法士の専門職的役割に関する章において、学問と専門職への示唆について検討する。

本書を構成する十の章は、教育的特徴を備えており、次の列記はそれらをいかに使用するかを一定示唆している。

■章の問い　これらの問いは、当該の章において議論される中心的トピックスの概要を提供するものである。それらは準備やオリエンテーション、及びこれらのトピックスについて理解する前の振り返りとして用いることができる。

■コラム　各コラムは、大抵はコミュニティ音楽療法の文献からの適切な事例を提示している。コラムは、テクストの別の場所で議論した一般的テーマを明確化する典型としてしばしば提示される。各コラムは、説明と事例を比較、考察し得るよう、周囲のテクストやコラムと関連づけながら読むことができる。

■資料　本書では、世界中の実践を撮影したかなりの数の写真、及び本文中の情報を明示する図表が示されている。本書では図表と比して写真は、具体的情報の明示ということを意図していない。つまり我々は、写真の使用による明確化を意図しておらず、例えばコラム内容と写真とを関連づけてはいない。本書における写真は、コミュニティ音楽療法を極めて豊かな経験とする美的、感情的、社会的な特性といった本質的次元についてコミュニケートするためにある、という意図が明快に伝わることを願っている。

■キーターム　各章末尾にキーターム一覧を載せている。これは、本書で用いられている基本的用語が理解できているかどうか確認するためのチェックリストとして用いることができる。これらキータームのより創造的な使用法も考えられる。例えば、新たな議論のトピックスの協働的作成のため、クラスで用いることができる。

■議論のトピックス　各章の終わりに、三つの議論のトピックスが提示されている。トピックスは本文の中心的議論や、提示された論議の含意にも言及している。議論のトピックスは、コミュニティ音楽療法の研究や個人的省察の基礎として用いることができるだけでなく、クラスやグループの環境下で取り組むこともできるようデザインされている。色々な意味で、学習とは社会的プロセスであり、コミュニティ音楽療法の研究においてもそれは同様である。

謝　辞

コミュニティ音楽療法は協働へといざなうし、本書で提示された理念の明確化へとつながるプロセスもまた、協働的である。数年にもわたる多くの研究仲間、友人、クライエント、プロジェクト参加者に最大限の謝意を表したい。あなた方なしには、本書の執筆はあり得なかったであろう。

誰一人として言い忘れないため、あえて名前を挙げないつもりであるが、数名の例外を設けざるを得ない。クライヴ・ロビンズ（Clive Robbins）、エヴェン・ルード（Even Ruud）、キャロライン・ケニー（Carolyn Kenny）、ケネス・ブルーシア（Kenneth Bruscia）は何十年にわたる友人であり、音楽療法の研究仲間である。彼らは我々の思考を刺激し続けてくれており、コミュニティ音楽療法の理念について、支援も挑戦もしてくれる。音楽社会学の関連領域では、ティア・デノーラ（Tia DeNora）のような学者は計り知れないほど重要である。クリスティ・マルテルード（Kirsti Malterud）もまた、日常生活における健康とリソースの質的研究に関する対話を触発してくれたことに言及しておきたい。

二〇〇四年に着手して以来の数年間、我々はゲーリー・アンスデル（Gary Ansdell）、コハヴィット・エレファント（Cochavit Elefant）、メルセデル・パヴリチェヴィック（Mercédès Pavlicevic）らの研究グループにおいて仕事を進めた。ランディ・ロフスヨルド（Randi Rolvsjord）とクリスチャン・ゴールド（Christian Gold）も、同じ研究ミリュー（環境）の一部をなしていた。言うまでもなくここに挙げた学者らは、極めて頻繁に我々の思考を鼓舞し、またそれに挑戦してくれており、それについては本書全ページを通して熟考がなされている。音楽療法の広範なコミュニティにおいては、多様な方法で我々の仕事に影響を及ぼし、触発してくれた幾人かの学者もいる。そのリストには、トリグヴ・オースゴール（Trygve Aasgaard）、ケネス・エイゲン（Kenneth Aigen）、リア・レジャーネ・バルセロス（Lia Rejane Barcellos）、レスリー・バント（Leslie Bunt）、サイモン・プロクター（Simon Procter）、若尾裕の名前が含まれる。

各章の原稿を読み、コメントをくれた研究者にも深甚なる謝意を表したい。サイモン・ギルバートソン（Simon Gilbertson）、ルーシー・オグレイディ（Lucy O'Grady）、ジル・ハルステッド（Jill Halstead）、ヴィーゴ・クリューガー（Viggo Krüger）、カトリーナ・マクファーラン（Katrina McFerran）、ラース・テューアスタッド（Lars Tuastad）、そしてラウトレッジ（Routledge）社によって選出された三名の匿名の査読者である。彼らのコメントが我々に挑み、刺激を与えてくれたおかげで、原稿に重要な改良を加えることができた。ラウトレッジの編集者、コンスタンス・ディッェル（Constance Ditzel）には彼女の鷹揚さと、本書執筆における多様なインプットと思考のバランスをとるプロセスへの賢明なアドヴァイスに厚く御礼申し上げたい。編集助手のマイク・アンドリュース（Mike Andrews）とデニー・テック（Denny Tek）、制作編集者のサラ・ストーン（Sarah Stone）にも感謝している。

本書の写真を提供してくれた多くの研究仲間に深謝したい（「フォト・クレジット」を参照されたい）。これらの写真はその取り組み自体のリアリティ（そして素晴らしさ）を身近に感じさせてくれる。既に出版済みの四つの写真を使用する許可を与えてくれた以下の出版社に謝意を表したい。アシュゲイト出版（Ashgate Publishing）、バルセロナ出版（Barcelona Publishers）、ケンブリッジ大学出版（Cambridge University Press）、センゲージ学習（Cengage Learning）（前ワズワース（Wadsworth）／トムソン学習（Thomson Learning））に御礼申し上げる。

最後になるが、家族に感謝したい。原稿提出が間近という折り、編集者に次のように書き送った。「これは、『コミュニティ音楽療法への招待』の原稿を提出するために、妻たちや大学の仕事を数週間無視してきた二人のノルウェーの教授からのメッセージである。妻たちと仕事が無事であることを祈る」。我々は彼女らに最も感謝している―そしてどうやら皆、無事のようである。

ブリュンユルフ・スティーゲとレイフ・エドヴァルド・オーロ

二〇一一年二月、ノルウェー、ベルゲンにて

第一部　イントロダクション

第一部では、コミュニティ音楽療法の理念と実践、及び国際的な議論や研究分野としてのコミュニティ音楽療法の出現につながった歴史的発展について読者に紹介する。

第一章ではコミュニティ音楽療法を紹介するために、まず、この音楽療法を特徴づける一つの基盤的なメタファーを説明し、次に世界中のコミュニティ音楽療法の実践を示す。コミュニティ音楽療法の定義と、コミュニティ音楽療法として認識され得る同属の実践を論述した後に、慣例的な音楽療法との連続性と差異について考察する。

第二章では、コミュニティ音楽療法の歴史を探る。現代における音楽療法の先駆者の多くは、特に一九六〇年代と一九七〇年代に、音楽と健康に関する広範で社会的な考え方に注目した。個々のセッションに加えて、彼らは即興グループ、音楽クラブ、療育、室内楽、レコードセッション、そしてパフォーマンスの使用を試みた。だが先駆者たちは音楽療法に関するこれらのより広範な考え方を理論化、研究することはなく、多くの国における後継者らは、個人またはグループでの臨床的作業と比してこういった社会―音楽的伝統に注意を払わなかった。しかしながら、いくつかの国では水面下で重要な流れが生じており、二〇〇〇年以降、刺激的な議論を呼び起こす論文や、このプロセスを強く推進する様々なコンテクストを背景とした興味深い実践例によって、コミュニティ音楽療法への強い国際的関心が浮上してきた。この現象がどのように、そしてなぜ起こったのかを理解しておく必要がある。

第一章　概要

第一章を学習後、次のような問いについて議論することができるようになるであろう。

■「聴かれざる複数の声に耳を傾ける」というメタファーは、コミュニティ音楽療法にどう関係するのか。
■コミュニティ音楽療法は世界中の多様なコンテクストにおいてどう実践されているのか。
■コミュニティ音楽療法は様々な論者によってどう定義されてきたのか。
■コミュニティ音楽療法を定義するのはなぜ困難なのか。
■頭字語ＰＲＥＰＡＲＥによって表される七つの諸特性とは何か。
■コミュニティ音楽療法と、より慣例的な形式の音楽療法との連続性、及び対照性をどう考えることができるのか。
■なぜコミュニティ音楽療法は現代社会において妥当で重要なのか。

聴かれざる複数の声に耳を傾ける

音楽とは健康、ウェルビーイング、及び発達の支援において、リソースを活用するために用いることができるものである。人間はこのことを「常に」知っており、そのように行動してきた。音楽が支援する、という考えは、ある文化的コンテクストにおいて千年以上にわたって培われてきた。第二次世界大戦以降、専門職としての音楽療法士はこの考えを洗練させ、専門職としての音楽療法実践の推進を支えるため、研究に基づく文献体系を徐々に発展させてきた。伝統的に専門職的（professional）な音楽療法の文献は、彼らが関わる個人についての問題と解決法に焦点を当ててきた。多くの健康に関連する学問と同様、療法士とは大半が臨床的環境での個人とその病理（pathology）を扱う仕事をするもの、というのが近代音楽療法における支配的な見方である。

コミュニティ音楽療法の実践は、音楽と健康に関する社会的、生態学的な視点を採用することによって、この伝統に疑問を投げかけるのである。すなわちそれは、個人と多様なコミュニティとの間にある健康促進的なつながりの探究を含意している。コミュニティ音楽療法の研究とは、音楽療法士を困難な状況にいる個人や集団のニーズ、権利、可能性へと拓かせ得る広範な系統の実践と視座の探究を意味する。コミュニティ音楽療法の新しさの一部とは、個人と共同の間における変容と発達の関係性を探究することへのラディカルな意志である（Pavlicevic & Ansdell, 2004）。

コミュニティ音楽療法の理念と実践は、全ての側面において新しいというわけではないため、別個にラベル付けする正統性を疑問視する人もいるであろう。既に数年前に白熱した議論が起こっており、現代のコミュニティ音楽療法は、学問的な領域はもとより地理的な領域をも超える可能性を有した国際的な論議へと発展を遂げている。重要な学際的分野として台頭した現代のコミュニティ音楽療法にあっては、**人間のつながり**の価値を認識することは、アイデンティティの一部をなしている。その正統性を考慮する際、もはや他の系統で構築された基準で評価する必要はない。コミュニティ音楽療法が固有の関係的アジェンダを発展させてきたからである。

このアジェンダの課題と価値については本章で後ほど若干触れ、また第三部において詳述する。「**聴かれざる複数の声**（**Voices**）**に耳を傾ける**」とは、それを説明するメタファーの一つである。関連するイメージとしては、例えば、沈黙の経験に「声（a voice）を与える」療法が、ナラティブ療法において用いられてきた（Stige, 2002）。沈黙を

資料1・1　私の声を聴いて！　南アフリカのケープタウン大都市圏において音楽療法クリニックの訪問を受けた児童養護施設の子ども。　写真：India Baird

引き起こすプロセスが個人的、対人的、社会的、文化的、物質的な原因から生じ得ることを指摘する、開かれたメタファーである。本書では、「声（a voice）を与える」ではなく、「聴かれざる複数の声（voices）に耳を傾ける」というメタファーを使用する。というのも、声（a voice）とは社会的コンテクストにおける個人的なパフォーマンスだからである。我々は人々に声を与えることはできないが、以前は聴かれることのなかった複数の声を聴くことができるよう、状況を構成することに貢献できるのである。このメタファーは、コミュニティにおける各個人の利益とリンクしている。参加者の個人的問題を無視することなく、社会的アジェンダへの空間を拓くのである。それは、より良い世界というヴィジョンのために空間を拓くことでもある。[1]

「聴かれざる複数の声に耳を傾ける」とは、

一人の療法士によって扇動される介入のことではない。それは、自由や同等（parity）といった価値のバランスをとるための協働的（collaborative）なプロセスである。それゆえにこのメタファーは、多声的コミュニティ（multi-voiced community）を意味している（Stige, 2003, p. 283）。コミュニティ音楽療法は、音楽への参加と社会的インクルージョン、公正なリソースへのアクセス、現代社会における健康とウェルビーイングへの協働的努力を奨励する。それは、実践における結束として性格づけることができる。このようにコミュニティ音楽療法は、個人治療とは全く異なるものであり、時にコミュニティ音楽、社会福祉（social work）、コミュニティ活動（community work）に近似するものなのである。

今日的実践のコンテクスト

様々な大陸、国、文化的コンテクストから選択した六つの実践例を提示することで、コミュニティ音楽療法の今日的発展の様相を明らかにしたい。まずは、南アフリカの例から始めよう。南アフリカは、専門職としての音楽療法の歴史は短いが、健康に関わるコミュニティ志向の音楽実践については、長い歴史を有する国である。

コラム1・1　ケープタウン大都市圏における「音楽療法コミュニティ・クリニック」

南アフリカのケープタウンでは、サネル・フーシェとケリン・トランス（Sunelle Fouché & Kerryn Torrance, 2005）を含めた音楽療法士らが、「音楽療法コミュニティ・クリニック」という非営利団体を組織した。この団体は、ケープタウン大都市圏の貧困地域に住む恵まれない人々に専門職的な音楽療法を提供している。フーシェとトランスは、彼らが働いている界隈について、次のように素描している。

ハイデヴェルドの高齢世代のほとんどは、アパルトヘイトの分離政策として、一九六〇年代に都心郊外から現在の場所へと移住させられたことを記憶している。かつては大家族がケープタウン市の同じ家、または近隣に住んでいたが、彼らはケープフラッツの「奥地」の別々の集落に散在させられた。ハイデヴェルドやケープフラッツの別エリアへの強制的退去とは、見知らぬ人々の世界への移動を意味するものであった。かつての家族や隣人が相互提供した社会的、感情的サポートは失われたのである（Fouché & Torrance, 2005）。

ハイデヴェルドで音楽療法士らは、郊外のギャング文化に浸漬する危険に直面している青少年と共に取り組みをしている。社会的に断片化されたコミュニティで暮らす青少年に対し、ギャングは幾分かの社会的、感情的なサポートを提供すると著者はいう。しばしば家族がサポートするためのリソースをほとんど持ち合わせていないのに対し、ギャングはアイデンティティ、帰属意識、受容、権力、目的の感覚を与えることができるからである。当該コミュニティの子どもたちとの取り組みを開始した後、二人の音楽療法士に警察より接触があった。警察は音楽療法士に、地元のギャングに巻き込まれ、薬物乱用、犯罪行為の危機にある青少年をみるよう依頼してきたのである。

警察は、南アフリカの刑務所の更生率が極めて低いため、刑事司法制度下に彼ら若者を置くことに消極的であった。刑務所にいる悪名高いギャングが、組織的犯罪生活に青少年を常に引き込むためである。警察は、音楽療法のことを介入の代替的形態として理解していた。毎週、その警察が若者を誘い、手錠を外し、我々の音楽療法室へと連れてくる。警察の監視がなくなり、ミュージッキングが始まる…

警察は毎週若者を誘うが、参加は義務ではない。そのグループは最初のミーティングでは非常に懐疑的でよそよそしかったが、毎週意欲的、熱望的にやってくるようになった。音楽が磁石の役割を果たしているように思われる。それは「クールな」行為なのである。ギャングのラップ／ヒップホップ文化において、ミュージシャンとは社会を批評する者として若者らに尊敬される「ヒーロー」なのである（Fouché & Torrance, 2005）。

音楽療法士は、音楽がその青少年たちをいかに活気づけ、新たな社会的アイデンティティを創造する目的と機会を与えるかを観察した。音楽や動作への参与を通じて創造、関係することは動機づけとなっており、それ自体意味のあることであり、物語を話し、共有するためのプラットフォームを構築することでもある（Fouché & Torrance, 2005）。

この例は、社会的な問題に関連したコミュニティ音楽療法の潜在性、単なる治療というよりむしろ問題の予防の重要性、そして本ケースでは地域コミュニティや警察との間で発展させた不可欠な連携によって例証された、生態学的に考え行動することとの必要性等々、本書全体を通じて議論されるいくつかのテーマを明示するものである。

能動的な音楽行為（music-making）について説明するため、フーシェとトランス（2005）はコミュニティ音楽療法言説の中心となっている用語、すなわち**ミュージッキング**[2]（musicking）を採用している。ミュージッキングという用語は、音楽を人為的産物（artifact）（例えば芸術作品）として捉えるのではなく、主に我々が参加する活動として捉えることができることを示唆している。もし我々が音楽を所与の状況における行為であるとみなそうとするならば、音を生み出す人々と音を生み出すことを可能にする人々との関係についても考慮するよう導かれる。コンサートの状況においては、聴衆の重要性は極めて明白である。前述の例においては、警察の監視（とその解除）は、音楽することを可能にしており、広い概念ではミュージッキングの一部とみなすことができる。この用語とその生態学的な意義については、第五章で詳述する。

次に、音楽療法の社会的、且つ文脈化されたアプローチが一九七〇年代から発展した南アメリカの例に移ろう。新世紀における専門職の展望に関する論評で、ブラジル人音楽療法士のマーリー・チャガス（Marly Chagas）は次のように提言する。すなわち音楽療法士は、「集団的な健康、感情を生み出す意識、芸術的表現、さらには音楽的記号を通した社会的生活までをも含む状況に積極関与するであろう。彼／彼女は、地域コミュニティにおける効果的な分析と介入に貢献しているかもしれない」（Chagas, 2000, cited in Zanini & Leao, 2006）。この見解は、ブラジルの音楽療法士たちがホームレスの人々の問題に対し、いかに尽力してきたかについての記録によって例証されるであろう。

コラム1・2　リオデジャネイロにおける「アートを通した経路の探索」

ブラジルのリオデジャネイロにおいて音楽療法士たちは、同市における多くのホームレスの人々の状況を改善する試みに関心を抱いてきた。リア・レジェーン・メンデス・バルセロス（Lia Rejane Mendes Barcellos, 2002, 2005）は、音楽療法士がこの問題にどう尽力してきたかについて記している。特徴的な例が、成人ホームレス・シェルターで発案され、音楽療法士マーリー・チャガスによってコーディネイトされたプロジェクト、「アートを通した経路の探索（Searching for Paths through Art, 2000-2004）」である。ここでは音楽療法、読み聞かせ、演劇、ダンス、自身の楽器を作るためのワークショップといった多くの種類のアート活動が提供された。同プロジェクトの目的の一つは、収容者とスタッフ間の関係性を「人間化する」（humanize）ことであった。バルセロス（2005）はこの実践を「社会的音楽療法」と名付け、ブラジルの音楽療法の伝統における確立された一要素であることを解説している。

チャガス（Chagas, 2007）は、このプロジェクトの目的の中には、個人の発達に関連するものもあった一方で、ミリュー

(milieu、環境) を改善することや、様々な役割や状況にある人々の関係性に焦点をあてた、より社会的、または政治的なものもあったと説明する。

新たな状況が明らかになった。我々は車いす、ハーモニカを手に入れることができたのだ。カーニバルでは、マンゲイラ(リオのスラム街であり、エスタサォン・プリメイラ・ヂ・マンゲイラ・サンバ学校の故郷) の若手ドラム・アンサンブルが、エモーショナルな世代間統合をもたらしてくれた。少年たちによるリオの外への旅は、喜びに満ち溢れたマンゲレイシ (マンゲイラ住民、マンゲイラ出身の人、マンゲイラっ子) に初めてリオデジャネイロとニテロイをつなぐ橋を渡る可能性を与えたのだ。ある長期介護診療所 (infirmary) が、施設中庭の葉の生い茂った木についてのサンバマーチを歌ったが、その歌の詩は彼ら自身が創作し、メロディはプロジェクトの音楽療法士が作曲したものであった。器楽グループが組成され、女性グループは劇場へ行った。男性グループは、従業員たちの支援で音楽祭を組織し、別のグループは詩祭を立ち上げた。我々は、シランダス (ポルトガル起源の子どものダンス) やフォロス (北西ブラジルの音楽スタイル) を一緒に踊った。物語を創り、絵を描き、楽器を作ったりもした。この用語のいくつかの意味において、我々はここで思考し、アイデアを確かめ、共有経験を交換している。我々は、並外れた物語、素晴らしい物語を聞いたのだ! (Chagas, 2007)。

当該プロジェクトの有意義な結果は、健康の専門職者によって典型的に焦点化されるものを超えて、新たな演奏家の発見や、新しいアンサンブルや物語の始まりを意味するものであった。

音楽療法士は、彼らが所属する広範な社会的状況—このケースではブラジル社会の著しい不平等—に積極的に関与し、これを各個人の音楽的、ナラティブ的なリソースへの感度と組み合わせることを選択することができる。(南ア

フリカの例にもあるように）生態学的でシステム全体的な視座がここに暗示されている。次のノルウェー西部、ベルゲンの例は、この側面がさらに顕著である。

コラム1・3　ベルゲンの「収監と釈放の音楽」

ノルウェー人音楽療法士のラース・テューアスタッドとローア・フィンソス（Lars Tuastad & Roar Finsås, 2008）は、ノルウェー・ベルゲンの「収監と釈放の音楽」プログラムのロックバンドを数年間運営してきた。このプログラムは、1990年代初期にオスロの音楽療法士、ヴェーニャ・ルード・ニールセン（Venja Ruud Niilsen）が開始した国家的プロジェクトを発展させたものであった。今日、ノルウェーの大半の刑務所では、受刑者に禁錮中、バンドでの演奏、刑期終了後はコミュニティで音楽の余暇活動に参加できる可能性を提供している。この収監と釈放の音楽プロジェクトは、ノルウェーの更生サービスに関するリハビリテーション哲学の一部であるだけでなく、このサービスへの批判的説得力をも表象するものである。

参加者がこのプロジェクトへの関わり合いをどのように経験しているかに関する研究において、テューアスタッドとフィンソス（2008）は、ライフヒストリーについての先行研究とノルウェーの刑務所で見られる人々の生活状況を調査した。このレビューは、収監前の生活が社会全体の典型と比してリソースへのアクセスが乏しいという特徴があることを示唆している。多くの受刑者はほとんど教育を受けておらず、就職においても問題を抱えている。彼らは比較的貧しく、しばしば健康上や薬物中毒の問題を抱えている。当該プロジェクトの音楽療法士らは、犯罪学の研究と理論を参照することで、個人化されたリハビリテーション・プログラムでは不充分との結論を導き出した。収監された人々が、社会においていかに軽んじられてきたかを知ることも必要である。それゆえ音楽療法士らは、個人的レベルだけでなく、発言権を持つことの可能性とコミュニティの参加に明確に焦点を当てたエンパワメント哲学に特徴づけられたアプローチを採るべきことを決定した。

収監と釈放の音楽は、以下の三つのフェーズで組織されている。すなわち、(1)収監中における刑務所内でのバンド活動、(2)

参加者が出所した際のコミュニティ文化センターにおけるバンド活動のサポート、(3)参加者が釈放を維持するに際して趣味や職業としての自主的な音楽活動の開始、である。同じ音楽療法士が、フェーズ1、2のバンド活動をファシリテートし、フェーズ3においてはサポートやスーパーヴィジョンを提供する。このプログラムの組織方法は、参加者のあるフェーズにおけるコンテクストや生活から別のそれらへの移行を支援し、起こり得る波及効果に明確に関心を寄せるなど、生態学的な思考に沿ったものである。ここでは公開、または準公開での演奏が、プロセスの中心となっている。

ある参加者の来歴が、この取り組みの例証となっている。極めて長期間、彼は薬物中毒と犯罪行為による込み入った人生を過ごしてきた。彼は幾度となく刑務所への出入りを繰り返してきた。投獄されたある時、彼は収監と釈放の音楽への参加を決めた。偶然このプログラムを見つけ、後に「チラシがなんとなくかっこよかったから、チェックすることにしただけ」と述懐している。当初、ただ活動を観たいだけであったが、しばらくすると「惹きつけられ」、参加を望むようになった。「刑務所での時間を、何か価値あるものにするような活動だった」と、後のインタビューで説明した。音楽への参加は、彼の生活状況の変化を生み出したが、それは非常にゆっくりとしたものであった。数年の間はトラブルを抱えた生活を送っていたし、刑務所への出入りも何度か経験した。しかしながら、刑務所に戻ってくると毎回、彼はすぐに音楽活動に登録し、徐々に音楽パフォーマンスに深くのめりこんでいった。音楽への強い興味は、彼のアイデンティティの一部となっていった。刑務所からリハビリテーションセンターに移送された時、彼に重要な変化が起こった。彼は、リハビリテーションの期間、熱心に音楽を演奏し、退所した際、収監と釈放の音楽のフェーズ2に加わった。彼はコミュニティ文化センターでのバンド活動に参加し、薬物と犯罪のミリューには戻らないことを決めた。バンドでの演奏は徐々に余暇活動の範疇を超え、彼の参加はフェーズ3へと進展した。現在彼は、かつて自身が治療を受けていた薬物リハビリテーションセンターで働き、収監と釈放の音楽の理念に強く影響を受けたこの施設の音楽プログラムを任されている（Tuastad & Finsås, 2008, pp. 64-65）。

当然ながら、全ての参加者がこういったドラマティックな変容を経験するわけではないが、この物語はフェーズの生態学的移行における参加者のエンパワメントに焦点を当てている点において、同実践の重要な有用性を明示している。

クライエントや参加者によって提案された方向性を音楽療法士が積極的に探究することは、しばしばコミュニティ音楽療法の中心をなす。[3] この参加型の側面は、アメリカの音楽療法に関する次の例において論証されている。

コラム1・4　癌、暗闇、恐れとの対峙：ニューヨークにおける音楽療法からコミュニティへ

ニューヨークで、アラン・タリー（Alan Turry）は、クライエントの一人であるマリア・ロジス（Maria Logis）と共に、音楽療法におけるパフォーマンスの活用について探究してきた。あるいはより正確に述べるならば、マリアが音楽療法士、彼女の友人、そして彼女の社会的ネットワークと共に、音楽療法におけるパフォーマンスの活用について探究してきたといえる（Logis & Turry, 1999; Turry, 2005）。マリアは、次のようにその始まりを述懐している。

> 私は一九九四年の秋に非ホジキンリンパ腫と診断された。ショックを受け、何も感じとることができなくなり、沈黙と麻痺状態が続いた。苦悩の最中、私は神に助けを求めた。やってきた助けは、私が想像していたのとは全く異なるものだった。私は音楽を見いだし、そしてその中に、病気であると知った時に私を覆った壊滅的な沈黙への抵抗を可能にする慰めを見いだした（Maria in Logis & Turry, 1999, p. 97）。

マリアにとって音楽は、彼女がたどり着きたいものではなかった。彼女と音楽との関係は、シンプルとは程遠かった。彼女は子どもの時分からピアノレッスンを受け、大人になっても音楽を学び、歌うことに挑戦していた。しかし、それほどうまくはいかなかった。診断を受ける前の数十年間、彼女は聖歌隊で歌うことに挑戦し、加えて歌の集団レッスンや個人レッスンも受けていたが、その経験は辛いものであった。

私は余りうまくなかったし、充分に練習もしていなかった。勤勉さに欠けていたし、読譜ができなかった。とても多くの時間を費やしたのに。歌の個人レッスンを維持したくて、聖歌隊を辞め、集団レッスンも辞めた。しかし二年後、歌のレッスンもあきらめた。完全に挫折し、打ちひしがれた。最低限の基準にさえついていくことができないのははっきりしていた。自分が歌えるという思いを葬り去った（Maria in Lgis & Turry, 1999, p. 98）。

歌いたいという考えが再び湧き起こったのは、彼女にとって非常に奇妙なことであった。しかし、彼女はそれを追究し、歌の先生を探し始めた。彼女の歯科医が、後にアランを彼女に紹介することになるアランの同僚の名前を伝えた。

最初に会った時、私たちはたくさんの音を創り出し、診断を受けてから数週間で初めて笑っていることに自分で気付いた。私は再度来ることを決めた。一九九四年の十一月に始まり今も続くこのプロセスは、完全に私の人生を変えた。歌い始めるとすぐに、診断を受け入れることへの格闘と、きたるべき治療への大きな恐怖がやってきた……言葉だけが次々にあふれた……アランは私の音楽と言葉を大切なもののように扱い、ピアノを即興することで私に続けさせようとした。だから私は歌い続け、そして次々と言葉と感情が表出されていった（Maria in Logis & Turry, 1999, pp. 98-99）。

アランと作業している時期、マリアは歌手でありコーチであるジャネット・サヴェッジ（Janet Savage）にも出会った。マリアは彼女とも取り組みを開始した。マリアがシェアした即興音楽療法セッションの録音を聴いた後に、ジャネットはその即興を歌として扱うアイデアを思いつき、マリアに友人に向けて演奏するよう提案した。マリアは、「ジャネットの提案に祈りをささげ、それについてアランと話し合い」、化学療法を終えて一周年のお祝いと、祝福の歌をすぐに計画した。マリアは彼女の自宅で開かれるオリジナル・コンサートに友人たちを招待した。

友人たちのために歌を歌うことは、私の人生で最も幸せな日々の一つだった。こんなに幸福だといえる日は、私の人生

> でほとんどなかったくらいだ。写真を見ると、私は楽しい充足の中で笑っているのがわかる。私は、化学療法をしなかった一年を祝った。まるで空を飛んでいるようだった。心から生きていることを感じた。私はこの病気の苦悩に対して「歌で道を切り開いた」のだ。
>
> 音楽療法のプロセスの自由さは、爽快であった。即興演奏に間違いはあり得ない、ということなしに、私は現実を乗り越えることはできなかっただろう。私は病気になったことだけでなく、自分の生涯の悲しみや絶望についても歌った (Maria in Logis & Turry, 1999, pp. 103-104)。

即興的音楽療法における痛み、暗闇、希望の探索、そして準公開のイベントにおいて友人と歌を共有する中で、そのプロセスは変容し続けた。歌を共有する経験を要約してマリアは次のように述べる。

> 我が家でのコンサートの数ヵ月後、私はさらに多くの友人たちに向けて教会で歌った。彼らの支えと愛に心から満たされた。一九九六年の春、アランは地方大学の学生や教員とその音楽を共有できるようアレンジしてくれた。音楽を公開の場で共有したどちらの経験も、私の「声」を主張する手助けをしてくれた。
>
> 私はそのプロセスに驚いた。音楽の抱擁の中に身を置くことで、私の人生における痛みを伴う多くの出来事に関するイメージを創造でき、沈黙について歌うというプロセス全体が、それを打破する一つの方法であった。歌うことで私は、私の声を主張しているのだ (Maria in Logis & Turry, 1999, p. 114)。

数年後に書かれた論文でタリー (2005) は、音楽療法実践におけるコンテクストの拡張に関連する問題と可能性について論じている。彼は、コミュニティ音楽療法の新たな系統において発展してきた実践に関する視座と、本実践とを結び付けている。

ロジスとタリーが描出した音楽療法プロセスは、協働的なものである。すなわちそこには新たな領域を探究する意志の共有とプロセスの可能性、思わぬ困難に対処するための省察性がある。これは、より慣例的な音楽療法から生じた、いわば「内側から」生じたコミュニティ音楽療法の一例である。

次の例は日本のコンテクストからのもので、非常に異なった出発点を有している。ここでのコミュニティ音楽療法は、慣例的な療法実践ではなく、音楽的、文化的な理念と展望から生じている。

コラム1・5　誰もが参加し音楽を共有できる場：神戸における音遊びプロジェクト

日本の神戸で沼田里衣は音楽療法士として働き、コミュニティ・スペースにおける音楽ワークショップをリードし、音遊びの会（The Otoasobi Project）を主宰している。この会は、知的障害のあるミュージシャンとないミュージシャンからなる即興集団である。「アインスクリーム！（EinScream!）」という論文で、彼女は新しい音楽的アイデアがコミュニティを形成する新たな可能性をどのように創出するかについて論じている（Numata, 2009）。

沼田は、即興音楽療法を先導する音楽療法士が、新しい音楽にこれまでとは異なる価値をいかに見いだしてきたかについて論じ、新たな音楽は音楽療法において、より活発に探究されるべきと提案する。彼女は、自らがリードするワークショップのコンテクストにおいて、日本人作曲家、野村誠の《しょうぎ作曲》やアメリカのアヴァンギャルド作曲家、ジョン・ゾーン（John Zorn）によって作曲された「ゲームピース」《コブラ》にある実験原理のような近代的原理の作曲との組み合わせにおいて、フリー・インプロヴィゼーションにおけるベイリー（Bailey, 1992）の理念が特に有用であることを見いだした。

沼田や参加者が携わるゲームピースや実験的即興は、参加者が事象（event）の流れを理解し関与することを可能にするある特定のルールによって、協働的で柔軟に展開される。沼田（2009）は、「異なる文化的リソースを持つ複数の個人的参加者が出会い、即興音楽を創出するために、お互いコミュニケーションする場所」と説明している。ここで参加型の倫理は、いわば参加型の美学へと転換するのである。沼田は異なる価値、技術、目的の共存による新しい音楽形式の可能性について論じる。

> 二〇〇四年九月から二〇〇五年三月まで、私は芦屋のコミュニティ音楽療法プロジェクトに参加した。プロジェクトの間、全ての参加者が関与し、自由に生き生きと演奏できるよう、フリー・インプロヴィゼーションからのアイデア、《しょうぎ作曲》、《コブラ》を採用した。
>
> ……即興のプロセスについての議論を基盤とすることで、我々は各参加者の音楽的リソースをその音楽の中に織り交ぜようとした。
>
> このプロジェクトにおける私の動機とは、参加者が音楽行為（music-making）そのものに集中でき、音楽によってコミュニケーションできる場を創出することであった。当該プロジェクトを通して音楽療法士、学習障害をもつ人々、フリー・インプロヴィゼーションの音楽家たちがどうすれば新しい音楽を創る作業に共に取り組めるのか、ということに関心が湧いた。療法的な変化を意図するのではなく、新しい音楽表現の探究に集中することで、参加者がどうなっていくのかについては、未知数である（Numata, 2009）。

著者は、「立ち上げられたクリエイティブ・スペースが、学習障害を持つ人々、高齢者、精神疾患患者といったクライエントに限らず、社会の誰もが来ることができ、音楽を共有できる場所であること」を強調している（Numata, 2009）。

この日本の例は、コミュニティ音楽療法実践の発展において、音楽がどのように推進力、動機づけの力となるかを明示している。しばしば音楽的モチベーションは、広範な文化的、社会的な関心を結び付ける。次のオーストラリアの学際的な実践例も、それを示している。

資料1・2　アメリカ、フィラデルフィアにおける音楽療法士マイク・ヴィエガ（Mike Viega）とスコット・マクドナルド（Scott MacDonald）による「私の声を聴いて」というソングライティング・プログラムでの歌《人生はクレイジー》の歌詞制作。　写真：Ryan Brandenberg

コラム1・6　オーストラリア北部における「アートストーリーズ」と学際的な実践

オーストラリア北部は広大で文化的多様性があり、この地域のオーストラリア原住民の通訳サービスは、百を超える先住民の言語と方言を登記している。またこの区域には膨大な移民言語も存在する。ゆえに多くのコミュニティが文化的にも言語的にも極めて多様で、他のコミュニティとは遠く離れ、孤立している。この状況が、学習と識字において深刻な困難を産み出している。

オーストラリアの研究者、教育者で、音楽療法士でもあるアンニャ・テイト（Anja Tait）は、学習とウェルビーイングの二つを目的に、アートへの参加とパートナーシップ構築の可能性を高めるため、二〇〇六年に「アートストーリーズ（ArtStories）」を設立した。個人的な表現と文化的発展の媒体としての音楽が、イニシアチブの中心に据えられた。もう一人のオーストラリアの音楽療法士、キャサリン・スレフォール（Catherine Threfall）が、他の専門職スタッフと共にテイトの同プロジェクトに加わった。アートストーリーズは言語とアート実践を教育、健康、ウェルビーイングに結び付けることを目的とし、学際的なプロジェクトとして発展した。柔軟、且つ経時的に持続可能な実践を発展させるため、学校スタッフとのピア・コーチングはプロジェクトの重要な要素であった。

アートストーリーズの活動には音楽聴取、歌、演奏、ダンス、ライティング、描画、ペインティング、建築、マルチメディアが含まれる。このアプローチは、学際的であることに加え、参加型であり異世代間で行われるものである。異世代間の知識の伝達を促進する方法として、若者はしばしば年長者と共に作業をする。例えば、ある遠方の先住民コミュニティがこのプロジェクトに参画した際、若い男性たちが年配の女性たちと共同で作業し、彼らは二枚のCDと一連の教育インストラクションDVDを作成した。この協働は両世代の持つ技術を必要とし、先住民の言語と文化の促進に役立った。

二〇〇八年には、アートストーリーズが子どもの識字学習において批判的教育学的な役割を果たし、また広範なコミュニティへの関与をも生み出したとして、高く評価された。政府と慈善団体の資金援助を受けることで、アートストーリーズの実践は教育、健康、コミュニティの場面で発展し続けている（Tait & Murrungun, 2010）。

このオーストラリアの例は、コミュニティ音楽療法がいかに連携の努力、文化的鋭敏性、社会的関与を可能にするのかということを論証している。

コミュニティ音楽療法を定義する

コミュニティ音楽療法を定義することは容易ではない。「療法（therapy）」という用語が極めて頻繁に個人レベルでの「治療（treatment）」、または「治癒的介入（curative intervention）」の同義語として使われるため、「コミュニティ音楽療法」は用語において矛盾しているという人もいる。だが我々は、この用語を維持するのが適切だと考えている。なぜなら、音楽療法のより広い学問領域との関連性が重要であると考えているし、**療法**は「ケア」や「サービス」といった意味を含む、広範な用語として理解され得るからである。このことはまた、多くの人々が**日常生活活動**において様々な方法で音楽が助けとなることを見いだしているため、音楽とは**療法的**（therapeutic）である、としばしば描写されるような馴染みのある言語使用ともつながっている（例えばDeNora, 2000を参照のこと）。前節の事例からすると、コミュニティ音楽療法とは上記範疇を越え出て、**健康促進**と**社会変革**の実践までをも包含するのである。

「コミュニティ音楽療法」という用語は、別の分野において一見自己矛盾しているが非常に生産的な用語、「散文詩」と比較することができよう。散文の辞書的定義を見ると、「拍節構造のないスピーチやライティングで、韻文や詩の対義語[4]」とある。換言すれば、散文と詩は相互に排他的なジャンルであると伝統的にみなされている。ボードレールら詩人が十九世紀に散文詩のジャンルを開拓したのは、散文と詩両方の基本的概念への挑戦であり、文学をさらに広い方法で捉えることの提案であった。後にこのことは、散文における詩、及び短編小説のような様々な散文ジャンルの概念に影響を及ぼした。新しい生産的関係が確立されたのである（Janss & Refsum, 2003）。

複合的な「コミュニティ」「音楽」「療法」という三つの用語は、それぞれ多面的且つ複雑である。**コミュニティ**という用語を取り上げてみよう。四つの基本的な観点に注目することで、その複雑さの外観に触れておく。第一に、コミュニティには様々なタイプがあり、近隣や地域性のみならず、自発的または偶発的な集まりも含まれる。第二に、コミュニティは必ずしも与えられるものではなく、我々が社会活動に参加する中でその折りに生み出され得るものである。第三に、人々が自分自身のプロジェクトとそのコミュニティの文化との関係をどのように受け取るかによって、コミュニティへの参加方法は多様である。第四に、コミュニティは多様な別の社会的、文化的システムとの入れ子構造となっており、影響を与えたり与えられたりする。

コミュニティ音楽療法をどう定義するかは、その人が音楽療法をいかに定義するかにもよる。音楽療法の定義にはコミュニティ音楽療法のための余地がほとんどないものもあるが、コミュニティ音楽療法とは何たり得るかという問いへのアプローチに際して助力となる定義もある。その一つはルード（Ruud, 1980, 1998）の提起である。彼は、音楽療法には人々の**行為の可能性**（possibilities for action）を増加させる目的があると提言した。この見解は、健康問題についての社会学的な理解を基盤としている。「行為の可能性」は、個人的問題のための挑戦のみならず、社会の構造的な障壁への挑戦でもある。一九七〇年代後半に発展したルードの定義は、コミュニティ音楽療法の今日的言説の伏線となった[5]。

コミュニティ音楽療法に関する最初の明確な定義の一つは、ケネス・ブルーシア（Kenneth Bruscia）の『音楽療法を定義する』で提示された。

> コミュニティ音楽療法では、療法士は伝統的な個人あるいはグループの音楽療法の設定でクライエントと取り組みつつ、コミュニティとも取り組む。この目的には二重の要素がある。すなわちクライエントがコミュニティの機能に参加し、当該コミュニティの価値あるメンバーとなるよう準備すること、そして構成員がクライエントを理解し相互作用するよう補助することで、クライエントを受け入れ包摂できるようコミュニティを育むことである（Bruscia, 1998, p. 237）。

ブルーシアの定義は、二〇〇〇年以降に発展したコミュニティ音楽療法のいくつかの定義ほど拡張されたものではない。例えば、ブルーシアは地域コミュニティの個人またはグループの音楽療法に焦点を当てたが、現代のコミュニティ音楽療法は、多様な範囲の実践やコミュニティを網羅している。コミュニティ音楽療法の概念の精緻化においてスティーゲ（2003, p. 454）は、コミュニティ音楽療法を次の三つのレベルで定義し得ると提案する。

専門職的な実践領域としてのコミュニティ音楽療法は、コミュニティにおける健康ミュージッキング―すなわちパフォームされる関係性の生態学としての音楽が非臨床的でインクルーシブな設定下で用いられる参加型アプローチを通し、社会文化的で共同的な（communal）変革の促進に明確な焦点を当てた、クライエントとセラピスト間の計画された協働的プロセス―に位置づけられている。

学問分野の下位区分として台頭したコミュニティ音楽療法は、人々と彼らが所属するコミュニティとの相互作用を通して発展するような音楽と健康との関係についての研究と学習である。

新興の専門職性としてのコミュニティ音楽療法は、健康促進的な社会文化的参加のために正義、リソースの公平な分配、包摂的条件の促進に明確に焦点化し、コミュニティにおける積極的な音楽的、社会的役割を担える適性を付与するための素養とコンピテンシーを有する学者兼実践家のコミュニティである（Stige, 2003, p. 454）。

この定義は、実践がそれと関連する学問や専門職の分野との関係において理解されるべきことを明示している。しかしながら、この定義は長く複雑であり、多くの論者が、より短く単純な定義を提示したがってきたのも理解できる。そのような定義を二〇〇四年にルードが、ある実践の特徴をある理論の特徴に結び付ける説明において次のように提唱した。「したがってコミュニティ音楽療法は、『体系的視座を持ったパフォーマンスに基づく音楽の省察的な使用』と定義されよう」（Ruud, 2004）。

ルードの定義は『ヴォイセス：音楽療法のための世界フォーラム』（*Voices: A World Forum for Music Therapy*）にお

資料1・3　音楽を探究し、協働を探究する。知的障害がある・ない音楽家のための集団即興。　日本、神戸　写真：Kaneko Yoshiro

ける激しい論争を誘発した。省察性と体系的視座の重要性については多くの人々に承認されたが、コミュニティ音楽療法がパフォーマンスを基盤とした実践と定義され得るという提案は、論議の的となった。議論の参加者の中には、コミュニティ音楽療法のプロセスがしばしば音楽的パフォーマンスを含むとしても、この側面に定義の位置を与えることに逡巡する者がいた。議論の一部は、コミュニティ音楽療法とはおそらくパフォーマンス的であるが（次節を参照のこと）、必ずしもパフォーマンスを基盤とするものではない、という意見に集約できよう。また、ルードの定義における特定的な主張にはさして焦点を当てることなく、コミュニティ音楽療法を定義するという考え方自体を問題視する者もいた。[6]

要するに、コミュニティ音楽療法の定義は複雑であるか物議を醸すか、またはその両方になりがちである。次節では、なぜそうなりがちなのかの理由を検討し、またコミュニティ音楽療法のアイデンティティに関する説明や熟考のための専門用語を発展させるという課題にむけた、可能性ある代替的アプローチを提案する。

コミュニティ音楽療法を認識する

コミュニティ音楽療法は、様々な地域的コンテクスト、文化、社会的状況との関連において、多様な方法で発展を遂げている。それゆえに、一般的定義を明確化することについては限界がある。アンスデル（Ansdell, 2005a）は、文脈的使用から離れて境界や定義を確立しても、必ずしもコミュニケーションを改善させることにはならないと論じている。アンスデルは、定義が必ずしも明確にならないもう一つの理由として、無限の後退を引き起こすことを挙げている。ある用語の定義とは、そこで用いられている用語の定義もまた必要になるからである。あらゆる専門用語の説明において、多くの「曖昧な」用語が含まれていることを認識すべきである。「分析的、実証主義的観点から見れば、これは良からぬ情勢である！」とアンスデルは主張するものの、それがコンテクストに沿って概念を探究するよう我々を導くので、欠陥とみなされるべきではないと述べる。彼は、コミュニティ音楽療法の正確な定義の代替を以下の通り提案する。

> 我々は、（その上を旋回することで獲得された）現象の抽象的、総論的な定義の代わりに、水平的で地に足の着いた性格づけを行う。すなわち（絶えずそれ自体が推移する）ローカルなコンテクストの中で、日常的な使用においてそのパターンを表す用語を用いてである。これは、実際に既に誰もが見ているものを見ることによって理解する形態であるが、そのパターンが実際に際立つよう主要な要素が強調される。したがって、コミュニティ音楽療法（CoMT）の中心的な定義の要素とはx、y、またはzであるというのではなく、その要素のパターンが、所与の

コンテクストの中でいかに新たな関係性に再編成されるのかを見るものである。つまりコミュニティ音楽療法は、何か新しく「特別な」ものによって定義されるのではなく、既知の要素の新しいアレンジ、端的に言えば新しいパターン（または、おそらくは余りに固定化されているという印象を避けるために、ある特定のコンテクスト、ニーズ、用途における新たなパターン化といった方が適切かもしれない）によって定義されるのである（Ansdell, 2005a）。

定義の限界は、コミュニティ音楽療法に特有なものではない。コミュニティ心理学のような関連する学問領域でも同様の問題と対峙している。ネルソンとプリレルテンスキー（Nelson & Prilleltensky, 2005）は、どの定義もコミュニティ心理学の理論や実践の複雑さを正確に捉えることはできない、ということが広く受け入れられていると論じる。単一の定義を生成する代わりに、この分野を特徴づける一連のテーマを概説するのが一般的となっている。実例を示すため、コミュニティ心理学の先駆者ジュリアン・ラパポート（Julian Rappaport）が早くも一九七七年に発展させたリストの記述をここに示す。

その生態学的性質……人々がたった一つの基準や価値によって判断されないような、文化的な相対性と多様性の重要さ……そして社会変革に焦点をあてること……。さらにラパポート（1977）は、コミュニティ心理学（ＣＰ）が人間のリソースの発達、政治的活動、科学的研究という互いにしばしば対立する三つの要素と関わっていると主張した。彼の著書、『コミュニティ心理学―価値、研究、行動』のサブタイトルが提示している通り、コミュニティ心理学は、価値、研究、行動の間でバランスを取る行為なのである（Nelson & Prilleltensky, 2005, p. 4）。

同様の理念が、コミュニティ音楽療法の文献においても典型的にみられる。一九九〇年代におけるいくつかの議論の発展を基盤に、スティーゲ（2002, pp. 129–131）は、健康促進（社会的ネットワークの強化による予防的健康事業）、倫理を推進する実践と研究（文化的、社会的参加の条件への活動家的な焦点化を伴う）、そして個人的またはミクロシステム・レベルを超えた取り組みをサポートする生態学的アプローチに焦点を当てた、コミュニティ音楽療法の説明の枠組みを提案した。四つの異なる国でなされた八つの事例研究を基に、アンスデル、エレファント、パヴリチェヴィック（Ansdell, Elefant & Pavlicevic, 2010b）は、大きく五つの主要な特徴を提案した。すなわち概してコミュニティ音楽療法は、生態学的、参加型、パフォーマンス的、リソース志向、そして積極的な省察性を伴う、という提案である。

我々はこの枠組みと主たる特徴の定式化と順序とを合成、修正したものに言及するため、**諸特性**（qualities）という用語を使用したい。「特性」という用語は、コミュニティ音楽療法を性格づけ、実践の問題との関連においてその意義や妥当性について検討することができる特徴に言及するものである。我々は、コミュニティ音楽療法を性格づける七つの諸特性についてコミュニケートするために、頭字語PREPAREを提示する。

P-Participatory（参加型の）
R-Resource-oriented（リソース志向の）
E-Ecological（生態学的な）
P-Performative（パフォーマンス的な）
A-Activist（活動家の）
R-Reflective（省察的な）
E-Ethics-driven（倫理推進的な）

これら諸特性は、研究と同様、実践にも関連しており、それらは実践と研究に知見をもたらす理論、メタ理論において検討される。諸特性は、音楽的側面はもとより準音楽的（paramusical）側面とも関連している（これは、音楽的プロセスが文化的コンテクストにどのように埋め込まれ、また運動、言語、社会的コミュニケーションの関連したプロセスとの相互作用をどう発展させるかを論じた第五章で紹介される区分である）。本章で提示した最初の例を再度振り返ると、七つの諸特性の大半が明示されている。

ケープタウン大都市圏の「音楽療法コミュニティ・クリニック」の実践から提示した簡潔な例において、参加型の特性は、一見したところ特段に強い印象はない。警察は若者たちを誘い、手錠を外し、音楽療法室の入り口まで連れて来る必要があった。しかしながら、若者たちは自身の音楽への興味によって自発的に戻ってきた。参加型の特性は、それが成長し得るまでは大事に育まれなくてはならない。リソース志向の特性は確かに存在した。つまり音楽が、若者たちをひきつける磁石であった。いわば音楽するとは、コミュニティの経験はもとより、社会批評の表現をも供与（アフォード）する「クール」なことなのである。この具体例には、生態学的な特性も顕現しているように思われる。描写された音楽療法活動は、若者のグループと二名の音楽療法士が生み出したミクロシステムを基盤としているが、実践は地域コミュニティにおけるプロセスと関係しており、より広範なコミュニティにおける別の重要な行為主体（agents）との相互作用によって成り立っている。そこには、パフォーマンス的な特性が間違いなく存在する。つまり音楽療法活動に参加することで、ギャングメンバーでなくバンドメンバーとしての新たなアイデンティティをパフォームする可能性を与えられるのである。活動家の特性は、この音楽療法士らの取り組みの提示において強調されるものではないが、このプロセスを引き起こしている課題、すなわち当該地域コミュニティの文化的、社会的生活におけるギャングという問題のある役割に、音楽療法士と参加者がどう関わるかにおそらくは含意されている。

省察的な特性については顕著だと思われる。音楽療法士らはこの一側面を，以下のように述べている。

二回目のセッションから，そのグループは彼らの物語を自発的に語りだした。最初，我々はこれが音楽とは完全に無関係であったため，「音楽」のセッション時間を余り多くそれに費やすことに懸念を覚えた。すぐに我々は考え方を変えた……グループメンバーにとって語りは，自らの経験をたどり，普段自分自身を保つために選択した人生の諸側面を表現する機会となるからである（Fouché & Torrance, 2005）。

七つ目の倫理推進的な特性は，この事例において主要なものである。そのプロセスに着手した背景は個人的な病状に関連するものではなく，近隣地域の困難に対する社会的積極関与の視点，若者たちが直面するリスク，建設的な方法でこういった問題を扱うにあたっての刑事司法制度の不備である。若者だけでなく，音楽療法士の変革を導くプロセスには，以下が含まれる。

ハイデヴェルドのような地域におけるギャングの役割は極めて複雑である。表面的，そして特に「部外者」にとって，ギャングは排他的に「悪い」もので破壊的であるように見える。複雑な社会的ネットワークとギャングが築き上げた歴史的遺産を理解した時に初めて，その魅力と現実的な必要性が分かってくる。音楽療法室において，ギャングメンバーの役割やアイデンティティが脱ぎ捨てられ，代わりに傷つきやすくオープンな若者が立ち現れるのを経験する。音楽療法は，関係し，想像し，表現する別の諸方法を探究する機会を与えるのである。療法士として我々は，音楽療法室の壁をはるかに超え，ギャングや若者ギャングメンバーに対する固定観念を捨て去ることを学んだ。このことは、音楽療法においてギャングメンバーを若者として理解するための助力となったし、彼らが別の社会的なアイデンティティを構築するよう試すことも可能にした（Fouché & Torrance, 2005）。

ここで説明した七つの諸特性は、あらゆる側面においてコミュニティ音楽療法に特有なものではない。これらの組み合わせが特徴的なのである。たとえそうであっても、それぞれの実践は所与の状況のニーズと可能性に応じ、いくつかの特性が、それら以外よりも一般に強調される。ある特性の妥当性とは、一般に時間と共に変化していくものである。要するに、これら七つの諸特性とは、コミュニティ音楽療法を認識するのに役立つのである。その実践をコミュニティ音楽療法とラベル付けすべきかどうかは、ほとんど関心の持てる問いとはならない。より重要なのは、七つの諸特性それぞれ―及びそれらの組み合わせ―が、ある状況に関連していつ、どのように、どの程度、妥当であるかを評価することが可能かどうかである。ここで議論されたいくつかの特性しか件の実践に当てはまらない場合であっても、コミュニティ音楽療法の文献にある情報、洞察、議論を吟味するのは適切であろう。もし諸特性のいくつかがさして特徴づけられていないのであれば、なぜそうなのか、そうであり続けるべきなのかどうかについて、コミュニティ音楽療法の文献が熟考を促してくれるであろう。

ＰＲＥＰＡＲＥの頭字語を文脈化する方法として、かつてコミュニティ音楽療法には二つの要素からなる目的、すなわち個人がコミュニティの機能に参加するよう準備すること、コミュニティが各個人を受け入れ、支援するよう育むこと、があると主張したブルーシア（1998, p. 237）の議論と関連づけてみよう。コミュニティ音楽療法実践は、個人の変化のニーズも社会変革のニーズも無視すべきではなく、焦点はそれら相互の関係を高めることにある。我々がここでみてきた地域コミュニティを特徴づける多くの不利な境遇は、若者の挑戦を困難にしている。相互関係を高め

資料1・4　健康とウェルビーイングのパフォーマンス。児童福祉ミュージカル。（ノルウェー、ベルゲン）　写真：Astrid Merete Nordhaug

るのは、必ずしも容易なことではない。音楽における人のつながりの祝福（celebration）として、コミュニティ音楽療法はしばしば大いなる楽しみ（fun）となり得る。同時に、不平等や周縁化のような課題に対処する実践としてコミュニティ音楽療法は、堅実なコンピテンシーと効果的な協働を要する真剣で必要性のある取り組みである。次の各節では、頭字語PREPAREの七つの諸特性それぞれについて簡単な説明を提示し、またこれら諸特性が本書全体のどこでより詳細に論じられるのかを概説する。これら七つの諸特性はあらゆる方法で相互作用するが、このことは本書全体の諸特性に関する例示や議論を通して明らかになっていくであろう。

参加型とリソース志向の特性

コミュニティ音楽療法の**参加型の**特性は、どのようなプロセスで個人的、社会的な参加の機会がもたらされるか、参加がどう価値づけられるか、そして連携（パートナーシップ）の理念がいかにサポートされるかに言及するものである。音楽療法士の専門知識はしばしば重要視されるが、参加者の専門知識もまた同様である。つまりコミュニティ音楽療法は、専門家（エキスパート）に導かれる実践ではないのである。参加型アプローチには、関与する全ての人の声に耳を傾ける意志と、社会的プロセスには数人の変革のリーダーがいるであろうことを認識する意志が必要となる。したがって、療法や治療におけるクライアントまたは患者のような用語を使用する代わりに、通常、共同プロセスの参加者と呼ぶ方が、より妥当性は高いのである。

参加型の特性は、人権の問題につながっており、意思決定のプロセスにおける相互エンパワメントと民主主義に焦点を当てることが要求される。参加型の特性は、本書全体の議論の中心であり、第六章から第八章における実践についての議論、第九章の研究や第十章の（再）専門職化についての議論において、具体的に扱われる。

コミュニティ音楽療法における**リソース志向の**特性は、個人の強みや社会的、文化的、物質的なリソースの（協働的）活性化への注目に反映される。我々は通常、リソースという用語を様々な種類の蓄えや供給と関連づける。社会学的な理論や研究において「リソース」や「資本」は、人々が日常生活において問題と取り組んだり可能性を探究したりすることができるよう適用する蓄えや供給のメタファーとして使用される伝統がある。

コミュニティ音楽療法におけるリソースには、様々なタイプが考えられる。例えば、音楽的な才能や関心といった参加者の個人的強みや、信頼関係や感情的サポートのような関係性上のリソース、音楽の組織や伝統などのコミュニティ・リソースが挙げられる。個人的な問題や障害は、コミュニティ音楽療法実践における全体像のほんの一部であろう。しばしば活動やプロセスを計画する際、それを考慮に入れることは不可欠であるが、診断や治療はコミュニティ音楽療法における中心ではない（第六章〜第八章を参照のこと）。個人的な困難と共に生き、それと関わることへの挑戦は、個人的リソースの育成の模索や、関連があれば社会的、文化的、物質的リソースへのアクセスを増加させる過程のコンテクストにおいて扱われる。このことは、例えば参加における社会的、文化的障壁を取り壊すことを目標とするような、深刻な社会的、文化的な問題を扱うことも包含されている。それゆえにリソース志向の特性は、社会変革において批評や対峙に力を注ぐ可能性も辞さないのである。

リソースは有形無形であり、それゆえ、コミュニティのメンバーによって適用される関係上のプロセスから有形財（material goods）にまで及ぶ。第三章では、健康に関するリソースの分配の不平等について議論する。第四章では、社会関係資本やその他社会的リソースについて論じる。第五章では、準音楽的リソースを構築し、それに依拠しながら、健康的リソース、社会的リソースとしての音楽について議論する。第六章から第八章までは、コミュニティ音楽療法実践において、いかにリソースが生産、適用、（再）分配されるかについて、数例を提示する。

生態学的、パフォーマンス的な特性

コミュニティ音楽療法の**生態学的な**特性とは、社会的コンテクストにおける個人、グループ、ネットワークの間の相互的な関係での取り組みを意味する。

「生態学」という用語の近代的な使用は、有機体と環境の間の相互的影響を記述するため、生物学において発展してきたものである。一九六〇年代からこの用語は、人間の社会文化的生活に関する記述のためのメタファーとしても影響力を持つに至った。例えば、心理学の文献において、人間生活の生態学的特徴を記述するため、一般には多様なレベルの分析の説明を伴った多くのモデルが提示された(7)。

全ての人間の実践は、生態学的に理解することができる（個人レベルにおける変化は、様々な社会システムの変化を含意するし、その逆もまた然りである）。コミュニティ音楽療法実践は、例えば様々なグループ間、または個人とコミュニティ間の関係性を探究することによって、生態学的な関係性に積極的に働きかける。内包されるシステムや生態学的レベルは、各プロジェクトやコンテクストのニーズやリソースによってかなり異なり得る。

第四章において生態学的メタファーが社会科学にいかなる影響を及ぼしたかについて明らかにした上で、第五章では音楽の生態学的視座について議論する。生態学的メタファーは、第六章から第八章までで示す実践の議論においても中心に位置づく。

コミュニティ音楽療法の**パフォーマンス的な**特性は、生態学的コンテクストにおける関係性の行為とパフォーマンスを通した人間発達に焦点を当てることに言及するものである。このことは、省察が下位に置かれていることを示しているのではなく（以下を参照のこと）、省察が自己と社会システムのパフォーマンスと不可避的に関係していることを示唆しているのである。

パフォーマンス的な特性は、コミュニティ音楽療法における音楽の役割を探究するのに極めて重要となる。それはまた、健康と発達におけるコミュニティ音楽療法の事前対処的な（proactive）役割を性格づけるものでもある。治療的な介入よりも、健康の促進と問題の予防に主たる焦点がある。コミュニティ音楽療法の実践は、時に医療部門と協力するが、必ずしもこの部門の一部となる必要はないし、通常は治療を志向していない。健康とウェルビーイングに向けた協働的努力が焦点であり、個人、集団、またはコミュニティは健康上の問題の中でどのように生活し、それにどう対処するか、という問題が焦点化されるのである。結果として、日常生活のコンテクストにおける健康と生活の質の向上が肝要となる。したがって多くのコミュニティ音楽療法実践が、療法と名付けられていない活動を含むことになる。例えば集団やプロジェクトは、適切な名称でもってしばしば自己識別されるが、このことは、参加者の音楽的アイデンティティにとってこれら諸実践がいかに大切であるかの証左である。

第三章では、様々なコンテクストにおける健康やウェルビーイングの概念が議論され、続く第四章では、社会的コンテクストにおける人間の発達について論じられる。音楽のパフォーマンス的な特性については、第五章でさらに詳述する。

活動家の、省察的な、倫理推進的な特性

コミュニティ音楽療法の**活動家の**特性には、人々が抱える問題とは、リソースへのアクセスの不平等といった社会的制限と関連しているという認識が含まれる。また、このことに関連して行動する意志も含意する。活動家の特性は、社会変革がコミュニティ音楽療法のアジェンダの一部であることを提起しているのである。参加者と音楽療法士は、ほんの少しであったとしても世界を変えるために、しばしば協働・連携して共に取り組む。おそらく活動家の特性は、他の大半の特性よりも論争を引き起こすものであろうが、例えば参加型の特性や倫理推進の実践とは論理的に調和するものである。

第六章から第十章で仔細に明示する通り、活動家の仕事には協議と省察が必要とされ、コミュニティ音楽療法の他の特性とのバランスが取られなければならない。

コミュニティ音楽療法実践の**省察的な**特性は、プロセス、結果、より広範な含意を認識し、理解するための対話的で協働的な試みに言及する。しばしばこれは、思考し、議論することを含むが、それのみとされるべきではない。行為や相互作用、反応もまた理解するのに貢献するからである。先述した参加型のエートスは、全ての関係者との協議

へといざなうし、音楽療法士が唯一の専門家であるという考えには異を唱えるものである。ゆえに一般の人々（lay）のローカルな知識がコミュニティ音楽療法の省察の中心にある。とはいえ、これら協議と集合的なプロセスを中心的構成要素とした研究に焦点を当てるのは理に適っている。研究でもたらされる知識は、コミュニティにおける能動的な音楽的、社会的な役割を担う際のリソースとなる。リソースとしての妥当性を保持するためには、コミュニティ音楽療法の研究は学際的で多層的な視座から構築されなければならない。研究、理論、行為の統合に開かれていることもまた有益である。

第六章から第八章において、対話と省察の集合的プロセスに性格づけられる実践を明示する。第九章ではコミュニティ音楽療法の研究について、第十章ではコミュニティ音楽療法の専門職化の概念的含意について論じる。

コミュニティ音楽療法の**倫理推進的な**特性は、実践、理論、研究が権利、すなわち人権を活性化する価値や活動を導く権利を実現させる意図にどう根差しているかに言及する。健康、ウェルビーイング、コミュニティ、そして音楽はコミュニティ音楽療法実践の中心であり、これらの目的は自由、敬意、平等、結束といった価値によって育まれる実践において実現することが求められる。しかしながら、これらの価値はあるコンテクストと別のコンテクストでは幾分変化するし、例えば多くの人々が自由と平等のような価値同士の緊張関係も経験してきている。それゆえ、コミュニティ音楽療法実践の倫理的基盤は、コンテクストにおいて協議されるのである。

価値に関する課題は、本書全ての章で示されている。第三章では、健康と平等の関係が論じられる。第七章では、特に権利を基盤とした実践であるコミュニティ音楽療法の概念と、この概念を支える中心的価値が議論される。

慣例的な音楽療法との連続性と対照性(8)

コミュニティ音楽療法実践は、協働の可能性に焦点を当て、社会領域に関わる音楽療法の責務を実相化する。このためのコンテクストは、既に確立されている音楽療法の定義と比較することによって立証されるであろう。世界的に広範な影響力を持つ音楽療法団体の一つであるアメリカ音楽療法学会（ＡＭＴＡ）は、音楽療法を次のように定義している。

音楽療法とは、認可された音楽療法プログラムを修了した認定音楽療法士が、療法的関係の中で個人的な目標を達成するための臨床的かつエビデンスに基づいた音楽的介入の使用である（AMTA, 2011）。

上記の定義と本章で提示された理念の間には緊張関係が存在する。コミュニティ音楽療法は、必ずしも臨床的であるとは限らない。目的は時に個人的なものであるが、そうでない場合もある。これら目的の追究は、療法的関係の範疇に限定されるものではない。コミュニティ音楽療法における「介入」は通常、「関与」や「イニシアチブ」のような広範な用語で描写される方がより正確である。コミュニティ音楽療法は研究によって知見がもたらされるが、「エビデンスに基づいた音楽的介入の使用」という表現は、コミュニティ音楽療法の参加型、そしてコンテクストに鋭敏な性質に照らすと、かなり限定的である。

前の段落では、コミュニティ音楽療法と確立された音楽療法との視点の相違を強調した。我々は以下について問わなくてはならない。すなわちコミュニティ音楽療法は、音楽療法がどう定義づけられ実践されるべきかに関する一般に受け入れられている見方と矛盾しないのであろうか。この疑問に肯定的、または否定的に答える代わりに、我々は世界には音楽療法の定義が多数存在し、どの定義も文化的、または理論的な影響を免れることはできないことを想起すべきである。これらの影響は微々たるもので減衰するかもしれないが、全く影響を受けない透明な言語（transparent language）など到達不可能である。概略的に評価すれば、AMTAの定義は、生体医学的、心理学的なプロセスに影響されていて、コミュニティ音楽療法の実践を特徴づける視点とは余り互換性がないであろう。一方で、本章の最初の方で論じられたエヴェン・ルードによる社会学的に特徴づけられた音楽療法の定義は、コミュニティ音楽療法の視点とかなり符合する。音楽療法を中立的、または包括的に理解しようと欲すことは無益である。おそらくは様々な知見が互いに補完し合い、異議を唱えることで学術的な論争や発展の原動力をいかにして得ているのかを吟味する方が、より生産的である。

コミュニティ音楽療法と慣例的な音楽療法との連続性、あるいは対照性をどう叙述し得るのかは、本書全体を通しての論点となる。これは、実践と研究の一分野である音楽療法のアイデンティティの問いへとつながる。音楽療法を性格づけている視点や理念の多数性は、多様な系統間で接触や幾分かの知識、理念の交換がある限り、学問的な論争と発展のためのリソースである。このように、コミュニティ音楽療法における新たな理念は、より慣例的な実践において所与として受け入れられてきた概念を活気づけ、挑戦することもできるし、その逆もあり得る。慣例的なものは、時間を経て変わっていくであろう。コミュニティ音楽療法は、対話と議論の継続を促進する方法で既に確立された概念に挑戦することによって、より慣例的な学問領域との関係において建設的な役割を担うことができるのである。

資料1・5　新たなテリトリーを探究するための共有された意志。音楽心理療法からコミュニティ音楽療法へと導かれるプロセスにあるマリア・ロジス（Maria Logis）とアラン・タリー（Alan Turry）。ニューヨークにて。
写真：Jun Oshima

コミュニティ音楽療法のプロセスは、専門家によって定義された個人の診断に基づくよりもむしろ、ある特定の状況で取り決められた了解事項から生じる。人々の「固定化された」問題に焦点を当てるよりも、実践と方針を改善していくコンテクストにおいて、人々が成長するのを支援すると思われるリソースを活性化させることに焦点を当てるのである。本章の冒頭で紹介した事例は、音楽における協働、参加、インクルージョンに焦点を当てることによって、新たな美的可能性を拓き得ることも示している。この点においてコミュニティ音楽療法は、より広範な社会的、文化的プロセスの一部、つまり人々が音楽とコミュニティための権利を取り戻すのを支援しエンパワメントする実践（Ruud, 2004）であると考えられる。このことは、音楽と交流の双方を可能にする音と動作とは、人間の生来的能力であることを示唆するエビデンスの増加との関連で考えることができよう（Malloch & Trevarthen, 2009）。

コミュニティ音楽療法は、後期近代社会における様々な社会文化的変化のプロセスと関わっている。この一局面として、新たなコミュニティや共同意識への関心とは真逆の個人主義的傾向の拡大が挙げられる。また別の局面として、社会的参加の権利といったしばしば人権に関するエンパワメントや協働を強調する一般の人々によるイニシアチブとは対照的な、専門家主導の医療サービスの加速度的な専門化も挙げられよう。コミュニティ音楽療法の現出は、これらの傾向と奮闘のコンテクストにおいて明らかになったジレンマへの回答としてではなく、一つの実践的、学問的な応答として理解されるべきである（Stige, 2003）。

換言すれば、コミュニティ音楽療法の重要性と妥当性について熟考する際、いくつかの要素を考慮に入れる必要がある。人間とは、音楽的コミュニティや協働的ミュージッキングを可能にする普遍的能力を持っている。ローカルな環境が、参加への機会と障壁を規定する。普遍的人権が、社会に参加し、健康、教育、文化に関する火急的課題へのアクセスを可能にする。再び、ローカルな環境がニーズと優先順位を規定する。個人的治療はもちろん多くの場合、正統で重要だが、社会における大きな規模の健康問題を取り除いたり、実質的に減少させたりすることは決してできないのである。コミュニティ心理学、社会福祉、健康促進のような分野が、この問題に真剣に取り組んできた。個人的治療は、健康と発達に向けた事前対処的、社会的、文化的なアプローチによって補完されねばならない。コミュニティ音楽療法は、そのような補完的方略の一部なのである。

結論

近代の学問としての音楽療法の発展は、もっぱら個人化された治療に焦点を当ててきたが、コミュニティ志向で健康を促進する実践の支流はいくつかの国で生じていた。一九九〇年代後半以降、この傾向は国際的に強まっている。コミュニティ音楽療法の実践は、健康促進ミュージッキングを通した個人とコミュニティのつながりに焦点を当てている。人間生活の私的、公的側面の関係がそうであるように、個人とコミュニティとのつながりは多面的である。それゆえにコミュニティ音楽療法は、近代音楽療法の慣例的実践と対照をなすものとして限定的に説明することはできず、いわば補完的なムーブメントとしても描写されるべきである。とはいえこのことは、コミュニティ音楽療法が「危険な知識」、すなわち確立されている実践において当然視されている仮定に挑戦する知識を発展させる可能性を排除するものではない。

コミュニティ音楽療法は、実践、学問的下位区分、高度専門職の三つのレベルで定義することができる。実践としてのコミュニティ音楽療法は、実践のある特定の一形態というよりもむしろ、一連の関連した実践としてオープンな用語において考えられるべきである。これらの実践は、いくつかの共通する性格を持っているかもしれないが、ローカルな価値観や状況の違いによって、実践の間には相当の多様性もある。コンテクストをまたいで共有できるのは特定の活動や技法ではなく、省察のための価値やツールによって特徴づけられる協働的な音楽行為を探究することへの関心なのである。学問的下位区分としてのコミュニティ音楽療法は、人間の社会生活のコンテクストにおける、そして人間の社会的ニーズと能力に照らした音楽、健康、社会変革の研究として理解することができる。コミュニティ音楽療法は、とりわけ複数の生態学的レベルを含んでいるため、広範な研究領域である。高度専門職としてのコミュニティ音楽療法は、感情的に困難なコミュニケーション上の問題に取り組む能力や、音楽的技術如何にかかわらず人々を音楽に参加するよういざなうような音楽療法の専門職において確立された多くのスキルを基盤としている。加えてコミュニティ音楽療法では、社会的状況に関連して問題を理解する能力、（しばしば公開パフォーマンスを含む）協働的ミュージッキングを運営する能力、コミュニティの問題に関連づけて自分自身の価値観を明確にする能力、コンテクストをまたいで提携を確立する能力、多様なコミュニティのメンバー間を仲介する能力といった、一連の専門職上の能力を拡張することに注目する必要がある。

　コミュニティ音楽療法の多面的、文脈的な性格を踏まえるならば、あらゆる定義が余りにも複雑、または余りにも単純になりがちである。定義のジレンマに対処可能な一方途として我々は、コミュニティ音楽療法を性格づける実践、学問、専門職に関する七つの諸特性についてコミュニケートするため、ＰＲＥＰＡＲＥという頭字語を提案してきた。

　コミュニティ音楽療法の出現は、音楽療法という学問のさらなる社会的関与へのいざないを象徴している。しかしコミュニティ音楽療法は、何十年にもわたって音楽療法において構築されてきた価値と知識の連続と発展でもある。コミュニティ音楽療法の出現は、音楽療法士がコミュニティと社会変革のプロセスのためにこれらスキルを使用することが可能になったことを示唆している。コミュニティ音楽療法への招待の妥当性とは、音楽における、あるいはそれを通したつながりを可能にさせる生物学的に基礎づけられた人間能力、及び人間のつながりを現代社会における火急的課題へと浮上させた後期近代の展開との関連において概括することができよう。

キーターム、議論のトピックス、註

キーターム（登場順）

人間のつながり、聴かれざる複数の声に耳を傾ける、ミュージッキング、療法的、日常生活、健康促進、社会変革、コミュニティ、行為の可能性、コミュニティ音楽療法を定義する、定義の限界

コミュニティ音楽療法の諸特性（PREPARE）

参加型の、リソース志向の、生態学的な、パフォーマンス的な、活動家の、省察的な、倫理推進的な

議論のトピックス

次の批判的思考の質問は、本章で議論したトピックスの批判的省察のために授業やグループ、または学生個人で議論することができる。付加的なリソースは、本書のウェブサイトで見つけることができる。

1．多くの人が、日常生活のリソースとして音楽を使用する。この使用は、健康とウェルビーイングのための音楽を含む。それゆえ音楽を「療法的な」ものとして考え、そう説明する人もいる。音楽療法の専門職にとっての考え得る含意について議論しなさい。

2．多くの人々が、明瞭な学問的コミュニケーションのためには定義は必要不可欠であると唱えているが、本章において一部の学者が、文脈上の使用と離れて境界や定義を確立することでコミュニケーションが必ずしも改善される

とは限らないと主張していることを示した。この見解を採用することで、我々の理解を補助する様々な典型を探索することができるであろう。あなたがこの議論においてどのようなスタンスであったとしても、コミュニティ音楽療法の典型を一つ詳しく描写しなさい。なぜあなたがその例に重要性を見いだしたのかについて、説明を試みなさい。

3．PREPAREという頭字語の最後の特性（「倫理推進的な」のE）は、コミュニティ音楽療法が、個人の病状に関連する専門家の判断よりもむしろ、音楽、健康、コミュニティにおいて取り決められた方針によって推進されることを示唆している。英国ではサイモン・プロクター（Simon Procter）が、メンタルヘルスにおける非医療的なイニシアチブと音楽療法との関係について議論している。

このような条件で提供されるサービスは様々であるが、（障害や不調よりもむしろ）人々の健康促進のための能力や潜在力に焦点を当てることによるエンパワメントを目的としているため、実践的な面（カウンセリング、福祉、福利厚生のアドバイス、言語／リテラシーのクラス、など）や、創造的な面（音楽的、芸術的、文学的）が強調される傾向がある。実践的な面、創造的な面が強調されるのに、音楽療法が利用されることが滅多にないということは奇妙に思われる（Procter, 2001）。

プロクターによって記述されたものと同様の非医療的イニシアチブは、音楽療法がそれに含まれるか否かにかかわらず、多くの国に存在する。あなたの国の音楽療法とこれらのイニシアチブとの関係はどうなっていて、その状況をあなたはどう評価しますか。

註

（1）国際平和研究において、あらゆる参加者の複数の声に耳を傾けるというメタファーはよく使用される（Galtung, 1999）。もし全ての人が彼／彼女の声を使用できるのであれば、コミュニティを攻撃する暴力を人々が使用する―または、内側にフラストレーションを溜め、自分自身を攻撃する―危険性を減ずることができるであろう。

（2）「ミュージッキング」はスモール（Small, 1998）によって提示された用語である。同様の概念で「musicing」（ミュージキング）とスペリングされた用語をエリオット（Elliot, 1995）が発展させたが、社会的状況における関係性のパフォーマンスとしての音楽行為にはさほど注目していない。「ミュージッキング」についての我々の概念的理解は、スモールの研究の影響を受けており、同時に行為主体（agents）、活動（activities）、人為的産物（artifacts）がどのように相互作用し、互いを構成するかに関する文化心理学、音楽社会学の理論にも影響を受けている。本書で引用したいくつかの文献―特にアンスデル（Ansdell）とパヴリチェヴィック（Pavlicevic）によるもの―では、エリオットのスペル「musicing」が使用されているが、そこでも概念的理解はスモールの「musicking」に近い。

（3）コミュニティ音楽療法のプロセスには、伝統的な臨床的コンテクストにおいて展開されるものもある。そのため実践を記述する際、「クライエント」または「患者」などの用語を使用するのが妥当と思われることもある。本書ではコミュニティ音楽療法の基本原理を記述するに際して参加型の視座をとることから、参加者という用語を一般的に採用している。

（4）この言葉は、二〇〇〇年版の *The New International Webster's Dictionary* と英語版シソーラスから引用している。

（5）療法に関するこの視座は、一九八〇年代、一九九〇年代のノルウェーのコミュニティ音楽療法にとって重要なものとなった（Kleive & Stige, 1988; Byrkjedal, 1992; Einbu, 1993; Stige, 1993, 1993/1999）。

（6）このルードの定義とその議論は、「コミュニティ音楽療法における変革の風を議論する」というタイトルのもと公表されている。http://www.voices.no. を参照のこと。

（7）メソシステム、エクソシステム、マクロシステムに埋め込まれたミクロシステムというブロンフェンブレンナー（Bronfenbrenner, 1979）のモデルは影響力があり、個人、集団、組織、地域、および様々なより大きなシステムの間の相互作用を記述する他のモデルに知識をもたらしてきた（第四章を参照されたい）。

（8）音楽療法が幾多の方法で実践され、議論されているという事実を考慮するならば、「慣例的な音楽療法」という用語は正確なものではない。この用語を使用することで我々が言及している慣例とは、個人レベルで症状や健康問題を検証し、このレベルでの介入に焦点を当て、臨床的アリーナ（clinical arene）（クリニック、施設、個人オフィスといった「療法スペース」）の境界内で取り組むことである。

第二章　歴史

第二章を学習後、次のような問いについて議論することができるようになるであろう。
■伝統的な音楽的ヒーリングの実践は、現代のコミュニティ音楽療法とどのように類似し、また異なっているのか。
■近代音楽療法のパイオニア期の文献において、コミュニティに関連した主要な考えとは何であったか。
■一九八〇年代の音楽療法理論において、システム全体的（systemic）、社会文化的（sociocultural）な転換を特徴づけたものとは何か。
■一九八〇年代、九〇年代におけるどんな種類の社会文化的変化がコミュニティに根差した、コミュニティ志向の音楽療法における実践的な関心の更新に寄与したのか。
■二十一世紀初頭において、なぜコミュニティ音楽療法は国際的言説、及び研究領域として台頭したのか。
■コミュニティ音楽療法の歴史的発展を描写するには、どのメタファーが最もふさわしいのか。

音楽と健康に関する伝統的な共同的実践

学問と専門職としての音楽療法の発展を最良に理解するには、多様な今日的、歴史的コンテクストとの関係に照らしてみることである。本書の最終章において、後期近代社会における現下の発展が、音楽療法の専門職にいかなる影響を及ぼしているかについて議論する。本章では歴史的視座より研究、実践領域としてのコミュニティ音楽療法の実現を促進したいくつかのプロセスに目を向けてみよう。

近代音楽療法史を通じて、人権への敬意や社会正義のヴィジョンに基づいたコミュニティを発展させるための多様なイニシアチブが、全ての市民にとって到達可能な健康、教育、価値ある文化的参加を実現するための努力を後押ししてきた[1]。このようなイニシアチブに関わる仕事をする音楽療法士らは、音楽療法が個人的治療以外のものを提供できることを論証してきた（Stige, 2003）。音楽が伝統社会においていかに用いられているか／きたかをみるならば、協働的音楽行為における社会・文化的可能性や、これらが健康、ウェルビーイング、コミュニティの発展とどう関連しているのかについてのさらなる理解も得られるであろう。

現代のコミュニティ音楽療法においてみられるのと幾分類似した**伝統的実践**は、早い時期に現出し、多くの文化にあってはいまだ実在し、繁栄している。中央、東部、南部アフリカにおける多様な**ンゴマ**（太鼓）の伝統といった現下の例は、表面的には大半のコミュニティ音楽療法実践と大きく異なってみえるが、協働的で参加型のプロセスにおける健康に関連した音楽行為に焦点を当てるならば、類似性もある。ンゴマの伝統は幾多もあるが、有名なのは、フリードソン（Friedson, 1996, 2000）によって調査されたマラウイにおけるトゥンブカ族の伝統「踊る預言者」である。フリードソンによると、トゥンブカ族の伝統においては、不調、苦痛、ヒーリングは音楽によってもたらされる事象であり、プロセスである。ヒーリングの儀礼は、トゥンブカ族の伝統であるスピリッツを扱うのみならず、広範な社会領域を活性化するようデザインされた準公開の社会的、音楽的な行事である。フリードソンが述べる通り、儀式においてトランスは中心的な要素である。このことはトゥンブカ族の宇宙論（コスモロジー）と関係しており、そこでは祖先のスピリッツが中心的役割を果たしている。ゆえにトランスは、スピリッツとの接触（コンタクト）を確立す

資料2・1　ケニアのカンバ族の伝統であるンゴマによるヒーリング。
写真：Muriithi Kigunda

る媒介となる。

スピリチュアルな側面は、アフリカの音楽的伝統であるヒーリングの典型であるが（Kigunda, 2004）、他方で、余り明確にはスピリチュアルな分野との関係性がなく、人間存在の社会的、政治的側面により焦点化したンゴマの伝統もある（Schumaker, 2004）。バーズ（Barz, 2006）は、ウガンダにおいて音楽がいかにＨＩＶ／ＡＩＤＳのパンデミックと関わって使用されたかについて調査している。ＨＩＶ／ＡＩＤＳは、ある次元においては医学的危機であるが、同時にそれは明確な個人的、社会的、文化的、精神的、経済的な危機でもある。この状況においては、ンゴマの伝統である協働的な音楽行為は非常に貴重であるとバーズは論じる。彼は、病気がいかに広まるのか、感染率を下げるためにどんな中和作用を採用し得るのか、人々が音楽を用いていかに自らや近隣を教育できるのかについて述べている。バーズはまた、音楽活動がどう参加者をエンパワメントし、サポートとコミュニティの意識を構築し、問題の再生産に寄与してしまうジェンダーのステレオタイプに挑戦するのかを綴っている。このように音楽は、伝統的な治療師（ヒーラー）、一般の人々による実践、医療サービスが共存しつつ互いを補完する、**多元的ヒーリングシステム**の一部をなすようになるのである。

ヒーリングの共同的、音楽的な儀式を採用する伝統的実践は、あらゆる国で確かに存在する。これらの実践はしばしば専門職的、且つ研究的学識に基づく近代音楽療法の実践からは「かけ離れた世界」と考えられている。しばしば過去の音楽療法の文献では、これら実践は前科学的実践の例として言及されてきた。他方で、音楽療法士は伝統的実践に見識を持ち、意識すべき、という主張もあった（Kenny, 1982, 2006; Moreno, 1988, 1995a, 1995b; Rohrbacher, 1993, 2008; Ruud, 1992a, 1995; Sekeles, 1996; Stige, 1983, 2002）。これら多くの学者らは、伝統儀式が音楽的、社会的、ヒーリング的なプロセスをどう統合するのかに関心を寄せてきた。

このことは、人類学者ヤンツェン（Janzen, 2000）が音楽と健康を研究するためには学際的プラットフォームが必要、と論じたこととの関係で理解することができよう。ヤンツェンによると、近代の学問や大学の分断された性格――健康研究と音楽研究は通常、異なる学科や学部に置かれている――のため、また研究者は構成要素の相互作用を伴う儀式の全体よりも、部分的側面に興味を向けがちなため、伝統的なヒーリング儀式の全体性の理解がほとんどなされない一因となっている。ヤンツェンは、音楽療法がこの分離と関わり、統合に向けた努力に寄与できる可能性がありながらも、音楽療法士間ではこの挑戦と可能性が充分真剣には受け止められてこなかったと主張する。

音楽療法の文献におけるコミュニティと関連した初期の理念

音楽療法が一九四〇年代から五〇年代にかけて新たな専門職として確立された際、医学的、行動主義的な理念が突出していた。著書『音楽と医学』（Schullian & Schoen, 1948）に記されたような伝統的実践の民族誌的な調査への関心もあったが、グーク（Gouk, 2000）が論じている通り、これらの伝統的実践は、今日の実践とは限定的な関わりしか持たない非科学的な先行事例と捉えられた。この手の考え方に対する早期の批評は、アメリカの民族音楽学者、ブルーノ・ネトル（Bruno Nettle, 1956）によってなされた。彼は儀式的設定下で伝統文化が音楽、言葉、動きを統合する方法には、療法的価値があると論じる。彼はこれを、（近代アメリカ音楽療法が焦点化していると彼が解した）行動における音楽の直接的影響に関する限定的な研究と対比した。

続く二十年間の一九六〇年代と一九七〇年代、行動主義者の理論と実践がアメリカの音楽療法において優位を占めた。とはいえコミュニティに関連した課題は無視された、と言うのは正確ではない。音楽療法における最初の教科書の一つ、ガストン（Gaston, 1968）の『療法における音楽』では、コミュニティにおける音楽療法に一節全てが捧げられている。例えば、以下のように述べられている。

> 確かに音楽療法士が、実践を時流に乗ったものにするには、コミュニティと治療とのさらなる統合への意識を高めなくてはならない。コミュニティ中心の制度に沿った想像、即興、持続的学習は、音楽療法士の成功を性格づけるはずである（Folsom, 1968, p. 361）。

フローレンス・タイソン（Florence Tyson）は、コミュニティと音楽療法の関係性への洞察に貢献したアメリカの先駆者である（コラム2・1を参照のこと）。一九五〇年代、六〇年代、七〇年代においてタイソンは、「外来患者の音楽療法」「コミュニティにおける音楽療法」など、いくつかのテクストを公表した。タイソンの取り組みは、臨床的実践がいかにコンテクストの影響を受けるかについて解明したが、コミュニティに基づく、コミュニティ志向の音楽療法をもたらすような新しい理論的視座を発展させることは比較的なかった。この挑戦はキャロライン・ケニー（Carolyn Kenny）（以下を参照）によって一九八〇年代に着手された。彼女は音楽療法理論における文化的鋭敏さや、システム全体的な視座のパイオニアである。

コラム2・1　フローレンス・タイソン：コミュニティ音楽療法センター

既に一九五〇年代終盤、アメリカ精神医学の脱病院化に呼応してフローレンス・タイソンは、自身が「外来患者の音楽療法」と呼称した中身について論じている（Tyson, 1959）。数年後に彼女は、「コミュニティ音楽療法センター」なる記事を書き、ニューヨークに設立したセンターの歴史、目的、組織を論じた（Tyson, 1968）。背景には一九六〇年代、全米において発展したコミュニティを基盤としたリハビリテーション・センターがあった。

タイソンは「コミュニティ音楽療法」という用語を定常的に用いた最初の音楽療法士の一人であったが、彼女のコミュニティ音楽療法の概念は、その用語の現代的理解とはおそらく異なっていた。彼女がその用語を定義することはなかったが、慣例的な音楽療法からのラディカルな転換、という熟考を欠いたまま用いていたように思われる。とはいえタイソンは、コミュニティを基盤としたサービスは、音楽療法士に新たな責務と挑戦を提案する、と論じている。

音楽療法士は、コミュニティでの実践において別の側面を習得することになる。音楽療法士は全人としての患者や、人間相互間のコンタクトが患者の生活状況全体にとって即座、且つ重要な含意があるという事実に、一層気づくようになると思われる（これは単に保護病棟に患者をどの程度収容するかという問題ではない）。音楽療法のコンタクトにおいて、コミュニティ環境全般に恒常的な影響を与え続けることが、音楽療法が外来患者のニーズに応えるための不可欠で広範な枠組を創出するのである（Tyson 1968, p. 383）。

タイソンは、コミュニティ・センターにおける音楽療法の主目的が、病院での音楽療法と同じく患者の再社会化であると論じた。ただ彼女は、取り組み方の可能性に関して両者は異なっていると述べる。タイソンは音楽療法センターでの活動の一環としてパフォーマンスと集団的音楽行為を伴う年一回のミュージカルを導入し、これらイベントによって個々のクライエント、センターの環境、センターとコミュニティとの関係においてどの程度ポジティブな結果がもたらされたかを論じた。「コミュニティにおける臨床音楽療法プログラムの組織化に向けたガイドライン」（1973）を含むタイソンの著述全集が出版されている（McGuire, 2004）。

一九六〇年代と七〇年代、アメリカの音楽療法士の幾人かは、音楽療法における社会的視座について探究している（例えばHadsell, 1974）。例えば論文「青年期のコミュニティ音楽療法」においてラグランドとアプリー（Ragland & Aprey, 1974）は、非行を働いた青年たちの合唱プロジェクトについて著した。合唱を公開で行うことにより、歌い手らは演奏活動に向けられた承認を感じ取った。プロジェクトを論じるに際し、著者らは学業における出席とモチベーションの向上を強調した。以前に非行を働いた生徒は、学校への出席とパフォーマンスが改善し、学業習慣と行動に改善を示した。

コミュニティと関連した見解は、初期イギリス音楽療法における音楽療法の文献にも見いだすことができる。この取り組みのパイオニア、**ジュリエット・アルヴァン**（Juliette Alvin）は適例である。彼女は音楽療法とコミュニティの体系的議論を発展させることはなかったが、一九六〇年代にコミュニティ・ケアと、その音楽療法への示唆に関する熟考を出版している。また音楽療法実践と、そのセッションが行われる場所との必要な適合性に関する見解も推し進めている。影響力ある著書『音楽療法』において彼女は、「患者のためはもとより、その音楽セッションが行われる場所との適合性も考慮して、療法は計画されなくてはならない」と論じている（Alvin, 1966/1975, p.159）。アルヴァンは音楽療法室を超え、コミュニティへの参加の可能性が拡がることにも関心を抱いた。彼女は、「もしもコミュニティが患者にとって必要な施設を提供できるならば、柔軟な音楽療法プログラムにより、彼がコミュニティに戻った時に音楽活動を続けるインセンティブを与えることができるのではないか」と思索した（Alvin, 1968, p.390）。このような手法でアルヴァンは、音楽療法プロセスの結果は、社会的、文化的条件に左右されるという事実への気付きを論証した。彼女はこのことを、イギリスにおける音楽療法の文化的コンテクストに位置づくアマチュア音楽行為の伝統を考察することで跡づけ、この伝統は「文化的に利益があるだけでなく、精神的トラブルの予防ともなる」ことを示唆した。アルヴァンは、「音楽療法士は音楽をツールとするある種のソーシャルワーカーとなり、自らの取り組みをコミュニティにおいて利用可能な医療的、社会的サービスと関連づけなくてはならない」と考えた（Alvin, 1966/1975, p.161）。

メアリー・プリーストリー（Mary Priestley）の取り組みは、もう一つの好例である。多くの音楽療法士は彼女の分析的音楽療法のモデルを、個人化された精神療法的アプローチとして認識している。しかるに彼女自身の実践は、音楽療法はどうたり得るのかについての幅広い解釈によって導かれていた。彼女の取り組みにおいては、即興グループ、ヴォーカル・グループ、レコード・セッション、療法的指導、室内楽、音楽クラブといった構造が用いられる。音楽クラブの構造とは、プリーストリーが働いていた精神病院での自発的参加に基づく開かれたイベントであり、これは「病院を家とする人にとっては、彼らが経験するであろう友人の家での音楽的夕べに最も近い」（Priestley, 1975/1985, p.95）。この主張は、一般に考えられている以上にプリーストリーの実践と療法理論が、現代の音楽中心的、コミュニティ志向のアプローチの近辺に位置づくことを示している。

ポール・ノードフとクライヴ・ロビンズ（Paul Nordoff & Clive Robbins, 1965/2004, 1971/1983, 1977/2007）の先駆者的取り組みは、おそらくコミュニティ音楽療法と特に関連が深い。彼らはイギリス、アメリカで仕事をし、彼らのアプローチは個別的音楽療法からグループワーク、より広範なコミュニティにおける演奏への移行が含み込まれている。クライエントと音楽との関係の深化が彼らの仕事の中心であり、公開で演奏される音楽作品と劇を制作している。彼らの影響は持続的で、ゲイリー・アンスデル（Gary Ansdell）やメルセデス・パヴリチェヴィック（Mercédès Pavlicevic）を含め、イギリスのコンテクストにおいてコミュニティ音楽療法を開拓した音楽療法士の何人かは、ノードフ—ロビンズの系統のトレーニングを受けている。

本節ではアメリカとイギリスの例を記したが、音楽療法とコミュニティとの関係性の先駆的な取り組みは、ドイツやノルウェー、アルゼンチン、ブラジル、オーストラリアといったいくつかの国々でこの時期に発展したことに注目しておくのは重要である。こういったコンテクストからの例は、本書全体を通じて示していく。

音楽療法理論におけるシステム全体的、社会文化的な展開

アンスデル（2002）によると、イギリスにおいて一九七〇年代終わりから一九九〇年代終わりにかけて音楽療法が専門職化していった手法は、個別的なクライエントの治療に強く焦点化したものであり、音楽の社会的、共同的な可能性にはあまりフォーカスしていなかった。したがって音楽療法における理論は、大部分において個人化された問題や解決に焦点化した心理学や医学等の学問領域によって定義された前提に方向づけられていた。おそらくは多くの

国々が似通った発展を辿ったであろうが、この状況の微妙な差異については付言されるべきであろう。専門職化のプロセスは、国ごとに幾分異なっているからである。

同時期の音楽療法の理論と研究は、より共同的、文化志向的で、コンテクストに鋭敏な学問、専門職の理解促進に寄与した。一九八〇年代から力強く成長した往時の理論的視座について論じておこう。

キャロライン・ケニー（Carolyn Kenny）は、音楽療法における体系志向的（systems-oriented）な視座への関心の高まりに貢献したアメリカ人理論家である。最初の著作において彼女は、音楽を健康に関する広範な文化的体系の一部とみなすことの妥当性を明らかにした（Kenny, 1982）。グレゴリー・ベイトソン（Gregory Bateson）の生態学的研究を起点に、ケニーは関係的概念を主張した。音楽療法における音楽は「薬物」と認識されるべきではなく、また音楽療法士は、自らの健康と生活上の責任を負っている人々を励まし、支えなくてはならないことを示唆した。また療法の社会文化的機能が吟味されるべきとも論じた。一九八〇年代を通してケニーは生態学的、体系志向的な方向性の思索を展開し、今日のコミュニティ音楽療法と明確に関連した理念を発展させた（コラム2・2を参照されたい）。

コラム2・2　キャロライン・ケニー：神話とフィールド、儀礼と責務

一九六〇年代、七〇年代におけるアメリカの音楽療法は、方向性においては一層行動主義的であったが、幅広いパースペクティブを主張するような別の見解もあった。その有力な見解の一つが、キャロライン・ケニーによるものであった。ケニーの著述には「コミュニティ音楽療法」という用語を見いだすことができないが、彼女の音楽療法理論における貢献は、今日的議論とも関係している。ケニーの議論がもたらした持続的な筋道とは、伝統的な人間の知恵と、現代の知識と実践との統合に関

する探究である。

『神話の動脈』（1982）においてケニーは、神話と儀礼に、またそれらを通じて取り組むことの価値に関する具体的事例について述べた。三年後、ケニー（1985）は音楽療法の体系的理論の妥当性を論じた。一九八九年には関係的でコンテクストへの鋭敏さを伴った音楽療法理論に関する『フィールド・オブ・プレイ』を上梓した。『フィールド・オブ・プレイ』は、『神話の動脈』の議論を体系的理論とある程度統合したものである。ケニーが発展させた理論は、音楽療法とはプロセス志向の実践であるという前提を基盤としていた。ケニーのフィールド概念は、環境的（environmental）アプローチと関係しており、サウンドはもとより人間、シンボル、儀礼の存在ともつながっている。

比較的最近、ケニーは音楽療法研究者の社会的責務について提唱しており（Kenny, 1999）、彼女の主たる研究トピックスと関連した土着社会の再活性化におけるアートの役割といった明確な人類学的焦点化への展開にみられる通り、これも現代のコミュニティ音楽療法の言説と関係している（Kenny, 2002a, b）。彼女の著作全集には、音楽療法理論への貢献はもちろん、儀礼研究や人類学に特徴づけられたテクストも含まれている（Kenny, 2006）。

一九八〇年代、コミュニティと社会への重要な理論的視座を展開したもう一人の音楽療法士がノルウェーの理論家、**エヴェン・ルード**（Even Ruud）である。博士論文においてルード（1987/1990）は、音楽療法を現代の科学や人文学の理論との関係において位置づけた。この仕事の注目すべき特質とは、人間に関する理論である。ルードは、人間についての理論とは生物学はもとより心理学的、社会学的な側面が含まれなければ、完成させることができないことを強調した。この前提を踏まえ、音楽的コミュニケーションの条件に関する複数的、多因子的な理論を発案した。かくしてルード（1987/1990）は、音楽を手段へと減じるのは不充分であり、個人の即興行為のみならず社会化や文化化のプロセスも音楽療法理論に包含すべきと論じるのである。

資料2・2　コンサートにおける「手話の歌」の音楽演奏。アメリカジョージア州のミリッジビルにて。写真：University Television, Georgia College & State University

コラム2・3　エヴェン・ルード：社会領域における／としての音楽療法

著書『音楽療法とは何か』[2]においてルード（1980）は、音楽療法における、より社会志向の視座を採ることの含意を明らかにしている。彼は個人や健康に特化した慣例的な目的の範疇を超え、参加することから伝統的に排除されてきた人々に対し、音楽療法が音楽をもたらすために重要であると提言する。ルードの前提は、健康問題における生体医学や心理学的な見地は人間の生活における社会・文化的側面を等閑視する傾向にある、というものである。音楽療法にやってくる人物が経験する問題や限界とは、個人だけでなく、多様な社会的、文化的状況ともつながっている。ゆえにルードは、音楽療法はクライエントのコンテクストと環境に方向づけられなくてはならず、予防的、政治的側面が決定的に重要と述べるのである。ルード曰く、人間相互間の鋭敏さは常に充分とは限らない。音楽療法士は、音楽療法が行われている「社会領域」との関係にも敏感である必要がある。時に療法士は、人々が生き、育ち、発展する条件を創出し、且つ社会領域を形成する政治的、社会的な力を扱う必要があろう。

ルードはこの議論のいくつかの側面を、近年の出版物、たとえば音楽と健康の論文集（Ruud, 1986）、人類学の理論と研究方法論を用いた音楽研究（Berkaak & Ruud, 1992, 1994）、音楽とアイデンティティの研究（Ruud, 1997a, b）、多様なコンテクストにおける音楽と健康の研究（Ruud, 2002; Batt-Rawden, Bjerke, DeNora & Ruud, 2005; Storsve, Westby & Ruud, 2010）において探究している。

ケニーとルードのテクストは、現代のコミュニティ音楽療法の発展に影響を及ぼしてきた。同時期、おそらくは余り国際的に知られていないが、直接に関係した別の理論的貢献もあった。ドイツ音楽療法理論への貢献が、その好例である。ドイツ音楽療法の文献では、社会的、政治的な次元を論じる伝統がある。ゲック（Geck, 1972/1977）の音楽療法と社会への批判的著書は、このトレンドを映し出している。彼の議論は、もし療法士が社会的権力や対人関係の疎遠（「集団的異常」の可能性）の問題に意識を向けず、非批判的に個人の正常化を試みるならば、療法は抑圧的となり得るというのである。ゲックはこのような場合には、療法士は（人間的）治療よりも、（政治的）無関心を象徴すると論じる。

一九九〇年の東西ドイツ統一まで、ドイツには音楽療法に関する二つの学問的系統があった。東ドイツ的な系統の中心的先駆者である**クリストーフ・シュヴァーベ**（Christoph Schwabe）は、音楽療法における社会的視座のパイオニアでもあった。彼は一九八〇年代に数多くの自らの理論的思考を発展させた。一九九〇年代、部分的には文化と社会の変化に呼応しながら、彼はこれらの視座について再び明瞭に表明した[3]（Schwabe & Haase, 1996, 1998）。シュヴァーベの理念とコミュニティ音楽療法の文献には不一致もあるとはいえ、シュヴァーベの理論的考察はコミュニティ音楽療法領域にとって重要である。シュヴァーベは、自身が社会的音楽療法[4]と銘打ったモデルを提示し、紹介された具体的な徴候に対する心理療法の形態として叙述した。この議論は、「社会的病理」の概念に基づいている。対照的に大半のコミュニティ音楽療法の文献は、病理と診断の概念の外側を思考することの妥当性について明らかにしてきた。

コラム2・4　クリストーフ・シュヴァーベ：社会的音楽療法

一九六九年、クリストーフ・シュヴァーベは「芸術心理療法のための東ドイツ協会」の共同設立者となり、また当該国における音楽療法領域の中心的先駆者であった。シュヴァーベの最も名高い二冊の著書は、『成人患者のための活動的集団音楽療法』(1983) と『調整的音楽療法』(1987) であり、活動的なグループ音楽療法と受容的音楽療法のそれぞれに関するものである。コミュニティ音楽療法に最も関係しているのが、より新しい『社会的音楽療法』(Schwabe & Hasse, 1998) である。

シュヴァーベの理論的な議論は、人間の条件と、個人の特定的概念に基礎づけられている。シュヴァーベは、個人とは決して完全には孤立しておらず、(多様な方法と程度において) 他者と相互作用し、関連し、依拠していることを強調する。必然的に社会の特定的概念―そこにおいて個人と集団は互いに相互を構成する―は、シュヴァーベの研究において中核的な理論的概念として用いられている。個人的発達は、常にコミュニティと社会における発達と関連している。

この前提においてシュヴァーベは、親密さと距離の概念を用いることで社会的生活を描出している。親密さは開示、つながりの経験と関係しており、ゆえに防御の欠如とも関連している。距離は相違、境界線の設定と関係し、ゆえに自己防衛と関連している。同時に取り上げることにより、社会的接触とは解放への回路であると同時に、危険とリスクを象徴するものであることが示唆される。したがってシュヴァーベの定義によると、社会的健康とは他者、及び自身の内的生活との邂逅における、親密さと距離とのバランスをとる能力、ということになる (Schwabe & Haase, 1998, p. 15)。

音楽療法のアジェンダの拡張

一九六〇年代と七〇年代におけるコミュニティに基づく実践の先駆的努力、並びに音楽療法理論（の一部）におけるシステム全体的、社会文化的な転換にもかかわらず、八〇年代終わりにマルシア・ブルーチェク（Marcia Broucek）は、未だアメリカの音楽療法は脱施設化される（deinstitutionalized）必要があることを提案する。

歴史的に音楽療法は「施設化された実践」であった。しかしながら施設化された人々は膨大な人口の僅かな割合しか構成しない。音楽療法実践の伝統的範囲を超えて視座を拡張しようとする企図において、人間主義的視点から音楽療法が論評されており、三つのレベルの音楽療法が提案されている。すなわち危機にある人々、「平均的な」人々、自己発見に開かれている人々である（Broucek. 1987, p. 50）。

ブルーチェクは、音楽療法が歴史的な先行性、並びに財政的現実ゆえに「施設化」されてきたと述べる。彼女は音楽療法士が施設的な設定を越え、どんなリソースを提供すべきかを考える必要があると提唱し、そのことが音楽療法を豊穣な方法で拓くことになると論じる。この議論は、北米のコンテクストにおいてなされたが、テーマはより一般的である。音楽療法の脱施設化は状況が多様であるため、多くの国々で様々な方法において議論や関心のトピックであり続けてきた。

他方、コミュニティ音楽療法の今日的概念は、より多くを包含しているし、脱施設化の音楽療法とは異なっている。コミュニティ音楽療法の台頭は、社会文化的変化の広範な情勢の一部をなす。そのアイデンティティはコンテクストとしてのコミュニティ（コミュニティにおける音楽療法）を超えて、音楽療法のためのより大きなアジェンダ（コミュニティ変革のための音楽療法）を内包するまでにアプローチを拡張しているように思われる。これは必然的に新たなアリーナや活動が含み込まれることを示唆する。ブルーチェクの批評が生み出されたのと同時期の十年間から、二つの潮流を例示しよう。

最初の例はノルウェーのコンテクストからであり、この国の社会民主的な伝統と、社会的に特徴づけられたルードの音楽療法理論とが、文化的、社会的に積極関与した音楽療法のコンテクストを構築した。一九八〇年代初頭、**ブリュンユルフ・スティーゲ**（Brynjulf Stige）と共同研究者は、音楽療法がいかに包摂的な地域コミュニティに貢献できるかの探究に着手した（コラム2・5を参照のこと）。この取り組みは、障害を持った人々の権利に関する国家的議論に促されたものである。当該地域コミュニティの具体的な社会、文化的変革と音楽療法とを接合することで、音楽療法士の役割が再定義された。コミュニティへの積極関与を高め、より広範なコミュニティへと人々を再統合するのを支援するため、多様な音楽療法の用い方が模索された。コミュニティに根差した音楽療法実践は、地域の音楽家や音楽教育者、文化的労働者との協働によって発展した。このプロジェクトは公式な研究プロジェクトとしてなされたものではなかったが、エスノグラフィー的なフィールド研究や伝統的な参与型アクションリサーチの学術書が知的基盤にあった（Kleive & Stige, 1988）。

一九九〇年代を通してスティーゲは、地方レベルや国レベルのコミュニティ音楽療法プロジェクトに関わり、独創的な研究の記述を理論的に発展させるため、数回にわたり改定を加えた。

コラム2・5　ブリュンユルフ・スティーゲ：文化的積極関与、または：たとえわずかであってもいかにして世界を変えるか

スティーゲによるコミュニティ志向の音楽療法の最初の経験は、一九八〇年代、政府の財政支援による西ノルウェーの文化的プロジェクトに端を発した。地域コミュニティにおける音楽療法士の役割の可能性が探究されたそのプロジェクトは、文化

的参加の普遍的権利を中心に据えるノルウェー社会における政治的、社会文化的発展との関係において捉えることができる。

私のコミュニティ音楽療法への関心は一九八三年八月、ある月曜日の午後から始まった。その時私は、以降、音楽療法士としての自身の思考を導く経験をした……。同僚のインゲン・ビルクイェーダル（Ingunn Byrkjedal）と共に、後にアップビートと名乗るグループを歓迎した。グループのメンバー―ダウン症の六名の成人―は色んな意味で、あらゆる音楽療法室と同様に音楽室に入ったが、しかし相違もあった。それは、彼らが住んでいる施設に属していない町のコミュニティ音楽学校で通常、活動していたことである。

この違いが、相違を生み出した。同音楽室は地域の合唱やマーチングバンドでも利用されており、壁には何枚かの写真が飾られていた。グループが部屋に入った際、彼らは音楽療法士らが程よく楕円状に並べておいた椅子には向かわなかった。彼らは写真を近くで吟味できるよう、右側の壁に向かった。グループメンバー内に熱狂が広がった。「(マーチング)バンドだ!」「見てごらん!ドラムだ!ユニフォームだ!」。楕円形に配した椅子周辺に最終的に集まり、グループメンバーの一人、クヌート（Knut）が尋ねた。「私たちも（マーチング）バンドで演奏できるの?」。

クヌートの短くシンプルな問いにより、私は考えた。それは音楽療法の学生として学んできたことへの大きな挑戦であった。私が属していた音楽療法の文化は、このような問いを真剣に受け止めることを奨励してこなかったと述べてよいであろう。音楽療法とは創造的な即興と対人的な関係性であり、各々のクライエントの具体的ニーズと合致した音楽を作曲、アレンジすることであると教えられてきた。地域のマーチングバンドと演奏するために、音楽療法室を離れる、ということについてではなかった!それでもやはり、同僚と私にとってクヌートの問いは重要に感じられ、我々のアプローチの真剣な再考が求められた（Stige, 2003, pp. 4-5）。

クヌートのグループにとって孤立は大きな課題であり、地域コミュニティのバンドや合唱団との交渉により、彼らとの協働を目的とすることで社会的インクルージョンの確立が可能となることを明らかにした。したがって療法実践を統制する伝統的なルールから離れることには意味があった。参加型で生態学的なアプローチが採用され、そこでは参加者の複数の夢や声が、コミュニティの広範な音楽的、社会的なネットワークの方法を導いた。

その研究が最初に国際的に示された際、文化的積極関与と活動家性を伝達するべく「文化的積極関与としての音楽療法、または、たとえわずかであってもいかにして世界を変えるか」というタイトルを用いた（Stige, 1993, 1999）。「コミュニティ音楽療法」という用語は、ヴィトリア－ガスタイツにおける一九九三年の第七回音楽療法世界大会後、ケネス・ブルーシアとレスリー・バントとの議論に触発されて適用された。著者が適切な用語を探し出すのに十年もかかったという事実は、ノルウェー語と英語との違いによるものである。ノルウェー語では英語の「コミュニティ」に相当する用語がない。代わりに、社会や地域性、一体感の経験といった側面を示す複数の用語がある。このことは、言語と文化の違いがコミュニティ音楽療法の国際的言説においてリソースと挑戦の双方たり得る、という要点を照射している。

二番目の例はアメリカからであり、一九七〇年代に東海岸地域の都市部において音楽療法の人間主義的アプローチが発展した（Vinader, 2008）。人間主義的音楽療法のパイオニアの一人、**エディス・ヒルマン・ボクシル**（Edith Hillman Boxill）もまた、社会的に積極関与する音楽療法のヴィジョンを推し進めた。ボクシル （1985） は最初に、発達障害の人々への音楽療法アプローチを開発した。彼女は人間主義的心理学に触発され、自身への意識、他者への意識、環境への意識に焦点を当て、これらの概念を想像性、情意的なウェルビーイング、成長、自己実現、責任へとつなげた。ボクシルは生得的学習などの概念を、「人間を外的世界への参加に導き、人間的な達成感や全体性を与える」拡張的な意識と解した（Boxill, 1985, p. 72）。

ゲシュタルト療法やカール・ロジャースのクライエント中心アプローチを知的基盤とし、ボクシルは意識の連続体の広い概念を適用し、「治療室を越えて、音楽療法の利益―ヒーリングの力―を拡張するため、地球上の全ての人々

資料2・3　たとえわずかであっても、いかにして世界を変えるか―文化的積極関与としての音楽療法。1980年代における西ノルウェー、サンダーネにて。
写真：Ragnar Albertsen

に手を差し伸べよう」と述べた（Boxill, 1997a, p.2）。彼女のヴィジョンは、世界中の平和を促進することのできる、積極関与的で活動家的な音楽療法であった。この方向に踏み出すために一九八八年、「平和のための音楽療法」の創設ディレクターとなり、後に「あらゆる場所の暴力に反対する学生」（Students Against Violence Everywhere, SAVE）設立のイニシアチブも取った。ボクシルは他の領域や専門職との協働にも意識的であり、活動家的で開かれた学問領域としての音楽療法を思い描いた（コラム2・6を参照のこと）。ボクシルの影響は、人間中心的音楽療法（Noone, 2008）、及び平和とリーダーシップに向けた音楽療法の拡張的アジェンダ（Ng, 2005; Vaillancourt, 2007, 2009; Vinader, 2008）との関わりにおいて継続中である。

コラム2・6　エディス・ボクシル：平和のための音楽療法

エディス・ヒルマン・ボクシル（Edith Hillman Boxill）は、一九一六年〜二〇〇五年を生き、活動家的音楽療法を代表した。「平和のための音楽療法」が設立されたのと同じ一九八八年、彼女はアメリカ音楽療法協会のジャーナル『音楽療法』の特集号を編集した。[5] 当該号の導入で彼女は、他でもなく地球の存続に焦点化し、音楽療法領域が「我々の実践の偏狭な壁」を乗り越えて、調和と共振の状態をもたらすことができると論じた。彼女のヴィジョンは、世界的見地を想定し、グローバルな平和を促進する積極関与の音楽療法であった。

> 変化が起こりつつあり、そこにあなたはいざなわれている……アメリカ音楽療法協会（AAMT）のジャーナル『音楽療法』は、展望を拡げている。我々は、この近代期において、全体性／健康に影響を及ぼす音楽のユニークな可能性の探究をデザインするため、音楽療法士、音楽教育者、音楽家、心理学者、自然科学者、内科医、その他、健康の専門職者との対話を開始する（Boxill, 1988, p. 5）。

予備的プロジェクトあらゆる場所の暴力に反対する学生（SAVE）と平和学校プログラムも、平和のための音楽療法から派生した（Boxill, 1997c）。二〇〇一年、ボクシルは他の専門職者やアーティスト、科学者、政治家と委員会に参加し、世界中のヒーリングと平和を促進するための音楽の利用について唱導した。その委員会は市民間対話の国連イヤーの一部として、国連によって主催された。

関心の更新と新たなイニシアチブ

ケニー、ルード、シュヴァーベの理論研究は、一九八〇年代における音楽療法の社会的視座の発展を映し出している。スティーゲやボクシルの取り組みが好例であるが、同じ十年の間に音楽療法実践のためのアジェンダもまた拡張された。当時の国際的な音楽療法において、こういった理念はおそらくやや周縁的であったが、一九九〇年代におけるいくつかの教科書に明らかな通り、これらの影響が音楽療法とコミュニティとの関係の関心を更新させた。再び我々は、二つの事例を付記しておこう。

レスリー・バント（Leslie Bunt, 1994）は『音楽療法：言葉を超えたアート』において、八つの章のうち一つを、コミュニティのリソースとしての音楽療法に関する議論に捧げた。彼はこの議論を、社会や健康、福祉サービスの変化を参照しつつ文脈化した。

専門職としての音楽療法の初期における仕事の大半は、当時の術語を使うと、精神的なハンディキャップを負った、精神的な病気の人々のための大きな施設で始まった。わずか四十年後の現在、我々はそのような問題を抱えた人々に社会が適応する仕方において、大きな変化を目撃している。術語も変化しており、古いものは今日的な用語「学習困難」「メンタルヘルス問題」に取って代わられている。さらなる抜本的変化は、これらの大きな施設が閉鎖され、コミュニティに根差したデイセンターや小さな設備、ホステルへと置き換えられていることである。我々は目下、人的、財政的リソースの追加という意味では困難な実行（implementation）段階を生きている。

一九九〇年代の開始時もまた、失業とホームレスの増加、保護期間と刑務所のサービスのさらなる負担がある。これらの変化に対する音楽療法士の応答とは、何であろうか（Bunt, 1994, p. 160）。

この問いは、諸刃の剣として読むことができる。すなわち音楽療法士は、施設外の環境を求めている人々に、それが保証される程度に関与するのか。そしてまた音楽療法士は、これら新たな挑戦に見合うだけの知識と専門職的技術を有しているのか。さらにバントは、大半の現代社会において増加する多文化主義的性格に関連づけつつ、三番目の質問を続ける。「全ての種類の音楽は、人間とは何かということに深く関連していることが益々明らかになりつつあることを認識するこの時代、音楽療法士は増大する文化的混淆にいかにして適応するのか」（Bunt, 1994, p. 161）。バントの意図は、包括的な回答を提供するというよりも、疑問の表明と、その重要性の論証にあったと思われる。彼は研究の連携モデルや、他の学問分野との研究提携の価値の妥当性を論じた。また音楽療法が相補的実践になるため、コミュニティに根差したチームを発展させることの可能性を展望していた。最終的には音楽的、文化的なコミュニティのイニシアチブと協働する未来のフリーランスの「巡回型音楽療法士」を思い描いたのである。

ケネス・ブルーシア（1998）の『音楽療法を定義する』第二版には、音楽療法と生態学、コミュニティに関する影響力ある議論が含み込まれている。初版（一九八九年に出版）においてブルーシアは実践の十一領域を定義したが、コミュニティ音楽療法実践を組み込まなかった。第二版で彼は、領域を十一から六へと縮減した。この版に組み込まれた実践領域とは、教育的、医療的、ヒーリング的、心理療法的、レクリエーション的、生態学的な実践である。一般的な生態学的実践や、特定的にコミュニティ音楽療法を論じる際、ブルーシアはケニー、ルード、ボクシル、スティーゲらについて言及している。彼は生態学的な実践領域について次のように論じる。

> 実践の生態学的領域は、社会・文化的コミュニティと／または身体的環境における、そして間にある多様な層（レイヤー）の健康促進に焦点化した音楽、音楽療法全ての適用を含む。これは、生態学的単位の健康自体が危機に瀕しており、ゆえに介入が必要なため、またはその単位が何らかの方法でその構成員の健康問題を引き起こし、または関与しているため、家族、職場、コミュニティ、社会、文化、身体的な環境に焦点を当てるあらゆる取り組みを包含している。そしてまた、音楽療法を通してコミュニティを形成、構成し、維持するためのあらゆる努力も含まれる。したがって、この領域の実践は「クライエント」の概念を、コミュニティ、環境、生態学的コンテクスト、さらには本質的には生態学的な健康問題をもつ個人、等々を包含するまでに拡張する（Bruscia, 1998, p. 229）。

ブルーシアは生態学的音楽療法の関係的性格を強調する。療法士が個人やコミュニティにおける変化を促進するために取り組む際、基礎となる生態学的前提とは、一つの変化は別の変化を導く、ということである。したがって個人の支援とは、文脈的な変化のための取り組みから乖離した企てではない（Bruscia, 1998, p. 229）。

ブルーシアは生態学的な実践が、音楽療法が治療室を超えて拡張されるためだけでなく、クライエント―療法士関係が、コミュニティとそこにおける多くの層との関係を包含するものへと変容するため、他の実践と大きく異なるであろうことを論じている。「さらに先へと進めば、介入のプロセス自体が、時にあらゆる伝統的な療法と異なる」（Bruscia, 1998, p. 231）。

国際的なフィールドの出現

コミュニティ志向の実践が一九九〇年代に影響力ある複数の教科書に組み込まれたものの、このミレニアム初頭にあっては未だ音楽療法の一般的概念ではなかった。二〇〇二年は、国際的関心という意味でターニングポイントとなった。その年、特にコミュニティ音楽療法に焦点を当てたいくつかの論文が発行されたが、ジャーナル『ヴォイセス（*Voices*）』で公表された**ゲイリー・アンスデル**（Gary Ansdell, 2002）の「コミュニティ音楽療法と変化の風」は最も影響力があったと思われる。同年、コミュニティ音楽療法に関する章を特集した著書二冊も刊行された（Stige, 2002; Kenny & Stige, 2002）。同じ年、オクスフォードにおける音楽療法世界大会では、コミュニティ音楽療法が議論の中心的トピックであった。この「突然」の物語にはどんな背景があったのか。

スティーゲ（2003）は、二〇〇〇年以前におけるコミュニティ音楽療法のイニシアチブはその性格上、主に地域や地方にあったと述べている。二十一世紀初頭、この状況が変わったのである。音楽療法言説は国際的なものへと発展を遂げた。『ヴォイセス』のような電子フォーラムが二〇〇一年に創設された頃には、アンスデル（2002）によって著わされたような示唆に富むエッセイは、国や文化を超えて読むことが可能になった。国際的な対話や論争の場が整えられたのである。

コラム2・7　ゲイリー・アンスデル：コミュニティ音楽療法と変化の風

討議論文「コミュニティ音楽療法と変化の風」においてゲイリー・アンスデル（2002）は、社会や文化的なファクターへとさらなる注意を向けた、音楽療法における「パラダイム・シフト」が進行中であると提唱した。アンスデルによると、ヨーロッパ文化史における音楽と健康の「絶え間ざる」つながりは、二十世紀イギリスにおいて二つの後代を発現させた。一方の子孫は、音楽療法に関する近代的専門職のイギリス支部の発展を導き、他方はコミュニティ音楽のイギリス的伝統の発展へと導いた。アンスデルは、これら二つの伝統の分岐を叙述し、音楽療法が焦点を次第に個人化していったのに対し、コミュニティ音楽は社会的なまま留まったことを描出した。

これら二つの立場の間には何が横たわっているのか。余りに分極化的ではないアプローチは可能であろうか。クライエントや、音楽療法士としてトレーニングを積んだ音楽家、コミュニティ音楽家、こういった活動がなされるあらゆる施設にとって、最も資する状況とはどういったものか（Ansdell, 2002）。

アンスデルは、多くの音楽療法士が既に広範囲の個人と社会との連続体を探究していることを認めている。したがって彼の使命は、これを正統化するために議論を推進することであった。彼の論文で最も論争的な部分とは、コミュニティ音楽療法と、音楽療法において彼が呼ぶところの「コンセンサス・モデル」との関係についての考察であろう。彼はこの用語を、イギリスにおける音楽療法実践に横たわる基礎的仮定と想定されるものを指して用いている。彼の議論はアイデンティティと役割、場と境界、目的と手段、仮定と態度に焦点化している。以下、議論からの引用である。

コンセンサス・モデルとは、クライエントの問題と、それらに対する彼らの感情的反応に焦点を当てるものである。精神分析的思考の基礎的な仮定に従えば、クライエントの問題は本質的に精神内のものとみなされ、感情的、対人関係的な困難を通して明らかになる。音楽療法士にとって優先すべきは、クライエントの抱える問題を、療法的関係の手段でもって支援し、またプロセスへの外的な侵入を防ぐことである。この療法的アジェンダは「個人的な」心理モデルを支柱としており、クライエントはその問題の位置と「治癒」の見込みによって識別される。だが自己の文化的、社会的な意志については、ほとんど理論化、研究されてこなかった。音楽についてのコンセンサス・モデルの仮定もまた、このモデルに従っている。すなわち音楽とは概ね内省的現象、精神や感情の状態、及び関係性のパターンの動的表象と見なされてきた。ここに横たわる中心的アナロジーとは、音楽的即興と精神分析的な自由連想によって導かれた結論である。このことは、音楽の主たる機能とは感情の表現的、投影的な装置、または感情の力の容器（そしておそらくは再形成体）である、という信条へと導く。

コミュニティ音楽療法の仮説は、音楽の社会的（または生態学的）現象学に由来する―すなわち音楽療法は、音楽それ自体が一般に個人的、社会的な生活において機能する方法において、機能するに違いないとの信条に基づく。コミュニティ音楽療法士の実践は、音楽の本質的傾向が導く方向性を追究する、すなわち個人へのユニークな効果という「内向き」のみならず、「コムニタス」における参加や関係性へと方向づけられた「外向き」の双方である……。コミュニティ音楽療法士は、クライエントの問題に直接、焦点化するよりも、ウェルビーイングや個人、関係、環境、コミュニティの潜在性を生み出すミュージッキングの働きに参画することを目的とする（Ansdell, 2002）。

二十一世紀におけるコミュニティ音楽療法への関心の高まりは、後期近代社会における健康とウェルビーイングにとって重要な社会文化的発展と関連している。個人のアイデンティティが、所与の伝統として定義されたものから、各自の連続的な個人的プロジェクトへと変化したことは、この側面を映し出している。このことは、健康と生活の意味とのより大きな関係をも含み込んでいる。チェニー（Chaney, 2002）が論じた通り、健康な生活における／を通した意味の探究とは、専門家が推進する医療科学によって容易に包含できるものではない。

逆説的にも、個人化の方向性に向けたこれら諸傾向は、コミュニティ志向の視座における関心の更新を導く要因となっている。コミュニティ音楽療法は、文化的、省察的なムーブメントの代表であり、それは文化とコンテクストへの関心の高まり、及び他者のプロジェクトへと不可避的にリンクする各自のアイデンティティに基づくプロジェクトについての省察の要求を促進する。このようにコミュニティ音楽療法は、日常生活における音楽や健康のリソースへの人々のアクセスに関する新たな問いを提起することにより、音楽療法にとって重要な展望を表明している（Stige, 2003）。

コミュニティ音楽療法は、音楽療法の学問領域における新たな視座と実践の出現、そして音楽療法士が活動するコンテクストにおける社会的、文化的変容への一連の応答として理解することができよう。コミュニティ音楽療法における国際的な言説の出現は、より広範な国際的オーディエンスがアクセス可能な、地域的、地方的な洞察や発展を生み出した。同時にコミュニティ音楽療法は、二十一世紀初頭において音楽療法が成立途上にあるコンテクストの妥当性を論証する。南アフリカにおける**メルセデス・パヴリチェヴィック**（Mercédès Pavlicevic）の取り組みは、この点に関わる事例である。同国の大学における音楽療法士養成プログラムの創設メンバーである彼女は、南アフリカのコンテクストと、音楽療法における西洋の個人化された理念とでは相性が良くないことを認識した。したがって彼女は、南アフリカの文化的、社会的状況に適合するコミュニティ音楽療法の視座を次第に開発するようになった（Pavlicevic, 2004）。

資料2・4　集団即興。音遊びプロジェクト―知的障害のある、ない音楽家による集団即興。神戸　写真：Kaneko Yoshiro

コラム2・8　メルセデス・パヴリチェヴィック：時と場所を考慮した専門職的実践の再構築

二〇〇六年までの十五年間、メルセデス・パヴリチェヴィックは南アフリカの社会的コンテクストの中で暮らし、それに積極関与してきた。一九九八年、彼女はコービー・テミング（Kobie Temmingh）と共に、プレトリア大学にてアフリカ初の音楽療法士養成プログラムを設立した。彼女は長年、この養成プログラムの指導者であった。パヴリチェヴィック（2004）は、伝統的なアフリカの音楽ヒーリング儀礼と、同国の都市部と田舎エリアの人々との実践的取り組みの経験から、彼女のクライエントが「概して不快だ」、と常に苛立っていることを説明した。西洋の個人化された音楽療法モデルは、南アフリカのコンテクストにおいては適合的ではなく、賢明にはみえなかった。パヴリチェヴィックと大学院生は何年もの間、当該の時と場所を考慮した専門職的実践の再構築を試み、多様で革新的なコミュニティ音楽療法プロジェクトに専心した。

メルセデス・パヴリチェヴィックとゲイリー・アンスデルは二〇〇四年、コミュニティ音楽療法について公表した最初の論文集の編集を手掛け、後には音楽的交友（companionship）（Ansdell & Pavlicevic, 2005）、協働的ミュージッキング（Pavlicevic & Ansdell, 2009; Pavlicevic, 2010a）と社会的積極行動主義（Pavlicevic, 2010b）といったトピックに関連して、関係領域で影響力あるいくつかの研究を産出している。

ルーツ、支流、類縁

コミュニティ音楽療法に関する国際的論議の台頭は、関連する理念や価値に特徴づけられる多様な地域、国の伝統の「再発見」へと導いた。たとえばオーストラリア、カナダ、南アフリカの人々のコンテクストは、自身の伝統的なコミュニティに根差したコミュニティ志向の音楽療法を有していることが即座に明らかになった。これらのコンテクストを手短かに探訪してみよう。

オグレイディとマクファーラン（O'Grady & McFerran, 2006）によると、オーストラリアには強いコミュニティ的な価値とコミュニティ・ケアのシステムに基礎づけられたコミュニティ音楽療法の長い伝統があった。質的研究によって同研究者らは、オーストラリアのコンテクストにおけるコミュニティ音楽とコミュニティ音楽療法の境界線について調査した（O'Grady & McFerran, 2007）。結果からは、二群の専門職者が「医療連続体」のどこに従事しているかには差異があることが示唆された。彼らはまた、注意の主たる焦点が音楽なのか、人なのかの相違も見いだしている。最終的に、倫理的境界がいかに理解され、機能しているかに関わる相違を見いだした。両研究者は、オーストラリアの音楽療法士はコミュニティ音楽家から学ぶべきことは多く、逆もまた然りと論じている。

カナダにおける音楽療法のパイオニアの一人、フラン・ハーマン（Fran Herman）は、部分的にはパフォーマンスやコミュニティを志向したアプローチを発案した。彼女は一九五〇年代にその取り組みを重複障害の子どもたちと開始した。

「車いすプレーヤーズ（Wheelchair Players, 1956-1964）」は、カナダにおける最初のグループ音楽療法プロジェクトである。乗り物を表現的なアートの探究としてデザインし、「難治の子ども達のホーム」（のちにブルービュー（Bloorview）病院として知られる）で暮らす子どもたちは、アートへのアクセスの探究が基本的人権に含まれることの唱道者となった。

障害によって受容者、利用者と認識されているこれらの子どもたちは、貢献者や共有者とみなされることを欲した。彼らは創造的な活動を共有し、発展させることで、障害による限界を乗り越えられることを理解していた(6)（Herman in Buchanan, 2009）。

キャロライン・ケニー（Carolyn Kenny）の仕事も、カナダにおいて影響力があり、システムと環境的視座の利用（Woodward, 2002/2004）、大規模なコミュニティ・パフォーマンスにおける療法的介入の可能性の探究（Oddy, 2001/2005）、及び連携型コミュニティ・メンタルヘルス音楽療法プログラムの開発（Baines, 2000/2003）等々、コミュニティ音楽療法と関連した複数の視点やイニシアチブが探究されてきた。

南アメリカの音楽療法には、コミュニティ音楽療法の現代的理解と関連した複数のイニシアチブがある。例えばバルセロス（Barcellos, 2005）はブラジルにおける「社会的音楽療法」の伝統を論じており、チャガス（Chagas, 2007）の仕事もその一例である。コロンビアではゴンザレス（Gonzalez, 2008）らが音楽、教育、社会を結び付けるといった音楽療法における学際的ヴィジョンを開発した。アルゼンチンでは、予防心理社会的な音楽療法理念をペリッツァーリとロドリゲス（Pellizzari & Rodriguez, 2005）が探究した。

これら諸例は、コミュニティ音楽療法史の複雑さを想起させる。我々は、これを三点に集約することができる。第一に、コミュニティ音楽療法は台頭しつつあるムーブメントであり展望である。音楽療法とコミュニティの議論は数十年前の音楽療法の文献にも見いだすことができるが、特定的な用語としての「コミュニティ音楽療法」は国際的にこのミレニアムにおいて成立したのである。第二に英語の用語「コミュニティ」は、音楽療法におけるいくつかの中心的な言語（たとえば日本、スペイン、ポルトガル、ドイツ、北欧の言語）へは直截に翻訳できないため、正確な説明の共有が困難である。第三に、コミュニティ音楽療法の中心的信条として、実践、理論、研究は地域化されているということがあるため、ある単一の発展ではなく、多かれ少なかれ相互に関連した一連の歴史について述べることになる。当然ながらこれら諸点は、コミュニティ音楽療法の起源や発展の跡づけを試みることを困難にさせている。

本章で言及した論者や著述は、大きく異なった枠組からの参照である。全てのテクストは音楽療法の理論と実践の変革を要求しているが、中庸な発展よりも少数派を唱導する論者もいれば、よりラディカルな解決策を主張する者もいる。コミュニティ音楽療法、生態学的音楽療法、音楽環境的（Environmental）療法、音楽ミリュー（Milieu）療法、音楽社会療法、社会的音楽療法といったいくつかの新しい概念が提起されてきた（Stige, 2003, p. 121）。それらに属する用語や言説は多岐にわたって関連しているとはいえ、もしも交換可能なものとして扱うならば、かえって理解が妨げられるであろう。これらの貢献の中には、専門職的な実践のプラグマティックな調整をすべく、コンテクストに縛られた議論となっているものもある。別のテクストは、音楽療法の新しいアプローチを提案し、またいくつかは新たな理論的、またはメタ理論的な視座を示している。本章で言及してきたテクストは、具体的であれ限定付きであれ、ほとんど同じ「もの」について論じてはいない。しかしながら、それらは確かに家族のような類似性を共有してい

資料2・5　音楽的プライド。レバノンのパレスチナ人難民キャンプにおける音楽教育。　写真：Vegar Storsve

る。言及した全ての論者が、コミュニティ音楽療法という用語をファミリーネームとして受け入れ、高く評価すると仮定することはおそらくできまいが、それでもテクスト間の関係性を見いだすことができるのである。(7)

このことによって、**歴史的発展を描写するメタファー**に関する考察が導かれる。歴史について話す際、ルーツについて語るのは至極一般的である。しかしこれまで論じてきた状況に鑑みれば、ルーツとして共通する中心や祖先があると考えるのは、余り意味がない。このイメージは、たくさんの起源と多様なコンテクストを有するコミュニティ音楽療法の発展と適合しているとは思えない。根（ルート）のメタファーが持つ別の側面として、いかにして根が成長のための栄養を供給するか、がある。この側面に応えてスティーゲ（2003, p. 401）は、気根（aerial roots）という固有のイメージを提案した。バンヤン梼など、気根を持つ植物が成長すると、枝から下りた新たな根が地面へと押し進み、新たな幹を形成する。この根のメタファーの説明は、関心を抱かせる現象は歴史から分離しているのではなく、その不可欠な一部であることを示してくれる。始まりのルーツはたいてい興味深いが、今日的な発展には若い「気根」が栄養を供給するのにより重要たり得ることも認識しておく必要があろう。

別のもっとシンプルなメタファーは、コミュニティ音楽療法を川として考えることである。川には通常、いくつかの小川からの水が含まれる。時には、複数の大きな川が出会い、さらに大きな川となる。時に川は分岐して、別の方向へと進む小さな川を生み出す。これは川自体というよりも、地形や気候状態に左右される。このイメージは、コミュニティ音楽療法の混淆的な性格を浮き彫りにする。すなわち音楽療法からの「水」は、ソーシャルワーク、健康促進、コミュニティの発展からの水と混ざり合っていることを示唆する。このイメージは、転換が学問領域内部の要因だけでなく、社会における政治的、社会的、文化的な変革とも関連している、という解釈をも照らし出す。

上記のメタファーの限界は、コミュニティ音楽療法のイメージが「自然」で、内的な性質や外的な状況に従って成長し、流れるもののように暗示させることである。これはプロセスのある側面を浮き彫りにはするものの、コミュニティ音楽療法には行為主体性（agency）という側面も含まれているのである。コミュニティ音楽療法のような社会文化的発達は、多様な状況の相互作用に加え、関わっている人間の行為主体としての活動や選択の相互作用にも依拠している。第三のメタファー、すなわち家族としてのコミュニティ音楽療法は、これらの側面を幾分捉えている。家族の発展、及び変化の可能性（一緒に住むか離れるか）は選択と行動のみならず、家族を取り巻く伝統や状況の結果でもある。家族のメンバーには遠方の者もいれば、近隣の者もいるが、家族間では必ずしも明確で「自然な」境界はない。新たな家族はそれ以前の家族から形成され、より大きな家族内、または家族同士には多種多様なつながりがある。コミュニティ音楽療法は、「家族」として他の「諸家族」、たとえばコミュニティ心理学、あるいはコミュニティ音楽と比較、関連づけることができるであろう。家族のメタファーは、多くのコミュニティ音楽療法実践を特徴づける融通性が、まとまりや制限のない実践と同じではないことを理解するのに役立つであろう（Stige, 2003）。

結論

音楽は参加と協働を導き、しばしば強いコミュニティ感覚を構築する。多くの人々はこれらの可能性に気付いており、多くの伝統文化は、協働的な音楽行為を組み込み、利用する儀礼においてこれらを探究してきた。したがって専門職としてのコミュニティ音楽療法史の探究は、多様な伝統的実践等、他の実践との関係を議論することとつながっている。

「コミュニティ音楽療法」という用語は、早くも一九六〇年代の文献で用いられている。たとえばフローレンス・タイソンは、コミュニティ健康サービスの一部として音楽療法を確立することを論じた。彼女の議論のコンテクストには、その時代の十年間、多くの工業化した諸国における特定健康サービスの脱施設化があった。タイソンは新たなコンテクストが音楽療法士の役割や責任にいかなる影響を及ぼしたかを論じたものの、彼女の実践は主には近代音楽療法の慣例的実践と調和したものであった。本章で言及したその他いくつかのテクストにおいては、よりラディカルな変革が主張された。

音楽療法のパイオニアたち—たとえばアルヴァン、プリーストリー、ノードフとロビンズ—は、人間に必要なものとして、つながりとコミュニティを考究した実践と理念を一九六〇年代と七〇年代に発展させた。専門職化が進んだ続く十年間は、個人やグループのアプローチがいくつかの国では支配的となった。他方でケニー、ルード、シュヴァーべらの仕事のような対抗流も存在した。一九八〇年代、彼らはより共同的、文化志向型、コンテクストに鋭敏な理解の方法へと導く音楽療法理論の発展に寄与した。同じ十年の間、音楽療法の広範なアジェンダを内包したコミュニティ志向の実践プロジェクトが出現した。たとえばノルウェーでスティーゲと同僚らは、文化的、社会的参加との関係において、音楽療法が障害を持つ人々の人権の実現にどう貢献できるかを考究した。アメリカではボクシルが、平和と非暴力のための積極関与的、活動家的な音楽療法のヴィジョンを推し進めた。

一九九〇年代、これら新たな進展が、バントやブルーシアといった著者による影響力ある音楽療法の教科書に登場するに至った。二十一世紀初頭には、コミュニティ音楽療法の国際的な学問言説が登場した。アンスデルやパヴリチェヴィックといったコミュニティ音楽療法の提唱者は、パラダイム・シフトの途上にあると主張する。慣例的な音楽療法から離れ、より広範囲に及ぶ傾向が顕現しており、そこでの音楽療法士らは、仕事をしているコミュニティにおいて心理社会的な役割を進んで担っている。結果的に、今では多くの音楽療法士が、自身を健康のための広範な連携への参加者とみなしており、そこでは一般の人々と専門職者がコミュニティの発展と健康促進のための創造的方略を共に開発しているのである。

三つのメタファーは、我々がコミュニティ音楽療法の歴史についてどう考えることが可能かについての異なった側面を浮き彫りにする。ルーツのメタファーはその一つである。いくつかの起源的ルーツが今日、さほど重要ではないのに対し、若い気根―コミュニティ音楽やコミュニティ心理学といった領域との関係も含む―は、重要性を増しているであろう。川は別のメタファーである。今日のコミュニティ音楽療法は、音楽療法の川から多くの水が流入している一方、別の水源からの小川も合流している。水がブレンドされることで、コミュニティ音楽療法は、かつての音楽療法にコミュニティを加えただけでなく、固有のアイデンティティを備えた新たな結合となる。家族は三番目のメタファーである。人々がつながりのある家族メンバーや拡大家族との関係をいかに深めるかを選択するのと同じように、コミュニティ音楽療法の学生は、実践家と学者としての関係的アイデンティティを持って省察的に取り組まなくてはならないのである。

キーターム、議論のトピックス、註

キーターム（登場順）

伝統的実践、ンゴマ、多元的ヒーリングシステム、フローレンス・タイソン、ジュリエット・アルヴァン、ノードフとロビンズ、キャロライン・ケニー、エヴェン・ルード、クリストーフ・シュヴァーベ、ブリュンユルフ・スティーゲ、エディス・ヒルマン・ボクシル、レスリー・バント、ケネス・ブルーシア、ゲイリー・アンスデル、メルセデス・パヴリチェヴィック

議論のトピックス

次の批判的思考の質問は、本章で議論したトピックスの批判的省察のために授業やグループ、または学生個人で議論することができる。付加的なリソースは、本書のウェブサイトで見つけることができる。

1．幾人かの学者は、音楽療法士が儀礼的なヒーリングの伝統的実践から学ぶことができると論じている。しかしながら、この主張を支持するために用いられる論拠は、論者ごとに異なる。いくつかの論拠の概略を述べ、あなたの国の今日的な実践領域との関係において、強みと限界を議論しなさい。

2．エディス・ヒルマン・ボクシルは一九八八年に「平和のための音楽療法」を設立し、世界中の平和を促進する積極関与的、活動家的な音楽療法を構想した。近年、関連学問領域の学者が、音楽は紛争転換の重要な媒介となり得

ると論じた（Urbain, 2008）。批評家によっては、音楽療法のような小さな学問分野にとって法外な要求だというかもしれない。平和や紛争転換における音楽療法の可能性と限界について議論しなさい。

3．二十一世紀におけるコミュニティ音楽療法の国際的言説の登場は、熱狂から批判、無関心までを範囲とする反応を引き起こした。あなたの国の典型的な反応はどうか。反応は時間が経つにつれて変化したか。あなたのコンテクストでは、どの文化的、社会的、政治的、学問的な要因がその言説に影響を及ぼすのだろうか。

註

（1）知的障害を持つ人々の人権を実現するためのイニシアチブは、この発展を例証している。オーウェンとグリフィス（Owen & Griffiths, 2009）を参照のこと。

（2）ルード（1980）の元々のノルウェー語タイトルは、*Hva er musikkerapi?* である。

（3）シュヴァーベに加えて、音楽療法とコミュニティにおける重要なドイツ人の視座には、音楽療法をソーシャルワークと結び付けたアルムート・ザイデル（Almut Seidel, 1992, 1996）や、音楽心理療法と社会療法の関係を論じたフローネ‐ハーゲマン（Frohne-Hagemann, 1996）が含まれる。

（4）シュヴァーベとハーゼ（1998）のドイツ語タイトルは、*Die Sozialmusiktherapie* である。

（5）一九八八年、アメリカには二つの音楽療法学会、すなわち全米音楽療法協会とアメリカ音楽療法協会があった。両学会は、アメリカ音楽療法学会を設立するために合流した。ジャーナル『音楽療法』はその時点で廃刊となった。

（6）引用元のインタビュー（Buchanan, 2009）には、車いすプレーヤーズについて制作された映画のクリップも含まれている。

（7）「家族の類似性」というメタファーは、ヴィトゲンシュタイン（Wittgenstein, 1953/1967）がなぜ、言語のエッセンスを定義せず、代わりに「言語ゲーム」の概念を発展させたのかを説明するに際して採用している。言語の意味は、それを使用するコンテクストと結び付き、それらは多面的で常に変わり続ける。したがってヴィトゲンシュタインによれば、言語の共通的なエッセンスを定義するという考えは疑わしい。だがこれは、類似性を見つけることができない、ということではない。このことを浮き彫りにするために、ヴィトゲンシュタインは「家族の類似性」というメタファーを用いる。あなたは家族を、一つの共有された本質的な特徴によって認識するのではない。ある特徴は特定のメンバーに顕著で、別の特徴はその他メンバーに顕著であるといったように、家族を性格づける特徴のウェブ（相互に関連し合う仕組み）がある、ということである。

第二部　基礎的概念

第二部において我々は、コミュニティ音楽療法それ自体の名称を構成する三つの用語、すなわちコミュニティ、音楽、療法から導出されるいくつかの基礎的概念を探究する。そうすることで我々は、コミュニティ音楽療法をこれら三つの概念の混合、あるいはそれらが言及する実践のみで理解することなどできないことを認識することになる。第二章で議論した通り、コミュニティワーク、コミュニティ心理学、コミュニティ音楽、音楽療法、ソーシャルワーク、健康促進といった一連の混淆的伝統が、コミュニティ音楽療法の現代的領域に影響を及ぼしてきたからである。

第三章は、健康とウェルビーイングに焦点を当てる。コミュニティ音楽療法は、健康とは病理や疾病がないこと以上のものであるとの仮定に基づく。ウェルビーイングと健康の肯定的次元を可能とするリソースに光が当てられる。

第四章は、コミュニティ、社会的サポート、社会的ストレス、社会関係資本、インクルージョン、排除といった概念に焦点を当てつつ、人間生活の社会的次元について議論する。近代社会は個人化によって特徴づけられているとしばしば言われる。個人性がコミュニティの可能性と必要性を排除するのか、あるいは重要性を際立たせるのかを吟味する必要がある。

第五章では音楽の概念を彫琢し、健康とコミュニティへと関連付ける。音楽は、コミュニティが健康とウェルビーイングを導くことを可能ならしめる手段なのであろうか。あるいは健康、コミュニティ、音楽の関係性を概念化する別の方法があるのだろうか。

第三章　健康とウェルビーイング

第三章を学習後、次のような問いについて議論することができるようになるであろう。

■健康とウェルビーイングは、どう説明できるか。
■病気（Disease）、不調（illness）、病的状態（sickness）の関係はいかなるものであろうか。
■健康の多様な次元は、様々なレベルの分析（たとえば有機体、個人、且つ／または社会的存在として特徴づけられる人間）といかに関連するのか。
■メンタルヘルスという分野は、定義や概念的な明確化となると格別困難になるのはなぜか。
■健康は、世界の様々な地域においてどう異なるか。
■社会経済的な不平等は、健康にどんな影響を与えるか。
■ウェルビーイングは、物質的な豊かさと関係があるのか。

病気のない状態としての健康

コミュニティ音楽療法は健康とウェルビーイングに関係する領域ではあるが、さりとて活動の場が病院などにおける医療施設のクライエントとの関わりのみに限定されるわけではない。コミュニティ音楽療法は学校など、人々が時間を過ごし、生活を営む場のようなコミュニティ環境下でもしばしば行われる。コミュニティ音楽療法の目的は主にはヒーリングや治療ではなく、その言葉の最も広い意味での健康を促進することにある。本章では、健康とウェルビーイングの様々な概念を示しつつ、健康問題を記述するのに使用する名称についても議論したい。コミュニティ音楽療法の国際的な特徴を踏まえた上で、世界中で健康を害する病気と障害の概要を示し、健康とウェルビーイングの肯定的側面に関する統計についてもみていく。

健康という概念には多くの定義がある。医学のコンテクストでは、**健康**は病気のない状態と定義されることが多く、この定義は今も支持者が多い（Saracci, 1997）。広く用いられる決まり文句は、健康とは有機体が最適に機能し、病気や異常のエビデンスがないときの状態、というものである。

病気（disease）は「医師、もしくは医学的専門職の正式な責務を有する人によって評価された不快、痛み、不能、死と関連したあらゆる状態、あるいはこれら罹患的症状の増大状態」（Guze, 1978, p. 296）と定義されてきた。病気を記述するとき用いられる言葉（不快、痛み、不能、死）は、すべて否定的なコノテーションを持つ。しかしながら、これらの状況の存在だけでは、病気の状態として分類するには不充分である。その状態には医学的専門職が責を負う、という専門家と一般的公衆の間の合意も必要である。

この定義には社会構成的視座（健康は専門家と一般人の間のコミュニケーションの産物である、という理解）の要素も含まれてはいるが、日常的な言語使用は、より単刀直入である。サラフィーノ（Sarafino, 2002）は、人々が通常、健康を、（a）吐き気や痛みといった病気・怪我の主観的症状、（b）高血圧といった身体が正しく機能していないことの客観的徴候、がないという見地から考えていると主張する。人間は、癌、発作、心筋梗塞、HIV／AIDS、鬱、統合失調症、その他よく知られた病気に罹患していない、という範囲において健康であると認識される。しかし、罹患し得る病気のリストは、よくあるものから滅多にないものまで、純粋に身体的な病気からメンタルヘルスの不調まで、診断しやすいものからどちらかというと曖昧な症状まで、広範囲にわたる。

　これらの定義に従って健康的であろうとするならば、QOLの高い生活を送る、社会の生産的なメンバーである、といったことは必要ではない。特定の病気を有していない、あるいは病気の症状がなければ、それで充分ということになる。このような健康の定義はどちらかというと狭く、それが時に言及されるのは近代医学の特権、及びその方法を反映した純粋な医学的定義として、である。その場合、人間はいくつかの臓器系（肺、心臓、血管系、中枢神経系など）の構成物とみなされ、病院の科は、医学の専門領域と同様に、これらの臓器系に従って定義される。一個の人間を臓器系へと分離する考え方は、近代医学の実践において余りに支配的になっているため、それに批判的な見解によってよりホリスティックな方法論が求められてきた。患者は人間として扱われるべきで、健康を扱う職員と患者とのコミュニケーションは、いずれかの臓器系に焦点化するのではなく、全体としての人間への敬意と関心を反映すべきである。このよう

資料3・1　リハーサル後のリラックス。「セレブレーション（CelebRation）合唱団」、ニュージーランド、オークランドにて。　写真：Neil Shepherd

な理念を伝達するために、不調（illness）と病的状態（sickness）という概念が時折り採用される。

不調という言葉は、しばしば病気（disease）という言葉の代わりに用いられる。しかし、科学文献では明確に区別されている。不調とは、人々が自身の健康状態をどう知覚しているかを表し、実際に病気があるか否かとは無関係である。病気の人が、自分は健康であると思っていることは確かにある。しかしながら、食い違いが生じやすいのは別の方向においてであり、医者が既知の病気の存在を認めることができないのに、患者自身が病（ill）だと感じている、という事態である。**病的状態**（sickness）はこのイメージに、社会的な次元を付け加える。社会学的知識のもとに書かれた文献では、病的状態の概念は、社会的に構成された不健康のラベルを表示するために用いられる。したがって病的状態は、病気からも不調からも独立した概念、ということができる。つまり人は、医学的な意味の病気がなくても、病と感じていなくても、コミュニティから不健康であるとみなされることがあり得るのである。このように病気、不調、病的状態の間における一致、不一致のあらゆるパターンを想像することが可能である（Boyd, 2011）。

肯定的な健康とウェルビーイングの存在

一九四六年の世界保健機構（WHO）憲章では、以下のように宣言されている。

健康とは、ただ病気や疾患（infirmity）がないというだけではなく、肉体的、精神的、社会的に全てがウェルビーイングの状態にあることをいう。到達し得る最高基準の健康を享有することは、人種、宗教、政治的信条、経済的、社会的条件の区別なく万人の有する基本的権利の一つである（WHO, 1946）。

この宣言で最もよく引用される部分は、「健康とは、ただ病気や疾患がないというだけではなく、肉体的、精神的、社会的に全てがウェルビーイングの状態にあることをいう」という言葉である。この部分が意味するのは、健康を獲得することは、どんな実践目的においても不可能である、ということである。このように完全なウェルビーイングの状態を経験していると言える人がいるであろうか。そして目標が、全ての人にとって永久且つ完全なウェルビーイングだというならば、それはますます馬鹿げた話だと言わざるを得ない。我々がごく普通の日に出くわす不可避のフラストレーションについてはどうなのか。職場や学校で対峙する困難についてはどうか。良い健康とは、普通の生活と両立し得ないのか。

かなり「ユートピア的」であるにもかかわらず、この定義は健康についての人々の考え方に相当の影響を与えてきた。この定義が、治療、予防、リハビリテーションといったものを超えた健康への関心の扉を開いた。健康は、決してないがしろにできない重要で肯定的な側面を持つ。この定義は、実際の健康政策および健康促進のコンテクストにおいて病気予防の観点が余りに狭すぎる、ということを示唆する。病気予防に加え、健康に関する専門職者、ＮＧＯ[1]、その他、公衆衛生の分野に関わる集団にとっての重要な仕事とは、健康の肯定的側面を促進することである。プライマリ・ヘルスケアについてのアルマ・アタ会議は一九七八年にＷＨＯによって設立され、健康についての肯定的な概念に触発された宣言について合意した。

> 本会議は、以下をしっかりと再確認するものである。……健康は基本的人権の一つであり、可能な限り高度な健康水準を達成することは最も重要な世界全体の社会目標である。その実現には健康部門のみならず、他の多くの社会的、経済的部門の行動が必要である（WHO, 1978）。

この観点によれば、健康促進には健康部門以外の多くが関わることになる。健康は概ね政策、実践、医療部門の外部のコンテクストによって形作られるため、こういった健康以外の部門にとって、それらの活動がどういう健康状況をもたらすのかについて関心を持ち、病気や怪我、早期死亡の予防に貢献し、ウェルビーイングと肯定的な健康を促進することは、責務である。これに関わっているのは、教育、労働、文化、輸送といった部門である。WHOの健康の定義、そして健康促進が人々の日常生活の活動や、医療以外の部門と関連があるという含意は、コミュニティ音楽療法にとっての重要なコンテクストである。健康に関係した仕事は必然的に治癒的で、個人に焦点化されているといった前提を、音楽療法士が受け入れる必要はない。肯定的な社会・文化的要因の促進は同等に重要であり、このことはしばしばコミュニティ音楽療法プロジェクトの焦点になる。

健康の肯定的な面を述べるには、ウェルビーイング、QOL、生活の満足度といった概念を定義する必要がある。これら（またそれに関連する概念）を同義語とみなす研究者もいる。例えばイースタリン（Easterlin, 2003, p.4）は、「ウェルビーイング、功利、幸福、生活の満足度、福祉という用語を、互換可能なものとみなしている」と述べている。その他、様々な概念がどう定義されるべきかについてコンセンサスが得られていないということに関心を寄せる研究者もいる。スーザン・ハード（Susan Hird）によれば、ウェルビーイングにはそれを研究する人の数だけ定義があるとされる（Hird, 2003）。

WHOが**ウェルビーイング**という概念をその宣言と憲章の中で用いており、この概念に特に注目することには意義がある。この概念は、心理学、社会学、医学、地理学、経済学、哲学、マーケティング研究など実に様々な科学と学問の中で用いられている。主たる相違は主観的、客観的なウェルビーイングにある。主観的ウェルビーイングを説明するには、満足と幸福というフレーズがよく用いられる。この用語は、生活の主観的な面を強調しており、一切合切を込めたフレーズとして、生活のあらゆる面を考慮した際の包括的な満足を意味する。ハード（2003）は、もう少し洗練されたモデルを開発した。彼女は、**主観的ウェルビーイング**は三つの面に分解できると言い、それは快的な影響（幸福）、不快な影響（不幸）、そしてウェルビーイングの認知的側面であり、最後のものは生活の満足度と同じである。生活の満足度は包括的でもあり得るし、また領域特定的（家族、仕事、収入）にもなり得る。客観的ウェルビーイングを測定する研究者が客観的指標（例えば収入、学歴、居住環境の質など）に焦点を置くのに対し、領域特定的な生活の満足度は、調査対象者による自身の生活の多様な面の評価を入手することで測定される。原則的にはこれらの面は、客観的ウェルビーイングと同様であろう（資料3・2を参照のこと）。これと一致することだが、ディーナー[2]（Diener, 1984）は、主観的ウェルビーイングを四つの要素、すなわち（a）快的な感情（喜び、幸福）、（b）不快な感情（怒り、悲しみ）、（c）人生全般の成就、（d）特定の生活領域の満足（仕事、健康、結婚など）によって構成されるとした。

客観的ウェルビーイングという概念は、全ての個人に共通する数多くのニーズがある、という仮定に基づいている。これらのニーズを満足させられれば、ウェルビーイングの向上に寄与していると理解される。ウェルビーイングの客観的指標は、最終学歴、居住環境、健康（病気の不在）といった要因に関する統計に基づいている。フェルスとペリー（Felce & Perry, 1995）は、客観的ウェルビーイングの測定に関して生活の五側面が区別できることを示唆した。すなわち身体的ウェルビーイング、物質的ウェルビーイング、発達・活動的ウェルビーイング、社会的ウェルビーイング、情緒的ウェルビーイングである。

主観的ウェルビーイングと客観的ウェルビーイングという共概念の二つの異なる側面であるため、これら二側面の指標の間には強くて明白な相関があるはず、と考える向きもあるだろう。しかしながら、客観的、主観的な指標間には、単純で直接的な関係はない。アメリカ合衆国に暮らす人々の幸福が顕著に低下しているのと同時に、生活のスタンダードは上昇していることを示す研究は幾多もある。このことは、お金と幸福はイコールではない、ということを意味する（Kahn & Juster, 2002）。ティム・カッサー（Time Kasser）は、我々の価値の志向性はウェルビーイングと関連し、またこれは物質的な価値と葛藤状態にあることを提唱した。

物質的な価値に重きを置いている人々は、物質の追求は比較的重要でないと考えている人々に比べると、個人的なウェルビーイングと心理学的健康が低い。このような関係は、金持ちから貧しい人まで、十代の若者から年配者まで、オーストラリア人から韓国人までを範囲とする人々のサンプルにおいて述べられている。何人かの調査者が、物質主義を測定するための多様な方法を用い、同様な結果を報告している。それらの研究は、強い物質的価値によって人々のウェルビーイングは広範囲にわたって—生活満足度と幸福の低さから始まって、鬱と不安、頭痛のような身体的問題、人格障害、ナルシシズム、反社会的行動に至るまで—損ない得ると述べている（Kasser, 2002, p. 22）。

物質的な志向性がウェルビーイングを損なうのはなぜかを説明するためにカッサー（Kasser, 2002）は、全ての人間は自分には能力があると感じたいという欲求、他者と関わりを持ちたいという欲求、自律的でありたいという欲求を備えていると仮定した。このような欲求を満たすことは、ウェルビーイングの必須条件とみなされる。これらの欲求が体系的に満たされなければ、ウェルビーイングのレベルは低くなるであろう。物質的な価値は、人々が欲求を満たすのに役立たないような方法において彼らの生活を組織するように仕向け、ひいては人々を不幸へと導く。カッサー

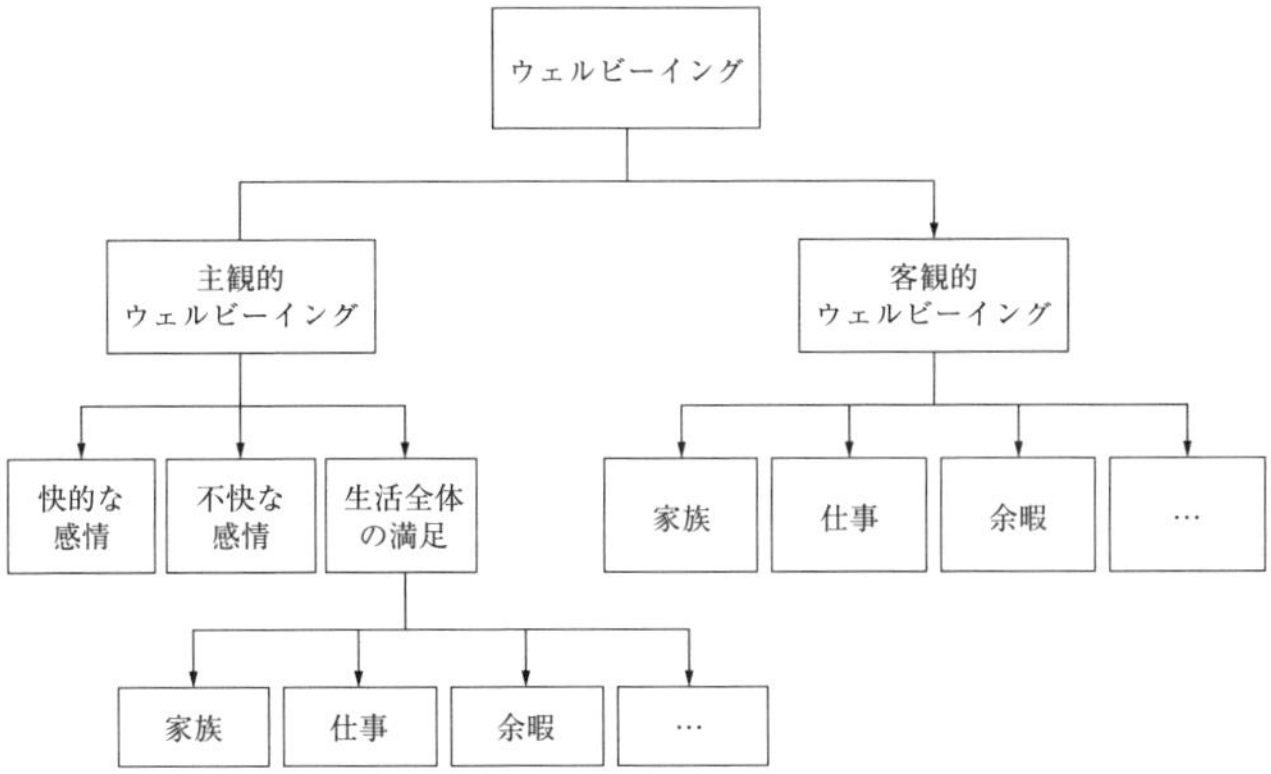

資料3・2　ウェルビーイングの諸側面

はさらに、物質的な成功や失敗は虚しいことだと感じていながらも、人々はより多くあれば事態が良くなると信じることにこだわり、その結果、幸福にしてくれると彼らが感じる物を欲しがり続けるのだと付言する。このプロセスで人々は、能力と評価を求める欲求が余り満たされていないと感じるようになり、そもそも彼らをかくも虚しい追求へと駆り立てた根本的な心理学的問題を修正できなくなる。

物質的な志向性とウェルビーイングの関係についてのカッサー（2002）の知見は、富が、低い生活の質（QOL）と関連していることを意味するものではない。雑誌『エコノミスト』が行った研究によれば、一国の物質的な豊かさは、主観的ウェルビーイングの高得点と結び付いている。しかし健康、政治的安定と安全、家族関係、コミュニティ生活もまた、高得点と結び付いているのである（Economist, 2005）。物質的志向性は、QOLの低さと関係がある。しかしながら、物質的志向性は、成功し豊かになることと同じではない。また、物質的リソースの欠如は、緊張やストレスと関連があるし、一方で物質的リソースを豊かに所有することが、多くのフラストレーションや日常生活の面倒から人々を保護する傾向を持つ。したがってカッサーの調査を、社会経済的不平等を正当化するための議論に用いることはできないのである。

心理学と社会学の研究者は、ウェルビーイングとＱＯＬの間に明白な区別をつけない。これらの概念は、しばしば互換的に使われる。しかしながらＱＯＬという概念は公衆衛生に関わるあらゆる者が関心を持つ特別なコンテクストで用いられてきた。質調整生存年（ＱＡＬＹ）は時折り、公衆衛生上の介入の成功を示す指標として使用されてきた。一年間を健康に過ごせれば、まる一年と考える。例えば健康が著しく低下するような一年は、0.5点（半年）とみなされる。健康が乏しいほど、ある一年に割り当てられる数値は下がる。健康をこのように扱う方法により、平均余命を最大にすることから、健康に過ごせる年数を最大にすることへと焦点を移行させることにつながった。障害調整生存年（ＤＡＬＹ）という概念は、質調整生存年という概念と関連はあるが、異なったものでもある。これは、実際の健康状態と、全ての人が病気や障害とは無縁に高齢まで生きられる理想的な状態との間の相違を測る尺度である。若くして亡くなることで失われる年数だけでなく、障害（障害の深刻さによって重みづけされる）の結果、失われる年数も考慮に入れられる（Lopez et al. 2006）。

人間のウェルビーイングとＱＯＬについての研究は、伝統的な狭義の病気予防アプローチに代わり、健康促進という考え方が採られるべき、ということを提案している。したがってコミュニティ音楽療法は、医学や心理療法といった領域よりも、健康促進やコミュニティ心理学の方により関わっているといえるであろう。

コラム3・1　プロセスとパフォーマンスとしての健康

『音楽療法を定義する』第二版でケネス・ブルーシア（1998）は、影響力の大きい同書第一版で提唱した健康概念とは異なるものを提唱している。第一版でブルーシアは、健康をウェルビーイングの状態として扱っている。この観点には、健康な状態にあるかないか、という二分法が含まれている。第二版で彼はこの観点を批判し、アントノフスキー（Antonofsky, 1987/1991）の「健康生成論」的な方向性を採用した。それは彼または彼女が、健康を脅かすものをどのように処理していくかという時間的連続に沿って人の健康を描写するものである。健康とは状態ではなく、リソースを構築するプロセスである、というのである。この前提に立ってブルーシアは、以下のように健康を定義する。「健康とは、個人と生態学的全体性にとって、その潜在能力を最大限に実現するプロセスである」（Bruscia, 1998, p. 84）。例えばこの定義を発展させるにあたりブルーシアは、健康は社会的コンテクストに関係しており、「世界に存在する」ための方法であることを強調するエヴェン・ルードやデイヴィッド・オルドリッジ（David Aldridge）の著作を引用している。

エヴェン・ルード（1987/1990, 1998, 2010）は、彼が健康の人間化された概念と呼称するものの必要性を強調する。健康は「病気ではないこと」以上のものであり、またそれとは別物であると論じる。したがって我々は、医学の中に典型的に見いだされる健康の概念より広いものを必要とする。ルードは健康をＱＯＬ概念と関連させるとともに、健康は個人を越えてコミュニティと文化までを包含するとも示唆する。ルードはまた、個人レベルと集団レベルとの相互的な影響があり、一方のレベルの健康が他方に影響を与えるため、彼の音楽療法の定義とは、ある個人の可能性を活動へと高めるための努力、ということになると主張する（Ruud, 1998, p. 52）。

デイビッド・オルドリッジ（1996）は、音楽を知覚することと演奏することを健康に結び付ける。パフォーマンスとしての健康に関する議論において、健康はプロセスとアイデンティティに関係していると主張する。

> 現代において、健康はもはや病気ではないという状態ではない。人間は健康になることを絶えず選んでおり、場合によっては元気であるための活動の追究を言明する。「病気である」状態への帰属から「健康になる」ための活動の関与へ、という変化は、個人が誰か別の存在から負わされたアイデンティティに依拠するのではなく、自身の定義を自らの手で行う、という現代的思潮の反映である（Aldridge 1996, p. 20）。

オルドリッジは、この結果としてクライエントは、健康について理解することが自らのケアにおいて重要な役割を果たすと要求し始めるようになったと付言する。彼は、健康が社会的、個人的な定義に依拠するならば、専門職的実践家は補完的理解の探求に着手するであろうと提案する。

健康の関係的概念

健康とは、日常生活の困難を処理し、乗り越える能力と理解されることがある。この見方を採用すれば、我々の健康についての理解に多くのものが加わる。健康は、もはや一個人のみの所有物ではなくなる。健康は、関係的概念になるのである。健康とは、個人と彼あるいは彼女を取り巻く環境との間の関係について、ということになる。メンタルヘルスの分野では、このことはしばしば人間関係的アプローチ（Kiesler, 1991; Kaslow, 1996）と呼ばれてきた。社会が違えば個人にかかる緊張も要請も変わってくる。例えばどの大陸においても、田舎の環境と大きな近代都市との間には、緊張と要請に大きな差がある。都会のビジネスパーソンにとっては深刻なメンタルヘルスの症状が、農夫にとっては大した意味を持たないことはあり得る。逆に、都会の店員にとってはごくささいな困難しか引き起こさない身体的な問題が、田舎の大工には致命的なものとなることもあり得る。

スピードや正確さ、社会的スキルといった要因に関連する仕事の要求レベルが高くなればなるほど、適切なレベルで機能するのが難しくなる、という主張はあり得よう。しかしながら、生産性の要求だけが、心理社会的コンテクストの重要な側面というわけではない。もう一つの側面は、ある社会システムの成員が逸脱に対してどの程度まで寛

資料3・3　糖尿病治療の現場での歌と即興。ブラジル、ゴイアニアにおける支援を受けた自助グループであるグルーポ・オートキュイダート・エム・ダイアベーティーズ（Grupo Autocuidado em diabetes）。写真：Dalma Pereira

容、あるいは不寛容か、ということである。問題や行動が、寛容、理解、そしておそらくは誘因へのケア、周囲の社会的環境からのサポートによって迎えられるならば、より寛容でない社会的コンテクストの場合と比して緊張も要求も実質的に小さくなるであろう。

一九七八年のアルマ・アタ宣言は、健康についての三つの側面に言及している。すなわち身体的、精神的、社会的なウェルビーイングである。これら三つの側面は、身体的、精神的、社会的な健康として言及されることも多い。また時にはスピリチュアルな健康が四番目の側面と定義されることもある。健康という概念を個人の所有物（あるいは環境を処理する個人の能力）を示すものと限定しない、コミュニティの健康、集団の健康、国家の健康といったフレーズを目にすることもある。

しかしながら、本書では健康という概念をコミュニティや社会のレベルまで拡げるつもりはない。コンテクストを概念に組み込むのではなく、現実の関連ある側面を予測や仲介、調整のエージェントとみなすか、もしくはより包括的な理論的、概念的なモデルと関連づけさえすればよいのである。健康という概念を、他の概念によって把握される要因とプロセスに関連させることによって、健康促進をより広範なプロセスと関連づけて理解することができる。健康は、我々が生きている社会的、文化的、社会システム的な（societal）コンテクストによって影響を受け、形成されるが、それについては次章でより詳しく議論したい。スピリチュアル性、宗教と個人との関係もまた、健康に関する重要な側面を持ち、健康に影響を及ぼす。我々の健康という概念の用い方には、健康それ自体にとって非本質的な要因も含められるが、それらはコミュニティ音楽療法のような健康に関係する仕事においては極めて重要なものといってよい。

コラム3・2　参加としての健康

関係論的視座からブリュンユルフ・スティーゲ（2003）は、健康という概念を、コミュニティ音楽療法との関連において議論している。健康の定義には、一方で生物学的・社会文化的に決定されるという考えと、他方で自律的で自己充足的な個人についてという考えがあり、それら二つの間を進む必要があると主張する。後者の立場は決定論よりも魅力的であるが、個人と集合の二分法を生み出すという問題がある、とスティーゲは言う。

健康の客観論主義と相対主義の観念を乗り越える試みにおいて、スティーゲはデンマークの理論家、オーレ・ドライア（Ole Dreier, 1994）による弁証法的に健康概念を描き出そうとする企図からインスピレーションを得ている。ドライアは健康の個人的側面を認めるが、健康は人々の相互ケアにも関係していることを強調する。人々が生きている状況と、彼らが社会生活に参加するのに必要な個人的要件との間の弁証法が考慮されるべきという。このようにドライアは、健康を身体、個人、社会ではなく、人間が関与する相互作用と活動の質として位置づける。こう述べたからといって、個人的要因を強調する従来の健康概念が重要ではないというわけではなく、それはごく一部に過ぎない、という意味である。ドライアの意図は、健康を何らかの正確な仕方で定義することではなく、健康の概念についての思索に代替の道筋を提案しようというものであるとスティーゲ（2003）は論じる。コミュニティ音楽療法との関連でいえば、この道筋は、我々が音楽的行為を共有することを通して、各人の可能性に対する相互ケアがいかに表現され得るかに関心を持つ、ということを示唆する。ゆえにスティーゲは、以下のように健康の概念を提唱する。

> 健康とは、人間的な共存在における相互ケアの質であり、参加するために必要な個別的要件を発展させることである。すなわち健康とは、個人とコミュニティ、及び個人とコミュニティの間の関係性のために、リソースを構築するプロセスである（Stige, 2003, p. 207)。

スティーゲ（2003）は、健康を人間の共存在の質として理解するならば、コミュニティ音楽療法実践は参加型アプローチと連携モデル—すなわち一般人と専門職者との間の役割に関する責任が、目下の問題とリソースに応じて協議されるモデル（第十章を参照のこと）—と関わる必要があると提言する。

健康の次元

健康の新しい定義を提供する代わりに、三つの**健康の次元**と述べてきたものについて、簡単に要約しておきたい。

第一に、健康は病気の不在と定義し得る。これは健康の狭い定義であるが、この定義からさえもコミュニティ音楽療法にとって重要なものを提示することができる。健康を保つためには、痛みと苦しみを生み出し、アクティブな生活を営む能力を減じる病気を避けることは、大きな利点である。つまり、病気の不在はウェルビーイングに貢献するのである。このように述べたからといって、重大な身体的もしくは精神的な障害を持つ人でも健康の肯定的側面を体験し、良い人生を歩み得るという考えとは矛盾しない。怪我と病気を避けることを、健康を保つための基本的な貢献とみなすのはもっともな話である。

第二に、ウェルビーイングとして定義される健康は、健康とは単なる病気の不在以上のことであるという重大な点を想起させてくれる。健康はある人の人生の中心的な面（たとえば家族、仕事、余暇など）についてのポジティブな情動と満足を意味する。しかしながら、ネガティブな情動がないことが良い健康の重要な前提条件であるとする考えには、同意するのをためらう。人生は、日常の言い争いやフラストレーション、物事がうまくいってないように感じる時期から自由になることはないであろう。フラストレーションがなく、肯定的情動しか感じられない人生など不可能で、おそらくそれは我々が到達したいものでもない。困難が学習や成長に導いてくれるかもしれないし、ネガティブな感情が対比を表象することで、ポジティブな情動反応を後押しすることだってある。ウェルビーイングという概念は健康の重要な面を指し示すが、だからといって良い健康とは永続的に幸せな状態である、というような非現実的な観念へと導くべきではない。

第三に、健康は個人の所有物に留まらないことを強調しておきたい。日常生活で出会う困難を処理し乗り越える個人の能力は、個人のみならず状況にも関連している。健康は関係的概念である。すなわち健康とは他者との関係、要請と困難との関係、社会的、組織的、文化的、社会システム的なコンテクストとの関係を有する。逸脱への鷹揚さを持たない有無を言わさぬ要請と文化が作用しているコンテクストでは、学校、仕事、社会生活への参加から個人を排除することになる。健康を理解するためには個人、彼または彼女のコンテクスト、個人とそれらコンテクストとの関係を理解することが肝要である。

概略を示してきた三つの次元は、人類についての三つの観点をかなりの程度反映している。すなわち、有機体としての人類、個人、社会存在、この三つの観点である（Ruud, 1987/1990; 1998）。またWHOの国際障害分類（ICF 国際生活機能分類）―より確立された文書であるICD（国際疾病分類、以下参照）を補完するもの―において概説されている分析基準をも反映している。ICFは、「コンテクスト内にある人」をイメージ化するために、人間の機能を、個人の状態と様々な文脈上の要因との間の相互作用や関係として描いた。(3)

資料3・4　TB病院の女子病棟での音楽療法グループ。南アフリカ、ケープタウンの音楽療法コミュニティ・クリニック。写真：Magriet Theron

要するに、これら諸次元が提案するのは、音楽療法士は仕事において、身体機能と構造の障害、及び病気とウェルビーイングに関する各人の経験を無視することなく、**関係的・文脈的要因**を考慮すべき、ということである。このことは、コミュニティ音楽療法の文献において開発されてきた概念、すなわちクライエントのニーズと、彼ら自らがそれを見いだす状況には、「個人―共同の連続体」（Ansdell, 2002）全般にわたる活動が必要となるであろうことを提案する概念ともつながっている。研究と実践の領域としてのコミュニティ音楽療法はこの連続体を認識し、実践的、理論的、倫理的、政治的な含意を探究することができる。

メンタルヘルスの社会構成

前節までで述べてきた病気の定義と健康の概念は、広範囲な障害や健康のリソースを網羅している。コミュニティ音楽療法の教科書というコンテクストにおいてメンタルヘルスが特に注目に値するのは、これが重要な実践領域だからというのみならず、障害と言説の関係性を例証するからでもある。もし定義、及び概念の明確化ということになると、メンタルヘルスはとりわけ困難を抱える。

メンタルヘルス障害の定義と診断に関して広く使われる二つの体系があり、それはＤＳＭ-ⅣＴＲ（精神障害の診断・統計マニュアル）とＩＣＤ-10（国際疾病分類第十版）であり、後者は身体疾病をも網羅する。ＤＳＭはアメリカ精神医学会によって刊行され、ＩＣＤは世界保健機構（ＷＨＯ）の制作である。(4) 精神障害に関しては、この二つの体系はかなり重複している。ＤＳＭが世に出たのは一九五二年である。国際死因分類として知られるＩＣＤ初版が国際統計協会（ＩＳＩ）によって採用されたのは一八九三年である。一九四八年にＷＨＯはＩＣＤの第六版改訂の責任を引き継いだが、この版は依然として罹患率を含んでいた。どちらの体系も現在の版では、障害を明白で独立的に分類することの重要性を特徴としている。その理論的根拠は、身体疾病の医学上のそれと似ている。正しい治療と処置を見いだすためにはまず、何が問題なのかをできる限り正確に知る必要がある、という考え方である。可能な限り信頼できる診断体系を作成するために、カテゴリーに入れる基準、症状が起きる順序、症状の持続、機能レベル、他のあり得る診断の除外、といったかなり詳細な基準体系が適用される。どのような場合にも、複数の診断が適用され得る。

ＤＳＭ-Ⅳ ＴＲは精神障害を、個人に生じる臨床的に重要な行動、あるいは心理学的な症候群かパターンとして概念化し、現在の苦痛（例えば痛みの症候群）、能力の欠如（例えば一つ以上の重要な機能分野における損傷）、もしくは苦悩、死、痛み、能力欠如へのリスクが明らかに高まっている状態、または自由の重大な喪失といったことと関連する。そしてそれは、個人の心理的あるいは生物学的機能障害を反映する（アメリカ精神医学会 2000, p. xxxi）。メンタルヘルスの問題に、臓器的病因学的要因、それと相関するもの、あるいは兆候が付随する場合は多いが、身体的な病気が臓器系統に局在すると考えられるのに対し、精神的な障害は「心理的」あるいは「行動上の」ものである。つまり、この種の問題が診断される時は、臓器系統あるいは身体的症状と関連づけられず、単に行動上、もしくは心理学的な基準に基づくのみなのである。ＤＳＭ-Ⅲが一九八〇年に導入された際、編者は「精神障害」という概念に対する正確な境界づけを行い得る満足いくような定義はないことを認めていた。これはその後のＤＳＭの版においても繰り返されている（Berganza, Mezzich & Pouncey, 2005）。

ＤＳＭのそれ以前の版（一九五二年から一九六八年までのＤＳＭ-ＩとＤＳＭ-Ⅱ）は、精神力動的なアプローチから強い影響を受けていた。「正常」と「異常」の間に際立った相違はなかった。健康か、あまり健康でないかは、健康から障害までの尺度上のどこに位置するか、という問題であった。一九八〇年に刊行されたＤＳＭ-Ⅲでは、精神力動的アプローチは健康と死に関する生体医学的な概念に取って代わられ、正常と異常の差異が導入された。ＤＳＭ-Ⅲは「分岐点となった文書」、「科学革命」、そして、「アメリカ精神医学会の転換」（Wilson, 1993）をもたらしたものと特徴づけられている。と同時に、ＤＳＭの新しい版が出るたびに分類の数が増えているという事実の意味を質す批判も山のようにある。次の版、ＤＳＭ-Ｖは二〇一三年五月に刊行予定である。

適切に機能するためには、診断体系は信頼に足るものでなければならない。このコンテクストにおける信頼性は、一定数の患者を個別にアセスメントし、どの程度の臨床家が同じ診断に行き着くかによって定義することができるであろう。ＤＳＭ-Ⅲの診断分類の信頼性はＤＳＭのそれ以前の版よりははるかに向上しており、ＤＳＭ-Ⅳの刊行以降は信頼性の問題はほぼ解決された、と言われてきた。ところが科学的健常性と診断体系の信頼性への深刻な疑念が高まっている。可能な限りのエビデンスをレビューした結果、カークとカチンス（Kirk & Kutchins, 1994）はＤＳＭ-Ⅲの信頼性はＤＳＭのそれ以前の版と同様にかなり低いと結論づけ、信頼性の問題が相当無視されてきたことを批判した。

ＷＨＯによれば、メンタルヘルスについての単一の「公的」見解などない（WHO, 2001）。メンタルヘルスは明らかな精神障害がないこと、あるいはポジティブな情緒的・認知的ウェルビーイングの状態のことをいう人もいる。社会学者、デイヴィッド・メカニック（David Mechanic）は精神障害を、個人の思考プロセス、感情、または行動が、通常の期待や経験から逸脱しており、当人もしくはコミュニティの他者が介入を必要とする問題として定義する際に生じる逸脱的行動、と定義した（Mechanic, 1999）。

診断体系についてのより根本的批判は、社会構成主義者からのものである。マダックス（Maddux, 2008b）の主張は、メンタルヘルスの診断は事実ではなく社会的な構成を指している、というものである。すなわち「心理的な正常と異常、明白な診断のラベルと分類といった概念は、人々についての事実ではなく、社会的に構成された抽象概念であり、それは社会の成員（たとえば理論家、研究者、専門職者、その顧客、メディア、そしてそれら全てが埋め込まれた文化）によって長い間かけて開発され、合意を得るに至った、共有された世界観を反映したものである」（Maddux, 2008, p. 63）。それ以前の刊行物でマダックス（2002）は、それに似た議論を展開し、ＤＳＭとＩＣＤの体系について強く反論している。彼が批判するのは、特に次の三点である。すなわち（a）人間のカテゴリー化と病理化、（b）精神障害は個人と他の個人との関係や全体のコンテクストの中にあるというよりも、個人の中にあるとする仮定、（c）人間の中で最悪で最も弱いものを理解することが、最善で最も強いものを理解するよりも重要だとする見解である。[5]

社会学者がこれまで主張してきたのは、メンタルヘルス診断を使用することは、患者の生活を悪くするばかりか予後をも悪くするのに貢献しかねない、ということである。ラベリング理論においては一次的逸脱と二次的逸脱の区別を行う。一次的逸脱は社会規範の違反とみなされ、それは精神障害の症状として解釈される。一次的逸脱は四つの原因から生まれるといってよい。それは臓器の欠陥、精神力動、外的ストレス、社会的ルールに反抗する意図的な行為である。二次的逸脱は、個人がそのアイデンティティを逸脱していると認める時に生じる過程である。いかにしてメンタルヘルスの問題を抱えた患者とラベリングされるのか、さらに具体的にいえば、いかにして統合失調症のような特定的診断を持つ人としてラベリングされるのかの説明に着手した**ラベリング理論**は、さらなる逸脱行為に寄与してしまうだろう（Scheff, 1966）。アーヴィング・ゴッフマン（Erving Goffman）はこの描写に付け加えて、メンタルヘルス診断がスティグマ化へと導いてしまう様について述べ、分析している。スティグマとは、深く信用を傷つけられた属性として定義される。メンタルヘルス診断が人の評判を傷つけるものとして捉えられるような社会システム的で文化的なコンテクストにおいては、スティグマ化は人々の生活に重荷を負わせるであろう。ゴッフマンによれば、病気が制度化されると、その逸脱は誇張されることになる。このことに影響を与える要因は二つある。一つには制度化された体制が与える衝撃であり、二つには正常な世界からの分離である（Goffman, 1963; Rogers, 1991）。

二次的逸脱と**スティグマ化**といった概念は、いかにして社会的コンテクストと社会的規範が、実践を導く理論を特徴づけているのかを想起させ、そしてそれは専門職的実践がどう価値と連動しているのかを浮き彫りにする。このテ

資料3・5　アリエル（Ariel）のギターに合わせて歌うフェリシア（Felicia）。ニューヨークのバルティック・ストリート・クリニックにて。
写真：South Beach Psychiatric Center

ーマは、我々が世界の健康の論点に接近することでより明らかになるであろう。そして正義（justice）と公正（equity）抜きにして、健康を論じることなどできないことがはっきりするのである。

コラム3・3　音楽療法において診断のラベルは必要か

音楽療法の文献の中では、メンタルヘルス診断の問題が様々な角度から議論されてきた。クリスチャン・ゴールド（Christian Gold）らは（Gold, Rolvsjord et al., 2005）、活動を行う前には診断が必要という医学的前提は音楽療法では限定的にしか当てはまらず、問題のコンテクストと辛さ、クライエントの音楽との関係といった他の情報の方がより重要な可能性があると論じた。

ランディ・ロフスヨルド（Randi Rolvsjord, 2007, 2010）は、音楽療法の理論と実践において、病理と問題よりもリソースとエンパワメントのプロセスを重視することの意味を探究してきた。同様にブリュンユルフ・スティーゲ（2003）は、コミュニティ音楽療法においてDSM-ⅣとICD10の基準によって問題を定義することは、個人にフォーカスする方向性において偏見を生みだし得ると論じている。このような定義は、問題は個人のもので解決は専門職的エキスパートのものであるとする医学的仮説を基盤としているのであろう。代替としては、文脈的要因を考慮に入れ、恵まれない状況をコンテクストとコミュニティに相関するものとして考えることである。相対的に恵まれない人たちと共に取り組むことは、聴かれざる複数の声に耳を傾けるという音楽療法のメタファーとつながっており、今まで沈黙させられてきた複数の声への関心を意味する。したがって社会正義と公正という価値は、実践を導く理論的根拠となる。

サイモン・プロクター（Simon Procter, 2001, 2004）は、診断、個人史、ヒエラルキーといった論点に関わって、メンタルヘルスにおける医学的、非医学的な供与間の文化的差異を論じた。彼は「音楽療法士として診断は必要だろうか。診断なしに仕事をすることは可能か」「クライエント自身でなく専門職者が書いたクライエントの生活史文書を読む必要があるだろうか。それなしで仕事をすることは可能だろうか」（Procter, 2001）といった問いを発した。こういった問いをなすことで、ナイーヴな異端者というレッテルを貼られるかもしれないことを認めつつも、「人間性（personhood）」「イネイブルメント（能力の向上）」「エンパワメント」などにフォーカスする医学外のメンタルヘルスの供与に賛同的な議論をしている。

健康における不公正と不平等

不公正（inequity）という概念は、**不平等**（inequality）という概念の同義語として理解されることがある。しかし、これら二つの相違をはっきりさせることは大事である。不平等が個人間、あるいは住民グループ間の余命などの健康指標といった相違に着目するのに対し、不公正は無益で回避可能なのに加えて、アンフェアで不正義とも考えられる相違に注目する。(6)「すべての不平等が不正義なのではないが、すべての不公正は不正義な不平等の産物である」（全米健康機構、1999）。

二〇〇三年の世界保健報告には、一人は日本、もう一人はシエラレオネの若い女性二人の生活が書かれている。

今日の日本で生まれる女の赤ちゃんは平均余命が85歳であるが、同じ時にシエラレオネで生まれた女の赤ちゃんの平均余命は36歳である。日本人の子どもはワクチン接種を受けられるし、適切な栄養と質の高い教育も受けられる。母親になれば質の高いマタニティ・ケアを受けることになるだろう。老齢になれば徐々に慢性的な病気を持つようになるだろうが、すばらしい治療とリハビリサービスが利用できるだろう。平均して、一年間に五五〇USドル相当の医療を受けることができ、必要ならばそれ以上の医療を受けることも可能だ。

一方、シエラレオネの女の子は、免疫力を高める機会がほとんどなく、子ども時代を通じて低体重となる可能性が高い。おそらく思春期のうちに結婚をし、六人以上の子どもを、訓練された助産師の助けなしに産むだろう。一人以上の子どもを幼児期で亡くし、彼女自身、出産に際して死の危険性が高いだろう。病気になっても受けられる医療は、平均して一年間に三USドル相当のものである。中年期まで生き延びたとしたら、彼女もまた慢性的な病気にかかるだろうが、適切な治療を受けることができず、若くして亡くなるだろう（WHO, 2003, p. ix）。

二つのシナリオの対照的な違いが示すのは、豊かな国と貧しい国の間、世界の富裕な国家と富裕でない国家の間

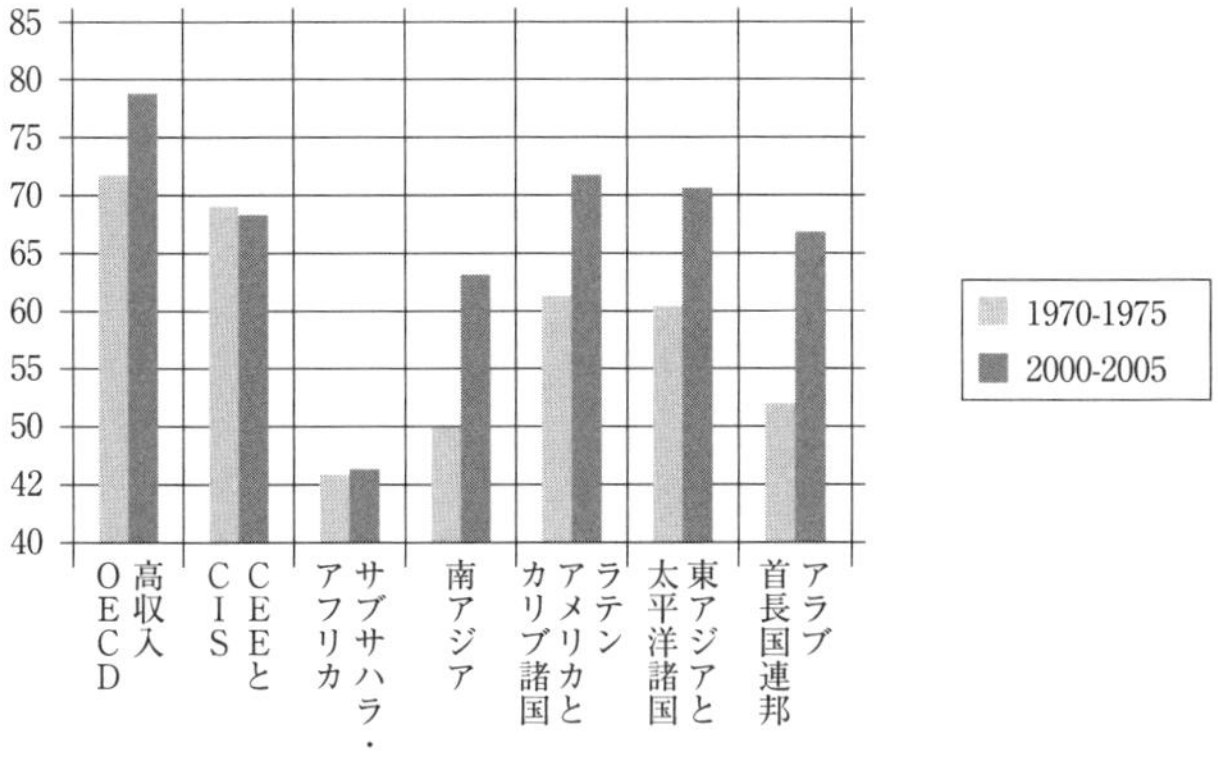

資料3・6　各区域における誕生時の平均余命（OECD はオーストラリア、カナダ、アメリカ、及び大半の西欧諸国からなり、CEE は中欧・東欧諸国で、CIS は独立国家共同体、すなわち旧ソ連所属国など）。

で、健康に大きな不公正が存在するということである。

国連開発計画（2005）の報告によれば、二〇〇〇年～二〇〇五年の高収入国家の平均寿命は78・8歳であり、サブサハラ・アフリカ〔訳注：サハラ砂漠以南のアフリカ〕での数値は46・1歳であった。資料3・6に示したように、全世界の区域がこれら二つの極の間に位置した。一九七〇年～一九七五年の期間に比べると、全世界の区域において平均寿命は確かに上昇したが、二つの例外がある。サブサハラ・アフリカではほとんど変化がなく、ソ連圏（中欧・東欧諸国（CEE）と独立国家共同体（CIS））では平均寿命は低下した。サブサハラ・アフリカの平均寿命低下はHIV／AIDSの感染によるところが大きい。CEEとCISの諸国では、計画的経済・福祉システムの崩壊、及び経済的移行期の諸問題が住民の健康に劇的な負の衝撃を与えた。心臓病、損傷、その他喫煙、運動不足、不健康な食習慣、アルコール摂取などの不健康なライフスタイルと関係した健康上の問題は、全体的に広がった(7)。

健康の不平等は国の内部にもあり、貧しい国のみならず、豊かな国も免れない（WHO, 2007a）。健康の差異は、政治的、社会経済的、文化的な社会階層の軸に沿って生じる。社会経済の地位を決めるのは、大抵教育の程度、収入（個人及び家族の）、職業ヒエラルキーにおける仕事、地理的位置である。先住民グループのいる国全てにおいて、彼らの平均寿命は国の平均より短い（WHO, 2007b）[8]。

世界の病気罹患についての報告で、ロペスら（Lopez and associates, 2006）は世界を二つの大きな区域に分ける。（a）高収入経済（西欧、アメリカ、カナダ、オーストラリア、ニュージーランド、日本、韓国）と（b）低・中収入国（ラテンアメリカとカリブ諸国、中東と北アフリカ、サブサハラ・アフリカ、南アジア、東アジアと太平洋諸国、東欧と中央アジア）である。高収入国に暮らしているのは、世界人口の15％であり、その人口は減少しつつある。

さらに病気には三つの種別がある。グループⅠは伝染病、母体並びに周産期異常、栄養不足、グループⅡは非伝染性の病気（例えば癌、糖尿病、心臓病、発作、アルコール摂取障害、双極性鬱）、グループⅢは損傷（自傷と暴力を含む）である。

まずは、世界の病気罹患に関する報告に述べられた死亡者統計を見てみよう。二〇〇一年には全世界で五六〇〇万人が死亡し、そのほぼ20％は5歳以下の子どもであった。子どもと青年の病気罹患は、低・中収入国では、高収入国に比べてはるかに多い。高収入国では、グループⅠの病気で死ぬ人はわずか7％である。低・中収入国でグループⅠの病気が死因となる人は36％である。高収入国では死因の87％がグループⅡの病気（非伝染性の病気）であり、低・中収入国でのそれは54％である。グループⅢの病気（損傷、自殺と暴力）は高収入国の死因の6％を占め、低・中収入国の死因の10％を占める（資料3・7を参照）。

グループⅠの病気（伝染病、母体及び周産期異常、栄養不足）はほとんどの低・中収入国に存在する。HIV／AIDS問題はこれらの国において急速に拡大しており、一九九〇年におけるグループⅠの病気のうち2％を占めていたのが、二〇〇一年には14％に伸びている。HIV／AIDSの爆発的感染はサブサハラ・アフリカにおいてとりわけ圧

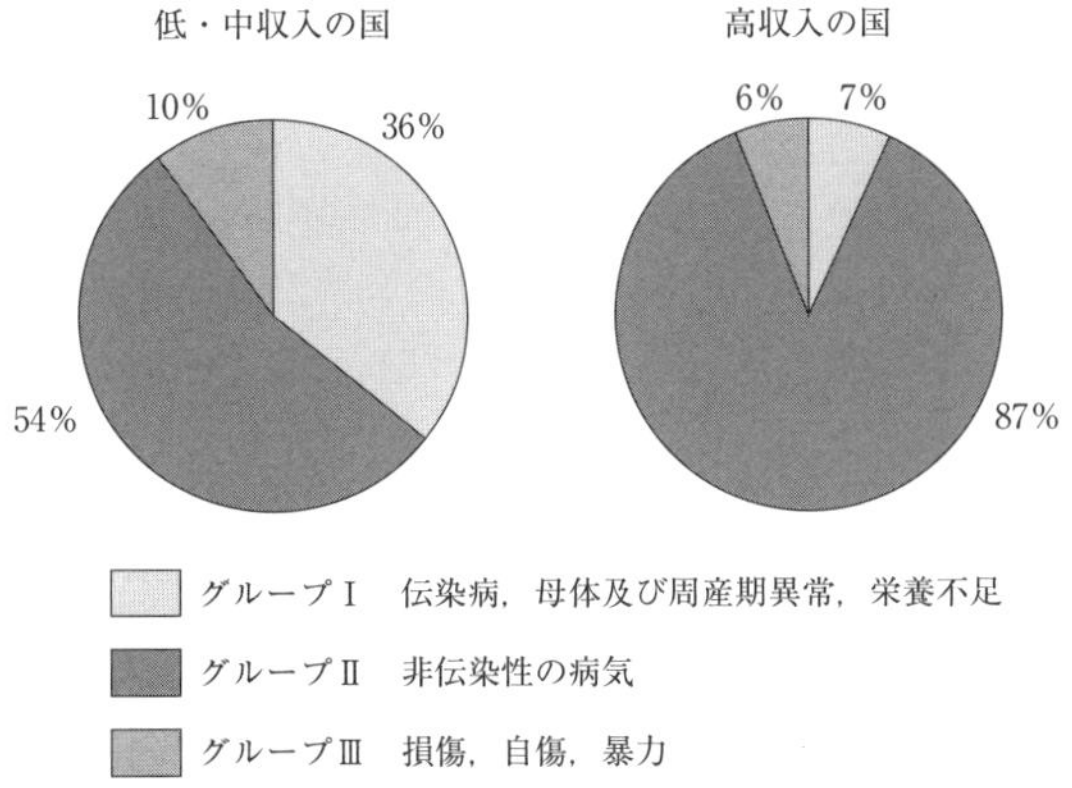

資料3・7　全死亡の、要因別割合
Mathers, Lopez & Murray（2006）のデータに基づく。

倒的である。サブサハラ・アフリカの人口は世界の10％以下なのに、ＨＩＶ感染者の70％以上がこの区域に住んでいる。

グループⅡの病気（癌、糖尿病、心臓病、発作、アルコール摂取障害、双極性鬱）は、かつては豊かな国の病気であった。しかしこれらの病気は、低・中収入国の15歳から59歳までの死因の50％以上を占めるようになっている。ただしサブサハラ・アフリカとカリブ諸国は例外である。これは、世界の五区域（ラテンアメリカとカリブ諸国、中東と北アフリカ、東アジアと太平洋諸国、東欧、中央アジア）が新しい健康問題に直面していることを意味する。また、グループⅢの病気（損傷と暴力）もこれらの国々に広がっていることから、三つの困難に同時に直面していることになる。

世界のあらゆる区域において、神経精神医学的な異常が障害の最も重要な原因であり、15歳以上の成人の健康的な生活時間の37％以上が障害の結果失われる事態の原因になっている。これらの異常の罹患は男女間に差はないが、障害の主たる原因は異なる。鬱は男女共に障害の第一因ではあるが、女性の鬱の罹患は男性のそれより50％高い。女性はまた、不安障害、偏頭痛、認知症に罹患する割合が男性よりも高い。アルコールとドラッグの使用による障害への罹患は、男性は女性の六倍で、男性の神経精神医学分野における罹患の四分の一にあたる（Lopez et al. 2006）。

健康の不平等に関する解題

病気罹患の世界的なバリエーションをみると、医学の視点は確かに重要だが、健康と健康問題を理解するには充分ではないということが分かる（本章で健康の次元について議論した際、既に指し示しておいた）。健康問題の世界的な差異について述べようとする時、病気や障害を区別するため、頻繁に医学言語が用いられるが、これらの差異のいくつかを生み出す状態やプロセスを理解するためには、社会学や経済学の知識が必要である。

このことからすると、音楽療法実践もまた、どの問題に関連づけるのが最も適切か、それらにどうアプローチしたらよいのか、といったことについてコンテクストごとに極めて異なる現実と向き合う必要がある。例えばＨＩＶ／ＡＩＤＳ患者の人々との音楽療法は重要であるが、欧米の音楽療法ではまだ小さな領域であり、この領域で仕事をする音楽療法士は主に個人療法を開発することを選んできた（例えば、Lee, 1966 を参照のこと）。それに対し、東アフリカで音楽と健康に関して仕事をする場合、ＨＩＶ／ＡＩＤＳは最も本質的課題の一つであるが、この課題には個人療法の手法では接近しきれず、社会文化的な視座を基盤としたコミュニティ志向のアプローチが求められる（Barz, 2006; Stige, 2008b）。

ウィルキンソン（Wilkinson, 1996）、及びウィルキンソンとピケット（Wilkinson & Pickett, 2010）は、国内の社会経済的不平等と国と国の間の不平等には一定の関連があると指摘している。著者らは、いかなる発展のレベルにあろうとも、平等主義の国の住民は、社会経済的不平等があるといわれる国よりも良い健康状態を示しているると主張している。その主たる理由は、社会的な凝集性（cohesion）と関係している。平等性が高い社会と、社会経済的格差の小ささは、社会の凝集性と結び付き、社会的凝集性はより良い健康と結び付く（次章を参照のこと）。ウィルキンソンは、社会関係と公的価値の平等性という特質を考えると、東欧のいわゆる共産主義国が伝統的に、国民一人当たりの収入から期待されるよりも高い水準の健康を維持してきたことの説明がつくのではないかと述べている。経験的実証に基づきカワチ（Kawachi, 2000）は、生活の絶対的基準とは独立して、経済格差の大きさこそが健康の重要な予測値であると結論づける。カワチとバークマン（Kawachi & Berkman, 2000）は社会の凝集性を、「社会的な連結性及び社会における各集団の連帯の程度」と定義し、社会関係資本を「人と人の間の信頼レベル、互恵や助け合いの基準といった社会構造の特徴であり、個人のリソースとして機能し、集団的な活動を促進するもの」と定義する。社会的凝集性と社会関係資本は社会の集団的次元であって、社会的ネットワークや社会的サポートといった通常個人レベル、あるいは個人と他者との相互作用のレベルで適用されるものとは区別される。カワチとバークマンは、社会的凝集性と社会関係資本という二つの概念は公衆衛生にとって重要であると提唱する。

健康の社会経済的不平等を説明するのに寄与する要因は、膨大にある。喫煙、食習慣、運動といった健康に関連する行動における社会経済的差異は、重要な要因の一つである。ユイスマン、クンスト、マッケンバッハ（Huisman, Kunst & Mackenbach, 2005）は、EUにおける喫煙の広がりの不平等を解明した。男女共に、社会経済的地位が低い人たちにおいて喫煙人口が増加している。これは一例に過ぎず、不健康な行動は社会的地位の低い集団に多いという現象は、様々な国、いくつかの健康行動を通してみられるものである。明らかに健康行動は、社会経済的地位と疾病率／死亡率の関連を説明し得る重要な要因の一つである。

健康の不平等は、成人の人口に限定されるものではない。健康の社会経済的不平等は子ども、青年においても世界中に存在する。一九八〇年のブラック・レポート〔訳注：一九八〇年に英国社会保険省より公表された健康格差に関する報告書〕によれば、北欧諸国の子どもの健康不平等はほぼ根絶されたという。しかし最近の研究では、このどちらかというと裕福な国々でも相対的な不平等は存在するとされる（Halldorsson et al., 2000）。社会福祉システムがあまねくはりめぐらされ、医療費も教育費も無償の国では子どもの貧困はほとんど広がってはいない。アメリカ合衆国のような社会経済的公正を優先しない富裕国においては、子どもを抱えた家族の貧困が広がっている（WHO, 2007a）。

健康づくりのためのオタワ憲章（WHO, 1986）には、**健康の必要条件**と呼ばれるもののリストが掲げられている。「健康のための根本的条件とリソースは、平和、保護、教育、食料、収入、安定した生態系、持続可能なリソース、社会正義、そして公正である。健康の改善には、これら基本的な必要条件の確立が求められる」。これが意味するところは、経済のプロセス、法体系、政治的決定が人々の健康に重大な影響を及ぼすということである。公衆衛生と健康づくりには社会のあらゆる部門が関わっており、健康の専門職者と医療制度の任務をはるかに超えるものである。貧困は、世界の大半の区域における住民の健康にとって、最も深刻な障壁となる。

コラム3・4　音楽療法、多様性、そして貧困

音楽療法士は多様性と貧困に遭遇したとき何を優先するだろうか。これが、ヘレン・ウーストハイゼン（Helen Oosthuizen, 2006）による南アフリカにおける音楽療法の多様性とコミュニティに関する論文の主要な問いである。ウーストハイゼンは、ヨハネスブルグ区域で働く数少ない音楽療法士の一人で、彼女はどんな仕事の機会を受け入れるか決める際、何を優先するかについて慎重に考慮することが必要であることを発見した、と述べている。

比較的富裕な施設や親は、音楽療法士とコミュニティセンターの提供するサービスについて質問をし、可能性を提供する出発点として積極的に捉えてくれる。私には選択肢がたくさんあり、私が断った場所へは私の代わりに行く音楽療法士はいない。私が一つのコミュニティでどれだけベストを尽くせるか、という問いの他に、私の持つリソースは、ある一つのコミュニティ、もしくは別のコミュニティで有効活用できるのか、ということを考える必要がある。特定のコミュニティに大きな価値を置きつつも、自分のスキルをどのように活用するかで、私が採った選択次第で、我々の専門職を成長させるのか、抑制することになるかが決まり、国全体に影響を与えるような関連課題を扱えるようになるのか、妥協するのかが決まる（Oosthuizen, 2006）。

ウーストハイゼンは、南アフリカのいくつかのコミュニティにおける音楽療法士としての取り組みについて、次のように述べている。

富裕な学校コミュニティに音楽療法を導入するときは、コミュニティのメンバーと私が共有する文化理解がとても役に立つと思う。しかし、私自身のコミュニティに似た豊かなリソースを有するコミュニティのみで働くならば、私は富裕と貧困にはっきりした線引きをすることになるだろうことを、考える必要がある。そのような働き方をすれば、この国での奮闘が、この国の社会的不平等に妥協した奮闘になってしまう。私自身のものとは全く異なるコミュニティで短期の音楽療法グループを開始する時は、ここには音楽療法に相当するものがあるのかどうかという問いと格闘し、そうするうちに次第に自分の考えが順応し、コミュニティと密接に仕事をするようになり、このコンテクストにおいて価値を持つ音楽療法実践を構成できるようになる。このような多様な仕事の経験をすると音楽療法士は、国内と世界の関連課題を意識するようになり、我々の専門職がこれらの課題を扱う可能性を有していることへの意識が増す（Oosthuizen, 2006）。

論文の結語としてウーストハイゼンは、音楽療法士として我々は、自らの仕事をより広範な社会的コンテクストの中で考える必要があり、そのためには仕事の方法を変えることもあり得ると論じる。

本論は、全ての音楽療法士が多様なコミュニティでの仕事を開拓すべきと提案しているのではなく、むしろ、いかなるコミュニティにあっても我々の仕事を慎重に考える必要がある、ということを提案するものである。我々の周りの貧困に無知であることは簡単で、知らないことで貧しいコミュニティで働く経験が不足していることの言い訳ができる一方、金持ちと貧乏の分断を拡げることになる（Oosthuizen, 2006）。

ウェルビーイングと生活の客観的状況

ここまで死亡率、疾病率、障害についての統計資料を用いながら、世界の健康というものについて論じてきた。しかしながら、本章で既に述べたように、健康とは病気がないこと以上のことである。そしてウェルビーイングという概念によって、生活のより肯定的な側面を強調することが大切になる。これまで、様々な国の幸福を分析しようとする試みが行われてきた。ヴィーンホヴェン（Veenhoven, 1995）は**幸福理論**を、比較理論、民俗理論、居住性理論に区分けする。

比較理論では、生活の評価はある種の心理的な微積分の上に成り立つと仮定される。つまり、生活はこうあるべきという理想基準とは反対方向の個人が経験する生活の知覚に重きを置く。換言すれば、現実的に起こり得ると考えるものを基礎に、生活を判断する。このような比較過程の結果、ある人の生活についての主観的評価は、生活の客観的な質とは無関係となるかもしれない。民俗理論は、幸福を生活の個人的な評価とはみなさず、文化的に形成された生

資料3・8　音楽とウェルビーイング。「音楽でうまくいく」に参加したヘンブリー学校の「アートストーリーズ（ArtStories）」の生徒。
写真：Christine Carrigg

活についての観念の反映とみる。この理論によれば、幸福はある国、またはある文化における現在の生活の質とはほとんど無関係である。居住性理論は、生活についての主観的評価は何よりもまず生活の客観的な質によって決まると主張する。生活状況が良くなればなるほど、住民は幸福になりやすいであろう。居住性理論は生活の相対的差異よりも、絶対的な質にフォーカスする。

38ヵ国の大学生と、28ヵ国の一般的な住民調査から集めたデータの分析に基づきヴィーンホヴェン（1995）は、比較理論と民俗理論から導き出される予測は概ね確認されなかったのに対し、居住性理論から導出された予測は全て確認されたと結論づけた。幸福はかなりの部分、生活の客観的状況を確かに反映する。本章で既に扱った主観的ウェルビーイングと客観的ウェルビーイングとの関係に関する議論へと立ち返るならば、ヴィーンホヴェンの結論には幾分、驚かされる。多くの研究が、ウェルビーイングの客観的指標と主観的指標の間に明白で直接的な関係はないことを論証してきた。お金は、幸福とイコールではない。物質的な志向性は、ウェルビーイングを害しさえする。と同時に、物質的リソースの欠如は、緊張とストレス、選択と選択肢の欠如、そして傷つきやすさをしばしば増長させる。

　生活の客観的な状況とウェルビーイングの経験との関係は複雑で多面的であり、時間、人、場所に関連する。重要な媒介要因のいくつかは、社会的サポートの程度、入手可能な社会関係資本の量であるが、これについては次章の議論のテーマとしたい。

結論

　健康への関心と健康についての考えは、時代と場所によって異なる。医学のコンテクストでは、健康はしばしば病気がないことと定義されてきた。例えばそれは、病気と異常を示すデータがなく、有機体が最適な機能を示している状態である。この視点に従って健康になるためには、人は健康だと感じる必要はなく、また社会の生産的なメンバーになる必要もない。その人が、明らかな病気や症状を持たないというだけで、充分なのである。それに対する批判から、患者が人として扱われるような、よりホリスティックな健康へのアプローチを求める声が生まれた。このような考え方を伝えるために、不調、病的状態という概念が採用されてきた。本書では不調を自分の健康についての知覚と関連づけており、病的状態は社会的に構築されたレベルでの不健康さを意味する。

　一九六四年のＷＨＯのユートピア的な健康の定義は、人々の健康についての考え方にかなりの影響を与えてきた。健康は決して等閑視されるべきでない重要で肯定的な側面を持ち、ＷＨＯの定義は、治療や予防、リハビリに関わる実践のみならず、健康促進、イネイブルメント（能力の向上）、エンパワメント、社会変革といった実践の扉を開いた。我々が健康の肯定的な側面に注意を向けるならば、ウェルビーイング、QOL、生活の満足といった概念が中心に来る。例えばウェルビーイングは、主観的ウェルビーイング（情動、生活の包括的な判断、特定の生活分野についての満足）の次元との関連で理解し得るし、ウェルビーイングの客観的指標（学歴、住居の状況、病気の不在）との関連でも理解し得る。客観的指標と主観的指標の間に明白で直接的な関係はない。生活水準が上昇していく時期の合衆国の居住者らの幸福が、同時的にはなはだしく低下した、という研究なら幾多もある。

様々な種類の緊張や要請を個人に強要する社会は数多くある。そのような場合、健康もまた日常生活の困難を処理し、克服する個人の能力として定義されることになろう。健康は関係的概念であり、すなわち健康とは、個人とその環境との関係における質である。この考え方は、コミュニティ音楽療法の中心である。しかしながら、健康を病気の不在やウェルビーイングの肯定的な経験とみなす理解を全く持たずにやっていける、と考えるのは間違いである。概略を示した健康の三つの次元は、個人レベルの病気、障害、経験を無視することなく、関係的で文脈的な要因を考慮することを提案するのである。

メンタルヘルス領域がこの点を明晰に論証する。診断は社会的構成物である。つまり、社会規範の違反に基づいて観察され、精神障害の症状として解釈されるのである。逸脱はもともと、器質的な欠陥、精神力動、外的ストレスといった原因から生じ得る。また、社会のルールに反抗する違反行為を表象することもある。多くの社会学者によれば、ラベリング行為は、ラベリングが属する領域に影響を与える。もし誰かがある診断的ラベルを付与されれば、それは彼、彼女の自己概念はもとより、他者のこの人物についての概念にも影響を及ぼす。場合によってはさらなる逸脱的な行動へと追いたてることもある。だからこそ、メンタルヘルスについてのリソース志向的な観点が有用なのである。

健康を、社会正義という価値の議論なくして論じることなどできない。世界の健康には、極めて大きな不公正がある。二〇〇三年の世界健康報告はその例として、日本に生まれた女の赤ちゃんの平均余命が85歳であるのに対し、同刻にシエラレオネに生まれた女の赤ちゃんの平均余命は36歳であることを示した。もし日本の市民が慢性病になったとしたら、平均して一年間に五五〇USドル相当の素晴らしい治療とリハビリテーションサービスと薬物治療を受けることが可能である。対照的にシエラレオネの市民は、もし病気になったら、平均して一年間に三USドル相当の医療しか受けられない。不公正は国と国の間だけでなく国内にもあり、極端な格差がみられる国もある。したがって、貧困と健康の不公正という問題に直面した時に何を優先すべきか、という問いは、あらゆる場所の音楽療法士に関係してくるのである。

キーターム、議論のトピックス、註

キーターム（登場順）

健康、病気、不調、病的状態、ウェルビーイング、主観的ウェルビーイング、客観的ウェルビーイング、QOL、健康の次元、関係的・文脈的要因、ラベリング理論、二次的逸脱、スティグマ化、健康の不公正、健康の不平等、健康の必要条件、幸福理論

議論のトピックス

次の批判的思考の質問は、本章で議論したトピックスの批判的省察のために授業やグループ、または学生個人で議論することができる。付加的なリソースは、本書のウェブサイトで見つけることができる。

1．前章までで一九八〇年代の音楽療法におけるシステム全体的、且つ社会文化的な転回について議論してきた。このことは、本章の冒頭で議論したように、部分的には一九六〇年代と一九七〇年代の心理学と近接学問領域に登場した生態学理論と関係している。実践にとっての意義の一つは、困難を抱えた人の目下のシステム（子どもにとっての家族や学級のミリュー）間の関係を扱うことである。伝統的な療法的実践から抜本的に離脱することもまた、一考に値する。生態学的思考が、あなたの国の音楽療法の理論と実践の特色となっているかどうか、そうだとしたらどの様にかについて、議論しなさい。生態学的思考によって提案された可能性は、充分に探究されてきたと感じていますか。もしそうでないなら、何が目下の状況の要因になっているのでしょうか。

2．多くの人が、療法のラベルを貼られた活動に抵抗するのは、おそらくその用語がスティグマや専門家の支配的状況を連想させるからであろう。音楽療法のような非医学的コンテクストで仕事をする音楽療法士にとっては、このことが時折りジレンマとなる。その仕事に音楽療法というラベルを使わないことが尊重に値するのは、また不正直といえるのは、どのような時でしょうか。こういったジレンマを扱う例と様々な方法について、議論しなさい。

3．健康における不公正という課題は、音楽療法の文献で広範囲に議論されてきたわけではないが、音楽療法士の中にはこの問題に積極的に関与することを選んだ人もいる（例えばコラム3・4を参照のこと）。あなたのコンテクストにおける健康の不公正を素描し、音楽療法士がこの課題と取り組むことができるか、そうであればいかにしてかを議論しなさい。

註

（1）ＮＧＯはNon-Governmental Organization（非政府組織）の略語。

（2）ディーナー（Diener）は、国際ＱＯＬ研究学会の前会長で、『幸福の研究誌』の編集委員である。

（3）ＩＣＦは以下の要素をめぐって組織されている。すなわち身体機能と身体構造、活動と参加、環境因である。身体の機能と／または構造に関連して、人は重大な逸脱あるいは喪失といった損失を経験する。活動は個人の作業、または行動の実行に関連し、参加はある生活状況に関わることとして理解される。ある人は損失を経験するだけでなく、活動制限（活動の実行における困難）、または参加抑制（生活状況への関わりについての問題）も経験する。ＩＣＦで述べられているように、環境因は自然環境、テクノロジー、サポートと人間関係、態度、サービス、システム、そして政策を含む。これらの要因は損失、活動制限、参加抑制の結果を増長、または縮減する（WHO, 2001a）。

（4）非西洋文化では、例えば中国の精神障害分類のように、別の分類スキーマが用いられる場合がある。

（5）問題と障害の概念化が、専門職の構築に寄与する。そのことは、その後に影響を与えたフーコー（Foucault, 1961/1991）の著作『狂気の歴史』が論証している。第十章も参照のこと。

（6）平等には多様な観念があり、また、公正を構成するものの定義も様々である（第七章を参照されたい）。

（7）中・東欧のＥＵ新加盟国からの最近の報告では、経済の移行期に起きた否定的傾向はすでに好転したという（Zatonski & Jha, 2000）。

（8）健康の不平等は必ずしも一定ではない。ロシア連邦では、男性も女性も教育のレベルによって平均寿命が異なる傾向が目下、高まっている（Murphy et al., 2006）。

第四章　コミュニティと社会的リソース

第四章を学習後、次のような問いについて議論することができるようになるであろう。

■人間の発達を議論するとき、分析のレベルとは何を意味するのか。
■コミュニティという概念のルーツとは何か。
■社会的ネットワークを通じて、我々一人ひとりは外の世界とどれほどの親密さでつながっているのか。
■社会的サポートの効果の研究において、直接効果仮説と緩衝効果仮説はどう異なるのか。
■イベントがないこと（何も起こらないこと）は、どのようにストレスとなるのか。
■社会関係資本とは何であり、どう調査できるのか。
■周縁化されたグループの状況に関して、音楽療法士はどう貢献できるのか。

社会的コンテクストにおける人間の発達

人間の生活には、他者との継続的な相互作用という特徴がある。新生児は生まれ落ちた瞬間からその両親や他の養育者の世話があって初めて、またその世話が何年も続くことによって、生きながらえることができる。相互作用、協力、分かち合いが、―様々な程度、また多様な形でではあるが―、我々の生活の重要な特徴である。人類の進化の過程には、自分たち個々の利益にもグループの利点にもなるように、人間がグループ内で特に良く機能することを可能にする遺伝子文化、相互進化、特別な形質の選択があったと思われる（Stige, 2002）。帰属と関係性は基礎心理的、あるいは社会的必要として、もし制度的に挫かれたならば結果として健康が深刻に脅かされるほど基本的なものである（Baumeister & Leary, 1995; Berkman & Glass, 2000）。しかしながら我々の社会的環境は、生活にとってリソースとなるもの、積極的要因であるものばかりではない。他人は重荷やストレスの要因にもなり得るのである。人間間の関係は魅力、積極的経験、そして愛とも関係づけられる一方、攻撃、嫉妬、悲しみにも支配されよう。本章は、人間の生活の社会的コンテクストに関するものについて扱う。

そのようなコンテクストの要素を描出する概念モデルはいくつかある。ミクロシステム、メソシステム、エクソシステム、マクロシステムの間の関係を描いたブロンフェンブレンナー（Bronfenbrenner, 1979）の**生態学的モデル**が、これまで影響力を持ってきた。ブロンフェンブレンナー（1979, pp. 16-42）によれば、ミクロシステムは（家族や仲間内のような）所与の設定において発達途上の個人によって経験される活動、役割、個人間の関係のパターンからなる。メソシステムは、発達途上の個人が積極的に関与する二つあるいはそれ以上のミクロシステムの相互関係に関するものである（例えば子どもにとっての家庭と学校の関係など）。エクソシステムは、発達途上の個人の積極的参加は伴わないものの、その人を含むシステムに影響を与えるシステムのことである（地方議会や学校経営はエクソシステムの例である）。マクロシステムは組織のより高いレベルにおける構造性と一貫性のことであり、例えば社会である。このようなレベルは、入れ子状と理解することが可能で、より低いレベルがより高いレベルに埋め込まれているのである。

ダルトン、イライアス、ウォンダースマン（Dalton, Elias & Wandersman, 2007）は、個人を中心に、同心の円（あるいは楕円、資料4・1を参照のこと）によって境界を区切られた各層により囲まれた関連モデルを提案した。個人に最

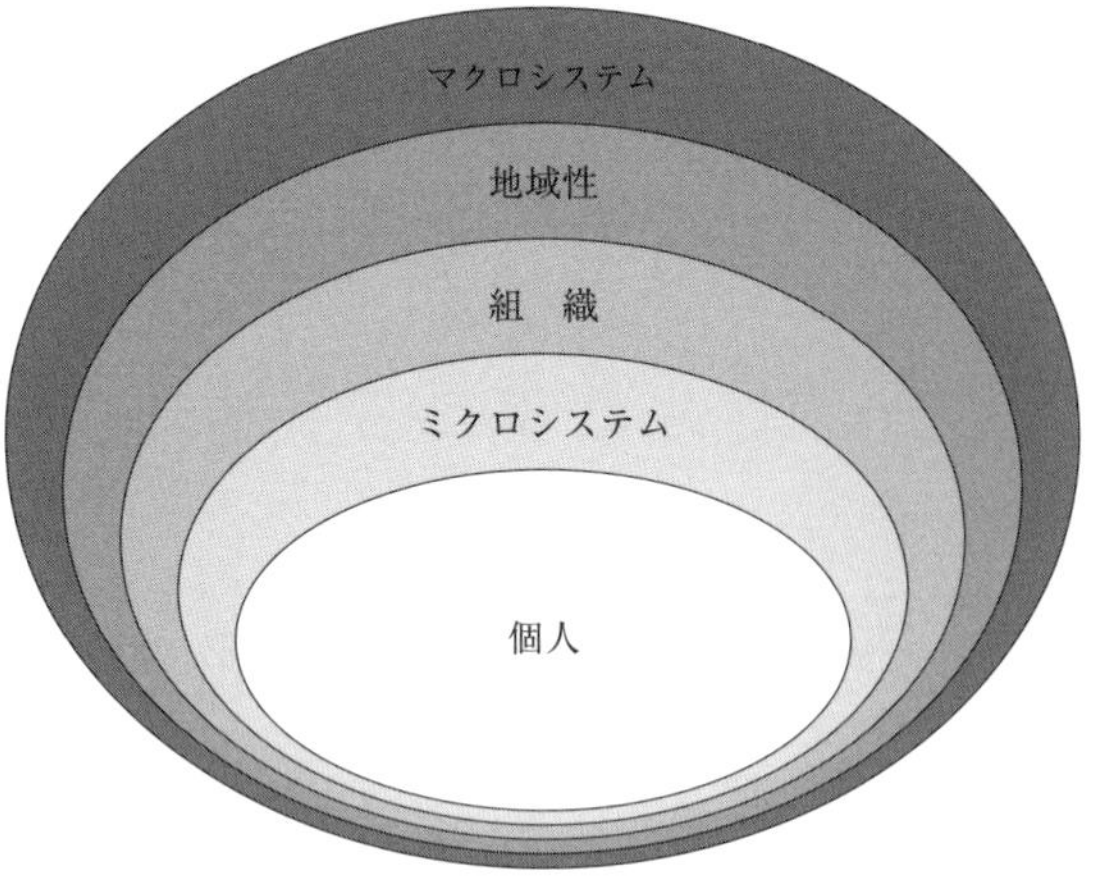

資料4・1　コンテクストのなかの個人：分析のレベル
ダルトン、イライアスとウォンダースマン（2007, p. 18）を、Cengage Learning（それ以前は Wadsworth/Thomson Learning）の許諾を得て改編。

も近接した層はミクロシステムを構成しており、そこは個人が他者と継続的に直接的な相互関係に関与する環境として定義される。次の層はチームや職場における従業員の別部局といった、いくつかのミクロシステムからなる組織である。地理的な地域性が次のレベルを構成する。典型的な例としては、村や近所、郊外があろう。地域性は組織とミクロシステムのセットとして理解され得る。そして最後の層はマクロシステムで、文化、統治的・経済的機構、法制度、等々からなる。この生態学的モデルは、我々の生活が状況によってどのように形作られるのかを図示している。近いものもあれば遠いものもあるが、すべてが我々の生活に直接的・間接的な影響を及ぼしているのである。

これらのコンテクストの適切な特徴を記述するには、いくつかの鍵となる概念が必要である[1]。本章で提示されるそれぞれの用語は、社会生活の重要な側面を捉えるものである。

コラム4・1　音楽療法中の共同的経験を回復すること

デイヴィッド・ラムジー（David Ramsey）は、音楽を人間の結び付きのリソースとして探究した音楽療法士の一人である。彼は長年、ニューヨークにあるベス・アブラハム公共医療施設の音楽療法士として勤務してきた。博士論文においてラムジー（2002）は、失語症の患者グループに対する彼自身の取り組みを考察している。クライエントたちが経験した変化を記述、分析し、彼はプロセスの中心としての共同的（communal）音楽経験に焦点を当てるに至る。

> グループを分析する間、私はグループのプロセスにおいて明確となった様々な個々人のパーソナリティーに気付いた。メリー（Mary）に要求されると、グレタ（Greta）は言いなりのように思えた。ロス（Ross）は時にグループを煽ることがあったし、パム（Pam）は耳を傾けることを要求し、活動の流れを変えることができた。私はといえば、身をもって示すリーダーであった。しかしながら、役割機能に関して各メンバーを観察する伝統的な方法は、「個性」や音楽の「役割」を考慮に入れないものであった。あるレベルでの介入的タスクは、親しめる歌を作ることであった。また別のレベルでは、歌はそれ本来の力とリーダーシップを発揮し、グループのプロセスを最終的に決定した。
>
> 　私は個々の違いよりもむしろグループのまとまった反応に焦点を当てた視座からグループをみるようになった。個人がプロセスを決定するために相互に影響し合うというグループダイナミクスの伝統的な見方は、個々人は個々の好みを示すよりも音楽的経験を甘受するとされる「コーラス効果」という見方に取って代わられていた。この場合、彼らにもたらされる音楽経験は、彼らを守り、他の何物ももたらしえない本質を回復させた。グループでの関与や一緒になってよく知られた歌を作り出す経験を通じて、参加者はコミュニティのニーズと関連した人間が共有する必要性を映し出す表現力豊かなプレゼンテーションに没入することができた（Ramsey, 2002, pp. 107-108）。

コミュニティの回復は、ラムジーの研究において中心的カテゴリーとなった。すなわち共有された経験として、つながりと一体感として、心理的・社会的サポートとして、感情的ラポートとシェアリングとしての、コミュニティである。

コミュニティ

コミュニティという単語はラテン語のコムニタス（communitas）（共通の）に由来し、近代英語の単語は、個人的で経験的な側面から制度的で構造的な側面までにわたる多様な関係的意味と結び付いている。この単語はまた、ヨーロッパ・コミュニティのように国家の大きな連合に関してさえも使われる。コミュニケート（communicate）は同じくラテン語（communicare）の語源を持つ。コミュニケートとは、何かを共通のものとする、ということを意味している。

コミュニティという概念は、例えば生物学、人類学、社会学、心理学など広範囲の学問で用いられる。一般的に受け入れられている単一の定義は存在しない。ヒラリー（Hillery, 1955）によれば、一九五〇年代に既に九十四の定義が提唱されていた。重要な対比が見られるのは、**コミュニティの地理的概念**（近所、村）と、その**関係的概念**（人間の関係の質）の間である（Gusfield, 1975, cited in McMillan & Chavis, 1986）。コミュニティ音楽療法のコンテクストにおいては、両方の用法が関わっている。

コミュニティはしばしば、特定の場所で継続的に相互作用する個人からなる集団と定義される。マックイーンら（MacQueen et al. 2001）はコミュニティを、社会的紐帯により結ばれ、共通の見通しを持ち、地理的な場所や設定において共同行動に関与する、多様な個性を持った人々からなる集団、と定義する。後期近代社会では、コミュニティが共通利益から発展する傾向がある。これらのコミュニティは、場所よりも関係によって規定される。インターネット・コミュニケーションの時代には、お互い遠く離れている諸個人を含めて、コミュニティが発展し得る。

マクミランとチャヴィス（McMillan & Chavis, 1986）はマクミラン（1976）の先行研究をベースに、**コミュニティ感覚**（sense of community）の理論を発展させた。この概念についての彼らの定義は、四つの要素に基礎づけられている。すなわちメンバーシップ（属しているという、あるいは個人の関係性の意識を共有しているという感覚）、影響（集団を価値ありとみなす、または違いを見いだす意識）、統合とニーズの充足（メンバーのニーズが満たされるだろうという感覚）、そして感情の結び付きの共有（メンバーが共有の歴史、共有の場所、一緒の時間、同様の経験を持つし、これからも持つだろうという関与と信念）。「コミュニティ感覚」という用語は強くて肯定的な含意を持ち、良く機能しているコミュニティの重要な心理的側面を示している。地理的あるいは関係的概念としてのコミュニティは、事実に基づいたものであるが、これまで必ずしも中立的なものとしては扱われてこなかった。

コミュニティについて議論する時、例えば村のイメージのような安定した小さなコミュニティがしばしば想起される。それは人間の社会的組織がとってきた多くの形態の一つに過ぎないが、特にそれは典型として扱われてきた。二十世紀中葉の人類学で有名な学者によって書かれた「小さなコミュニティ」を例に挙げると、次のように議論されている。

> 小さなコミュニティは人類の歴史の中で、非常に卓越した人間の生活の形であった。孤立した家屋敷は太古からあったのに対し、町はたかだか数千年の歴史であり、……おそらく「大規模なものの最初の出現」は新世界への植民以降のことであったろう（Redfield, 1953/1963）。

コミュニティ概念のこういった扱いは、放浪的なコミュニティの分裂と融合の複雑なパターンよりも村のコミュニ

資料4・2　ストリート・パーティとしての音楽療法。ドイツ、クレーフェルトの「ロック・アム・リング」。写真：Peter Neumann

ティに注意を向けることで、人間の社会組織の一つのあり方を当然視している、という批判を招くであろう。(2) レドフィールド（Redfield, 1953/1963）の見解は、社会理論におけるコミュニティの概念が、問題含みの歴史を有することを例証している。コミュニティのある形態に、他の形態にはない特権を与えたり、選ばれた形態を定義によって絶対的なものとして扱ったりする傾向は、これまでもあった。換言すれば、標準的で説明的な要素が混乱していたのである。安定した小さなコミュニティに偏った焦点の当て方をするのは問題である。というのは、それが人間の多様性を軽視し、また潜在的なコミュニケーションにおける人間の社会生活の否定的側面も軽視し、それによってコミュニティの限定的な機能を軽視するからである。(3)

都市化した後期近代の社会では、結合の複雑なパターンを伴ったコミュニティの多様化が生じた（Walker, 1993）。個人化のプロセスもまた加速している。このことは、共同社会のイニシアチブを消失させるというよりも、変容させている。

個人化とは、集団の全てが無くなることを意味するのではなく、コミュニティに新しい、後期近代の形を与えるだけである。日々の社会生活に適応するように構造を整えることで、人はアプリオリにでなくても、自分たちの行動に制限を加えるようになる。それゆえに全体のシェーマは、誰もが自分自身で選んだ場所にさえ現れるし、後期近代にそのような事例は多くなっている（Fornäs, 1995, pp. 100-101）。

コミュニティ音楽療法の文献においては、先述したコミュニティ概念のいくつかとの関連が見いだされてきた。コミュニティの心理学的意識がしばしば強調されるし（Ramsey, 2002）、関係（Ansdell, 2002, 2004）、そして／または場所（Kleive & Stige, 1988）によって定義されるコミュニティとも結び付けられている。この概念の理論的な議論においてスティーゲ（2003, pp. 198-201）は、コミュニティが実践の共有と関与の文化を伴うと述べる。同様なアイデアは、音楽的な**実践コミュニティ**の概念への言及を通じ、文献において展開されつつある（Stige, 2002; Krüger, 2004; Ansdell, 2010a; Storsve, Westby & Ruud, 2010）（コラム4・2と第五章を参照されたい）。

コラム4・2　音楽コミュニティの探究

「ミュージカル・マインズ（Musical Minds）」というグループの質的な事例研究を基礎とするエッセイにおいてゲイリー・アンスデル（2010a）は、コミュニティの様々な概念を探究している。ミュージカル・マインズのメンバーは東ロンドンの貧困地帯に住み、長期の精神的健康問題を抱える成人を援助している組織の後援のもと、週に一度集まっていた。アンスデルは、コミュニティが与えられたものでも心地良い状態でもないが、傷つきやすいものの活気に満ちたプロセスでもあるような社会的且つ音楽的な世界において、彼がどのように観察し参加したかを記述している。音楽と歌はそのグループにとって困難な環境に帰属しているという意味と意識を見いだすユニークな方法であった。アンスデル曰く、ミュージカル・マインズの事例は、個人性とコミュニティ、アイデンティティと帰属、協働と交渉との複雑な関係を照らし出すものである。以下のフィールド・ノートはこの点を浮かび上がらせている。

「パフォーマンス空間」が設えられ、ミュージカル・マインズのメンバーがそれぞれに最初に曲や歌を演奏し始める―それぞれが、スタイル、歌い方、好みにおいて絶対的に特異である。各自による他者のパフォーマンスへの集中は、最初は脆いように見えた。人々は歩き回り、他の誰かに話しかけ、タバコを吸いに出て行った。しかし、セッションが落ち着くとともに集中が見られるようになり、人々はより有名な（そして歌いやすい）ソロの歌のコーラスに加わるようになる。この時には不完全ながら一体感が存在した。休憩時間に一人がやってきて私に言った。「連中は俺と同じように歌えない―だから俺の息継ぎがおかしくなった!」。そしてこう付け加えた、「だけど、一緒に歌うことがいいってことはわかってる―だからやり続けないとね」（Ansdell, 2010a, p. 45）。

アンスデルはこの記述を、現代社会におけるコミュニティ概念についてのジェラード・デランティ（Gerald Delanty）の議論を参照しつつ意味づけている。「もしも極めて多様なコミュニティの概念を統合するものがあるとすると、それはコミュニティが帰属と関係している、という考え方である（Delanty, 2003, p. 4）。アンスデルの主張によれば、今日的なコミュニティはただ生じているだけでなく、パフォームされねばならない。アンスデルはグループを最良に記述するモデルとは、それを「音楽的な実践コミュニティ」として考えることだと提案する。

ミュージカル・マインズのモデルとなり得るのは、「実践コミュニティ」であり、社会学習理論家であるエティエンヌ・ウェンガー（Etienne Wenger）が発展させた概念である（Wenger, 1998; Wenger, McDermott & Snider,

2002)。それはワークグループの参加型学習の研究から生じ、社会的、教育的、生産的側面が密接に関連づけられている。ウェンガーは「実践コミュニティ」の概念は、何かを一緒に行い、学習することに従事する人々の日々の経験を特徴づけるものだと提唱した。それは一時的な出会い以上のものではあるが、正式な社会的構造ほどのものではない。ウェンガーの概念は、いかに学びが社会的なものであるかを例証するあらゆる種類の小規模集団を記述するのにますます用いられるようになってきている。それにより、我々の関心はそのような「実践コミュニティ」が、いかにして参加、意味生成、アイデンティティ、帰属といった基本的な社会プロセスを触媒するのか、ということに導かれる（Ansdell, 2010a, p. 48)。

アンスデルの当該エッセイにおける次の節では、帰属と学習、及びアイデンティティと差異のデリケートなバランス交渉に焦点化した際の人々にとってのその価値など、音楽的実践コミュニティの特定部分が探究されている。彼はコミュニティ音楽療法の努力の最も重要な機能が、他では困難であるような環境において音楽的実践コミュニティを養い、育て、維持することにある、と提唱している（コラム7・3も参照されたい）。

社会的ネットワーク

コミュニティの概念を超えて、社会的コンテクストや人間の結合性を記述するのに適切な他の概念はいくつもある。その一つは、バーンズ（Barnes）が一九五〇年代にノルウェー西部の小さな漁村で行った研究において、最初に使用した（Barnes, 1954)。社会的相互作用の諸側面を記述するのに、彼は**社会的ネットワーク**という用語を用いたのである。この社会的ネットワークという用語は日々の生活における人々の間で生じる接触の連結網を表していた。我々の社会的ネットワークは、例えば家族のメンバー、学校の友人、仕事の同僚、近隣の住民、その他、我々が繰り返し会い、コミュニケーションする人達など、相互に関係する全ての人から構成されている。通りで偶然すれ違った人々や、見知らぬコミュニケーションを取らない人々は我々の社会的ネットワークに所属していない。しかし、我々がいつもバスの停留所で会話する人々は、たとえ名前や背景を知らなくても、我々の社会的ネットワークの一員なのである。

社会的ネットワークの概念は、二者間の接触が、両者の社会的ネットワークに所属する人々同士の間接的な接触を意味する、という事実を考慮に入れるものでもある。あなたの社会的ネットワークのメンバーを通じて、あなたは地球上のあらゆる人々と間接的に接触しているのである。実際、地球上のある任意に選ばれた人からその人が知らない遠くに住んでいる特定の別の一人にたどり着くまでにいくつのステップが必要かを明らかにしようと試みる研究が行われている。ハンガリー人作家のフリジェス・カリンティ（Frigyes Karinthy）が一九二九年に書いた小説では、平均して五人の媒介者が必要だと述べられている。これは著名な社会心理学者スタンリー・ミルグラム（Stanley Milgram）が「六次の隔たり」と名付けたものに近い。ミルグラムはアメリカ中西部のランダムに選んだ人々に、マサチューセッツに住む特定の人に小包を届けて欲しいと頼むことで、実際にこの仮説を検証しようとした。ただし彼らは郵便を使ってはならず、その代わりに可能な限り少ない媒介者によって小包を目標の人物に届けるために、彼らが知っている誰かにそれを送り、その人はその人が知っている誰かにそれを送り、などという形を取った。実際に目標の人物に届いた小包については、送付先に届くまでに平均五～七人の媒介者の手を経ていた（Milgram, 1967）。

二〇〇三年、コロンビア大学の研究者らはミルグラムの調査と似た別の調査を行なったが、この時はニューヨークの送り手から、異なる国にいる受け手に向けてのものであった。再び彼らは、媒介者の数が五～七人であることを見いだした（Saxbe, 2003）。社会的ネットワークの視座からすれば、我々は確かに小さな世界に住んでいる。しかしながら、ミルグラムの調査では三百の小包のうち百以下の数しか送付先に届いていないことを付記せねばならない。コロンビア大学の調査では、六一、一六八通のメッセージのうちたった三二四通しか届かなかった。研究者らは、高い逸失率は参加者のモチベーションの欠如に起因するとしている。

社会的ネットワーク内部での二人の個人間の関係を「つながり」（ties）と呼ぶ。弱いつながりと強いつながりはしばしば区別される。強いつながりとは、定期的に会うとか、重要だと思われる事柄に関する実質的な会話とか、相互の肯定的な感情という特徴を持つ関係である。弱いつながりとはよりはかないもので、お互いにとっての重要性が低いようにみえる。それでも弱いつながりもまた重要である。よくは知らない隣人や同僚に「こんにちは」と挨拶することで、自分が注意を向けられているという印象や帰属しているという感情を持つことができる。

ネットワークは、いくつかの方法で記述できる（Berkman & Glass, 2000）。規模はある人のネットワークにいる人の数である。密度はそのネットワークのメンバーがどの程度お互いに関係しているかについてである。密度は、ある限定されたグループの全てのあり得る関係における双務的な関係の数として、より正確に明示できる。10人の間には45の双務的な関係があり得る。もし実際にはそのような関係が9個だけ存在するとすれば、密度は20％である。包摂性は、ある社会的ネットワークの中での孤立していない個人の数である。孤立していないとは、その他の人と少なくとも一つのつながりを持っていることである。同質性とは、ある特定のネットワークの中の人々の年齢、教育歴、ライフスタイルなどの特徴がどの程度似ているか、ということである。多様性とは、ある特定のつながりの間に存在する異なった種類の交流や援助の数を示す。もし地域における合唱団のメンバーとの関係が、同じ合唱団のメンバーである、ということだけなのであれば、多様性は低い。もし、例えばご近所であったり、同僚、子どもの先生、親の友達、同じ教会のメンバーであったり等、他の関係でメンバーの何人かを知っているということならば、多様性は高く

資料4・3　インクルーシブな夏期ワークショップでの即興。ドイツのクブランク。
写真：Kristin Richter

なる。

社会的ネットワークの内部には、何種類かの関係やコネクションがあり得る。社会的ネットワーク内部の個人間の双務的なつながりを記述するために、いくつかの概念が用いられる。重要な側面は接触の頻度、つながりの持続期間、相互作用性である。もし関係する両者が同じ程度にギブ・アンド・テイクしていれば、相互作用性は高い。もし片方が常に「支援者」であり、もう一人が常に援助やサポートを受けていれば、その関係は相互作用性を欠くものと特徴づけられるし、両者にとって潜在的なストレスの原因ともなり得る（Mittelmark et al., 2004）。社会的に統合されているとは、広範な社会的関係に参加していることを意味する。

社会的ネットワークの概念は、例えば健康やライフスタイルに関するいくつかのアリーナで有効である。性的接触のネットワークはコミュニティや住民をまたいだＨＩＶ感染の広がりを決定するし、我々の健康に関する行動は相当程度、我々の生活における重要な他者の影響を受けており、良く機能する社会的関係はメンタルヘルスにとっても大切である。しかし、社会的ネットワークの概念は、個人における社会的関係の影響力を決定するプロセスを理解しようとする場合には不充分である。これまでのところ，ネットワークあるいはネットワークにおける人々の間の関係を記述する方法は，主に定量的なものである。これらのプロセスをより広範囲にわたって記述するためには，我々は別の概念，すなわち人々はどのように社会的に相互支援し，あるいはストレスを生み出すのか，といった個人間の関係における重要な質を把握する概念が必要である。

社会的サポート

社会的サポートは，多様な方法で定義されてきた。最もシンプルな説明は，社会的サポートとはある人が他人を援助する際に生じるプロセスを指す，というものである（Feldman & Cohen, 2000）。バレラ（Barrera, 2000, p. 215）はやや異なる言葉を使っている。すなわち「それは，同じ家，職場，組織や他のコミュニティ環境を共有する人々の間で起こる，援助の相互作用を把握しようとする概念である」。社会的サポートは，受け取る者のウェルビーイングを高めることを意図して，提供者と受容者の各々，あるいはその両者によって認識されるリソースの交換であるとも定義されてきた（Schumaker & Brownell, 1984）。前者の定義が部外者の立場をとり，社会的サポートを人々の間における相互作用の一種と捉えるのに対して，後者は提供者と受容者とを区別するものとして認識された面を強調する。代わりにコミュニケーション理論の枠組みになぞらえるなら，「送り手」と「受け手」と呼ぶことができるであろう。両方の視点ともに，妥当なものである。この認識された面によって，提供者と受容者は彼らの関係を異なる方法で知覚するようになる。例えば，ある人は彼または彼女が重要な援助を与えていると信じるのに対し，他方では彼らの相互作用を援助的というよりもストレスのあるものとして経験するかもしれない。

社会的サポートは、どこのコミュニティにも存在する「自然なリソース」と言われてきた。いかなる状況においても、他者からの援助は重要である。つまり、小さな子どもはよろよろ歩いたり転んだりした時に、慰める必要があるかもしれない。学齢期の子どもは、宿題の手助けが必要かもしれない。ボーイフレンド、ガールフレンドにふられた若者は、誰か話し相手が必要であろう。妊娠中の女性は、この状況にどう取り組むかを他の女性と語り合う必要があろう。連れ合いの死を経験した人々は、その悲痛と苦難を話す誰かを必要とするであろう。社会的サポートは、人生においてストレスとなる様々な経験に抗して使われてきた重要な改善策（remedy）なのである。

ハウス（House, 1981）は、社会的サポートを四つのカテゴリーに分類している。感情的サポートは人生の経験を共有することと関係しており、信頼、思いやり、共感を提供することを意味する。手段的サポートは必要としている人に直接、援助と実際的な手助けを供給することを意味している。情報的サポートは特定の問題に取り組み、解決しようとしている人に役立つ情報やアドバイスを供給することを指す。評価的サポートは、自分自身についてより良く知るために役立つ情報（フィードバックや賛同）を供給することを意味する。どの形態の社会的サポートも、健康とウェルビーイングを改善するのに寄与するであろう。感情的サポートは、研究においてこれまで最も注意が払われてきたカテゴリーである。

友情、及びポジティブな社会的関係が健康にとって重要であるということは、おそらく何千年にもわたる民俗的な知恵であった（「友達は良い薬になる」）。しかしながら、体系的な実験によるエビデンスが出始めたのは一九七〇年代に入ってからのことであった（Reis, 1995）。コーエン、ゴットリーブ、アンダーウッド（Cohen, Gottlieb & Underwood, 2000）によれば、社会的関係と健康に関する研究には二つの系統がある。デュルケーム（Durkheim）が最初に発展させた社会学的視座では、社会的統合、参加、社会的役割に焦点を合わせてきた。この系統のもとでの研究では、社会的統合が死亡率や罹病率の低下と関係していることが裏づけられた（Berkman & Glass, 2000）。この系統の研究で使われる尺度には、ネットワークの規模、多様性、相互関係の評価が含まれる（Steptoe & Ayers, 2004）。このことは**直接効果仮説**として知られており、社会的サポートの高さが悩み、心理的不満、精神症状のレベルを低減させることに関わっているとシンプルに仮定するものである。

第二の系統はキャセル（Cassel, 1976）によるものである。この系統のもとでは、もう一つの仮説が提唱された。**緩衝効果仮説**によれば、社会的サポートは我々が多様なストレス要因にさらされた時のリソースとなる。そのようなストレス要因と、例えばメンタルヘルスのような側面との関係は、社会的サポートの受け方が低い人々にとっては強く、社会的サポートの受け方が高い人々の間では弱くなる。統計学の用語でいえば、これは交互作用効果である。説明変数（ここではストレス源にさらされる程度）と従属変数（精神的な悩みを測る尺度の数値）は第三の変数（社会的サポート）のレベルに左右される。緩衝効果仮説の視座からすれば、社会的サポートは人々がストレスのかかる要求や状況に対峙した際の、第一のリソースなのである[4]。

社会的サポートが高まることは、死亡率を下げ、鬱レベルを下げる等、より良いメンタルヘルスをもたらす（Stansfeld, 2006）。とはいえ、大半のエビデンスは横断的デザインの研究によるものである（データを一期間からのみ集めており、時間を経て繰り返しなされない研究。第九章を参照のこと）。他方で、予測（prospective）デザインによる研究も多い。それらの研究によれば、低いサポートしか受けていない人たちは、高いサポートを受けていると報告されている人たちと比べて、概して二〜三倍も死亡率が高い（Uchino, 2004, cited in Wills & Ainette, 2007）。とはいえ、社会的サポートがどのように死亡率に関係するのか、というメカニズムは、まだ充分には解明されていない。これらのプロセスをさらによく理解するためには、諸要因の測定を伴う予測的で長期間の研究が必要である。

音楽への参加がどのような社会的ネットワークや社会的サポートをもたらすか、ということがコミュニティ音楽療法の文献の中で議論されてきた。ノルウェーの田舎町にある高齢者の合唱団に関する二つの研究で、クナーダル（Knardal, 2007）とスティーゲ（2010b）の両者は、参加者がネットワーク内で社会的サポートを生み出す社会的経験として合唱団を価値づけていることを見いだした。社会的孤立は、地域のコミュニティに住んでいる多くの高齢者にとって脅威である。パートナーや友人は亡くなってしまうかもしれず、彼らの社会的ネットワークは色々な道をたどって、小さく、弱くなっていくかもしれない。多くの参加者は、合唱団を新しい支援関係のリソースと表現した。友情が発展すると、人々は移動や日常的課題において互いに助け合うようになり、また合唱団メンバーの中にはリハーサルの合間に会い始めるようになった人もいた。ますます複合的になる様もしばしば記述されている。スティーゲ（2010b）は、歌い手が隣人として、一緒に歌う者として、運転手として、援助者として、食卓を囲むものとして、擁護者として等々、他者との関係において開拓してきた複合的な役割と関係性を描くのに、相互ケアの文化という用語を用いた。音楽療法士の担う役割の多様性についても、同様に記述した。[5]

資料4・4　より経験のある学習者から学ぶ。レバノンのパレスチナ人難民キャンプにおける音楽教育。
写真：Even Ruud

社会的ストレス

本章冒頭で述べたように、人々の他者との関係はウェルビーイングや健康の源であるだけではない。他人は重荷やフラストレーションの源にもなり得る。このことから、社会疫学者は**社会的ストレス**について述べるようになった。ストレスという言葉は、いくつかの意味を持つ。それは対処能力を超えるかもしれない外部の要求を指す（ストレス要因—ストレス刺激）。このことは、それら要求（ストレス経験）への認知と評価である。それはまた、遭遇した要求への我々内部の心理的・生理的な反応である（ストレス反応）。四つ目の面はストレス反応という経験であり、ストレスを受けているという感情に付け加えられるかもしれない[6]（Ursin & Eriksen, 2004）。重圧への反応は、普通は受け入れ可能だし、個人が対処する機会を増やすのに貢献する。**適度なストレス**という用語は、人が対処できる形のストレスを指してしばしば使われる。誰の生活にもストレスはあるし、我々が対処できる範囲においてはストレスに満ちた経験から学ぶことができるかもしれないし、ストレスに上手く対処できるようになるかもしれない。我々の直面している負担が、適切に対処できないほど強く、長く続くものであるとき、**過剰なストレス**という用語が用いられる。

ウィートン（Wheaton, 1999）は、連続性が全くなく突然のトラウマになるようなストレスから、より継続的なストレスまで、さまざまな形のストレスがあることを述べた（資料４・５を参照のこと）。慢性的ストレスとは、特別な出来事として始まるのではないストレスのことである。例えば他者との関係における問題のように、ゆっくりと徐々に大きくなる。出来事の不在というのは、期待している、あるいは予期しているが起こらない出来事と定義される。十

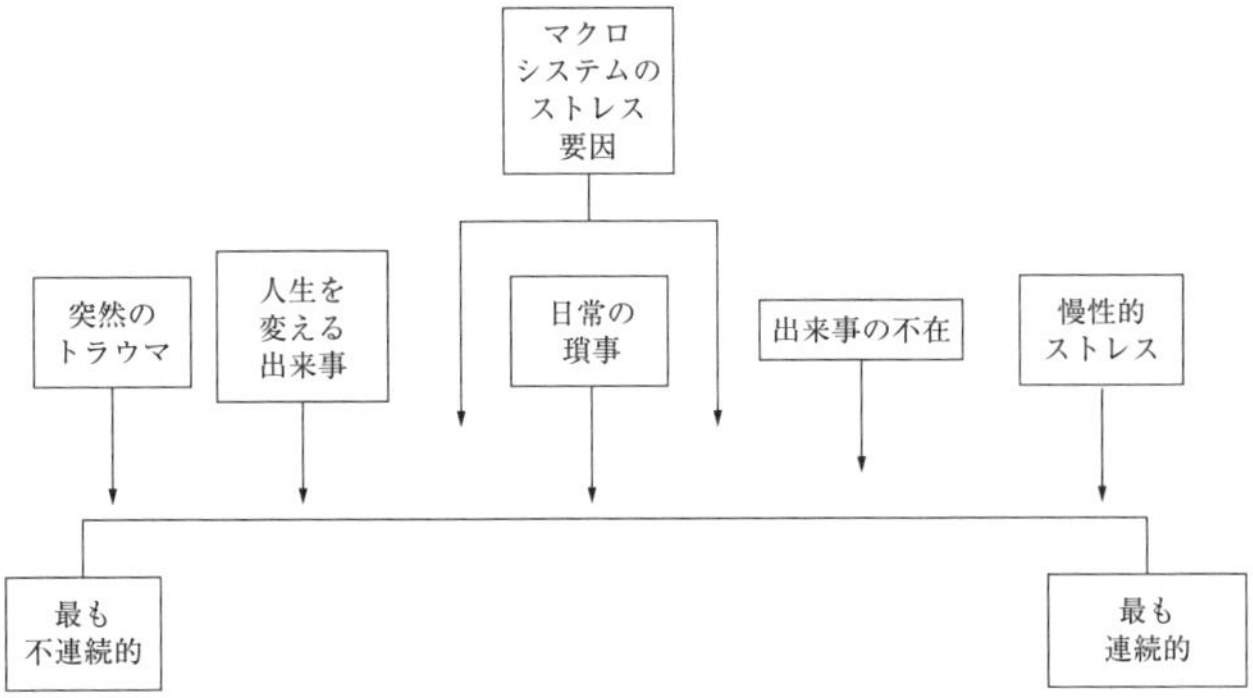

資料4・5　ストレスの連続性（出典：Wheaton, 1999。ケンブリッジ大学出版から許可を得て掲載）。

代前半の若い男子がクラスメートの誕生パーティには招かれるが、自分自身の誕生日が来ても両親や保護者は誕生パーティを開くつもりがないか開けない、というようなことである。日常の瑣事とは交通渋滞や要求の多すぎる他人など、日常においてイライラし不満のたまる要求と定義されてきた(7)。ストレスになる人生の出来事とは、家族の死や離婚等、はっきりとした始まりと結果がある人生の変化といった個別の観察可能な出来事である(8)。突然のトラウマとは、私たちが社会的ストレスという用語でイメージできる範囲を越えた、自然災害や飛行機事故など、天変地異的な出来事を含む、より劇的なものである。

ウィートンの図式は、「マクロシステムのストレス要因」という非常に興味深いカテゴリーを内包している。このストレス要因は、マクロシステムのプロセスによって引き起こされるもので、社会経済的不平等、失業、高い犯罪率などを含む。これらのストレス要因は個人の、また個人間のストレス要因に影響されるかもしれないが、例えば個人主義や物質至上主義、あるいは単に現代社会の複雑さの増大といったような個人に直接的なストレスを及ぼす社会の側面があるといったこともたやすく想像できる。

ストレスの多くの形態が他人によって引き起こされることは容易に理解できる。いくつかの系統の研究が、そのようなストレスが心理的な不満やメンタルヘルスに及ぼす影響を論証してきた。ミッドタウン・マンハッタン研究（Langer & Michael, 1963）は、メンタルヘルスの問題が親の離婚、親との葛藤、親の否定的な評価、社会的ネットワークの中での他者との不充分な関係等の要因と関係していることを示した。ラター（Rutter）らのグループ（1975）は、家族の不和や崩壊が子どもたちの精神病理的変調の最も重要な予測因子の一つであることを確認した。健康上の問題と関係することが明らかとなった他の要因には、貧困と失業（Bartley, Ferrie & Montgomery, 2006）と仕事上のストレス（Marmot, Siegrist & Theorell, 2006）がある。

人によってストレスへの反応は異なる。ある人にはかなりストレスを感じる経験が、他の人には簡単に対処できたりする。ラザルスとフォークマン（Lazarus & Folkman, 1984）は二つの相関する評価の過程を明らかにした。一次評価は、ある人が一つまたはそれ以上のストレス要因の濃度や強度を見定めるものである。ある人にとって、公的な会合でスピーチすることはかなり困難でストレスを強く感じるものかもしれない。別の人にとっては、そのようなスピーチをすることは全くストレスを感じないかもしれない。二次評価は、人がストレス要因に反応するために役立つリソースやうまく対処する選択肢を見定めることである。再評価とは「再構成すること」、つまりストレス要因の強さや対処するために役立つリソースに関する見方を変えることを意味する。

コミュニティ音楽療法では、参加者の中には音楽のパフォーマンスに参加することがストレスを感じる状況、という場合がある。だからこそ状況の評価に参加し、建設的な再評価を育てることは音楽療法士の責務の一つである（Ansdell, 2005b; Dahle & Slettebakk, 2006; O’Grady, 2009; Ansdell, 2010b）。

対処のためのリソースは、人がストレスに対処しようとする時に使うであろう個人的・社会的な特徴のことである。対処するためのリソースの重要なカテゴリーとは、社会的サポートが結集した良く機能する社会的ネットワークである。性格的な対処の特徴には、自己肯定感と自己効力感が含まれる。関連研究のレビューでコーエンとエドワーズ（Cohen & Edwards, 1989）は、ストレス緩和剤としての性格特性の重要性については限られたエビデンスしかないという結論に達した。

コラム4・3　「他者」としてのコミュニティ

コミュニティは人を統合も差異化もするし、包摂も排除もする。カナダにおけるホームレスの男性合唱団の研究はこの点をはっきりと浮かび上がらせる。例えば、合唱団の一員による次の言及について考えてみよう。

ジーン（Jean）：制度が……コミュニティのために作られて……全体的なのだが、たくさんの……まったく違う個性がコミュニティの中にはあるんだ。システムはカップルにとっては良いかも知れないけど、独り者にとってはガラクタだし、そういう人間にはあまり合っていない。だから俺は排水溝に落ちて、自分の威厳を失った。みんな［一番街で］俺に唾を吐きかけたものさ、なぜかって、何者でもないから（Baily & Davidson, 2003）。

この主張は、合唱団の構成と、合唱団の多くの参加者にその後の生活で生じた肯定的な変化を検証する研究において、質的調査のインタビューのコンテクストで出てきたものである。調査者は以下のように結論づけている。

合唱団への参加を通じて、以前は貧窮していて力を持たなかった人たちが、貧窮している間、軽蔑され嘲笑されてきた社会の中における自分たちの声を発見した、ということが生じた。歌っている間、中毒やトラウマが克服され、日常的で不断の食料とシェルターの要求を乗り越えるための自己解放が許容される。ホームレス合唱団のメンバーは、歌声を使うことによって彼ら自身の中にある価値あるものを表現し、またその価値を公共のフォーラムで分かち合う媒体を得たのである（Baily & Davidson, 2003）。

社会的ネットワークの質と社会的サポート、社会的ストレスの程度によって、個人、集団、コミュニティの間には積極的な相互作用もあれば、緊張関係もある。この研究は、共同的なアマチュア歌唱によって、これら諸関係がいかに機能し得るのかを例証するものである（コラム10・2も参照されたい）。

社会関係資本

社会的ネットワーク、社会的サポート、社会的ストレス、対処といったような概念は全て、個人、及び個人間に生じた現象とプロセスを記述するものである。**社会関係資本**（social capital）という用語が地域コミュニティや自治体、州、国家などのより大きな単位を特徴づけるために提唱されてきた。この用語の使用は、二十世紀初期にさかのぼる（例えば Hanifan, 1916）が、今日ではこの概念はフランスの社会学者、ピエール・ブルデュー（Pierre Bourdieu）の名前と強く結び付いている。ブルデューは資本形態を四つに分類した。経済資本（経済的リソースの運用）、社会関係資本（グループの一員であること、他者との関係、社会的ネットワークと関係したリソース）、文化資本（教育と知識）、象徴資本（威信や名誉）である。カワチとバークマン（Kawachi & Berkman, 2000）は、社会関係資本を我々のコンテクストと大いに関係する方法で論じた。彼らは社会関係資本とは「個人間の信頼レベルや、相互関係と相互援助の水準といった、諸個人のリソースとなり、集団的行動を促進するような社会構造の特徴」と定義した。著者らは、社会関係資本が**社会的凝集性**（cohesion）の概念の一部分をなしていると主張する。

最近の出版物でカワチ、スブラマニアン、キム（Kawachi, Subramanian & Kim, 2010）は、社会関係資本の二種類の定義を区別している。社会的凝集性のアプローチでは、社会関係資本を組織やコミュニティの共有財産と定義する（前述の定義と同様）。ネットワークに基礎を置くアプローチでは、社会関係資本を個人の社会的ネットワークに組み込まれたリソースと定義する。我々の見解では、後者の定義だと社会的サポート（本章においてこれまでに定義）と社会関係資本との区別がつきにくくなる。もし社会関係資本という用語を個人が利用できるリソースを指すものと狭義に捉えるならば、社会的ネットワークと社会的サポートという用語と余り変わらなくなる。より高次のレベルで分析する生態学的な概念だとすれば、社会的要因がどのように健康に影響するかについての理解に新しい視野が開けてくる。[9]

社会関係資本をその個々のメンバーにとってリソースとなる社会的コミュニティの側面と定義するならば、否定的な結果を探索するのは矛盾だと思われるかもしれない。しかしながら、このことはポルテス（Portes, 1998）が影響力ある論文の中でまさに指摘していることなのである。彼は、社会関係資本が高いレベルにあることによる否定的結果を四つ確認している。すなわち（a）まとまりのあるグループのメンバーに対し、他者を援助する要求が過度になされること、（b）個人の自由への不寛容と制限をもたらす可能性のある同調圧力、（c）グループ外のメンバーへの抑圧と排除、（d）社会的上昇の妨害である。このことからカワチ、スブラマニアン、キム（2010）は、社会関係資本の定義は、それが高いレベルにあれば常に肯定的な結果をもたらすという仮定を基にするべきではない、との結論に達した。[10]

社会関係資本を測る尺度は、この概念の多面的な性格をはっきりと示す。尺度の一つがハーバード大学のロバート・D・パットナム（Robert D. Putnam）によって開発された。この尺度は、行動、意見、組織の会員であること、クラブや組織での地位、ある地理的単位における組織の数、会長選挙の投票数の計測から構成される（Putnam, 2000）。ある意味で、これは社会関係資本の概念をさして特徴のないものにしている。それでもなお、コミュニティや州、国に至るまでを特徴づけるために重要な社会生活の側面を捉えているであろう。

パットナム（2000, p. 22）は、社会関係資本の二つの形態である**団結**（bonding）と**架橋**（bridging）を区分けしており、このことは社会関係資本の諸側面を描写するのに最も重要であると主張する。団結は、同質なグループの社会的ネットワークに関係している社会関係資本と定義される。パットナムによると、団結社会関係資本とは例えば「民族友愛組織、教会にある女性の読書会、おしゃれなカントリークラブ」などの中に存在する。架橋は、多様な社会的分割内にいる人々を含めたグループやネットワークと関連している。パットナムによれば、例えば市民権運動、各種の若者支援グループ、宗派が混在する信仰組織などである。団結社会関係資本は結束、連帯、高いレベルの感情的サポートなどの徴候を持つ。架橋社会関係資本は、一般的に情報の交換、情報の普及、外部にある有効なものへのアクセスを意味する。合唱団は両方の社会関係資本の形を持ち得る。メンバー全員が片田舎の小さな村や近所の住民である合唱団は既に互いをよく知っているため、団結社会関係資本を強化し、感情的な社会的サポートと友情の重要なリソースとなるだろう。多民族的な街の合唱団は、異なった住区から異なる教育背景と異なる種類の仕事を持ったメンバーがやってくるので、より高いレベルで架橋社会関係資本に基礎を置くものとなる。第八章でコミュニティ音楽療法のプロセスにおける二つの異なる「移行」として団結と架橋を議論することにしよう。

社会関係資本は、州や国などの地理的区域を記述するのに使われることがある。パットナム（2000）は合衆国の州をまたいだ社会関係資本のレベルを評価しようと試みた。社会関係資本の点数が最も高かったのはノースダコタ、サウスダコタ、ミネソタ、モンタナのような中西部／北部の各州であった。低かったのはアラバマ、ジョージア、ミシシッピのような南部諸州で、最低なのはネバダ州であった[11]。

パットナム（2000）によれば、アメリカ合衆国の社会関係資本は二十世紀最後の三十年間で減少している。市民的・政治的関与はとりわけて減った。非公式の社会的紐帯は弱くなり、友人と過ごす時間は減少した。アメリカ人はかつてほど他人を信頼しなくなり、不信が広く蔓延している。パットナムはこれらの変化を実証的に記録している。彼はまた、社会関係資本の低下に影響を与えた可能性のある要因を検討している。すなわち（a）時間と金のプレッシャー（特に共稼ぎの家庭にかかるプレッシャーを含む）、（b）郊外化、通勤通学、スプロール現象、（c）テレビやコンピュータゲームなど、現代の電子的娯楽、（d）世代変化—新しい世代はコミュニティ問題に余り関わらなくなっている—である。パットナムの分析は主に合衆国のデータによるものである。社会関係資本のレベルは国によって違い、また国の中の地域によってさえ相違があるので、時間の経過に伴う社会関係資本に起こる変化もまた異なるであろう。しかしながら、人間同士の信頼や相互関係の水準、相互扶助のような生活の側面は重要なものなので、どんな国や文化においてもよい健康や人生の高い質にとって重要な必要条件である。社会関係資本と健康の関係についてのさらなる研究は、その背景にあるプロセスやメカニズムのより正確で詳細な理解に資するであろう。

二〇〇五年以降の社会関係資本と健康の関係についての研究を振り返ると、デ・シルヴァ（De Silva）のグループ（2005）が個人的社会関係資本と生態学的社会関係資本とを区別している。彼らは一般的な精神的不調と、個人レベルにおいて彼らが認知的社会関係資本と呼ぶものとの間に負の相関があるという明らかなエビデンスを見いだしたが、生態学的レベルの社会関係資本についてはそのような結果はほとんどみられなかった。彼らは、精神疾患と戦うための特定的な社会関係資本への介入の開発を推進するには、エビデンスが不充分であると結論づけた。より最近の研究では、社会関係資本の指標と健康の指標の間には負の相関があることが明らかにされている（Åslund, Starrin &

資料4・6　集中の瞬間。ドイツ、クレーフェルトでの「ロック・アム・リング(Rock am Ring)」。写真：Peter Neumann

Nilson, 2010)。マッケンジー（McKenzie, 2006）は社会関係資本にはっきりと区別される二つの型、すなわち個人と生態学的な型があるという見解に反対している。いくつかの生態学的レベルがあるわけで、家族レベルの社会関係資本を、国全体のレベルで測られる社会関係資本と一括りにするのは余り意味がない。社会関係資本と健康との関係についての今後の研究にとって重要な課題とは、社会関係資本をいかにしてどのレベルで測定するかを明確にすること、健康の特定的側面との関係を体系的に検討することである。

社会関係資本と健康との関係についての研究は、キム、スブラマニアン、カワチ（Kim, Subramanian & Kawachi, 2010）によってレビューされてきた。彼らは社会的凝集性の指標としての信頼と、より良い身体的健康との間にかなり一致する関係があることを見いだした。また彼らは、「信頼のエビデンスは自己評価の健康の方が身体的な健康の結果よりも強く、個人レベルの認識の方が地域レベルの信頼よりも強い」ことを付け加えた。諸集団のメンバーであることは凝集性の指標として、また個人レベルの自己評価でのより良い健康とも関係していた。キム、スブラマニアン、カワチはさらに強力な研究デザインを追究している。

コラム4・4　メンタルヘルスのための社会・音楽関係資本の療法的再分配

人々が互いに耳を傾け、一緒に取り組んだり遊んだりし、お互いを気遣う時、信頼と相互作用の共有リソースとして社会関係資本は徐々に発展する。イギリスの音楽療法士、サイモン・プロクター（Simon Procter）は、コミュニティでの社会関係資本の蓄積と分配が、音楽療法の理論的、実践的関心から最も遠く離れた問題であることを論じてきた。「政治を奏する（Playing Politics）」という遊び心あるタイトルの章でプロクター（2004）は、コミュニティ音楽療法と社会関係資本との議論を、今日的な精神医学システムへの批判的評価を交えて開始する。

> 精神医学のシステムは、多国籍企業の限られた集団によって開発、生産、取引された薬を処方する。メンタルヘルスの薬剤によらない介入（音楽療法等）でさえ、今や、薬と比べた用語で薬と比べた結果を出すべく効力を証明するよう求められている。本質において健康という概念が、人々が他者との関係においてどのように社会的コンテクストの中にいるのかに注目するものから、それぞれ別個に評価し扱うことの可能な生理的・心理的機能の分離した塊として見るものへと変わってしまった。メンタルヘルスに関しては、大半の病状が他者との関係において人々が直面する困難に関して診断上、記述するのだから、このことは特に不合理に思われる。その結果としてコミュニティの、あるいはコミュニティにおける個人のウェルビーイングを扱う非処方的実践には、ほとんど余地が（資金も）残されていない。かくして健康と福祉のためのコミュニティの役割は―そして個人のエンパワメントは―、締め出される（Procter, 2004, p. 215）。

一九九〇年代半ばから、コミュニティは英国の社会福祉と医療の政策においては「再び流行」の言葉となっている。政府の政策で、コミュニティでのケアの利点が宣言されたのであるが、しかしこの言葉はメンタルヘルス界では極めて両義的とプロクターは論じる。それは前向きな思考と関係しているであろうが、かつて施設に住んでいて、現在は『コミュニティにおける』孤立した、リソースに欠ける小施設」に移された人にとっては、後ろ向きのステップになっているのかもしれない(Procter, 2004, p. 217)。それにもかかわらず、コミュニティ・ケアへのシフトは新たな可能性とイニシアチブのための空間を創り出しており、少なくとも何らかの国家資金を伴う、多くの新しい利用者主導の組織がその中に含まれているとプロクターは述べる。音楽療法士としての彼自身の実践は、メンタルヘルスの問題を経験した人々のための非医療的リソースセンターである「ウェイ・アヘッド（Way Ahead)」でのものである。プロクターは、音楽療法はこのような場にとても良く適合できるが、しかしそのことは常に自明というわけではないという。

このような場では、しばしば「療法」への疑いの目が向けられる。療法士は気合いを入れることなく、代わりに善悪に関する彼ら自身のアジェンダや考えを持ち込んでくるよそよそしい人とみなされている。彼らは中流階級で、ほかの視角から物事を見ることができないのだ（Procter, 2004, pp. 218-219)。

プロクターが述べる理想は、音楽療法士が「療法的価値」をコミュニティの価値に優先させることがない実践である。音楽療法士は「コミュニティのもの」であるべきだと、彼は提唱する。

ウェイ・アヘッドは、音楽療法士としての私に特別なことを教えてくれた。それ自体をコミュニティ・リソース・センターとして記述することには、一方には場所、他方にはエートスという二つの含意がある。場所としては、もし人々のメンタルヘルスに関係しているとしても、医学的ではない「コミュニティ」においてである。しかし、エートスとしては、単にシステムを通じて個人を処置することに関わるのではなく、共同の価値、及び共同内の各個人が相互に貢献し合うことを認識する福祉のモデルを促進することである（Procter 2004, p. 219)。

プロクターは共同の価値をパットナム（2000）の社会関係資本の概念と関係づけた上で、音楽への参加と社会関係資本とのつながりを強調している。

社会関係資本は、音楽への参加を通じて生じる。そうであればおそらく、我々は音楽関係資本というものについて語ることができるであろう。それは人々のものであり、人々の間にあるものであると共に、社会の中の肯定的変化の機会を増やすものである点で本質的に社会的であり、他方でそれが美的な自己実現と自己経験の機会をもたらすという点で本質的に音楽的なものでもある。それは公的で且つ私的なものであり得るし、共同的で且つ個人的なものであり得る。それは自己アイデンティティに関するものであり、また他者に聴かれることでもあり得る。それは何よりも、個人のみならずコミュニティのメンバーとしての活気ある演奏のことであり、ウェルビーイングを増進する機会をつかむことである。したがって音楽療法士の役割は、コミュニティ内において健康的な音楽の針路をたどり、健康を促進するような音楽との関係を更新し、発展させるための機会を人々に提供することが含まれなくてはならない（Procter, 2004, p. 228）。

この取り組みは音楽療法実践を、社会関係資本と人々の健康とウェルビーイングとの関係を明らかにする研究と明確に結び付けるものである。後の出版物でプロクター（2006, 2011）は、コミュニティ音楽療法の理念を、社会関係資本の蓄積と分配へとさらに発展させている。

社会的排除と周縁化

社会的排除とは、個人や集団が他の人々、集団、組織、機関から引き離されるプロセス、あるいはより一般的には社会的関係や、社会生活の様々なアリーナでの活動への参加から締め出されるプロセスと定義できる。社会的インクルージョンとは、社会的排除に至るプロセスの逆の行動、あるいは以前は排除されてきた個人やグループを包摂するための行動を意味する。

排除は様々なレベルで起こり得る（Abrams, Hogg & Marques, 2005）。ある人が他人を拒否すれば、それは個人間レベルでの社会的排除である。ある集団がメンバーの基準を決め、その基準に合わない人々がいる時は、それは結果的に集団内での排除ということになるかもしれない。集団間の排除は、ある集団のメンバーがその集団のメンバーを、他の集団のメンバーとは異なるものとして限定する境界線を引いた時などに起こる。制度的な排除は、社会の中の組織が自身の統合と排除の基準を確立する時に起こる。特定の社会の中で特定のカテゴリーの人々が社会関係や活動への参加から除外されるならば、それは社会的レベルの排除である。心理学者は、彼らが個人間の排除と呼称するものをも定義してきた。これは「人がインクルージョンの機会を第一のものと考えることを妨げる認知的感情的枠組み」のことである（Abrams, Hogg & Marques, 2005, p.18）。

なぜ社会的排除が起こるのかという疑問に対しては、いくつかの回答がある。ある説明は、一個人に言及する。人間とは分類したがるものである。これは他人の分類を含意しており、人々の生活で重要な役割を果たしている。ホッグとテリー（Hogg & Terry, 2001）が述べているように、分類とは社会的、非社会的刺激において機能する基本的な認知的プロセスである。分類することで、我々はある特定のコンテクストにおいて主観的に意味ある経験の諸側面に焦点化できるようになる（Hogg, 2001）。社会的分類は、集団行動の認知的基礎である。我々が自分自身を特定の集団のメンバーである（集団内）、あるいは他のグループのメンバーでない（集団外）と気付く時、我々は集団内の同質性を最大化し、集団間の違いを目立たせる傾向がある。そういった違いの重要な特徴は、信仰、態度、感情、行動である。典型は集団の属性を認知的に表していて、集団を特徴づけ、他の集団から区別する全ての属性を含んでいる。

排除は我々の環境や世界を理解しやすくすること以上の、別の目的を持っているようである。人類は肯定的な自己評価のために努力するものであり、我々の自己評価は、所属している集団の見方によって概ね形成される。我々が魅力的と感じる集団のメンバーであることで、肯定的な社会的アイデンティティが得られる。我々が魅力的だと感じる集団（あるいは高い評価を得ている集団）に所属し、それほど魅力を感じない集団から距離を取ることで、自己評価を高めているようである。個人、集団、ある範疇の人々を集団、ネットワーク、組織のメンバーから排除することは、特権や社会経済的不平等、社会における不公正を保つことにも貢献しているらしい。

ならば、もしも属したいと願っている集団から排除されるという経験をしたとすればどうであろうか。トウェンギとバウマイスター（Twenge & Baumeister, 2005）は、社会的排除の影響に関する二十以上の実験的研究からの知見をまとめている。結果は、ほとんど一致して否定的である。社会的排除は攻撃性の高まり、他者と協力しようという意志の減退、危険を冒したり、グズグズしたりというような自滅的な行動にふける傾向の増大といった結果に至る。排除のもう一つの影響は、分析的な論証がうまくできなくなるということである。拒絶された人々は、感情の防御的否定にふけるようになり、トウェンギとバウマイスターによると、それは社会的排除の否定的結果の多くを物語る認知状態である。

社会的排除のプロセスの諸側面を説明するのに有効な概念は、**スティグマ形成**である。スティグマという語はギリシャ語で、もともとは識別や身元確認が容易にできるように奴隷や犯罪者の皮膚を刻んだり、皮膚に焼きつけたりした烙印に関係している。社会学者のアーヴィング・ゴッフマン（Erving Goffman）によれば、スティグマは彼または彼女を「完全な人間」から「汚され価値を落とした人間」へと減じることで、個人の信用を広く貶めることに寄与する（Goffman, 1963, p.3）。ゴッフマンによると、スティグマ形成の条件には三種類がある。「個人の性格の欠点」は、反道徳的、または逸脱した行動の反映として理解されるスティグマである。メジャーとエクルストン（Major & Ecleston, 2005）によれば、メンタルヘルスの問題を抱えた人や犯罪に巻き込まれた人は、現代アメリカ社会においてはこの種のスティグマ形成を経験している人々に分類される。「肉体への憎悪」は、「標準的」とされるものからの肉体的逸脱から生じるスティグマのことである。例えば肥満体の人はこれを経験している。「種族のスティグマ」は、例えばある民族性、国籍、あるいは宗教の集団に属している人々に帰するものである。アメリカ合衆国におけるアフリカ系アメリカ人やほとんどのヨーロッパ諸国におけるユダヤ人はこれを経験している集団の例である。理由とは無関係に、スティグマ形成による社会的排除は、それを経験するあらゆる人の人生をもより困難にする社会的ストレスの源である。たまたまメンタルヘルスの問題がある人にスティグマが付与されれば、それによる社会的排除は彼らの重荷を増やし、回復やリハビリの機会を減少させるのである。

スティグマ形成と関係のない状況でも、社会的排除は起こり得る。拒絶と排除はしばしば起こる現象であり、我々の社会生活の避けられない部分である。人々が社会的関係性に費やせる時間とエネルギーは限られている。個々人は友情や関係を深めたい相手との社会的関係性を選択しなければならない。社会的排除を社会生活から除去することは不可能である。除去することが重要なのは、社会的孤立、孤独、生活の質の低下、ネガティブな健康の結果を招くような諸個人の組織的排除である。コミュニティ音楽療法は包摂（インクルージョン）に貢献し、排除（エクスクルージョン）を抑制することで、おそらくは関わっている人々の肯定的なメンタルヘルスにある程度寄与することになるであろう（Curtis & Mercado, 2004）。

周縁化（marginalization）は、社会からの分離のプロセスと定義でき、その結果、主流の生産活動及び／あるいは社会的再生産活動との不本意な断絶をもたらす。そのプロセスは通常、物理的な不利益と関係している（Kagan & Burton, 2005）。医療制度があまり発展していない国では、周縁化は通常、医療へのアクセスの減少とも関係している。周縁化は多くの点で社会的排除に似ている。それは多様なレベルのプロセスに関係するが、おそらく最も共通して、主要因レベルで作用する。個人レベルの周縁化は個人レベルの社会的排除に相応する。コミュニティレベルの周縁化は、例えば民族的少数派や移民が失業、貧困、政治的力の欠如、決定プロセスへの影響力の欠如を経験するときに発生する。

ニューマン（Newman, 1999）は、豊かなアメリカのコミュニティにおける下降移動のエスノグラフィー研究を行った。何千もの中流階級の家族が毎年、人員削減や工場閉鎖、産業界の合併の結果として、あるいは離婚やその他の人生における衰弱をもたらす経験のために、アメリカの社会階梯を「駆け下りて」いる。彼女の研究は、下降移動を経験している人々が、自分たちではほとんどコントロールできず、リソースへのアクセスの機会が減らされた状況にいることをいかに自覚するかを明らかにした。しばしば彼らは、スティグマを付与されている。彼らの社会的ネットワークは脅かされており、サポートの必要性が増している時に、余り社会的サポートを得ることができない。ニューマン（1999, p.x）は、人々はこの状況に対して異なった反応を示すことを強調する。「自分たちの境遇を抜け出す方途を見いだすヒーローがいる一方で、途方に暮れ、方向性を失って社会的状況の中をさまよう者もいる」。しかしながら彼女は、彼らがヒーローになるか途方に暮れるかにかかわらず、不幸な結果なのは変わり者だから、と考えることに警鐘を鳴らす。我々は人を不幸な状況に追い込む社会的、政治的、経済的プロセスの機能を認識する必要がある。

怒りや落胆の感情や不正義という感覚―これらは下降移動の被害者のほとんどによって共有される反応である。彼らは自らが有しているもののために一生懸命働き、必要とあれば喜びを後回しにし、国家や家族に求められれば犠牲となる。しかし、下降移動を経験すれば、それでは不充分であることが極めて明確となる。責任のあるホワイトカラーの仕事、熟練のブルーカラーの仕事、あるいは安定した結婚への到達は、安全な生涯の鍵とはならない。ルールに従ってプレイし、支払うべきものを支払っても、アメリカンドリームからは除外される。人の懸命な努力が結果として報われるという保証は、ないのである（Newman, 1999, p. 229）。

ニューマンの研究は、職業の保証を失い、経済的転落を経験した人々に焦点が当てられていた。経済的な保証や価値ある社会的リソースにアクセスできる機会を経験したことがない人々は何百万人もいる。不平等は世代を超えて再生産されており、周縁化の重要な要因の一つは、適切な教育の欠如である。ユネスコ（UNESCO, 2010）によれば、世界で少なくとも七二〇〇万人の子どもたちが教育への権利を奪われている。アフリカのサブ・サハラや、南・西アジアでは10人中7人が該当する。教育からの排除の主たる理由は貧困、ジェンダーの不公正、障害、児童労働、少数民族の言語使用、先住民であること、放浪生活や辺境の地の生活を送っていることによる。莫大な数の子どもたちが、教育への権利を保護されなかったことによって、人生の機会に回復不能なダメージを受けているのである。

資料4・7　祝福の瞬間。ドイツのクレーフェルトでの「ロック・アム・リング(Rock am Ring)」。写真：Peter Neumann

周縁化されたグループの生活と健康の質を改善することは、社会の不平等と不公正を減じるためにも重要である。不利なグループが医療を利用することは、その目標に向けた重要な一歩である。より重要なことは、健康づくりのためのオタワ憲章でリストに挙げられた必要不可欠なものである（WHO, 1986）。すなわち平和、避難施設、教育、食料、収入、安定した経済システム、持続可能なリソース、社会正義、公正である。これらは社会の全てのセクターによる政治的行動と協働を必要とする。社会の平等と公正を求める運動には、周縁化されたグループ自身の参加も必要である。もしも音楽療法士が周縁化されたグループなどの参加に貢献したいと思うなら、コミュニティ音楽療法に社会正義や公正、その他、健康に不可欠なものへの寄与を包含することは不可欠であろう。本書の以降の章では、これら社会的な現実や困難に真剣に取り組むコミュニティ音楽療法の実践例を豊富にみることができる。問題と実践の範囲をはっきりさせておくため、ここで数例に言及しておこう。

テイトとムランガン（Tait & Murrungun, 2010）は、オーストラリアのノーザン・テリトリーでの「アートストーリーズ（ArtStories)」運動について述べている。そこでは音楽療法が一つの構成要素であり、僻地にある先住民族のコミュニティにおける幼少期の学習が中心的目標となっている。多くの音楽療法士が、障害者の教育の権利に積極関与してきた（Ely & McMahon, 1990; Ely & Scott, 1994; Stige, 1995; Uricoechea, 2003; Kern, 2005）。健康と福祉との関係における周縁化は、何人かの音楽療法士によって主張されてきた（Pavlicevic, 2004; Barcellos, 2005; Oosthuizen, 2006; Chagas, 2007; Tuastad & Finsås, 2008; O'Grady, 2009）。プロクター（2004, 2006, 2011）の社会―音楽関係資本に関する研究と、クリューガー（Krüger, 2004, 2007）のコミュニティ参加への支援の軌道に関する研究は、社会的サポートの不平等に異議を唱えている。音楽へのアクセスの周縁化と不平等もまた、いくつかのコミュニティ音楽療法のプロジェクトで主張されてきた（Kleive & Stige, 1988; Curtis & Mercado, 2004）。ヴァイアンクール（Vaillancourt, 2009）の研究は、社会正義と平和との関係に焦点を当てている。

結論

相互関係、協力、共有は人間の生活の重要な特徴であり、本章で我々は、人間の結び付きを表す様々な概念を探究してきた。ブロンフェンブレンナーらによって開発された生態学的モデルは、我々の生活が自らの願望、行動、関係の実情によっていかに形成されるかを示している。これらのコンテクストに関わる特徴を記述するには、いくつかの鍵となる概念が必要である。

コミュニティとは、継続的にある場所で交流する諸個人からなる集団、と一般的に定義される。コミュニティが場所、あるいは関係によって定義づけられているかどうかにかかわらず、コミュニティの諸個人は社会的つながりで結び付けられている。良く機能しているコミュニティは、メンバーであること、影響力、統合、ニーズの充足、感情的結合の共有を特徴とするコミュニティ感覚へと至る。後期近代社会においては、結合性の複雑なパターンによってコミュニティが多様化してきた。伝統的なもの、あるいは後期近代のものであろうと、コミュニティもまた負の特質を有しており、例えば抑圧や搾取という特徴を持ち得る。

社会的ネットワークとは、日常生活における人々同士の接触の連結網のことである。社会的ネットワークの中では、人々の間の関係性と結合がいくつかの形をとり得る。社会的に統合されているということは、社会的関係の広い範囲に参加しているということを意味する。社会的サポートは、ある人が他者を援助するプロセスを含んでいる。どのような形であれ社会的サポートは、より良い健康とウェルビーイングに資する。しかし、人々の他者との関係性は、ウェルビーイングと良い健康の源泉になるだけではない。時に他者はフラストレーションの源となり、おそらく重荷にさえなり、実際に社会疫学者による社会的ストレス概念の発展を導いた。

社会的ネットワーク、社会的サポート、社会的ストレスのような概念は全て個人、及び個人間のレベルで起こる現象とプロセスを説明するものである。社会関係資本という用語は、地域コミュニティ、都市、州、国家といったより大きな単位での信用や相互関係という特徴を説明することで、この図式に付加して利用できるものである。社会関係資本を測る尺度が開発されてきたし、社会関係資本、健康、そしてウェルビーイングとの関係を評価するために多くの調査が行われてきた。団結と架橋が社会関係資本の二つの重要な形態であり、一つ目の用語は人々の同質的な集団の社会関係資本と関係しており、二つ目は多様な社会的背景を持つ人々を包含するグループやネットワークに関連する社会関係資本である。

団結と架橋はインクルージョンのプロセスであり、社会的な排除と周縁化のプロセスの問題を際立たせる。後者

（排除と周縁化）の用語は、人々が意図せずして社会における参加の様々な領域から隔絶されるプロセスを表している。これらのプロセスは、不幸な人々と彼らのネットワークに害を及ぼすものである。このことについては世界で七二〇〇万人の子どもたちが現在、教育への権利を奪われており、それにより彼らの人生の機会が回復不能なほどダメージを受けているという例を挙げることができる。人々を不幸な状況に追いやる社会的、政治的、経済的プロセスの機能が認識されるべきだし、中和作用を持つ教育などにまずは着手すべきである。

コミュニティ参加に焦点を当てることに特徴を持つコミュニティ音楽療法やその他の試みは、公衆衛生や健康促進という分野と関連して考察することができ、そこではコミュニティ参加が中心概念になっている。コミュニティ参加とは、個々のコミュニティ・メンバーがコミュニティのニーズを認識したり、優先順位をつけたり、コミュニティに属している人々の健康とウェルビーイングを改善させる行動をとったりといった活動に参加することをいう。人々は、自分の貢献が意味あるものと感じられるまで、また自分が与えるものと得るものの間にバランスが取れるまで、コミュニティ活動への参加が推奨される（Wagemakers, 2010）。コミュニティ参加は、コミュニティ全般にとって良いことである上に、関係している個人にとっても重要なことであり得る。コミュニティの取り組みに参加することは、生活の質の改善と結びついている（Veenhoven, 2004）。

健康促進は、個人とコミュニティが健康に影響を及ぼす要因をコントロールでき、それによって健康を改善すること、と定義されてきた。エンパワメントとは、コントロールを獲得するこのプロセスのことを示している。コミュニティ参加は、エンパワメントに貢献する実践の一例である。近所や、職場で一緒に仕事をしているチーム、ボランティア組織の地域メンバーは、健康促進の重要なアリーナである。コミュニティ音楽療法の実践は、コミュニティの健康を促進する一つの貢献の形とみなすことができるであろう。第五章では、本章で展開してきた社会的視座と共鳴する音楽の概念について議論する。第六、七、八章では、これらの視座に適合する実践を特徴づける成果、価値、プロセスについて述べよう。

キーターム、議論のトピックス、註

キーターム（登場順）

生態学的モデル、コミュニティ、コミュニティの地理的概念、コミュニティの関係的概念、コミュニティ感覚、実践コミュニティ、社会的ネットワーク、社会的サポート、社会的サポートの直接効果仮説、社会的サポートの緩衝効果仮説、社会的ストレス、適度なストレス、過剰なストレス、社会関係資本、社会的凝集性、団結、架橋、社会的排除、スティグマ形成、周縁化

議論のトピックス

次の批判的思考の質問は、本章で議論したトピックスの批判的省察のために授業やグループ、または学生個人で議論することができる。付加的なリソースは、本書のウェブサイトで見つけることができる。

1．コミュニティが変化し、新たな形態のコミュニティが展開している。今日あなたが所属しているコミュニティは、あなたの親があなたと同じ年齢の時に属していたコミュニティとどのように異なっているでしょうか。

2．パットナムは、二十世紀最後の三十年間にアメリカの社会関係資本が減少したことを示すエビデンスを提供している。あなたが暮らす国や州では、社会関係資本が減っていると考えますか、あるいは増えていると考えますか。

3．社会的な排除と周縁化は世界中のあらゆるところに存在する。あなたが住んでいるコミュニティや自治体で排除や周縁化を減らすためには何ができるでしょうか。どんな行動が必要でしょうか。

註

（1）コンテクストという概念は、文化や人間の発達の理論において主要な概念だが、その用語の意味は必ずしも明確ではない。人間の相互作用との関係では、コンテクストとは活動のミリューや環境のことを指している。一方の個人と活動の関係、他方の個人とコンテクストの関係では、異なる理解が考えられる。コンテクストが所与のものとして（人や活動を色づけするものとして）理解されることもあれば、関係がより相互的で構成的なものと理解される場合もある。どちらのケースも、コンテクストとは周囲の状況や構造（時間と／または空間において）と考えられる。文化心理学者のコール（Cole, 1996, p. 135）は、それが唯一可能な概念であることを明らかにした。コンテクストはまた、「お互いに織り込まれたもの」、または「部分に統一性をもたらす結合された全体」としてみることもできる。この解釈は「取り囲んでいる円」というイメージよりも、「つながり」あるいはもしかしたら「つながり」の連結網を想起させる。この章で後に論じる通り、社会的ネットワークは、部分に統一性をもたらす結合された全体、というコンテクストのこのイメージに符合するものである。

（2）安定した小さな共同体を原型として扱うやや偏った方法をレドフィールド（Redfield, 1953, 1963）のテクストが幾分暗示している、と議論することは可能である。著作の中で彼は、科学者が人間のコミュニティを理解しようと試みた多様な方法を探究している。例えば生態学的なシステムとして、あるいは社会的構造として、である。彼はまた同様に、人間の伝統的なコミュニティの研究に伝記的、歴史的方法を取り入れようとした。そうする中で、彼は人類学者の中では共有されているいくつかの仮説、すなわち個人的特性と歴史は、伝統的コミュニティの理解にとって重要ではないという仮説に挑戦した。このことによってレドフィールドは、伝統的コミュニティの研究と現代的コミュニティの研究とを関連づけることが可能となった。

（3）この偏ったコミュニティ概念の使用は、今日的文化における影響力のある研究に統合されてきた。コミュニティの価値は、いわば個人主義や細分化された関係性へと向かう発展の対抗力として一般社会との関係において見いだされてきた。例えば、権威や権力の中心との関係において、行為主体である人間の媒介物としてのコミュニティに焦点化するイギリスの文化理論家、レイモンド・ウィリアムス（Raymond Williams）の研究を参照のこと。

（4）コーエンとウィルス（Cohen & Wills, 1985）はこの二つのモデルに光を当てた研究を要約し、両方を支持すると結論づけている。「緩衝モデルのエビデンスは、ストレスのある出来事に引き出されたニーズに応じた人間相互間のリソースの利用価値を社会的サポートの尺度が測定する時に見いだされる。主効果モデルのエビデンスは、人が社会的ネットワークにどれくらい統合されているかをサポートの尺度で測定する時に見いだされる」。言い換えるならば、直接的効果はサポートの構造的計測（例えばネットワークの大きさ）に典型的に見いだされるのに対し、緩衝効果は機能的計測、とりわけ感情的サポートに見いだされる（Wills & Ainette, 2007）。

（5）音楽療法のより慣例的形態では、複合的な関係性はしばしば療法プロセスにおける倫理的な問題や危険とみなされる（Dileo, 2000）。ここで述べた展望のようにコミュニティ音楽療法が社会的ネットワークの発展に貢献しているところでは、役割を何とか変えることの複雑さは無視されるべきではないとはいえ、複合性は典型的には肯定的リソースである。

（6）ストレスはもともと、ハンス・セリエ（Hans Selye, 1956）により、身体的、精神的圧力に対する生理的反応として定義された。

（7）日常の瑣事は、見た目はささいな性質のものであるにもかかわらず（たとえばストレスに満ちたライフ・イベントや突然のトラウマとは逆に）、健康とウェルビーイングへの影響は強く、おそらくは低めに評価されてきた。社会経済的状態と健康との関係に関する説明としてあり得るのは、教育程度と収入が低い住民にとって、日常の瑣事がより高いレベルにある、ということである。

（8）ストレスのある日常のライフ・イベントを測る尺度を最初に開発した研究者（Holmes & Rahe, 1967）は、クリスマスのお祝いや休暇までも潜在的に健康と福祉を脅かすイベントに含めた（とはいえ、これらのイベントは潜在的なストレス要因のリスト中、かなり低い位置であった）。

（9）社会関係資本をどう定義するかについては、科学的文献における明白な合意は存在しない。研究者たちの中には、それは古い考えが意匠をこらした経済言語をまとっているだけで、正義と平等を求める政治的闘争のようなより大事な公衆衛生のアジェンダにとって危険な雑念であると主張して、この概念をむしろ退けることを欲する者さえいる（Kawachi, Subramanian & Kim, 2010）。

（10）自由、平等、団結の諸価値の間に存在し得る緊張関係に関する第七章の議論を参照されたい。

（11）ヨーロッパにおいては全ての国に適用できる同様な比較はないが、「ヨーロッパ社会調査」の一部に他者への信頼に関する質問がある。項目の中に二つの選択肢があった。「他者に対処するときに用心深くなり過ぎないでいられる」と「ほとんどの人は信頼できる」である。他者への信頼が最も高いのは北欧諸国であることが明らかになった（ノルウェー、デンマーク、フィンランド、スウェーデン）。最も低かったのはポルトガル、ロシア、ポーランド、ブルガリアであった。この南北の特徴は、合衆国に見いだされた社会関係資本の相違ほどは明確でない。信頼の点数が低かった四ヵ国のうち三ヵ国は、以前は社会主義諸国であり、資本主義への移行にあたって痛ましいプロセスを経験した。社会主義の枠組みの中で比較的良く発展していた彼らの福祉システムは、余り裕福でないグループが悪化し、社会的不平等は急激に増加するといった原始的類いの資本主義に取って代わられた。高い収入、社会経済的不平等の緩やかなレベル、良く発達した福祉システムといった特徴を持つ北欧諸国と、この点は対照的である（出典：ヨーロッパ社会調査／ＮＳＤ）。

第五章　音楽、健康、コミュニティ

第五章を学習後、次のような問いについて議論することができるようになるであろう。

■音楽療法と他の音楽の学問間の関係性とは何か。
■音楽的、準音楽的プロセス間の関係性は、どう概念化されるのか。
■音楽的才能は、人々の音楽家性（ミュージシャンシップ）や様々な文化の諸音楽（ミュージックス）とどう関連するか。
■「ミュージッキング」という用語は、何を示しているのか。
■共同的なミュージッキングは、統一性や多様性をどう培うことができるか。
■音楽、健康、コミュニティの間のつながりは、どう概念化されるのか。

音楽にできること

音楽とは、社会的空間に人々を引き込むためのフックのようなものである。またはおそらく、社会的空間こそが音楽そのものである。つまりそれは、人々が音や動作を通して行為し、相互作用できる世界のことである。我々は音楽について話すとき、そして例えば、（ある歌のような）対象物、（コンサートのような）事象、（歌うことのような）活動について考えるとき、様々なメタファーを使用する。我々が何を音楽的とみなすかは、何が伝統的で何が革新的か、何

資料5・1　音楽はどうあり得るのか。ドイツ、クーブランクでのインクルーシブ・サマー・ワークショップにおける音楽づくり。　写真：Kristin Richter

が完成品で何が参加か、などの音楽に関する有用な言説とリンクしている（Keil & Feld, 1994）。音楽療法は、部分的には言語を習得しなくても音楽的参加が可能であるため、包摂的な活動を提供することができる。しかしながら、音楽的な活動や経験は、言語や文化と切り離せるものではないことを心に留めておくことも重要である。それらは、文化的に特徴づけられた前提条件や価値観に組み込まれているし、音楽の概念は文化的コンテクスト間、及び経時的に付与される文化的コンテクストの中である程度変わり得るものである（Korsyn. 2003）。

我々は英語で、メロディ、リズムなどの要素や行われる活動について話すとき、音楽（music）という言葉を使う。この言葉は、ギリシャ語の mousikē を由来としている。古代初期には、この言葉は歌うこと、踊ること、歌詞や演劇の上演にまで言及する非常に幅広い用語であった。現代では、英語の music という言葉は、より狭義なものとなっており、それゆえ普遍的ではない。それは何世紀にもわたって実践や制度が次第に専門化されてきた、社会的、文化的発展の帰結である。おそらく借用語を除けば、英語の music と明確に一致する用語はどの言語にもない。いくつかのバンツー語に共通するンゴマという用語は、music と関連する概念の例としてしばしば言及されるが、全く異なるものである。第二章では、ダンスやドラマ、歌、そしてドラミングが中心であり分離できない要素となっているヒーリングの伝統としてのンゴマを紹介した。

ンゴマのような全体論的概念と、近代欧米で確立された音楽の専門的概念とを比較することで、重要な修正点が示されると主張する者もいる（例えば Bjørkvold, 1989/1992）。この主張は、音、動き、（前）ナラティブが人間の感受性と密接に関連していることを示す、最近の母 - 幼児間の相互作用に関する研究と結び付いている（以下参照）。これは興味深いものの、文化に彩られていない種類の音楽などない。

音楽は、我々が考えているようなものかもしれないし、そうでないのかもしれない。音楽は、情動や官能性なのかもしれないが、感情や身体感覚とは何の関係もないこともあり得る。音楽は、ダンスしたり祈ったりまたは愛し合ったりするためのものかもしれないが、必ずしもそうというわけではない。音楽について考えるための複雑なカテゴリーを持つ文化もあるが、音楽について全く熟慮する必要がないように思われる文化もある。音楽とは何かという議論は、全ての時代、全ての場所で問いに開かれたままである。このような状況のため、いかなる音楽の形而上学であっても、各自の考える特権的な時代と場所とは異なる世界がある、という非常線を必然的に張らなければならない。音楽について考えること、または再考することさえも、自分自身の音楽の主張と統制の試みを基盤にしているということになる（Bohlman, 1999, p. 17）。

ボールマンの結論は、もちろん独自の批判的な見解において検証され得るだろう。本章のコンテクストにおいて我々は、彼が自己批判的省察と呼称する議論を使用することができる。近代大学の学問としての音楽学における最初の百年へと多少寄り道することで、音楽療法を含めた音楽を研究する学問が、これに関連していることを論証することが可能である。

ウィリアムズ（Williams, 2001）は、十九世紀後半における音楽学の先駆者の一人であるグイド・アドラー（Guido Adler）というオーストリアの学者が、音楽の研究をいかにして二つの領域、つまり歴史的音楽学と体系的音楽学に分割したのかについて説明している。体系的音楽学の領域には、音響、音楽心理学、比較音楽学といった学問が含まれる。歴史的音楽学は、西洋芸術音楽に焦点が当てられ、それは歴史研究に値する唯一の価値ある音楽的伝統とみなされていた。この前提は、西洋芸術音楽が独自的で他より優れているということを示すのみではない。西洋芸術音楽は、スタンダードの源泉とみなされたのである。このような考え方は音楽学に影響を与え、それはヨーロッパに留まるものではなかった。一九八〇年代中葉までは、音楽学は主に西洋芸術音楽における傑作の聖典（カノン）の音楽構造に関心を寄せる学問と説明するのが合理的に正しいとされてきた。一方で、ポピュラー音楽のようなジャンル、パフォーマンス、他の用途と行為の状況には、ほとんど関心が払われることはなかった。この状況は、かなり変化してきた。民族音楽学、ポピュラー音楽研究、音楽社会学のより密接な交流によって、文化的でパフォーマンス的な転換がもたらされたのである。これら全ての領域において、社会現象としての音楽への関心が高まってきている。このことは、人々が様々な状況において音楽をどう使用し経験するのか、ということに関心を寄せる学際的な音楽研究の空間を開拓したのである。(1)

現代の音楽療法は、ルード（1987/1990, 1998, 2000）、アンスデル（1997, 2001）、スティーゲ（2002, 2003）、その他が論じているように、音楽研究の現代的再考の一部をなす。音楽的なプロセスと結果は音楽療法の中心であるが、これを提示するためには、「音楽的」という言葉が何を意味するかを再考しなければならない。次節では、生物学的、心理学的、社会文化的プロセスの間の相互作用に焦点を当て、音楽的なもの、そして準音楽的（paramusical）なものについて議論することで、このことを探究する。先述した学問的思考における変化は、音楽療法と他の音楽の学問とのつながりが、多くの音楽療法の教科書で指摘されてきた以上に重要であることを示唆している。現在、音楽療法の文献の一部となっている音楽についての再考は、音楽教育のような隣接学問でも似たような展開が存在する。そこでは、例えばポピュラー・ミュージシャンの方略学習の知識が、現代の授業の教授法に重要な示唆をもたらすかを検証するといった学際的な方向性も伸展しつつある（Green, 2002, 2008）。

ボールマンの論争含みの結論は、適切なリマインダーであり続けている。音楽について考え、再考しようという時でさえ、我々自身のものとして音楽を主張し、統制しようとする危険を冒してしまう。ゆえに批判と代替的な視点に常に開かれている必要がある。

音楽的なものと、準音楽的なもの

音楽療法士たちが対処すべき問いの一つは、音楽が感情、認知、行動にどう関連するのかということである。我々がしばしば音楽外のものとみなすこれらのプロセスは、その変化が概して療法的効果との関連で考察されるため、興味深いものである。もし我々が、刺激としての音楽や、人が反応として感じ、考え、行動する方法における変化に焦点を当てるならば、**手段としての音楽**を概念化することになる。これは、音楽療法における確立された音楽の捉え方

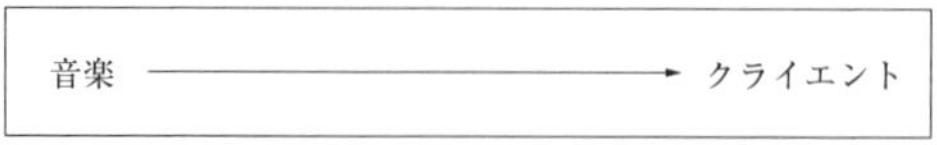

資料5・2　手段としての音楽の説明図

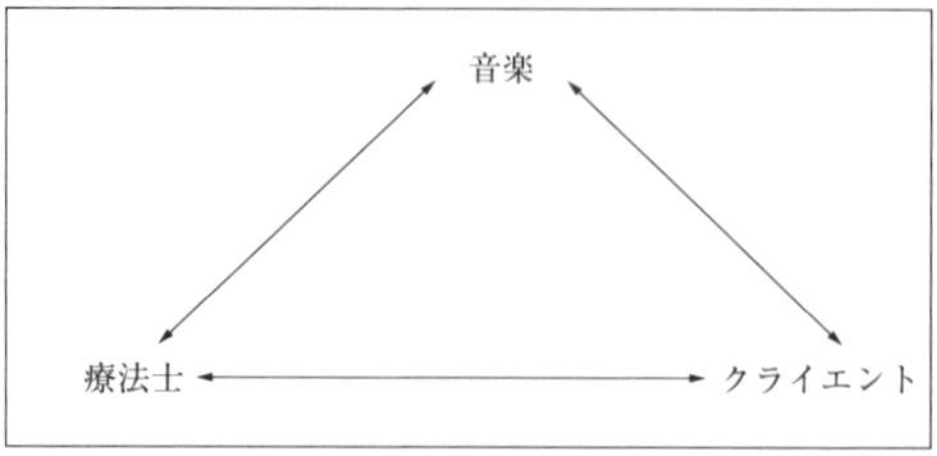

資料5・3　媒体としての音楽の説明図

の一つとなっている（Gaston, 1968）。資料5・2は、この概念を図示している（音楽とクライエントの間は、一方向の矢印である）。

音楽を手段と捉えるこの確立された考えは、音楽の有機体への直接的な効果に焦点を当てている。この概念は、特に医学的、行動療法的な音楽療法の実践には重要で、クライエントの音楽に対する反応への焦点化を示している。実践の他の理論や領域を知的基盤とする音楽療法士らは、この理念の限界に関心を寄せてきた。例えば、エイゲン（1995, 2005）やガレッド（Garred, 2002, 2006）は、人間のコミュニケーションや関係性に焦点を当てた実践においては、**媒体としての音楽**という考え方の方が妥当であると論じている。クライエントの音楽に対する反応に焦点を当てる代わりに、媒体という考え方は、音楽における、そして音楽を通した相互作用を強調する。資料5・3は、各人の音楽との関係が、他人との関係性によってどう媒介されるか、さらには対人的な関係性が参加者の音楽との関係性によっていかに媒介されるかについても示している（二方向の矢印に注目されたい）。

手段としての音楽と媒体としての音楽の概念は、特定の臨床的リアリティのみならず、音楽療法の文献における音楽と健康についての基本となる仮説をも反映している。二つの概念にははっきりとした違いがあるが、いくつかの類似点もある。例えば、これらの概念を使用した大半の文献において暗黙的、または明示的にも、個人レベルでの変化や発達には焦点が当てられているのに対し、コミュニティやコンテクストについてはほとんど関心がもたれていない。このことは、コミュニティ音楽療法にとって音楽はどうあり得るべきかに関する、より広い理念を探究する必要があることを示唆している。もし我々が、コンテクストとコミュニティに興味を寄せるならば、音楽がどのように作用するのかという伝統的音楽療法の疑問に、どこで、いつ、だれと、という疑問が補足されるべきであろう（Stige et al., 2010a）。おそらく我々は、手段として、媒体としての音楽よりもむしろ、**ミリューとしての音楽**に焦点を当ててこのことを論じることができるであろう。しかし、これはパフォーマンスや参加に携わっている俳優を含めた設定である、という「ドラマツルギー」の用語においてミリューを考える時にのみ正確なものとなるであろう。生態学的メタファーは、個人と切り離された周囲（surroundings）としてではなく、我々が関係性を演じるドラマに参加する「シーン」として、このミリューとしての音楽の概念を支持するのである（Small, 1998）。

コラム５・１　我々の外側にあるものの中に我々自身を見いだす

音楽中心音楽療法における自己表現についてのエッセイの中で、エリン・エップ（Erinn Epp, 2007）は、コミュニティ音楽療法理論に関連する概念について議論している。エップは、音楽が合理的にコミュニケーションする、という考えをほとんどの人が見いだしていることを示唆している。つまり我々は、音楽を感情的表現として、そしておそらく内面にあるものを外面化させる一つの方法としてみなしがちである。しかしながら、音楽的自己表現は音楽療法の文献でほとんど精査されることがなかったと彼女は主張する。それゆえ彼女は、音楽的表現の様々な理論を提示し、それぞれを異なる自己の概念と関連づけている。彼女の懸念の一つは、自己における核心部分の直接的表現としての音楽、というロマン主義的な比喩表現が、現代の音楽療法に影響を及ぼし続けていることである。彼女はエッセイを以下の描写で始める。

> 特別養護老人ホームで三人の認知症高齢女性のグループ音楽療法をしていた時のことである。いくつか即興を試みた後、私は《恋人と呼ばせて（Let Me Call You Sweetheart）》を歌い始めた。高度アルツハイマーの一人の女性が、即座にすっと背筋を伸ばして座り、力強く歌う。「彼女は今、とても表現力豊かになっている。だけど、即興では表現しなかったのに、今表現しているものは何だろう?」と心の中で思った（Epp, 2007）。

エップが彼女自身の疑問に応えるためにとった方針は、音楽療法の先駆者による音楽と表現についての基本的な仮説の検証であった。これは、クライエントの音楽の中に心理的なリアリティを聴くことができるか否か、といったキー・テーマの議論とも関わる。音楽をある人の核となる自己の直接的な表現とみなす考え方は、個人と社会文化の人為的な分離につながるとエップは主張する。彼女は、プリーストリーによる以下の音楽に関する言辞を批評することで、これを例証している。

> プリーストリーは即興モデルの視座から、音楽の直接的で無類の影響をも強調した。「自由な表現の喜びの一部とは、クライエント自身それに没頭したいという目的のみを持っていることである。外界から目的が強要されないため、内部からの目的が顕現しやすい」（Priestley, 1975, p. 221）。この言辞からは、正統な音楽的表現とはあらゆる外的影響のない自己内の場から湧き上がることが推論される。人は、個人的で特有な音楽の使用を通して、自分の個人的で特有な内面状態を表出できるということである（Epp, 2007）。

エップによると、自己が内核を持つというロマン主義的な考えに我々が疑問を持ち、新しい関係性の発展を通して継続的に出現する自己の脱中心化の可能性を探究すれば、音楽的表現をより現代的に理解することができるという。

自己の統一から差異化へとシフトすれば、我々は音楽療法のコンテクストにおいて自問することになるであろう。我々は、クライエントの音楽を単体の（すなわち精神的な）リアリティの投影とみなすのか。音楽療法セッションは、経験のどのレベルを扱うものなのか。我々はどちらを見落としているのか。

エップは、音楽療法理論において再考されるべき次の二つの考えを示した。第一に、様式上の慣習から離れた音楽が最も正統で直接的な表現であるという考えである（なじみの音楽的形式の使用は表現力に欠けるとの含みがある）。第二に、音楽的表現は、音の構造そのものに見いだすことができるという考えである（パフォーマンスとコンテクストは音楽療法セッションの分析において無視されるという意味合いが含まれる）。

エップの見立てでは、音楽中心音楽療法における自己表現の理論は、音楽的なものと音楽外的なものの間にある逆説的で互恵的な関係性の探究を受け入れなければならないし、音楽のライブパフォーマンスから表現的内容を切り離すことはできない。

ならば我々は、音楽的経験において示される内的リアリティという見地から、音楽の中に自己表現を思い描くことがいまだにできるのであろうか。答えはイエスでありノーである。あるいはむしろ、それを問うこと自体が間違っている！というのが答えである。既にみてきたように、我々の内的生とは、抑制されることなき存在の私的状態である。我々にとって個人的に重要なこととは、部分的には既に我々に与えられてきたものである。音楽の中に内的生を示すことは、その人の位置を明瞭に表現する、つまりその人が生活する多くの次元をはっきりと表現し、パフォーマンス行為においてそれらとの関係性を（必ずしも統一させることなく）創出することである。そう、我々が音楽の中で表現できるという主観的な立場もあるが、主観性とは完全に「内的」なものではない。それは完全に埋め込まれ、徹底的に世界化され、全く単純化できないものである（Epp, 2007）。

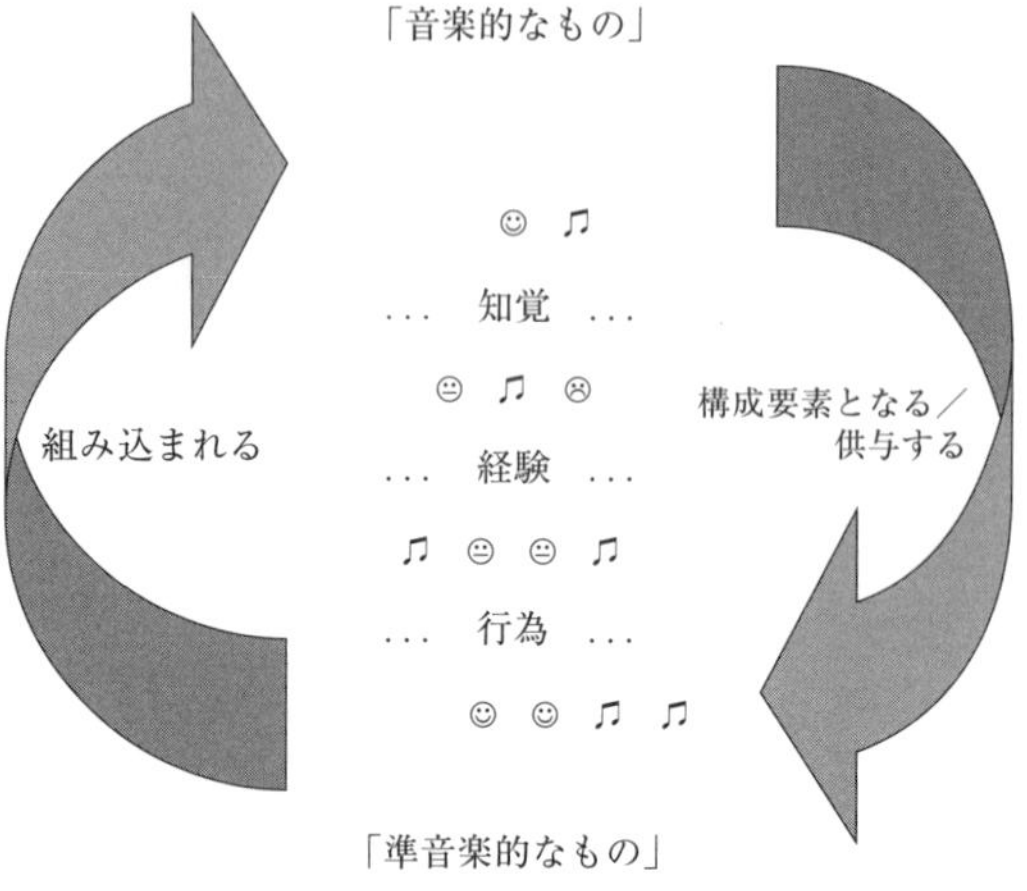

資料5・4　音楽的なものと準音楽的なものとの共構造
（Stige et al. 2010b, p. 299：アシュゲイト出版の許可を得て再掲）。

音楽社会学者のデノーラ（DeNora, 2000; 2003; 2007）は、音楽が用いられる状況を具体的に調査することで、音楽がどう作用するのか、という疑問を探究している。彼女の研究は個人、音楽、環境間の相補性（complementarity）を解明している。これは、使用が全てである、あるいはあらゆる音楽が何らかのために使用され得る、ということを含意しているのではない。様々な音楽的な作品や実践は、異なる行為の可能性をアフォード（供与）する。大抵、人は何らかの行為可能性に対し、他よりも尽力する。それゆえ音楽的構造は、所与の状況における**適用**（アプロプリエーション）を通して人、音楽、環境間の関係の発展を可能にする**アフォーダンス**として重要となる。[2] 個人、音楽、環境間の相補性は、音楽的なものが音楽外的なものを反映する、またはそれに影響を及ぼす、という考えとは異なることを示唆している。この視座においては、循環的包摂を探究することが役立つ。我々が音楽的と認める現象、それに伴うプロセス、活動の間には相互関係がある（DeNora, 2003）。

スティーゲ他（2010, p. 298）は、この主張をいくつかのコミュニティ音楽療法の事例研究と関連させて探索している。相互関係の考えを強調するために、音楽外的（extramusical）という用語の代わりに、準音楽的（paramusical）という用語を使用した。これまで本章で議論してきたように、人が音楽的とみなすものは、慣習や利用可能な多方面にわたるリソースと関連している。それゆえ、**準音楽的**という用語は、プロセスが音楽的か、または音楽的でないか、というような厳格な印象づけを避けるために使用される。資料５・４はこの議論を示したものである。

音楽的なものと準音楽的なものの循環関係という理念は、コミュニティ音楽療法とは音楽の脱中心化的概念の使用を通じた音楽中心的（Aigen, 2000 を参照）なものであることを示唆している。コミュニティ音楽療法には「音楽そのもの」という考え方はそぐわない。焦点は、コンテクスト、行為、相互作用における音楽にある。エップ（2007）は、このような音楽の脱中心化的視座を内包した音楽表現の議論を展開してきた。彼女は、音楽療法における音楽についての伝統的な概念はしばしば、音楽を個人または自己の核の直接的な表現とみなす考えが含まれてきたと論じる。この考えが、個人と社会文化的な部分との人為的な分離を導くと主張する（コラム５・１参照のこと）。

音楽性、諸音楽、音楽家性

あらゆる所与の状況における音楽的なものと準音楽的なものとの間のダイナミクスを理解するには、文化的コンテクストにおける人の原音楽性（protomusicality）と各個人史との相互作用を理解することが有用である。音楽性（musicality）、諸音楽（musics）、音楽家性（musicianship）という用語を使用することで、これらの概念を明確にしよう。

音楽性は伝統的に、音楽聴取の際の受容性や音楽を再現したり創造したりするときの才覚といった音楽への個人的な感受性と才能に言及するものである。人々は、受容性と才覚に関して明らかに異なっている。ゆえに音楽性という用語は、音楽が分かっている人とそうでない人を識別するために使用されることがある。これとは対照的に、音楽性は音と動きに関係する人間の共生能力を表す概念としても使用されることが増えている。より具体的な用語としては、原音楽性とコミュニケーション的音楽性（communicative musicality）が、この観点をコミュニケートするのに使用されることがある。

原音楽性という用語は、人類が進化（系統発生）のプロセスで発展させてきた音楽に対する我々の能力を示唆している[3]。クロスとモーリー（Cross & Morley, 2009, p. 77）は、「人間であることの基礎をなす社会的認知の多くの能力を取り除かない限り、音楽を除去することはできない」と述べている。この見解は最近、強化されてきているものの、進化のメカニズムに関わる具体的な議論については、いまだに意見の相違がある。例えばミラー（Miller, 2000; 2001）は、性的選択が主たるメカニズムであると提唱した。ミラーによると、音楽は男性の競争的な性的表現として進化したものであり、喩えるならば孔雀の尾のようなものである。しかしこの説明は、優れた遺伝子を持っていることを女性に説得しようとする場合を除いて、あまり実用的ではない。対照的に、ディサナーヤカ（Dissanayake, 1992/1995, 2000a, 2000b, 2001, 2009）は、音楽が可能にする共同的事実に生存的価値があったため、音楽は進化したと主張してきた。後者の見解は音楽療法に影響を与えてきたので、次の項目ではこの観点に注目する。

マロック（Malloch）とトレヴァーセン（Trevarthen）は、人間の原音楽性を示すコミュニケーション的音楽性という用語を人間の交わり（companionship）の基礎として使用している。トレヴァーセンとマロック（2000）は、彼らの理論を音楽療法と具体的に関連づけた論文で、あらゆる人間が身体と声のリズミックでメロディックな動きに共感する能力をいかに有しているかを記述している。このことは、新生児が大人とコミュニケーションをとる時に実証される。大人は幼児とコミュニケーションし、また異文化の人間的に組織化されたサウンドを認識し、共感できることでこれを実証する。著者らによれば、子どもはジェスチャー的コミュニケーションに関する独自の人間的モチベーションを伴って誕生し、その後の人生で、慣習的音楽能力と同様、一般的なコミュニケーション・スキルの能力も養われるようである。

トレヴァーセンとマロック（2000）によると、人は拍、質、そして原ナラティブを関連づける生来的な能力を持っている。拍は規則的で、予測可能な別々の事象の連続性を指す。質は特にピッチと抑揚に関連し、経時的に動く表現の輪郭を指す。ナラティブは、合同して生み出される「フレーズ」や、原ナラティブであるジェスチャーにみられるような、一連の拍と質とのユニットの形成を指す。コミュニケーション的音楽性は、音と動きを関連づける能力のみならず、人々を結び付ける能力のことでもある。感情的に満足できるコミュニケーションは、継続的に調整された関係性を築くことによって確立される。より最近の著述においてマロックとトレヴァーセン（2009）は、神経科学、進化的研究、心理学、音楽療法、音楽教育、およびパフォーマンスからの寄稿を含む論集において、人間の相互作用における音楽的表現の理論について詳述している。ダニエル・スターン（Daniel Stern, 1985/1998, 1995, 2004, 2010）などの研究と同じく、マロックとトレヴァーセンのコミュニケーション的音楽性の理論は、音楽療法実践における音楽と対人関係との関連性に関する新たな関心の更新に寄与するものである。人間の原音楽性もまた、文化的学習のリソースである。原音楽性は文化的コンテクストにおいてコミュニケーションを可能にし、またそれを必要とする。

諸音楽（ミュージックス、複数形の名詞としての音楽）は、ある人が遭遇する既存の音楽的―文化的リアリティを指している。この概念は民族音楽学の中心にあり（May, 1983）、抽象的、一般的に音楽を語る際の傾向が、自民族中心的な偏見に基づいていることを論証する役割を果たしている。これは、多かれ少なかれアクセス可能な文化的リソースとして、その人を取り巻く音楽的な伝統と実践の多様性について想起させる、感受性を高める概念である。音楽、その機能と意味は、行為、言葉、そして音楽的要素が互いに明示化されている具体的な実践状況において検証されなくてはならない[4]。このことは、ある特定の諸音楽が、ある特定の状況に属することを必ずしも意味しない。現代社会の重要な特徴は、テクノロジーによって人々が、様々な方法で音楽を脱コンテクスト化、再コンテクスト化し得るということである。これによって我々は、音楽の意味創出において高いレベルの融通性を得ている。ある個人は、時にいくつかの伝統からの要素をミックスすることで、異なる諸音楽を関連づけることができるのである。

諸音楽は、個人とコミュニティのためのリソースとして存在する。例えば諸音楽は、音楽用語、形式、作品、楽器、技法のような様々な人為的産物（artifacts）を人々に提供する。こういった人為的産物は、人々が文化的学習やアイデンティティの発達のプロセスにおいて使用することができるツールである。とはいえ、全てのリソースが全員に利用可能なわけではない。諸音楽は何かと包括的で、排他的である。ルベット（Lubet, 2004）は、西洋クラシック音楽の伝統を排他的な制度として議論した。完全性の追究によって推進される伝統は、多くの人々を音楽的参加から除外する。左利きであれば、ヴァイオリンの向きが他の奏者とマッチしないので、交響楽団から除外されることも充分あり得るとルベットは主張する。ロックミュージックのような他のジャンルは、より包摂的とみなされている。しかし、全員が全てのバンドに入ることを許容されてはいないことを、我々みなが知っている。あなたの機会とは、あなたが加わりたいコミュニティの価値と態度、及びそれらとあなたの音楽家性との適合性が関わっているのである。

ここで使用される**音楽家性**（ミュージシャンシップ）とは、個人が音楽との関連において発展させてきた技術、態度、個人的リソースに言及するものである。音楽家性は、個人の歴史と発達の産物であり、個人の生来的音楽性と環境において利用可能な諸音楽との相互的つながりで生じるようなものと明らかに関連している。一つ、もしくはいくつかの諸音楽を習得することは、人間能力の錬磨の結果、あるいは、ディサナーヤカ（2001）が「人間の原音楽性の

資料5・5　《私は私》のレコーディング風景。オーストラリア北メルボルンの町の森林におけるコミュニティ音楽療法プロジェクト。　写真：Kate Teggelove

人為的産物」と呼称したものである。パヴリチェヴィックとアンスデルは、コミュニティ音楽療法における音楽家性の重要性を強調し、次のように説明している。

> 音楽家性は社会文化的コンテクストにおける行為の最中にある音楽性（musicality-in-action）の洗練された才能である。それは、ある特定の音楽的な文化、伝統、ゲーム、技術、人為的産物に音楽性が巧みに組み合わさったものを含む。これは、埋め込まれた諸音楽、その技術を持つ音楽家（musicers）、そして個人によるこれらの適用（アプロプリエーション）によって供与されるアフォーダンスを通じて生じる（要するに、音楽的行為を通した音楽的知識のコミュニケートと生成のプロセスである）(Pavlicevic & Ansdell, 2009, p. 362)。

我々が上記で接したアフォーダンスの概念に、音楽家性の概念は光を投げかける。アフォーダンスは、人と音楽的状況の関係性である。様々な諸音楽が提供すべきものは、その状況において個人がアフォーダンスをどのように知覚するか、つまり「そのゲームのルール」としてだけではなく、関与している（諸）音楽と個人の音楽家性との適合性にも左右される。コミュニティ音楽療法実践の参加者の中には熟練、巧妙と描写されるまでに音楽家性を発展させる者もいる。しかし、才能があるかどうかは音楽家性、諸音楽、ある状況におけるミュージッキング間の関係の質と比較すると、中心的ではない。これらの関係性は音楽的なだけでなく、準音楽的（paramusical）でもある。ゆえに我々がどのように感情豊かに行動、反応し、他者と関係し、音楽について考え話すかというのは、我々の音楽家性の一部なのである。

関係性のパフォーマンスとしてのミュージッキング

（ここで適用している）音楽性（musicality）の概念は、我々は誰もが音楽に関与する普遍的な能力を持っていることを示している。諸音楽（musics）の概念は、この関与の状態がグループ、またはコミュニティに関連していることを示している。音楽家性（musicianship）の概念は、個人のスキルや態度が音楽性と諸音楽の関係性として進展することを示す。ミュージッキング（musicking）は、これら諸レベルを統合する。

音楽療法における音楽の研究において、ミュージッキングは不可欠な視点、すなわちパフォームされた関係性としての音楽を提示する。しかしながら、この主張は人間の原音楽性や音楽文化がなければ、むしろ空虚なものであろう。人間は、原音楽性によって音を通して表現したりコミュニケーションしたりすることができるのであり、文化史によってコミュニケーションや個人のライフヒストリーを構築するための象徴的ツール等を供与（アフォード）する人為的産物が得られるのである（Stige, 2002, p. 84）。

我々は第一章でミュージッキングという用語に出会った。そこで我々は、音楽を単なる物（例えば、歌や音楽作品）だけでなく、人々が参加する活動として考えることができると説明した。行為は常に状況と連関しているため、ミュージッキングの概念もまた、音、それを創り出す人、その音を可能にした人との間の関係性について考えるよう促す。スモール（Small）の著書『ミュージッキング』（1998）は、この生態学志向の用語解釈において中心をなす(5)。ミュージッキングは我々の音楽への参加、そしてある状況下における多様な関係性のパフォーマンスとして音楽がどのように演じられ経験されるかということに言及している。ここで用いられているパフォーマンスという用語は、幅広い意味を有し、ある社会的、文化的状況における行為や相互作用を含意する(6)。確立された関係性は、本章で前述した音楽的なものと準音楽的なものの相互作用を例証する。パヴリチェヴィックとアンスデル（2009）は、ミュージッキングを「行為における音楽家性」と叙述している。

音楽的な意味と効果は、音楽的なものと準音楽的なものとの相互作用のプロセスであり、歴史的に形成された状況と制約の範囲内でのミュージッキングの行為としてパフォームされる。これらの状況と制約は、音楽性、諸音楽、音楽家性として前述してきた。ミュージッキングの行為において参加者は、他の参加者の音楽性や音楽家性、そしてコミュニティの諸音楽を含めた広範なリソースに出会う。それぞれの参加者の音楽性と音楽家性は、諸音楽やミュージッキングといった社会的リソースとの関与を可能にする個人的リソースを構成する。資料５・６はこれらの関係性を示している。

資料５・６で示す相互作用を説明するもう一つの方法は、アフォーダンスを構築するプロセスとして、音楽性、諸

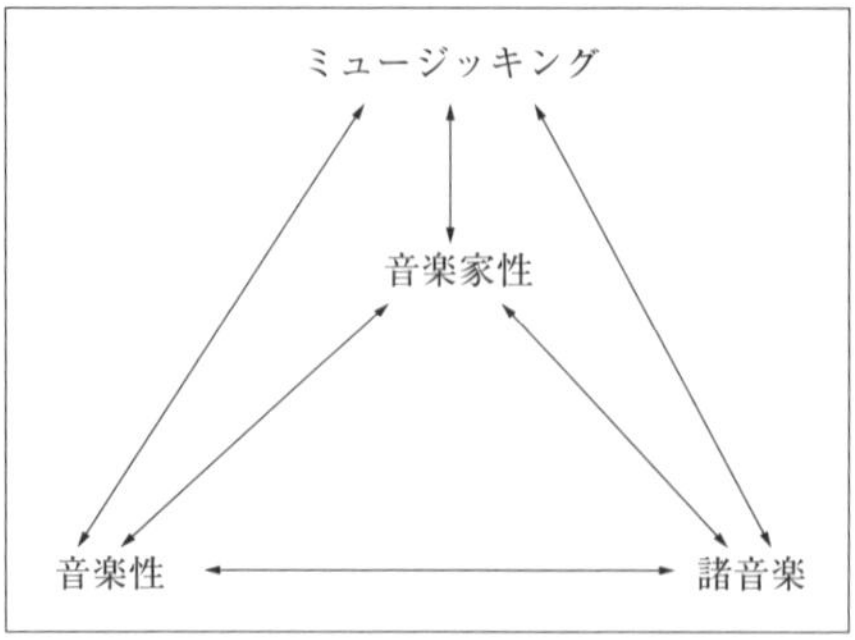

資料5・6　音楽性（共有された人間の能力）、諸音楽（文化的リソース）、音楽家性（個人的能力）、及びミュージッキング（社会的活動）の間の関係性
出典：（Stige 2002, p. 107）後に改訂。バルセロナ出版社の許可を得て再掲。

音楽、音楽家性へとつながるプロセス（人類の進化、文化史、および個人的発達それぞれ）について考えることである。したがってミュージッキングは、これらアフォーダンスの適用である。音楽性、諸音楽、音楽家性、ミュージッキング間の双方向の矢印は、この適用がアフォーダンスの使用を意味するだけでなく、アフォーダンスを創り出す可能性をも示唆している。我々が音楽に参加するとき、（我々の音楽家性において表明されたような）個人史に影響されるが、この個人史は、新しい出会いによって創造的で、新しい何かをすることが可能になることで、あらゆる瞬間に再創造されるものである。

共同的ミュージッキングの統一性と多様性

上述の通り、ミュージッキングは社会的行為と相互作用を意味する。スモール（1998）は、一人での音楽聴取といった個人で音楽に関わっている時でさえ、社会的関係が暗示、含意されていると論じている。コミュニティ音楽療法にとっては、集団の人々の共同的（communal）ミュージッキングを含む音楽活動を調査することが特に重要である。共同的ミュージッキングは、集団行動、**協働**（collaboration）、集団凝集のための優れた手法である。音楽、時間、運動の間のつながりで、グループが時間を構成し、身体運動を同期させ、協働作業のペースを整えることが可能になる。音楽はまた社会的団結や、伝統と価値の表現をも可能にする。このような社会的使用は実践における音楽に、商業、広告、映画、社会統制、療法と同様に、多様性を持った重要な役割を付与する（Clarke, Dibben, & Pitts, 2010, pp. 101–124）。

コラム5・2　儀式、ジャズ、音楽療法におけるコムニタス

音楽療法理論にコムニタスという用語を導入するに際してエヴェン・ルード（1991, 1992a, 1995, 1998）は、音楽的コミュニティにおいて統一性の経験を省察するツールを発展させてきた[7]。ルードはいくつかの音楽療法プロセスを特徴づける平等性と共生感の強い経験を記述するのに、ターナー（Turner）のコムニタス[8]の概念を適用している。彼は、例として即興的音楽療法を取り上げ、即興を、時にすべての社会的役割を一時的に平準化することで、親密さと相互性の「合同（joint）プロジェクト」をアフォードする経験として記述している。

音楽療法の即興は、「美学的洗練」ではなく、全ての社会的役割を一時的に平準化することによってコミュニティ（「コムニタス」）を構築しようとするものである。即興している間、セラピストの役割に関するあらゆる伝統的な期待は適用されない。つまり音楽療法士は、補完的で対称的な社会的相互作用の形態が音楽的な相互作用から自発的に生じる「自由な集団即興」を通じて、自発的かつ即時的なコミュニティを構築しようとする。即興は、感情が経験の信頼性の主な基準である合同プロジェクトとなるのである（Ruud 1998, pp. 131–132）。

ルードの境界的経験としての即興に関する記述は、フローや流動性、自発的および即時的な経験、至高体験、トランス、超

越性などの用語の議論を含む。ルードは、音楽療法の実践は、そのような経験をしばしば価値づけ、古代の儀礼や、ジャズのような現代芸術形式と、この価値観を共有していると主張する。

コミュニティ音楽療法との関連で共同的ミュージッキングを考察する際の中心となるテーマは、この活動が統一性と多様性双方の経験をどのようにアフォードするか、ということである。共に音楽することは、表現と経験の共有された集合点のための多くの可能性を創出する。とはいえ、それぞれのメンバーは、彼／彼女の方法で参加する。我々の（原）音楽性は、共有された人間の能力であるが、異なるライフヒストリーや様々な諸音楽との異なる出会いを通して、音楽家性へと培われるのである。結果として、共同的ミュージッキングの経験は、参加者によって異なるものとなるであろう。各参加者は、培ってきた音楽性、及び多様な諸音楽において知覚されたアフォーダンスの適用である彼／彼女の音楽家性でもって貢献するのである。共同的ミュージッキングは、私的であると同時に公的であり、個人的であると同時に社会的であり、中心的であると同時に脱中心的である。したがって、画一性を超えた統一性を創ることは、共同的ミュージッキングの可能性の一つである。これはしばしばコミュニティの理想とみなされる。

コミュニティでみられる「共通性」は、画一性である必要はない。行動や考えを丸写しするものではない。それは、（意味）内容がメンバー間でかなり異なるかもしれない形式（ふるまいの方法）の共通点である。コミュニティの成功とは、その固有の不一致がコミュニティの境界によって表明される見かけ上の一貫性を破壊しない程度にこの多様性が内包されていることである（Cohen, 1985/1993, p. 20）。

資料5・7　立ち上がって進め。ドイツ、クレーフェルトの「ロック・アム・リング」より。　写真：Peter Neumann

画一性を超えた統一性は、多様性を内包した統一性として記述することもできる。第七章では、これがコミュニティ音楽療法の中心的な価値、すなわち敬意、自由、平等、そして連帯とどう関連するかについて議論する。多様性を内包した統一性はもちろん、ユートピア的な考えである。現実世界でのプロセスでは、時に慎重な舵取りと交渉が必要とされる紛争もあろう。共同的ミュージッキングが、個人やグループの歴史や願望につながるならば、展開されるストーリーは論争と軋轢を含むものになるであろう。共同的ミュージッキングにおける、または共同的ミュージッキングを通した論争の可能性は幾多もある。騒々しい音楽行為が生み出し得る衝突を考えてみよう。多くの場合、このような論争は様々な社会的紛争を実体化する（Frith, 2004）。したがって、共同的ミュージッキングを研究する際には、一致と不一致の双方を考慮する必要がある。

協働的（collaborative）ミュージッキングの章でパヴリチェヴィックとアンスデル（2009）は、音楽療法におけるコミュニケーション的音楽性が主に二者関係において探究され、音楽的コミュニティの経験への洞察が欠如していると批判することで、共同的（communal）ミュージッキングにおける見解を発展させている。論者らによれば、コミュニティ音楽療法の出現は、より文化中心的で、コンテクストに鋭敏で、省察志向に方向づけられたシフトチェンジを導いてきた。

この新しいアプローチのために、コミュニケーション的音楽性は必要な、しかし充分ではない理論的プラットフォームの提供を提案する。より広いコンテクスト、そして二者関係の形式を超えたより社会的、文化的レベルでの関係性において、音楽療法がいかに作用するかを説明するためには、どのような理論がさらに必要であろうか。我々は、この疑問に対する回答を始めるにあたり、文化的学習（音楽家性）と直接的な社会参加（ミュージッキング）によって、後続の音楽的発達と社会的発達を結び付けるモデルを提案する。我々はこれを、さらなる音楽の機能「協働的ミュージッキング」と名付ける（Pavlicevic & Ansdell, 2009, p. 358）。

パヴリチェヴィックとアンスデルの議論の基本的主張は、主体的な音楽参加としてのミュージッキングは社会的発達を必要とするので、我々はこれを二者関係のコミュニケーションにおいてだけでなく、より広いコンテクストでの協働に関しても研究する必要がある、ということである。彼らの仮説は、音楽的経験と社会的経験の間には、本来的な漸増関係がある、とするものである。論者らは、協働的ミュージッキングは音楽的コミュニティの外へと向かう聴取可能なサインであり、したがって協働的ミュージッキングはコミュニティを構築することを示唆している。この議論には、コミュニケーションの機能がどのように協働へと変換されるのか、という記述も含まれている。

パヴリチェヴィックとアンスデルは、例えば人間の（原）音楽性はコミュニケーションの相互作用をどう高め、音楽的交流が音楽家性をいかに促進するかを記述することによって、彼らの仮説を裏づける議論を提示している。彼らは、三つの音楽的事象の説明と、音楽生物学、認知神経科学、音楽社会学、音楽学などの分野における理論との関連性に関する議論を通してこのことを例証している（Pavlicevic and Ansdell, 2009, pp. 333-373）。社会的経験と音楽的経験の間の本来的な漸増関係についての仮説には、さらなる検討が必要である。それは社会的―音楽的関係性に関するいくつかの確立された仮定と矛盾するからである。コミュニティでのアマチュア音楽生活は、しばしば「社会的はけ口」として描かれ、この描写は通常、音楽的経験と社会的経験の漸増関係を示唆しない。それに呼応するように、完璧主義者のプロ音楽の伝統は、時に普通の人々を黙らせる「陰謀」として描かれる（Keil & Feld, 1994）。研究もまた、プロミュージシャンたちの内向性得点の高さを示唆しており、多くの音楽家性の形態が、一人で練習する時間を大いに必要とするという事実によって説明され得る（Clarke, Dibben & Pitts, 2010, p. 107）。それゆえに、おそらくパヴリチェヴィックとアンスデルの仮説は修正され、様々な実践や価値のコンテクストとの関連で検証される必要がある。

以降、我々は健康ミュージッキングの概念を説明することで、音楽による援助の生態学について洗練させた後、コミュニティ音楽療法における社会的協働と関連する二つの概念、すなわち儀礼としての相互行為と実践コミュニティの議論へと向かう。

健康ミュージッキング

コミュニティ音楽療法の領域はユニークなアイデンティティを持っているだけでなく、音楽、健康、ウェルビーイングといった広範な学際的領域の一部でもある（MacDonald, Kreutz & Mitchell, 2012）。音楽心理学、音楽社会学、音楽教育学、民族音楽学、コミュニティ音楽、音楽療法のような領域は、音楽、及び音楽行為が、様々な状況においていかに健康的な利益に資するかの研究に取り組んでいる。ミュージッキングが健康やウェルビーイングに影響を及ぼす発生メカニズムを説明する理論を明確化し始めた研究者もいる。例えば、合唱と心理的ウェルビーイングの研究においてクリフト他（Clift et al. 2010）は、歌うこととウェルビーイングを結び付ける六つの発生メカニズムを提案した。まず一つ目に、合唱は幸福感を高め気分を高揚させ、悲しみや抑うつ感を鎮める。二つ目に、歌うことは深い集中を引き起こすので、心配の元に巻き込まれるのを防ぐ。三つ目に、歌うことは深い息のコントロールを行うので不安を打ち消す。四つ目に、歌うことは孤立感や孤独感を軽減する社会的サポートや友情感覚を提供する。五つ目に、合唱は心を活発にし、認知的機能の低下を防ぐような教育や学習を含んでいる。六つ目に、合唱は人々が身体的に不活性にならないようリハーサルに出席するような定期的関与を伴う。

合唱への参加に関するコミュニティ音楽療法の文献に、関連のある議論を見いだすことができる。ザニーニとレオン（Zanini & Leao 2006）は、参加者の自信と未来への期待に影響を与える自己表現と自己充足としての歌に焦点を当てている。クナーダル（Knardal, 2007）は記憶の維持、身体機能のモニタリング、感情的作業、コミュニティ経験のリソースとしてのシニア合唱団の歌唱について論じている。さらなる研究がこれらの示唆を検証し、補足するであろう。他の分野の研究もまた、発生メカニズムを理解する知的基盤となる。例えば神経学の研究は、音楽活動が脳の可塑性に影響を及ぼし、これが病気や病理との関連で予防的機能を有する可能性があることを示唆している（Cohen, 2009）。

本節では、ミュージッキングが人と状況をどのように関係づける効果を持つかを理解することで、発生メカニズムの一般化された説明を補足する必要性を明示する。健康的利益は脱コンテクスト化された効果ではない。この主張は、体系的調査を否定するものではなく、プロセスが社会的、文化的コンテクストにどう埋め込まれているのかを真剣に考慮することを提案するものである。第三章では、健康の三つの次元について議論した。そのうち一つは、健康は単なる個人的所有物ではないことを証明している。健康は関係的概念であり、それゆえ参加の可能性へとつながっている。日常生活におけるある人の課題を習得する能力は、状況の要請や困難、及び組織的、文化的、社会的なコンテクストに関連している。全体としての健康を理解するために、個人のリソースと利用可能な社会的リソースの関係性を理解することが重要となる（第四章を参照されたい）。もしも我々がこれらの主張を真剣に受け取るならば、音楽の効果の一般的な説明は、特定のコンテクストにおけるミュージッキングの検証によって補足されなくてはならないことを認識するであろう。音楽がいかに援助するのかを生態学的に理解することが、決定的に重要なのである。

コラム5・3　グリーグ効果

ブリュンユルフ・スティーゲ（2007, 2011）は、有名なモーツァルト効果に対する皮肉交じりの引喩として、人々が日常生活の困難を処理するプロセスにおける使用可能なツールとしての音楽の説明において、グリーグ効果というアイデアを起用している。この説明は、ミュージッキングの行為において、理想的には参加者にとって有意義であり、新しい参加の可能性をアフォードする方法において、音楽性、諸音楽、音楽家性がどのように相互作用するかを例証している。グリーグ効果のアイデアは、アップビートがグリーグと彼の音楽に出会った展開を通して彫琢される。アップビートは、一九八〇年代にインクルージョンと文化的参加に焦点を当てた西ノルウェーのコミュニティ音楽療法プロジェクトに参加したダウン症候群の六名の成人グループであった。

私が話すのは、グンナル（Gunnar）、クヌート（Knut）、レイダル（Reidar）、ヨン・レイダル（Jon Reidar）、ソールビョルグ（Solbjørg）、ソルヴェイグ（Solveig）という六名のヒーローの物語である。私が彼らをヒーローと呼ぶのは、彼らがこの物語の主人公であり、故郷に帰るには長い道のりを旅しなければならず、大いなる勇気と好奇心を示したからである。彼らのほとんどは一九四〇年代、ベルゲンの北の農村地域、ソグン・オ・フィヨーラネ県で生まれた。この地域には大きな街はなく、人々が「街へ行く」と言う時は、実際には「ベルゲンに行く」ことを意味する。まさに六人のヒーローもまた非常に長い時間をかけて、ベルゲンに通っていた。ダウン症候群の子どもたちや成人が彼ら自身のコミュニティで育つ可能性を考慮する人はほとんどいなかった。彼らは施設、つまりヒーローたちの地域から来た人々のための中央施設に送られた。その施設は、西ノルウェーの首都ベルゲンに位置していたのである。したがって彼らは家族から離れなくてはならず、六時間、八時間、十時間ほどかけて施設に通わねばならず、原則としては残りの人生をずっとこの施設で生活するのであった（Stige 2007）。

原則とは変化するものである。何年も後、アップビートというグループを構成する人々は、彼らの出身地の近くにある小さな農村に戻ってきた。二人の療法士がこの町で働き、インクルーシブな音楽活動を確立し、コミュニティへの参加を可能にすることに挑戦した（コラム2・5を参照されたい）。アップビートとグリーグの音楽との出会いは偶然であった。この出会いの影響は、ミュージシャンたちの伝記、音楽的素材、ミュージシャン集団のパフォーマンス的実践、そして彼らが属するコミュニティの文化的歴史と関連づけることができる。伝記は、グリーグもまたベルゲン出身だということから始まった。つまりグリーグとベルゲンとのつながりを共有したことで、メンバー間の関心が一気に喚起されたのである。グリーグの音楽作品の中から選ばれた楽曲は、短いフレーズや繰り返しが多いシンプルさゆえに、アップビートのミュージシャンたちにとって功を奏するものであった。グループメンバーのテンポとジェスチャーを同調させるために、特別な演奏方法が不可欠であった。アップビートは、彼ら独自の方法、つまり一般的ではない楽器、ゆっくりのテンポ、ルバート奏法の多用、そして真剣みあふれる誇らしさと喜びの表現でもってグリーグの作品を演奏した。アップビートが公の場で彼ら独自のバージョンによるグリーグ作品を演奏したとき、コミュニティはどう反応しただろうか。コミュニティは彼らの演奏に熱狂的に反応したのである。おそらくグリーグの音楽が、既にこのコミュニティにおけるアイデンティティの象徴として相応しかったからであろう。

> 前述のような音楽の文脈的効果は、グリーグの頭字語に準えて要約できる。中心の文字、Iは、interaction（相互作用）に言及するものとして使用し得る。この語は、「効果は相互作用の結果である」という本論の主要な主張として使用することができる。先頭のGとRの文字は、所与のコンテクストにおけるgestures（ジェスチャー）と、利用可能な文化的なresources（リソース）を通した参加のための個人的な原音楽的能力の相互作用に言及するものとして使用できるであろう。Iに続く2文字、すなわちEとGは、個人的なexperiences（経験）とgroup（グループ）プロセス間の相互作用に言及するものとして使用され得る。GRIEGの頭字語全体は、人間の能力の生物学的進化、心理的傾向と趣向、そして社会的、文化的リアリティといった複数のレベル間における持続的に文脈化された相互作用を想起させる（Stige, 2011, p. 135）。

全ての作曲家が同様に、音楽の効果についてコンテクストに応じた理解をコミュニケートする頭字語の構成に適した名前を有しているわけではない。しかし当然ながら、グリーグの音楽がある状況における関係性を変容させるパフォーマンスを可能にするという点で特別というわけではない。グリーグ効果があるならば、グリンカ（Glinka）効果、マドンナ（Madonna）効果、またはまさにモーツァルト（Mozart）効果もあり得るだろう。このようなリストはさらに続けることはできるが、図書館や実験室の専門家に相談することで作成できることはほとんどない。それは文化的コンテクストにおける音楽的実践の研究から発展するものであろう。

スティーゲ（2002, p. 211）は**健康ミュージッキング**を、音楽実践のアリーナ（arena）、アジェンダ（agenda）、行為主

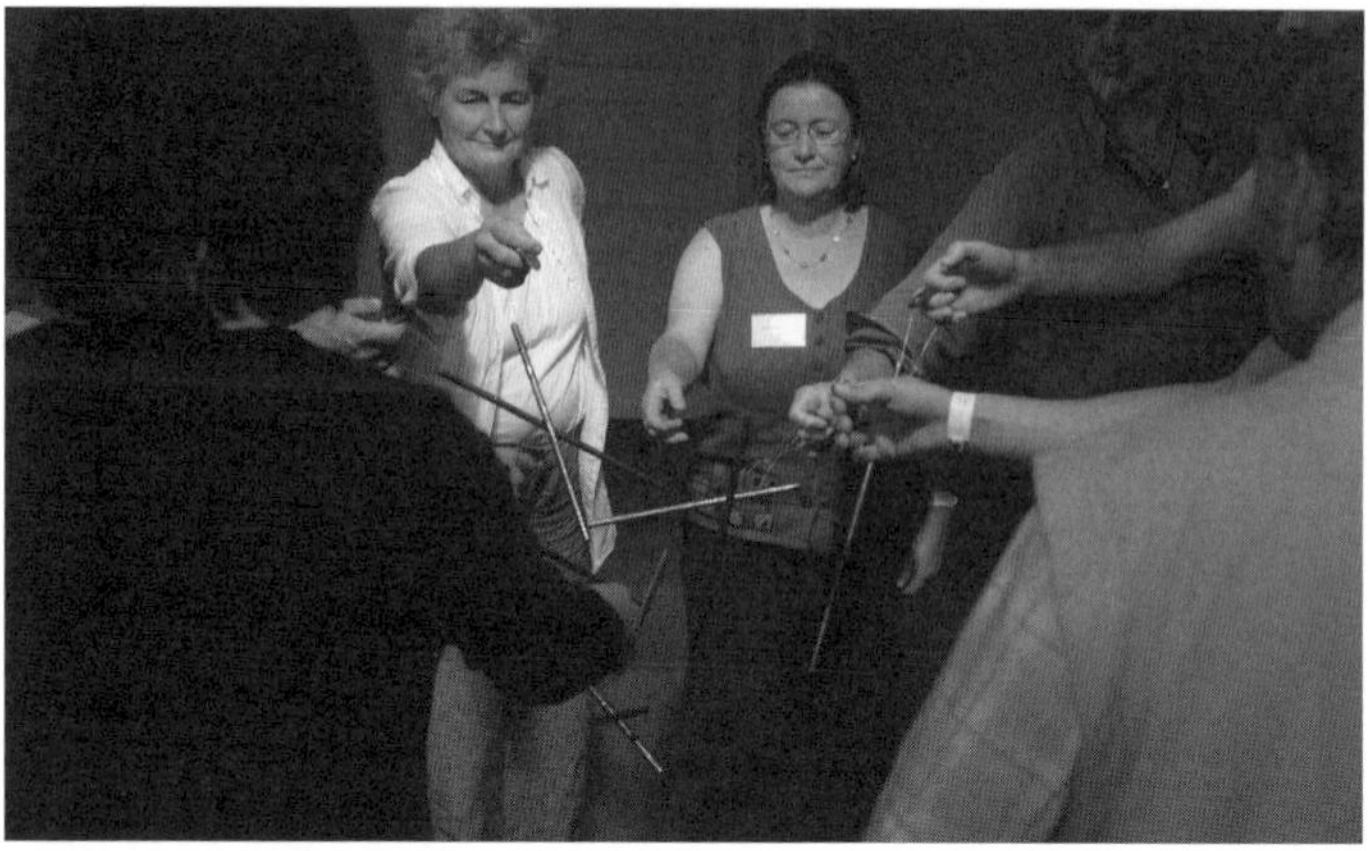

資料5・8　音の関係性のパフォーマンス。ドイツ、サンダースハウゼンでの障害のある／ない人々による音楽とアートのフェスティバル。　写真：Wanda Mōller

体（agents）、活動（activities）、人為的産物（artifacts）に関する健康アフォーダンスの評価、適用として概念化した[9]。ミュージッキングは空間と場所を必要とする。すなわちアリーナとは、人為的産物、アジェンダ、行為主体が位置づけられ、活動が展開される場所である。ミュージッキングはまた、アジェンダに根差したものでもあり、参加者らには意識的、または無意識的に心に抱く何らかの目的や課題があるということである。これらの目的や課題は、即時的な状況（例えば「楽しみましょう」のように）、またはより長期間の目標（例えば、「次のコミュニティ・コンサートのために練習しましょう」のように）に焦点化する。さらにミュージッキングは、行為主体間の参加やコラボレーションをも意味する。個々の行為主体は、例えば二人一組、グループ、コミュニティといった提携を形成することができ、それもまたプロセスにおける行為主体となる。ミュージッキングは必然的に活動を必要とし、瞬間的な行為だけでなく、長期にわたる活動を可能にする。ミュージッキングはまた、楽器、歌、歌詞といったいくつかのタイプの人為的産物の使用をも意味する。人為的産物のアフォーダンスについては、楽器は演奏と参加を引き出し、歌や歌詞は関与や省察を誘発する、など多様である。

ミュージッキングのこれらの次元は、様々な方法でつながり、関係性の複雑な連結網を形成する。健康ミュージッキングを、健康とウェルビーイングを促進するような関係性のパフォーマンスとみなす際には、リソースとしての人間の関係性は両義性を特徴とすることを心に留めておくことが重要である。どのアリーナやアジェンダも、それらが連結される目的と伝統によって、包摂と排除の可能性を産み出す。同様に活動と人為的産物は、例えばそれらが要求する技術レベルや、連結する価値観のために、参加を促したり妨げたりする。それゆえに共同ミュージッキングに参加する行為主体は、常にアリーナ、アジェンダ、活動、人為的産物の選択について協議する必要がある。

時間的次元は、健康ミュージッキングの重要な側面である。音楽は時間と共に展開しており、特質を変えることなく圧縮、再秩序化することはできない。それゆえ音楽は、音楽活動を可能にする（そして必要とする）だけでなく、他の活動と並行して生じ得るのである（Clarke, Dibben & Pitts, 2010）。本章前半で議論したように、音楽活動に随伴する活動や行動は、準音楽的なものとしてみなすことができる。音楽的、準音楽的なプロセスの相互作用は、二者間、グループ内、またはより広いコミュニティといったような社会的組織のいくつかのレベルにおいて生じ得るのである。

人々が音楽を創ったり使用したりする際、彼らは必ずしも関係する全ての音楽的、準音楽的な構成要素の可能性について慎重に省察するわけではない。通常彼らは、意図的な目的に過度の意識を集中することなく、「気を遣わない」楽しい活動に従事する。彼らはしばしば、最上のフ、ロ、ー、体験を追い求める（Csikszentmihalyi, 1990）。それにもかかわらず、デノーラ（2000）、ルード（2002）、バット—ローデン（Batt-Rawden, 2007）のような学者らは、健康リソースとしての音楽が、使用法やコンテクストに依拠していることを論証している。我々は、リソースが健康とウェルビーイングの支援においてどう活用されるかについての理解を深める必要がある。コミュニティ音楽療法における（相互に排他的でない）二つの可能性は、儀礼としての相互行為への関与と実践コミュニティへの参加である。

儀礼としての相互行為

儀礼としての相互行為とは、人々が集い、注意の共有と感情的エネルギーの増加を生み出す方法で人々が相互作用し始める際に生じるものである。公式化された手続きは要素の一つであるが、それがないこともあり得る。つまり、公式化された手続きが儀式を定義づけるものではない。儀礼としての相互行為は、自発的、即興的なこともある。不可欠な構成要素は、身体的な共存、相互的な注意の焦点、ムードの共有である[10]（Collins, 2004, pp. 47–101）。これらの構成要素を伴って行われる儀礼としての相互行為は、感情エネルギーの増加とコミュニティ感覚の構築につながる。宗教儀式やスポーツイベントは、儀礼としての相互行為の理論に照らして検証できる例である。音楽は特に、ミュージッキングを典型的に特徴づけるリズミカルに調整された特性のため、儀礼としての相互行為を創り上げる上で強力なツールとなる。

コミュニティ音楽療法プロジェクトの事例研究でスティーゲ（2010a）は、知的障害のある参加者グループにおける社会的―音楽的相互作用を分析、解釈するに際して儀礼としての相互行為の理論を使用した。シンプルな挨拶ソングが例として採用された。参加者たちは、半円形に座り、お互いが見える状態であった。またこの歌は、それぞれの人に別々の「注意を向ける節」が与えられるようアレンジされていた。これらの節において、セラピストが一人につき一回ずつ近づくことで、身体的な共存という構成要素を強化した。その結果、音楽活動に熱中し、関与しているので、件の節を「所有」している人物に、グループの注意が向けられた。この構造化されながらも柔軟な方法におい

資料5・9　ダンス、人間の相互作用としての音楽。ケニヤのカンバの伝統におけるンゴマ。 写真：Muriithi Kigunda

て、音楽的相互作用を通じて相互的な注意の焦点が築かれた。このことは、儀礼としての相互行為における別の構成要素であるムードの共有へと直接導かれた。このプロセスは部分的に、多様な参加者が相互作用中、グループにおいて自分自身の何を示すかを選択する方法を内包した。スティーゲは、五つの自己表現様式の記述を考察した。三つは最も一般的なもので、沈黙の参加（そこに存在するが加わっていない）、慣習的な参加（加わっているが、目立っていない）、冒険的な参加（目立っているが、交わっていない）である（コラム7・1を参照のこと）。

> 音楽において考えられる広範な自己表現……は、物が粉々になったような、一連の個々の焦点が断片化された状況を必ずしも意味するとは限らない。儀礼としての相互行為において統合されている場合、これら多様な自己表現の様式は、よりインクルーシブな社会空間の共同創造の一部となる

であろう。参加型の開放性は、画一性を超えた統一性の余地があることを意味している（Stige, 2010a, p. 138）。

儀礼としての相互行為の概念は、各参加者とグループ全体の特定のニーズを合致させるために、共同的ミュージッキングがいかに慎重な調整を行うかを照らし出している。これはもちろんそれほど単純ではないが、各参加者のリソースが限られている時でさえ、人間の音楽性の生物学的基盤、並びに広範な諸音楽の利用が、人間の相互作用を維持するための非常に汎用性の高いツールとなる（Stige, 2010a）。

儀礼としての相互行為が奏功すれば、参加者たちは肯定的な感情エネルギーを蓄え、その状況を楽しみ、そして大抵またこの場に戻ってきたいと思う。[11] コリンズ（2004）が説明するように、儀礼としての相互行為によって生み出された感情エネルギーとコミュニティ感覚は絶え間ないものではない。しばらくしてから、通常は数日後に、最も強力な儀礼としての相互行為の後でさえ、徐々にその効果は消滅する。様々なシンボルやエンブレム（グループ名やバッジなど）は、儀礼としての相互行為で喚起された意識の永続化に寄与する。このような記号の価値があろうとも、儀礼としての相互行為はその効果を維持させるために繰り返されなければならない。これがおそらくは、アマチュア合唱団や他の音楽的アンサンブルが定期的に集まる理由の一つである。もちろん技術的要素が含まれるが、感情的、社会的動機も含まれる。数日後に、人々はミュージッキングが創造する感情的なつながりを更新するために、再び音楽する時機が来たと感じるのである。

このことが、コミュニティ音楽療法実践が必ずしも時限的介入としてデザインされていない理由の一つである（第八章参照）。個人に対して意図された効果をもたらすため、治療が特定回数行われる医療部門における用量効果の論理は、通常適用されない。そうではなくコミュニティ音楽療法は、活用すれば他のリソースを活用しやすくなるような多面的な日常生活のリソースとして、しばしばコミュニティ生活の統合要素となる儀礼としての相互行為を築くのである。

実践コミュニティ

人々がある目的のために繰り返し集まるとき、関係性は発展し、**実践コミュニティ**が築かれるであろう。ウェンガー、マクダーモット、スナイダー（Wenger, McDermott & Snyder, 2002, p. 4）は、実践コミュニティを「関心、一連の課題、またはトピックに関する情熱を共有し、継続的に相互交流することによって、その分野における知識と専門性を深める人々のグループ」と広く定義づけている。実践コミュニティは、ある目的のために共有された関与を発展させ、持続的な相互関係を構築する。コミュニティに誰が力を注いでいて、誰が注いでいないかについてのメンバー間の評価はおおかた一致する。同様に、共有された仕事に対する各参加者の役割は認識され、メンバーは互いの貢献を評価することができる。多くの場合、コミュニティ・メンバーは、ある現象やプロセスを表現し、理解するためのツール、技術、そして（あるいは）、特定の方法を共有することもある（Wenger, 1998）。

実践コミュニティの概念は、様々な学問的コンテクストにおいて用いられてきた。ウェンガーのアプローチは、レイブとウェンガー（Lave & Wenger, 1991）が社会的活動としての学習理論で提案した使用法に基づいている。学習は従来、個人による知識の習得として研究されてきたが、レイブとウェンガーは、社会的実践への参加が、学習の基礎的な形式であると提唱した。この見解に従えば、学習は実践コミュニティにおける参加の増加を意味する。したがって参加の効果は、個人的、共同的なアイデンティティ両者における変容を含んでいる。各個人にとって参加の価値

資料5・10　パフォーマンス。「栄光のMUD（泥）合唱団」による「音楽でうまくいく」プログラム。オーストラリアのニューサウスウェールズにて。
写真：Lily Richardson

は、知識やスキルの獲得だけに制限されるものではなく、メンバーシップや価値づけられた社会的参加をも含み込むものである[12]。

コミュニティ音楽療法の文献では、音楽するために人々が集まる際、時間の経過とともに進展する役割と関係性のアフォーダンスについて論じるために、実践コミュニティの概念を用いる論者もいる。スティーゲ（2002）は実践コミュニティの概念を用いて、一対一を超えて行われる実践形態が、役割や関係性の範囲の拡大といった音楽療法の多くの新たな可能性をいかに秘めているかを解明した。クリューガー（Krüger, 2004）は、レイブとウェンガー（1991）の「参加の軌道」概念に特に焦点化することで、ロックバンドにおける学習の研究において実践コミュニティの概念を論述した。アンスデル（2010a）は、ミュージカル・マインズ（慢性的なメンタルヘルス問題を抱える成人のための組織の支援を受けた東ロンドンのグループ）の事例研究において、実践コミュニティの概念との関連性を探究している（コラム4・2、7・3を参照されたい）。アンスデルは、メンバーであることが所属し学習することをいかにアフォードするのか、同一性と差異とのバランスをどう許容するのかに焦点を当てることで、実践コミュニティとしてのミュージカル・マインズを叙述する。彼は、コミュニティ音楽療法の第一の機能は、それなしでは困難な状況におかれる彼らが、音楽的な実践コミュニティを開拓し、育て、維持することであると示唆している。同様にルードは、パレスチナ難民キャンプでの音楽プロジェクトを記述する際にも、実践コミュニティの用語を使用している[13]（Ruud, 2011, 2013; Storsve, Westby & Ruud, 2010）。

実践コミュニティは、**参加**を可能にし、参加に依拠する。参加は、協働活動と相互認識のプロセスとして理解され得る。これは、個人が社会的、文化的に組織化された構造（コミュニティ）において協働し、その構造固有の所産を創出することを示唆する（Stige, 2006）。これがコミュニティ音楽療法となると、生み出された所産には健康、音楽、社会的リソースが関わり得る。それゆえ参加の概念は、加わることを超え出たものであることが示唆される。ドイツ語には参加を表す二つの語、すなわちTeilnahmeとTeilhabeがあり、重要な区分をなしている。前者はあらかじめ定義されたものに入っていく行為を指し、後者は参加者が幾分かの影響力を持つ全体の一員となる行為を指す（Völker, 2004）。メーテル（Metell, 2011）は、その違いを次のように説明している。「Teilnahmeは何かに加わる、参加することを意味する一方、Teilhabeは社会に参加する政治的な側面を強調している。……主要な違いは、……権力の次元である。Teilhabenが相互関係を必要とするが、Teilnehmenは、あらゆる階層的、または非階層的な集まりにおいて可能となる」。

音楽的、準音楽的なプロセスが相互作用するにつれて、音楽する時、音楽以上のものがつくられる（Clarke, Dibben & Pitts, 2010）。音楽的実践コミュニティへの参加は、個々人の実存的、教育的、社会的な価値であり、コミュニティにとっての変革的な価値であり得る。

結論

人は、音に対する生物学的な感覚と関心の進化、例えばリラクゼーションを導く心地よい刺激は血圧を低下させるといった、手段としての音楽の使用という考えをある程度支持する事実を共有している。しかしながら、手段としての音楽の効果は、常に文化的経験によって媒介される。臨床または準臨床的場面における音楽への生体反応は、日常生活における個人の音楽的行動とつながっている（Mitchell, MacDonald & Knussen, 2008）。この研究知見は、本章で述べた人の（原）音楽性理論と合致している。人の音や動きへの鋭敏さや関心は、コミュニケーションや文化的学習の能力と関連している。このことは、療法における音楽のかなり異質な概念の妥当性、すなわちコミュニケーションの媒体としての音楽、を提唱するものである。人々が音楽にどう反応するかから、人々は音楽を通してどう相互作用するのか、に焦点が移っているのである。音楽についてのこの二つの概念は、音楽療法において相補的なものである。

本章で展開してきた議論は、手段や媒体としての音楽という考え方は必要であるが、コミュニティ音楽療法にとっては不充分、ということである。ミュージッキング（Small, 1998）という用語は、より広範な見解を彫琢するために使用されてきた。動詞として音楽を理解するという含意を超え、状況的活動として音楽を研究することを意味する。状況的活動としてのミュージッキングは、関係性がパフォームされ、知覚される状況との関連で、生態学的に理解されなければならない。したがって音楽は人が反応する刺激、または行動や相互作用のための媒介物以上のものとなる。すなわち音楽は、生物的、心理的、社会文化的なプロセスの集合体が相互作用する、多次元的で継続的に変化するミリューなのである。この相互作用は交流的な特徴がある。つまり行為主体、活動、人為的産物は、相互に影響を及ぼすプロセスを経て時間と共に変容し、発展する。

上記の複雑さは、単一のメタファーではコミュニティ音楽療法における音楽を充分に網羅できないものの、生態学としての音楽という考え方が中心となることを示唆している。考慮すべき注意点が二つある。第一に、もしも音楽が媒介された手段や媒体として機能しなければ、つまり刺激やコミュニケーションがない場合には、関係性がパフォームされる生態学は発展し得ない。第二に、生態学としての音楽という概念はもちろん、コミュニティ音楽療法だけに関わるものではない(14)。音楽療法では、適用の相違は、メタファー使用の範囲、すなわち、より慣習的な音楽療法アプローチの境界内におけるミクロシステムの生態学に焦点を当てるのか、あるいはコミュニティ音楽療法実践において中心的な分析である他のレベルまでをも含むかどうかに関係するのである（第四章を参照）。

本章の基本的な議論は、音楽は人間の系統発生において発達した共有的な人間の音楽性を起源とするということであった。そして、原音楽性（またはコミュニケーション的な音楽性）は、人間の非言語的コミュニケーション能力の基本要素と考えられている（Malloch & Trevarthen, 2009）。とはいえ、このような相互作用は必ずしも音楽とは限らない。表現力が文化的複数性の諸音楽によって文化的に特徴づけられるように、音楽の能力は音楽家性へと発展する。ゆえにミュージッキングとは音、人、価値観の関係性のパフォーマンスによって成立する。アフォーダンスと適用（アプロプリエーション）の概念（DeNora, 2000）は、こういった関係性を研究するための概念的ツールであり、生物学に基づき、文化史において発達してきた人間の音楽素材の潜在性を等閑視することなく、状況的な事象や活動として音楽を扱うことが可能であることを示唆している。

コミュニティ音楽療法における音楽による援助は健康ミュージッキング、つまりおそらくは通常、ある状況における合同の（joint）行為と活動を通じて生産される協働的な健康ミュージッキングとさえ言い得る。換言すれば、儀礼としての相互行為や実践コミュニティの中から生み出されるよう「共同制作された」ものである。[15] したがって、手段としての音楽と目的としての健康とは、コミュニティ音楽療法にあっては非常に不正確な記述である。健康とウェルビーイングの変化に焦点化することは、イニシアチブの成果を構成するいくつかの方法の一つに過ぎない。健康とウェルビーイングが社会的リソースや心躍る音楽に依拠し、またそれへと導くような循環型プロセスにおいて、音楽的、社会的な変革もまた生じるに違いあるまい。

キーターム、議論のトピックス、註

キーターム（登場順）

手段・媒体・ミリューとしての音楽、アフォーダンスと適用（アプロプリエーション）、音楽的・準音楽的なプロセス、音楽性（ミュージカリティ）、諸音楽（ミュージックス）、音楽家性（ミュージシャンシップ）、ミュージッキング、共同的ミュージッキング、コムニタス、実践コミュニティ、健康ミュージッキング、儀礼としての相互行為、参加

議論のトピックス

次の批判的思考の質問は、本章で議論したトピックスの批判的省察のために授業やグループ、または学生個人で議論することができる。付加的なリソースは、本書のウェブサイトで見つけることができる。

1．人々は、音楽や音楽行為に関するあらかじめ経験で形成された前提、態度、そして期待をもってコミュニティ音

楽療法に参加する。中には、音楽家ではないという考えにとらわれている人もいれば、音楽に携わることに熱心で、自分の能力について全く心配しない人もいる。自由な即興のアイデアで解放感を得る人もいれば、音楽に従事するために、慣例的な曲が構造と空間を与えてくれると感じる人もいる。マイクで歌うよう促されると、評価される危機に神経質になる人もいれば、自分の音楽的可能性を夢見始める人もいるであろう。あなた自身の実践経験から同様の例をいくつか示し、実践のための含意について議論してみよう。

2. 子守歌は子どもをなだめるが、その効果は歌い方や子どもの状態、環境における騒音のような他の状況の側面と関連している。この観察が、手段としての音楽、媒体としての音楽、ミリューとしての音楽という概念とどう関連しているかについて議論してみよう。

3. ミュージッキングの概念は、音楽とは人々がなす何らかの行為であることを示唆している。行為や活動としての音楽がコミュニティ音楽療法において持ち得る様々な形態について説明し、議論してみよう。あなたの見立てでは、音楽についてのこの思考方法の最も重要な長所と限界は何だろうか。

註

（1）これら学際的な転換についての概観や議論については、以下を参照のこと（Leppert & McClary, 1987; Cook, 1998; Cook & Everist, 1999; Scott, 2000; Clayton, Herbert & Middleton, 2003; Martin, 1995, 2006）。

（2）アフォーダンスの概念は、現在では音楽社会学やコミュニティ音楽療法において特に確立されている。もともとは視覚的知覚研究においてジェームス・J・ギブソン（James J.Gibson）が発展させたものである。ギブソンは、とりわけ行動可能性に関する環境と生物の相補性を説明するのに、この概念を使用した。「環境のアフォーダンスとは、良かれ悪しかれ環境が動物に提供するもの、供給したり備えたりするものである」（Gibson, 1979/1986, p. 127）。

（3）本章で使用した文献は、（原）音楽性が人類の生物学的性質として進化したことを示唆している。例えば以下を参照（Wallin, 1991; Wallin, Merker & Brown, 2000; Cross, 2003, 2005, 2009）。この見解はますます支持を得ているが、対照的な見解も存在する。進化論において確立された見解の一つは、音楽は、より基盤的な進化プロセスの所産であるというものである（Pinker, 1997）。この考え方によれば、音楽は人類の進化において生存、または生殖を促進する生物学的特徴ではないことになる。

（4）スティーゲ（2002）や、その他幾人かの著者が議論したように、音楽における意味は、音楽的対象のみと関連づけられるものではなく、特定の状況における人々と諸音楽との相互作用として立ち現れる。この見解は、ヴィトゲンシュタイン（Wittgensein, 1953/1967）による言語における意味についての有力な議論と関わっている。ヴィトゲンシュタインによると、ローカルなコンテクストは、多様性と歪みの恣意的源泉ではない。意味とは、社会的状況における相互作用と記号の使用から生じる。ヴィトゲンシュタインは、言語が生活形態に組み込まれた社会的慣習の一部としていかに機能するのかを説明するに際して、言語ゲームのメタファーを導入している。

（5）ルード（1987/1990, 1998）は音楽の概念を、コンテクストにおける行為と相互作用であると論じており、（ミュージッキングという特定的な用語を使用しているわけではないが）我々の先駆者であると考えることができる。

（6）これは、第一章のコミュニティ音楽療法のパフォーマンス的な特性に関する議論を反映している。

（7）ルードはまず、一九九一年のサンダーネでの第一回ノルウェー音楽療法学会にて、コムニタスの概念を発表し、その後、これとは異なるバージョンの論文を出版した。

（8）ターナー（Turner 1969）は、ファン・ヘネップ（van Gennep 1909–1999）の影響力ある研究、通過儀礼（ある地位から別の地位への移行をなす儀式）の詳論において、コムニタスという用語を使用した。ファン・ヘネップは、儀礼が時間の経過に伴って進行することに関心を持ち、全ての通過儀礼は三つの段階、すなわち分離の段階、入り口（threshold）の段階、（再）統合の段階を経て移行するものとして描写し得ると提唱した。入り口にラテン語を使用することでファン・ヘネップは、三つの段階をプレリミナル、リミナル、ポストリミナルと呼称した。ターナーは、特にリミナルの段階に関心を持った。この段階はコムニタスを導き、大抵は日常生活を性格づけるしきたりや慣習のかなりの改変を含んでいる。それゆえコムニタスの概念は、ターナーのヒューマニタスとソシエタスの概念との関連で理解されなくてはならない。彼はヒューマニタスという用語を、共有された「前社会的な」人間のアイデンティティを示すために使用し、ソシエタスという用語を、人間を階級やサブカルチャー等々に分ける社会的慣習と文化的規律を示すために使用した。ターナーによると、コムニタスはヒューマニタスとソシエタス間の矛盾が一時的に縮小されたり、無効化されたりしているような状況において起こり得る（Berkaak, 1993, pp. 25–26）。

（9）スティーゲ（2012）は、健康ミュージッキングの概念とヴィゴツキー（Vygotsky, 1978）の文化心理学との関係、バーク（Burke, 1945/1969）による生活の装置としての文学の概念、ヴィトゲンシュタイン（1953/1967）の意味に関する見解、デノーラ（2000）のアフォーダンスと適用の議論、そしてスモール（1998）の音楽概念を詳論している。

（10）ランドール・コリンズ（Randall Collins, 2004）は、社会学者エミール・デュルケーム（Emile Durkheim, 1912/1995）とアーヴィング・ゴッフマン（Erving Goffman, 1967）から始まる儀式研究の伝統を拡張している。この伝統において、形式的な手続きと典型的な行為は、儀式を構成するものではない。注意の相互的焦点と感情的同調の方が、はるかに中心的である。

（11）儀礼としての相互行為は、時折り誤った方向へ進む。例えば、他の人に衰弱を経験させることで、行為の中心に立つ人もいるであろう。

（12）レイブとウェンガー（1991）によって展開された状況学習論の元々のコンテクストは、伝統的な徒弟制度に関する人類学的研究であった。後に実践コミュニティの概念は、確立された徒弟制度とは関わりのない他の多くのコンテクストにおいて探究されるようになった（Wenger, 1998）。

（13）この特定的なプロジェクトはコミュニティ音楽プロジェクトであったが、コミュニティ音楽療法への影響は明らかである。

（14）興味深いことに、生態学的メタファーは近年、幾人かの音楽学者によって援用されている。例えばエリック・クラーク（Eric Clarke, 2005）は、「聴取する方法」の探究においてこのメタファーを使用している。

（15）この記述は、決して日常生活における携帯型ＭＰ３プレーヤーを使用した個人的な音楽の活用が、コミュニティ音楽療法の関心外であるということを示唆するものではない。音楽研究の様々な系統において、このことに関する学術的な文献は増加しつつある。例えば、以下を参照されたい（Bull, 2000/2007; Saarikallio, 2007; Skånland, 2007, 2012）。

第三部　実践

第三部では、コミュニティ音楽療法の実践的側面について検討する。以降の三つの章の展開を導く主たる理念は、実践とは理論や研究に直截に由来するものでも、規範的なモデルを基礎とするものでもないということである。コミュニティ音楽療法実践の主な特徴は、社会状況との関係における応答性と責任である。応答性と責任は、理論と研究の相互作用における、また価値ある人間の相互作用が導く感受性を伴った、ローカルな知識によって育まれるのである。

第六章では、コミュニティ音楽療法の実践に関連する課題に焦点を当てる。ここでは、個人―共同間の連続体、及び第一章で紹介した頭字語ＰＲＥＰＡＲＥで示される七特性を参照しつつ論じる。

第七章では、課題の位置づけをもたらす価値について詳論し、それらの価値を人権の促進と関連づける。

第八章では、前二つの章で検討された価値と課題を踏まえつつ、参加型プロセスのためのフレキシブルなモデルについて論じる。

第六章　課題

第六章を学習後、次のような問いについて議論することができるようになるであろう。

■コミュニティ音楽療法実践には、個人―共同間の連続体においてどのような取り組みが含まれるのか。
■コミュニティ音楽療法の参加型特性には、どんな課題があるのか。
■コミュニティ音楽療法のリソース志向特性に関して、いかなる課題があるのか。
■コミュニティ音楽療法の生態学的な特性には、どんな課題があるか。
■コミュニティ音楽療法のパフォーマンス的特性に関し、どういった課題があるか。
■コミュニティ音楽療法の活動家的特性には、どんな課題があるのか。
■コミュニティ音楽療法の省察的な特性には、いかなる課題があるのか。
■コミュニティ音楽療法の倫理を推進する特性に関して、どういった課題があるのか。
■コミュニティ音楽療法は非医学的、あるいは医学外であるが、必ずしも反医学ではないと提唱することは、何を意味しているのか。

個人的トラブルと社会的関心の間で

コミュニティ音楽療法に魅力を感じ、引き寄せられる参加者は、しばしばトラブルを抱えた生活を送っている。彼らの健康状態は脆弱で、苦難の中を生きているかもしれず、おそらくは人生における困難な移行の最中にいる。コミュニティ音楽療法についての一般的な考え方では、そういったトラブルは個人レベルの病理学とみなされるのではなく、より広範な課題との関係において認識され、取り組まれる。換言すれば、実践的取り組みは、個人に限定されない。またコミュニティへの取り組みに限定されるわけでもない。コミュニティ音楽療法実践は、個人と共同との連続体にまたがった働きかけである。ミュージッキングの共同的可能性の探究は、例えばある人々が社会において経験する孤立を扱うことを必然的に伴う。ミクロシステムとマクロシステムの間のつながりが探究され、個人的、音楽的、政治的なものは、互いの関係において見いだされる。したがって、コミュニティ音楽療法は個人的であると同時に公的な問題を包含している。これは、個人的な治療やリハビリテーションというよりも、広範な実践の開発、自助への近似、コミュニティの発展、社会的行動を提案している。

コミュニティ音楽療法の実践は通常、個人的な成長とエンパワメントのみならず、コミュニティの発達と再活性化までを範疇とする、個人と社会双方の変革を含んだ変容への焦点化を意味している。実践は移民、難民、高齢者、障害者など社会的に弱い立場の人々にしばしば関わる孤立や周縁化などの問題を扱う。これらの問題は全て個人が経験するものであるが、個人レベルに限定される問題を超えている。個人の苦しみだけでなく、彼らの夢や希望、リソースや可能性は、より広範なアジェンダとの関係において認識され、見いだされなくてはなるまい。

現在の社会的、政治的な動乱、難民の危機と都市環境のストレスは我々全てに、社会集団に属する意味とは何か、互いにコミュニケートし協働することの意味とは何かについての再構成を迫るものである。今日、多くの音楽療法士は疾病に対してのみならず、彼らの抱える「問題」、すなわち文化、音楽、故郷からの追放といった社会的、文化的、政治的な問題に働きかけている。これまで以上に、ミュージッキングはコミュニティの生成や、社会の断片化への対処、信頼と社会的団結を再構築するために必要とされる（Pavlicevic & Ansdell, 2009, p. 373）。

人々がリソースを活用し、社会変革を引き起こすのを手助けすることによる個人とコミュニティの関係への働きかけは、尊厳と公正さを備えた生活、という彼らの権利の承認とみなすことができる。本章においては、コミュニティ音楽療法実践に関連する課題を明らかにする。それに際し、実践の分類学を提案することはない。コミュニティ音楽療法実践の状況的で新興的な特質を考慮するならば、分類学の正統性を主張することが困難だからである。そうではなく、頭字語PREPAREによって示唆された諸特性を詳述することで、関連する諸課題を例証したい。

第一章で説明した通り、コミュニティ音楽療法実践は典型的に参加型、リソース志向、生態学的、パフォーマンス的、活動家的、省察的、倫理推進的である。本章においては、実践における重要な課題を確認するため、これら七特性を用いる。もしも人々が偏見や不平等のために社会から周縁化されているならば、彼らの社会に参加する権利が脅かされる。コミュニティ音楽療法の特性である参加が、このことに関わることになるが、もしも他の六特性が関与しないのであれば、再び問題が個人的なものになってしまう。なぜならば周縁化は、リソースへのアクセスにも関連するし、生態学的に展開するため、生態学的に取り組まれなくてはならず、またパフォーマンス的、活動家的、省察的な努力を要するからである。そしてこれら全ては敬意や平等などを中心的な価値とする倫理推進的プロセスによって

資料6・1　僕の太鼓を聞いてよ！　ヘンブリー学校の「アートストーリーズ（ArtStories）」の生徒が「音楽でうまくいく」に参加。オーストラリアのノーザンテリトリーにて。写真：Christine Carrigg

導かれるのである。ゆえに以降の例において強調される特性は、各々の事例の「手がかり」(handle）と考えることができる一方で、他の諸特性は「パッケージ」を形作る底部、上部、側面と考えることができる。その手がかりだけでは、事例全体を統御（handle）することはできない。もしも状況とプロセスが適切な方法で取り扱われるならば、それはパッケージ全体のおかげである。各々の強調された特性は、それに「関わる」という意味において事例を統御できるのみであり、それに「対処する」という意味においてではない。諸特性の配置は多様であるが、実践におけるそれらの**相互依存性**については認識しておく必要がある。

参加型の課題：インクルージョンと市民参加

参加型のアプローチには、関わりのある全ての声に耳を傾けようとする意志が含まれている。コミュニティ音楽療

資料6・2　人々のための演奏。カナダ、バンクーバーの療養施設で、コミュニティ・メンタルヘルス機関の音楽療法サービスのクライエントが、高齢者グループを楽しませている様子。 写真：Chialing Chen

法の実践は、パートナーシップ（連携）の理念に立脚しており、全ての参加者のインプットと貢献を価値づける。このことは民主主義的エートスがコミュニティ音楽療法の中心にあることを意味しており、ゆえに変革のプロセスには複数の正統なリーダーが存在し得る。

コミュニティ音楽療法の参加型特性は、**インクルージョンと市民参加**といった課題に関わっており、これは孤立や周縁化といったネガティブな対照性を伴う。排除され、周縁化される経験は、ほとんどの人々にとって心理的ストレスが大きく、それが社会的サポートと社会関係資本へのアクセスを減ずることになる。インクルージョンは全ての集団に当てはまるテーマである。音楽療法では、そのことは障害の分野において頻繁に議論されてきた（Ely & McMahon, 1990; Ely & Scott, 1994; Stige, 1995; Uricoechea, 2003; Kern, 2005）。

インクルージョン（抱摂）とエクスクルージョン（排除）のプロセスは、様々なレベルの分析により理解することができる。個人レベルでは、インクルージョンは承認される経験であり、肯定的な個人的アイデンティティの発達を支援することである。グループ、組織、地域などの集団的な関係のレベルでは、インクルージョンは協力的な関係、良く機能する社会的ネットワーク、歓迎的な態度や行動を意味する。これらのレベル、特にマクロシステム・レベルでは、インクルージョンは公正や価値ある社会的リソースへのアクセスをも意味している。これらのプロセスは相互的である。要するにインクルージョンとは文化の結合性、多様性への鷹揚さ、人間の相互依存の認識を意味するのである（Nelson & Prilleltensky, 2005, pp. 126-127）。

多様な集団的レベルは、コミュニティ音楽療法実践がいかに文化の結合性を築くかを照らし出す。各々の音楽的状況とは、周辺的で静かな形態のみならず、伝統的でより大胆な形態の参加を含めた様々な様式の自己呈示の場を備えた参加型空間を構築するための機会である（Stige, 2010a）。インクルージョンに至るには、ミクロレベルを超えた集団間の関係性が決定的に重要である（Elefant, 2010a）。集団間の関係性に働きかけることにより、通常、コミュニティへの積極関与と社会的行動の方向へと前進する（Curtis & Mercado, 2004）。働きかけが社会の大多数の価値観を反映するならばバイアスが生じるかもしれず、最悪の場合、実践は社会的同調を求めるものへと変転する（Miyake, 2008）。参加を育む価値観とプロセスについては、第七章と第八章において詳論する。

コラム6・1　インクルージョン、友情、そしてコミュニティへの積極関与

アメリカ合衆国のサンドラ・カーティスとチェスリー・S・メルカド（Sandra Curtis & Chesley S. Mercado, 2004）は、発達障害を持つ市民に対するコミュニティ音楽療法を展開し、インクルージョンと参加の課題の諸側面を明らかにした。著者らは自らの研究をコミュニティ・エンゲージメント―コミュニティ統合について、現実的プレゼンスとコミュニティの寛容さに限定して評価する傾向を批判する運動―と関連づける。彼らは社会的コンテクストと所属の重要性が、コミュニティ統合の努力において充分に注意が払われてこなかったと論じる。コミュニティに所属するとは、経験を共有し、活動に参加し、当該コミュニティの発展と維持に寄与することを意味する。真の参加は友情、学習経験、協働的行動の焦点化へと帰趨する

(Curtis & Mercado, 2004)。

友情とは受容、コミュニケーション、相互関係を特徴とする。しばしば発達障害を持つ人々は、真の友情として性格づけられ得るような多くの関わりを持てていない。多くの場合、彼らの主な社会的関わりは多種多様なヘルパーたちとなるが、彼らは友好的な経験を提供できるものの、それは形式的構造の境界内のみに限られている。カーティスとメルカド（2004）は、友情とコミュニティ・エンゲージメントの進展において、障害を持つ人々を妨げる障壁について調査している。論者らは実践、及び態度の障壁の範囲以外で、人的サービス機関が利用者にほとんど自由時間を提供できていないこと、これらの経験の追求の支援がほとんどできていないことが、コミュニティ・エンゲージメントと友情の構築をしばしば困難にしていると示唆する。ゆえに専門職的援助の形式的構造を超えた友情の促進が、障害を有する人々が受ける専門職的サポートの一環となるべきである。

カーティスとメルカドは、コミュニティ・エンゲージメントの機会を増加させるために広範な音楽療法プログラムを開発した。五セメスターのプログラム期間の間に、参加者は共に音楽を創り上げる喜びに焦点を当てた応答を含め、非常に肯定的な評価を示した。介護者と保護者もまた、評価の中でいくつかの具体的な改良を提案しつつも、大半において肯定的評価を与えた。一般の人からのコメントには、設立の精神と期待に手ごたえがあったことを示唆する発言があった。「あなた方がしたことは素晴らしい」「彼らは期待していた以上のことができる」「これは、人々が機会さえ与えられれば成し遂げられる、ということの証左である」(Curtis & Mercado, 2004)。

リソース志向の課題：福祉と平等

リソースの活用は、コミュニティ音楽療法実践の中心をなす。リソースとは次のいくつかのレベルで存在する。すなわち個人的な強み（strengths）（音楽的能力、スキル、興味など）、関係的リソース（信頼、希望、感情的サポートなど）、コミュニティのリソース（アリーナ、人為的産物、伝統、組織、施設など）である。リソースはコミュニティのメンバーによって適用されるが、しばしばアクセスの分配に不平等がある。

コミュニティ音楽療法のリソース志向の特性は**福祉**や**平等**といった課題、及びそれらに否定的に対応する剥奪、貧困、不均衡ととりわけ関連している。これは有形、無形のリソースにおいて当てはまるであろう。例えば物質的貧しさは、多くの発展途上国の主要問題であり、音楽療法士が取り組まねばならないことである（Pavlicevic, 2003）。音楽療法士は、自身のリソースをいかに最良の形で利用すべきかを考える必要があろう。音楽療法を最も必要とする人が、必ずしも音楽療法にお金を出せるわけではない。時にその逆が、より真実に近いのである（Oosthuizen, 2006）。もちろん音楽療法士は、裕福な国であっても貧困問題に遭遇するし（MacDonald & Viega, 2011）、音楽療法士によっては、コミュニティ音楽療法がどの程度活動家的となり得、社会変革や公正なリソースの分配に寄与できるのかを探究し始めている。

音楽は中心的な無形のリソースである。エイゲン（Aigen, 2005）とガレッド（Garred, 2006）が議論した通り、その意味でリソース志向の可能性は、より一般的な音楽療法にとっての中心的なテーマでもある。シュヴァーベ（2005）は、音楽療法におけるリソース志向は、病理学志向のアプローチの代替と考え得ることを論証した。精神保健施設での音楽療法において理論的な経験の調査を行ったロフスヨルド（Rolvsjord, 2010）は同様の議論を行い、クライエントによるプロセスへの寄与、コンテクスト上のファクター、エンパワメント、協働への関心といった実践の含意を詳論した。彼女の研究はリソース志向と、目下発展途上の健康生成論的（salutogenic）思考、ポジティブ心理学、レジリエンスとリカヴァリーの理論との関係を明確化した〔訳注：健康生成論とは、健康になるための要因を解明し、それを強化

資料6・3　次の曲のためのビートづくり。２人のメンバーによるユニット「小さな聖人」と音楽療法士マイク・ヴィエガ（Mike Viega）。アメリカ合衆国のフィラデルフィアにて。　写真：Ryan Brandenberg

するという立場を取る考え」。要するにロフスヨルドは、リソース志向とはモデル推進型のアプローチからクライエント主体のアプローチ、社会心理的療法へと向けた変化を含意しているると主張するのである。

ソリ（Solli, 2006）は、人間の原音楽性が音楽療法における参加と発展のための基本的リソースであると主張した。第五章で概説した通り、これは他者との創造的な相互作用を可能にするリソースであり、ゆえに社会的、文化的に生成されるリソースにアクセスする可能性を増加させる。したがってこのリソースは、他のリソースへのアクセスをもたらすことができ、また新しいコンテクストにおける参加のための機会に道を拓くことができる。よりコミュニティ音楽療法に結び付いた研究として、オグレイディ（O'Grady, 2009）は刑務所に収監されている女性と共に音楽を創造し、パフォームすることの療法的可能性を探究した。音楽行為とパフォーマンスは参加する女性にとって外界と内側、プライバシーと公共、自分への集中と他者への集中、孤独と共存感、主観的な思考プロセスと客観的なそれとの「架け橋」となった。当該研究は、これらの可能性を実際化する必要があり、このプロセスにおいて役立つ五つの個人的、関係的なリソースがあることを明らかにした（コラム6・2を参照のこと）。

プロクター（2001, 2004, 2006）は、協働的な音楽活動がいかに信頼やサポートといったリソースを必要とし、またそれらを生成するのかを論じるにあたり、社会関係資本や音楽関係資本という用語を用いた。音楽療法士によってはグループの参加者間で様々なリソースがどう作られ、共有されるかを明らかにするために、「実践コミュニティ」という概念を用いてきた（例えばStige, 2002; Krüger, 2004; Ansdell, 2010a; Ruud, 2011, 2013; Storsve, Westby & Ruud, 2010を参照のこと）[1]。

有形のリソースがそうであるように、無形のリソースへのアクセスは通常、正しく分配されない。したがって、コミュニティ音楽療法のリソース志向の特性は、この状況を変えようとするパフォーマンス的、活動家的努力を必要とする（以下を参照されたい）。

コラム6・2　CREST：療法の可能性を実際化するための個人的、関係的なリソース

ルーシー・オグレイディ（Lucy O'Grady 2009）は、オーストラリアの重警備女性刑務所で音楽を創り、演奏することによる療法的な可能性について調査した。この研究は、七人の女性入所者が劇団から派遣されたアーティストと協働して、音楽を共に創造するプロセスに焦点を当てたものである。オグレイディは、プロセスを五つのフェイズの「集団による創造的な旅」と叙述する。すなわちパフォーマンスのための基礎を創造する、基礎を強化し肉付ける、それら全てを融合する、聴衆にショーをパフォーマンスする、徐々に終結に向かう、である。以下の記述より明らかな通り、各フェイズは、テーマと出来事によって特色づけられた。

最初のフェイズを通して、テーマ「困難に立ち向かう」をめぐるアイデアは、遊び、変換、省察、協議、協働の継続的なプロセスの影響下にあった。……遊びは、即興ドラマ、音楽的即興、創作、話し合いを伴った。音楽ディレクター、あるいは参加者は、この演劇素材を歌または台本に変換し、グループにそれを戻して省察させた。そして参加者はどんな変化についても他の参加者や音楽ディレクターと協議した。さらに彼女らはグループで協働して歌詞と台本を完成させ、歌を作曲、アレンジした。このプロセスを経て、各曲をどのように紹介するかという台本のアイデア、及びテーマ「困難に立ち向かう」に関する五曲のオリジナル・ソングが生まれた（O'Grady, 2009, p. 103）。

オグレイディは、音楽がその本質において療法的というわけではなく、変容のための能力（キャパシティ）を実際化する必要があるということを伝えるために、「療法的可能性（ポテンシャル）」という用語を使用する。彼女が調査した事例の分析により、音楽行為がこれらの女性にとって「架け橋」として寄与する可能性を有することが、以下の通り示唆される。

音楽を創造し、演奏することは、……これが前進であるという仮定のもと、外界へと向かう……一方通行の架け橋として機能する……たとえ自らの方法や、個人的な奮闘であろうとも、個々の女性がこの外側の方向に向かって動くにつれ、彼女は「共に行く」という感覚を経験した。グループの多くの女性は、音楽の愛へと戻り、「ホーム」へと帰ってきた気分を経験したのである（O'Grady, 2009, pp. 117-118）。

オグレイディは、本事例の療法的可能性を実際化するのに求められる個人的、関係的なリソースに、頭字語ＣＲＥＳＴを採用している。すなわち勇気（courage）、準備（readiness）、交換（exchange）、サポート（support）、信頼（trust）である。彼女は、各々のリソースが放射状に広がり、他のリソースと相互作用することを、以下の説明が示すとおり「交換」と提唱する。

交換はグループメンバー間や、演者と聴衆の間だけで起こったのではなく、女性たちと、彼女らを収監している空間との間でも行われた。例えばサラ（Sarah）という女性は、彼女が旅に沿って経験した喜びを、「放射状に広がる」ユニットや収容所の仲間に語った。彼女は、重度の精神障害を持つ囚人仲間が彼女のパフォーマンスに拍手し、笑顔を見せたことによって彼女と喜びを共有したように思われたことにとりわけ「心奪われた」（感動した）。サラによると、この人物によるこういった行動は普段見られないもので、そのことがサラの喜びをひときわ高めることになった（O'Grady, 2009, p. 137）。

生態学的な課題：関係性と移行について

生態学的なメタファーは、人間の生活には相互作用する活動のレベルがいくつかあることを示唆している。それらは個人、グループ、組織、地域性、そして様々なマクロシステムである。コミュニティ音楽療法実践は、これら組織レベル間の相互関係によって生成された社会文化的生態をアクティブに探究する。これらのレベルは入れ子のように理解することができ、下位のレベルは上位レベルに埋め込まれている。例えばミクロシステムは、ある設定下において互いに関連し合う個人の集まりである一方、組織は多くのミクロシステムを取り囲んでいる。

コミュニティ音楽療法の生態学的な特性は**生態学的な関係性**や**移行**といった課題に関わっており、それらは様々な方法において生産的であったり、困難であったりするであろう。各状況のニーズとリソースによってどのシステムと生態学レベルが関係するかはかなり変わってくると思われる。これら二つのタイプの問題を照らし出す例を提示しよ

資料6・4　コンサートにて。レバノンのパレスチナ人難民キャンプでの音楽教育。
写真：Vegard Storsve

う。

コミュニティ音楽療法の社会生態学的（socioecological）思考では、個人間の関係のみならず、様々なシステム間の関係も考慮に含めることになる。クライヴとスティーゲ（Kleive & Stige, 1988）は、コミュニティにおけるインクルージョンが、どのように個々人の変化とコミュニティの変化はもとより、様々なミクロシステム間の関係性の変化をもたらすかについて論証した。このことにはコミュニティの音楽学校、いくつかの文化組織、及び知的障害を持つ人々のためのコミュニティ収容施設の間における態度とコミュニケーション・パターンの変容が関わっている。そのコミュニティ音楽療法プロセスは、音楽療法セッションよりもずっと多くのことと関係しており、またそこには様々なミクロシステムと組織の間の公的なコミュニケーションと協議が含まれている。同様のコンテクストにおいてエレファント（Elefant, 2010a）は、子どものインクルージョン・プロジェクトにおいて、特別なニーズを持つ子どもたちを通常学校に入れるにあたってのグループ間関係を調査している。

通常、個人またはグループが良く知っているコンテクストから未知のそれへと移動する際、生態学的移行はフェイズの変化を伴う。例えば、ある若者が学生の身分から労働者へと変わるならば、これを生態学的移行と考えることができる。移行は、新しいリソースや関係へのアクセスといった新たな可能性に開かれるが、対処するのが難しい一定の困難をも伴う可能性がある。コミュニティ音楽療法において生態学的移行を伴う取り組みの例としては、スティーゲ（2002）による幼稚園から学校への移行、クリューガー（2007）の青年期における児童福祉から責任を伴う社会への移行に関する取り組み、テューアスタッドとフィンソス（Tuastad & Finsås, 2008）による刑務所からコミュニティへの移行についての取り組みがある。

多くの音楽療法士は、様々な生態学的挑戦と関連づけるため、可動性のあるコミュニティ音楽療法実践を開発してきた。一例が南アフリカのケープタウン大都市圏における音楽療法コミュニティ・クリニックであり、貧しいコミュニティの恵まれない状況にある人々に対する移動サービスである（Fouché & Torrance, 2005; Oosthuizen, Fouché & Torrance, 2007）。ドイツにおける移動サービスの例として、ベルリン、ムテージウスの「家庭音楽（Hausmusik）」があり、認知症の人々の自宅にて、親族や外来患者向けケアサービス提供者と共に取り組まれている。ミュンスターにおける「移動音楽（Musik auf Raedern）」（music on the wheels）は、もう一つの例である（Wosch, 2011）。

多くのコミュニティ音楽療法実践における公開、準公開的な性格は、多様なシステムにおける**波及効果**に寄与する。つまり「音楽療法のインパクトは、孤立した人をコミュニティに向けて『外側に』機能させることができ、またコミュニティに包摂することもできるという考え」である（Pavlicevic & Ansdell, 2004, p.16）。とはいえ、コミュニティ音楽療法の実践が公開へと向かうことが絶対のルールだと理解されるべきではない。要するに、物事が生じるには必ずしもストリートやステージである必要はなく、また音楽療法は他のコンテクストを入れ子にしたコンテクストにおいて常に行われるということである（第四章における生態学的モデルの議論を参照のこと）。そこでは参加者、彼らのミュージッキング、及び彼らの状況が何を求めるかに依拠したコンテクストの選択と接合に関する融通性が必要である。

コラム6・3　歌の地理学

ノルウェーの音楽療法士トリグヴェ・オースゴール（Trugve Aasgaard, 1998, 1999, 2000, 2002, 2004）は、音楽療法の生態学的な特性の視座を発展させた。病院における音楽療法の議論においてオースゴールは、個人化された焦点を超え、代替として音楽療法がミリューや環境（environment）にいかにして寄与し得るかを検討した。コミュニティ合唱、即興、音楽療法士との協働で子どもが制作した歌の演奏等の活動を含めた公開のミュージッキングによって、病棟は変容し得るとオースゴールは主張する。オースゴール（1998, 1999）は、好ましい環境を作り出す作業に関する音楽療法の役割は、検討され続けるべきと論じる。

> 近代の小児腫瘍病棟は……最も効果的に生命を救うためのミリューを提供するものの、心地良くない医学的治療を伴うこと、入院期間中に可能な限り最も良い生活を患者と親族に提供することとの狭間で、常に苦闘している。もしもあらゆる治療の最終目標が患者の生活の質であるとするならば、個々のサービスや専門職を分離された実体としてのみ捉えるのではなく、治療とケアの環境的側面の実際を評価するのが賢明であろう（Aasgaard, 1999, p. 31）。

オースゴールによると、音楽環境療法の目標とは、実在する全ての人々を包摂することである。療法的な方略を概説するにあたり、三つのレベルに焦点が当てられる。

第一に、方略がおそらくは物理的環境と関係しており、クライエントや事例によっては感覚の剥奪が生じ、別の場合には負荷となるかもしれない。これは関係的事項であり、物理的環境の特有性、及びクライエントの感覚的なニーズと能力に左右される。音楽療法士の仕事とは、この関係性を評価し、適切な可能性を提案することである。

第二に、コミュニティでの歌唱、集団即興、またはコンサート、パフォーマンスなどの活動を通じ、方略は社会的環境と関係するであろう。オースゴールは、音楽療法が社会的な相互作用のための開かれた出会いの場を生み出すような社会的刺激でありつつも、安全な環境を確立することの重要性を強調する。

第三に、方略は象徴的（あるいは文化的）環境と関連している。オースゴールは、多くのクライエントが、（人間としてではなく）単なる患者として見られていることを憂慮しており、慣習的な社会的役割を覆すことを模索するような機会を持つべきと提案する。例えば、医師が即興音楽に参加することにより、彼らの専門分野から離れた役割を試行すること、あるいは若いクライエントが自ら書いた歌のパフォーマンスによって理解を得ることである。

オースゴールは、子どもが音楽療法士と共に書く歌にとりわけ注目を寄せている。歌は、おそらくそれらが生み出された病院のベッドという親密な状況を超越し、開かれた病室、家族の住む家、子どもの学校といった別の設定の範囲にも適用される。オースゴール（2000, 2002）は「歌の地理学」について述べており、歌が用いられ、つながりが確立されるコンテクストの範囲を調査してきた。したがって当該研究は、メソシステム・レベルの生態学のコンテクストに光を当てたものである。

パフォーマンス的な課題：健康とアイデンティティ

コミュニティ音楽療法実践はパフォーマンス的であり、それは行動、及び関係性のパフォーマンスを通じて人間の発達に焦点を当てている。このことは省察が補助的なものではなく、自己と社会のシステムのパフォーマンスと関係していることを含意する。

パフォーマンス的な特性は、健康と発達との関係においてコミュニティ音楽療法実践が通常、治療や処置よりも**健康促進**と**問題の予防**において主に積極的役割を果たすことを明確化する。人、グループ、またはコミュニティが、いかにして健康上の問題と共に生き、それに対処するかという問いは中心的となり、このことは健康の問題がアイデンティティの問題とどう関係するかを照らし出している（Ruud, 1997a,b; Mcferran, 2011）。アンスデルは、オルドリッジ（Aldridge）によるパフォーマンスとしての健康に関する研究を参照しつつ、このことを説明している。

オルドリッジ（Aldridge, 1996, 2004）は、音楽療法のためのパフォーマンス的概念を概説し、（デカルトの「我思う、ゆえに我あり」の代替として）「我パフォームする、ゆえに我あり」という標語を示した（1996, p. 27）。「自身をパフォームすること」は、単なる心理学的、社会学的な概念のみならず、生理学的概念でもある（例えばパフォーマンスは、我々の免疫システム、あるいは運動調整に関わる）。このことは、パフォーマンスが「失敗」したり、身体的、認知的、表現的、社会的なレベルにおける急性、慢性の疾患によって厳しく制限されたりする場合、さらに明らかになる。我々はより実存主義的なレベルで、自身の不調―健康、及びアイデンティティがいかにパフォーマンス的なのか、ということを理解することもできる。音楽療法において患者が我々〔音楽療法士〕と演奏する時、彼らは「我々の前で彼らの生をパフォーマンスしている」（p. 27）―彼らが今、誰（彼らの不調及び健康）で、誰になり得るのか、を示している。したがって、彼らのミュージッキングとは、「健康のパフォーマンス」なのである。オルドリッジはまた、自己をパフォームし、それを洗練することができるようなパフォーマンスの場を提供する音楽療法の仕事と共に、音楽療法はどのように援助や「修復」の形態を供与し得るかについても提案している（Ansdell, 2010b, p. 171）。

　このことはまた、早期介入（Williams & Abad, 2005）、可能性の実際化（O'Grady, 2009）、エンパワメント（Procter, 2001; Rolvsjord, 2004）が重要な方略であることを示唆している。コミュニティ音楽療法実践のパフォーマンス的特性は、社会において健康とウェルビーイングに影響を及ぼす主要因の大半が医療サービスの外側で局在化しているという事実に照らして理解されるべきである。教育や文化的生活といった他分野の活動と構造は極めて重要である（第三章を参照のこと）。たとえコミュニティ音楽療法が医療分野の設定で発展することがあっても、実践は日常生活の困難と結び付いている。人、グループ、コミュニティがどう健康上の問題と関わり、健康問題に対処するかという課題に焦点が当てられ、ポジティブな健康とＱＯＬの促進が決定的に重要となる（Ruud, 2002）。これは慢性的な健康上の問題を持つ人々など脆弱なグループ（Aasgaard, 2002）、拘置されている人々（O'Grady, 2009）、ＨＩＶ／ＡＩＤＳ等、医療問題が一側面に過ぎず多面的問題を経験している人々に、とりわけて関連している。

　可能性を実際化するためには、リソースを活用し、サポートを生み出し、困難を処理するための協働的な努力と儀式が求められる。この儀式は、注意の共有化や参加者の感情的高揚を生み出せる限りにおいて、即興的で非公式なものでよい（Stige, 2010a, 2013）。パフォーマンス的実践としてのコミュニティ音楽療法は、自己と社会システムのパフォーマンスを含め、幅広いパフォーマンスの定義を示唆する。ハルステッド（Halstead, 2010）の言葉にあるように、コミュニティにおける音楽実践への参加で、サウンド、自己、社会の創造が可能になるのである。

　コミュニティ音楽療法のパフォーマンス的特性は、人間の生き方における広範な展望を示しているため、いつ、なぜ、どのように音楽的パフォーマンスが音楽療法に役立ち得るのか、という議論をはるかに超えている。とはいえ、社会的な状況下における音楽的パフォーマンスは、演奏者や聴衆にとっての準備やプロセスに関し、注意深く責任を持って対処するならば、本質的含意を持ち得るであろう。当該実践に求められる人、場所、プロセスへのケアは、異なった音楽療法の系統の論者らにより種々の方法において議論されている（Aigen, 2004; Maratos, 2004; Powell, 2004; ZharinovaSanderson, 2004; Ansdell, 2005b, 2010b; Turry, 2005; Dahle & Slettebakk, 2006; Jampel, 2006, 2011; O'Grady, 2009; Mcferran, 2010）。

コラム6・4　連携的実践における健康促進

スーザン・ベインズ（Susan Baines, 2000/2003）は、カナダにおける利用者主導で連携型のコミュニティ精神保健音楽療法プログラムを発案し、記録に残している。彼女は、国の医療システムの実質的変化との関連においてプログラムを位置づけている。

> 利用者にリードされ、特徴づけられたモデルでは、利用者の価値観、技術、イニシアチブ、優先事項が、今日のカナダにおける大半の医療システムにおいて既に存在するチーム・アプローチに優先的に組み込まれる。次に、家族とコミュニティ介護者の気付きが調査され、統合される。このように、最も直接的な介護をする人々の専門的技能のフォローを受けつつ、様々な健康状態を生きる人々の専門的技能は、治療と予防のプログラムを含めた医療供給の全体的プロセスに組み込まれる（Baines, 2000/2003）。

クラブハウスでの社会プログラムの一つとして、八週間の音楽グループが試行され、療法士がファシリテーター役を担った。彼女はこれまでそのような設定において適用されてきた慣習的な心理療法グループのモデルを当てはめるのではなく、自身の役割を自助グループの専門的サポートの提供とみなした。この役割の発展は、相互扶助、支援の交流、コミュニティ・ナラティブのエンパワメントといった概念に関わるコミュニティ心理学の文献より示唆を得た。

プログラムへの出席は全て自発的なものであった。参加者は自主相談し、セッションはオープンスペースで持たれ、セッション間の出入りは自由であった。それぞれのセッションで参加者は、自分たちが発展させ管理しているコミュニティ・ブックから個人的に重要でなじみ深い曲を選び、歌った。歌は、広い範囲のテーマと感情のニーズに対応していた。歌っている間、参加者は様々な打楽器で伴奏し、音楽療法士は大抵ギターを演奏した。伴奏付きのコミュニティでの歌唱に加えて、時折り参加者は自発的に踊り、短い楽器の即興を行った。作詞や個人的な作曲も行われた。

ベインズは、利用者主導の倫理によく合致し、エンパワメント・アプローチを踏まえた新たなフォーマットをいかにして発見したのかについて説明している。個人の目標は参加者自身によって個人的に設定されたが、他のグループメンバーやファシリテーターと、グループ内やセッション外で話し合うことができた。仲間内のサポートはこのプロセスに必須の要素であり、ファシリテーターの役割は、進行中のグループをサポートし、経験を統御し、グループの目標と水準を取り決めることであった。

この音楽プログラムの目標は一般的なニーズ、すなわち「孤立の軽減、コミュニティの発展、エンパワメントとコミュニケーション・スキルの増進、創造性とＱＯＬの向上、利用者主導のイニシアチブの遂行」である（Baines, 2000/2003）。初期の試行的プログラムが行われた際、利用者はこのプログラムの拡張を希望したため、サービス提供者は新しいグループを別の場所に作ることでプログラムを拡張し、増加させた。

活動家の課題：意識と社会変革

コミュニティ音楽療法のパフォーマンス的特性が人間の主体性を強調する一方で、コミュニティ音楽療法の活動家的特性は、人々の問題と困難への挑戦が、抑圧や差別、不正義やリソースへのアクセスの不平等といった社会構造の制限とどのように関連するかを見極めることにより、この方面への歩みを進めている。したがって、社会変革はコミユニティ音楽療法の重要なアジェンダの一つである。活動家的特性はおそらくは論争の的であり、本章で論じられた他の特性と比してさほど文書化されていないが、その他の諸特性と論理的に調和するものである。

コミュニティ音楽療法の活動家的特性は、**意識**や**社会変革**などの課題と関わる。社会変革を主題とする多くの学者は、「転換型積極行動主義」へと導く内部と外部における意識の高まりの重要性を強く主張する。そこでの個人的、社会的な変革は同じコインの表裏であり、解放とは「贈り物」でも個人的到達でもなく、相互プロセスであると捉えられている（Freire, 1970/2000）。社会変革を引き起こすことを意図した行動は、必然的に対峙を生む。「コンサートにおける活動」の熟慮とプラグマティックな形態の可能性もまた模索されている（Mattern, 1998）。積極行動主義としてのコミュニティ音楽療法は、比較的恵まれない人々と共に取り組むという考えや、また聴かれざる複数の声に耳を傾ける、というメタファーとも関連している。以下において我々は、コミュニティの活動や積極関与（エンゲージメント）の領域、及び平和と紛争転換の領域におけるコミュニティ音楽療法の例を提示することで、実践の含意を明らかにしよう。

資料6・5　リハーサルをするジョージ（George）。ニューヨークのバルティック・ストリート・クリニックにて。写真：サウスビーチ精神医療センター

西ノルウェーのコミュニティにおける文化包摂のプロジェクトで音楽療法士らは、参加への障壁は個人レベルの問題のみならず、コミュニティの態度と実践にもよることから、目標達成にはコミュニティ活動と文化的積極関与を要することを認識した（Kleive & Stige, 1988）。地域コミュニティで新たな批判的意識が形成されて初めて、変革が想像し得るものとなった。ここで展開されたコミュニケーションは、分離とは障害を持つ人々の権利の侵害につながるというメッセージに基づいた「行動の要求」、と表現することができよう。音楽的参加におけるリソースのパフォーマンス的デモンストレーション、そして、障害を有する人々の熱意と共に、人権についての国家政策や国際宣言の原理に関する記述、口頭での言及がなされた（Stige, 1993, 2002）。

アメリカにおいて音楽療法士カーティスとメルカド（2004）は、コミュニティ・エンゲージメントの伝統から着想を得て、発達障害を持つ人々のコミュニティへの包摂に取り組んだ（コラム6・1を参照のこと）。著者らは、変革のための方略は、コンテクストから独立した方法ではどうしても叙述できないことを強調した。しかしながらいくつかの方略は、複数のコンテクストを横断することで有用性が見いだされており、マッチング、セルフアドボカシー、ソーシャル・ネットワーキング、架橋などが挙げられる。マッチングとは障害のある人とない人とのつながりを、セルフアドボカシーとは障害を持つ人が他のコミュニティ・メンバーを教育する可能性を、ソーシャル・ネットワーキングは障害を持つ人々を既存のソーシャル・ネットワークにつなぐことを、架橋は障害を持つ人を彼らの住む地域コミュニティへと導き入れることを意味する（Curtis & Mercado, 2004）。

平和活動と紛争転換は、ボクシル（1988, 1997a）、ケニー（1988）、モレノ（Moreno, 2003）らによるパイオニア的努力によって、音楽療法の積極行動主義を触発したもう一つの分野である。今日のいくつかの寄稿では、紛争や暴力の結果に苦しむ個人への療法的サービスを平和維持活動で補うといった、両面を有するアプローチが唱道されている

資料6・6　あなたはどう考える？　児童福祉ミュージカル。ノルウェーのベルゲンにて。　写真：Astrid Merete Nordhaug

（Amir, 2002; Stewart, 2004; Ng, 2005; Vaillancourt, 2007, 2009）。

音楽療法の文献における最近の寄稿には、非医学的な場においてミュージッキングを通した寛容と相互尊重の促進に特化したものもある（Krüger, 2007; Dunn, 2008, 及びコラム6・5を参照のこと）。スミス（Smyth, 2002）は、北アイルランド紛争の例を提示している。彼女は、このコンテクストには否定と沈黙の文化があり、楽器が政治的アイデンティティを帯びてきたと論じる。例えば、ランベグ・ドラムがオレンジ党主義と労働組合主義と結び付く一方で、バウロン・ドラムは伝統的なアイルランドのアイデンティティと結び付いている。スミスによると、音楽は紛争の一部であったが、それでも和解に寄与することができたという。「異なるドラム」といったイニシアチブでは、これらのドラムを一緒に使わせた。スミスは、これをベースに音楽療法が、より広いスケールで働きかけることができると提唱する。

我々が生き抜いてきたような壊滅的な破壊と分断の時期の後、分断された社会における学校全体の活動としての音楽療法は、我々の社会の再構築に寄与するため、このようなアプローチを用いたといえよう。北アイルランド、および他の分断された社会での音楽療法は、我々の分断を創造的に探究する機会を充分に提供し、理解するための能力に寄与し、またそれら分断を不協和の多様性よりも調和へと転換することができるのである（Smyth, 2002, p. 79）。

コラム6・5　音楽を通じて紛争を転換する

アメリカ人の音楽療法士、バーバラ・ダン（Barbara Dunn, 2008）は、成人の紛争処理を促進するプロセスに、音楽をどう付加するかを研究した。理論的方向性として選択されたのは、紛争解決とは対をなす紛争転換である。紛争転換に関するパイオニアの一人であるジョン・ポール・レデラック（John Paul Lederach）を引用しつつ彼女は、相違を以下のように説明する。

> もしも（紛争解決の標準的な実践のように）特定されている問題のみを処理したとしても、一度は解決しても、問題の深刻化を許容した状況はそのまま残っているかもしれない。そういった状況は問題の再出現、あるいは新たな問題が進行するお膳立てをしてしまう可能性がある。したがって、ここで重要な用語とは、そもそも紛争を生み出した状態の転換である（Dunn, 2008, p. 2-3）。

ダンの研究では、十八人の経験豊富な紛争仲介者が、研究者によってデザインされた紛争転換のための音楽使用について探究することを目的としたワークショップに参加した。加えてダンは、音楽を紛争への介入方略として用いた経験のある三人の国際的な専門家から情報を集めた。紛争は近所のもめごとから国際関係の論争まで、生活の多くの領域に存在する。参加者の一人は、紛争の仲裁に音楽を用いることの可能性豊かな役割について次のように述べた。

彼らは争いに没入し、それは本当に激しく、自分たち自身のこと、及びいかに不当に扱われたのかにのみ注目した。この時点で、彼らの関心はすべて「自分」のことだけであった……解決が可能となる前には、各人の内面においてある種の変化が生じなくてはならない。そのような人には、以下のことが生じる必要がある。すなわち彼らは柔和になる必要があり、他人の立場に立って物事をみることができるようになるために、少しでも自身を抜け出さなくてはならない。……ひとたびそういった空間に入ることができれば、我々が彼らの感情の正統性を確認することで、彼らは自分たち自身にさらに同情するようになる。彼らに同情することで、我々は仲介者として、その行動を模倣する。これらのことが、彼らを動かすある種の援助となる。……もし我々が、彼らを受容的で、余り固着的でない態度の状態にすることができれば、その対立の解決、あるいは解決の可能性へと向かう動きを見ることができるであろう。私はその時、音楽は大いに役立つと信じている。なぜなら音楽は脳の状態を変えると立証されており、脳波が実際に変化するからである。β波、α波やγ波など、科学的、技術的なことについては良く分からないが、音楽は実際に変化させ、より受容的な状態にする。音楽は、あなたをあなた自身から抜け出させることができる。音楽は、より大きく普遍的な結合とのつながりを思い出させる、我々皆の、何か深いものを引き出すことができると思う（ダンの研究の参加者、Dunn, 2003, pp. 62–63）。

紛争転換は、コミュニティにおける関係性や利害、言説、構造への関与の挑戦を伴う。音楽の可能性に関する要約でダン（2008 p. 66）は、「音楽は共通の土台を作り、心理的な変化を引き出し、感情や思考に訴え、コミュニケーションを向上させることによって紛争を転換する」と述べた。これは当該研究より生じた三つの主要なテーマのうち一つが言明されたものである。すなわち紛争転換との関係における適切な音楽の効果とは、身体的であると同時に、個人的、コミュニケーション的、社会的である。分析より浮かび上がった残り二つの主要テーマとは、これらの効果が、ある条件と配慮に左右される、という提案である。その条件の重要性は、「先行的音楽経験が、それを紛争処理に用いる可能性に影響を与える」（Dunn, 2008, p. 66）というテーマにおいて明らかにされている。このテーマは、文化的コンテクストへの意識を伴っている。

合衆国では、音楽は紛争をアクティブに処理する場所よりも、演奏ホールで見かけるのが一般的である。参加者によって表明される懸念は、この文化的コンテクスト内に置かれたときに十全に理解できる。繰り返すが、私の音楽療法における経験上、クライエントと同僚は、媒体としての音楽により個人的、あるいはクライエントと共にポジティブな体験をせずして非音楽的目標に取りかかるための音楽利用を完全に理解し、あるいはサポートすることはないであろう（Dunn, 2008, p. 77）。

三つ目に立ち現れたテーマは、「紛争に対処するために用いる際、音楽の行使には注意深い配慮が求められる」ということである（Dunn, 2008, p. 69）。ダンの研究結果は、伝統的な言語を用いる方略よりも、音楽は人の多様なレベルの機能と接触することができるため、音楽を用いて紛争を転換する方法は潜在的に有効であることを示唆している。他方でダンは、音楽の実践的適用には、音楽的な行使や活動をいかに提示するのか、何の音楽、楽器を選択するのか、選択された活動、音楽、楽器は参加者の文化とどう関わっているか、という点において注意深い配慮が求められると主張する。したがって、当該研究では仲介者には彼らのレパートリーに音楽を含めるように、また音楽療法士には非治療的場面で彼らのスキルを用いるよういざなった。

省察的課題：認識と批評

コミュニティ音楽療法実践は、アクティブな省察を要するような現実世界の困難を扱う。そのような省察のプロセスは研究を知的基盤としたものであるが、参加型のエートスは、音楽療法士のみが唯一、中心的な専門家であるという考え方とは対立する。したがって省察は、常に実践のコンテクストに埋め込まれた相互的コミュニケーション、並びに集合的プロセスを包含している。

省察的特性は、**認識**（recognition）と**批評**（critique）といった課題とリンクしている。相互の敬意と承認なしには、省察を共有する空間や風土を作り出すことはできない。このように理解するならば、省察とはバフチン（Bakhtin）によって提唱されたように、他者の意志の肯定を含めた対話的企てである（Stige, 2002を参照）。批判理論におけるホネット（Honneth, 2003）の研究では、認識を個人、及び多様な集団的レベルで検証している（Ruud, 2010）。同等性と結束なしに、全ての人が声を持つ風土には到達できない。したがって省察的特性は、沈黙や抑圧のメカニズムによって理解が歪められるような場合、特定の方法において直接関係することとなる。コミュニティ音楽療法実践は、多様な声を肯定するような高次の省察の風土を作り出すために、人々が協働することを促進する。

コミュニティ音楽療法では、言語使用の範疇を超えた、省察のインクルーシブ的概念を認識することも重要である。省察活動は、人間の方法と活動を視座に据える必要がある。我々はしばしばこれを、言語的処理を通して行うが、この機能を遂行するために別の感覚モダリティを用いる選択肢は、音楽に取り組む場合は大いに関係してくる（Stige, 1995）。ワーナー（Warner, 2005）や、その他複数の音楽療法士らは、このことを参与型アクション・リサーチによって探究している（コラム6・6と第九章を参照のこと）。

たとえ省察が言語の感覚モダリティを内包しているとしても、それは必ずしも心理療法のコンテクストで遂行されるような言語的処理の慣例的アプローチである必要はない。二名の個人が座って話すことだけが、コミュニティ音楽療法において言語的省察を洗練させることのできる唯一可能なモデルではない（Krüger, 2007）。マクファーラン（McFerran）は、コミュニティ音楽療法における言語的省察のこの特徴を、感情的、行動的な問題を抱える若者のコミュニティ・プログラムに関する挿話において描写している。

資料6・7　事実を―そしてヴィジョンを議論する。オークランド大学における脳研究センターより、ブレイン・デイでの発表。 写真：Codfrey Boehnke

「それで、あなたは今週末どうするの、サイモン?」と、音楽療法士は他の少年たちが急な用事でいなくなった部屋で尋ねた。「うーん、今は電話しないと。」サイモンはそう言って携帯電話を取り出して見始めようとした。音楽療法士は「大丈夫だよ」と答えて道具の整理のために立ち上がった。親密な一対一の関係は、こういった、友人たちが周りにいないと気詰まりとなる若者にとってしばしば強すぎるものとなる。彼女は、もっと気軽な状況であれば彼が話しやすいことを分かっていた（McFerran, 2010, p. 196）。

マクファーラン（2010）は、物語ること自体が、その内容よりも重要になり得ると述べ、また参加者の状況―例えば家族と学校との関係性―に関する省察の能力を促進するため、いかにして彼女が働きかけるかについて説明を続ける。(2)

音楽療法は、同じく学校システムでの失敗を乗り越えようと奮闘している仲間のネットワークとつながる楽しい経験を対象者に提供することができる。他の人々と共に音楽することは、家族と学校の直接的な架け橋とはならないかもしれないが、サイモンを鼓舞する架橋的経験を提供することができる（McFerran, 2010, p. 198）。

コミュニティ音楽療法における共有された省察の源泉としての研究ということになると、これには再帰性—自身の位置や視座を批判的に検討する能力—が必要不可欠であることが示唆される（Stige, 2002）。音楽療法士がコミュニティ内でアクティブな音楽的、社会的な役割を担うためには研究に基づいた知識が必要であるが、こういった知識と、所与の状況における別の関連した形式の知識の関係性も、認識されなくてはならない。

コラム6・6　コミュニティ福祉施設内におけるグループ音楽療法へのアクションリサーチ調査

イギリスの音楽療法士、キャサリン・ワーナー（Catherine Warner, 2005）は、コミュニティ福祉施設における集団音楽療法を調査するアクション・リサーチのプロジェクトを開始した。このプロジェクトは、重度の学習障害と問題行動を抱える成人に対して一年間の集団音楽療法のプロセスを追跡するものであった。音楽療法士二名が、コミュニティ福祉施設の職員、利用者と一緒にこのプロジェクトに関わった。参与型アクション・リサーチのエートスに従い、彼らは全員が共同研究者として取り組み、研究の課題、デザインの開発、結果の解釈のプロセスにおいて協働した。

ワーナーと共同研究者たちが直面した困難の一つは、数人の居住者は言語を用いることができないということであった。それでは、彼らはどのように共同研究者として関わることができたのであろうか。グループは、省察のための経験的なソースやツールとして、研究プロセスにおいて中心に据えられるようになった視覚的、聴覚的材料を革新的に作り上げた。居住者たちは自身の関心を表現するのに言語を欠いたという事実にもかかわらず、プロジェクトのデザインや伝達に変更を加えることができた。「行動を通じた省察」に貢献することにより、居住者は音楽的相互作用、及び楽器や道具の使用や部屋のレイアウトにも変化を及ぼし始めた。

この調査における困難の一つは、参加者が状況を変革するために意図的なスタンスを取っているのか、あるいは彼らの行動が主には反応的で態度表明型なのかをいかにして知るかであった。例を挙げると、コミュニティ福祉施設での調査の際にラルフ（Ralph）という参加者がその年、ビデオカメラを何度もたたいた。カメラがそこに無かった時に、ラルフはいつもより長く部屋に留まっていることができた。結果、療法士とデイケアの職員は、その年の終わりにカメラの使用をやめることで合意した。さらに療法士は普段のビデオの使い方について省察し、元々の参加者をこれ以上、ビデオの対象にはしないようにし、彼の通常の実践でもビデオへの依存度を減じることにした。参加者としての我々には、ラルフが意図的にカメラに異を唱えたのか、それとも単に対象物を叩くことが好きなのかどうかは定かでなかった。我々は常には知ることができないとしても、意図性の解釈は、行動それ自体と同様に重要なファクターであり、これらの解釈は、批判的省察の一部とすべきことを認識しなくてはならなかった（Warner, 2005, p. 18）。

参加者全員が、幾人かの居住者による非歓迎的なコミュニケーションを傾聴することの困難さを省察し、居住者が受け入れ可能なことへの予測を高めた。「非歓迎的なコミュニケーション」には攻撃的なエピソードや行動を含めることができる。当該研究のプロセスを通して進歩した挑戦的な問いとは、これらの行為は行動―すなわち意図を反映させた行為―として把握されるべきかどうかである。換言すれば、これらは単に、なされたネガティブな行為の事象と捉えられるべきなのか、それとも居住者の関心の正統な表現として認識されるべきなのか、についてである。表現の多様なモードと省察の循環的な繰り返しを用いることでプロジェクトが深化するにつれ、スタッフと音楽療法士は「非歓迎的なコミュニケーション」を関心の正統的表現として認識しようとする意志が高まっていった。このことは、居住者間における個々の差異への認識を高めるものでもあった。

この特定的なプロジェクトは、弱者に対する研究を行う際の一般的な困難について例証している。ワーナーは他の学者たちと共同で、こういった研究において優れた実践と円環的な調和プロセスの展望を推し進めたのである（Norman, Sellman & Warner, 2006)。

倫理推進の課題：反応性と責任

個人の病理についての診断情報によってもたらされる専門家の決定は、コミュニティ音楽療法を主導するものではない。音楽、健康、コミュニティの協議を経たヴィジョンがそれをなすのである。これらのヴィジョンは、次章でも論じる通り、必然的に価値を基盤としている。コミュニティ音楽療法の倫理推進的特性は、**反応性**（responsiveness）と**責任**（responsibility）といった論点に言及するものである。反応性は音楽の質と考えることもできるが、エイゲンが次に詳論している通り、それと同程度に対人関係とも関わっている。

> 活気があり、生き生きとした音楽特性の創造とは、音楽家が完璧な調律と正確なテンポの音楽的事象へと結び付け、自らのアイデンティティを完全な統一体へと没入させる能力で引き出されるものではない。そうではなく、音楽は我々の分離性を維持したままに、ユニークな方法において他者とつながる能力によって創造されるのである……。したがって、グルーヴとは必然的に社会的活動である。それはリズムが合った今この瞬間、及びその瞬間における他者の音楽的寄与への気付きと反応性を必要とする。したがってグルーヴを確立するには、しばしばクライエントを音楽療法へと連れてくる過去の障壁、とりわけ社会的孤立を強化するものを、取り除くことが求

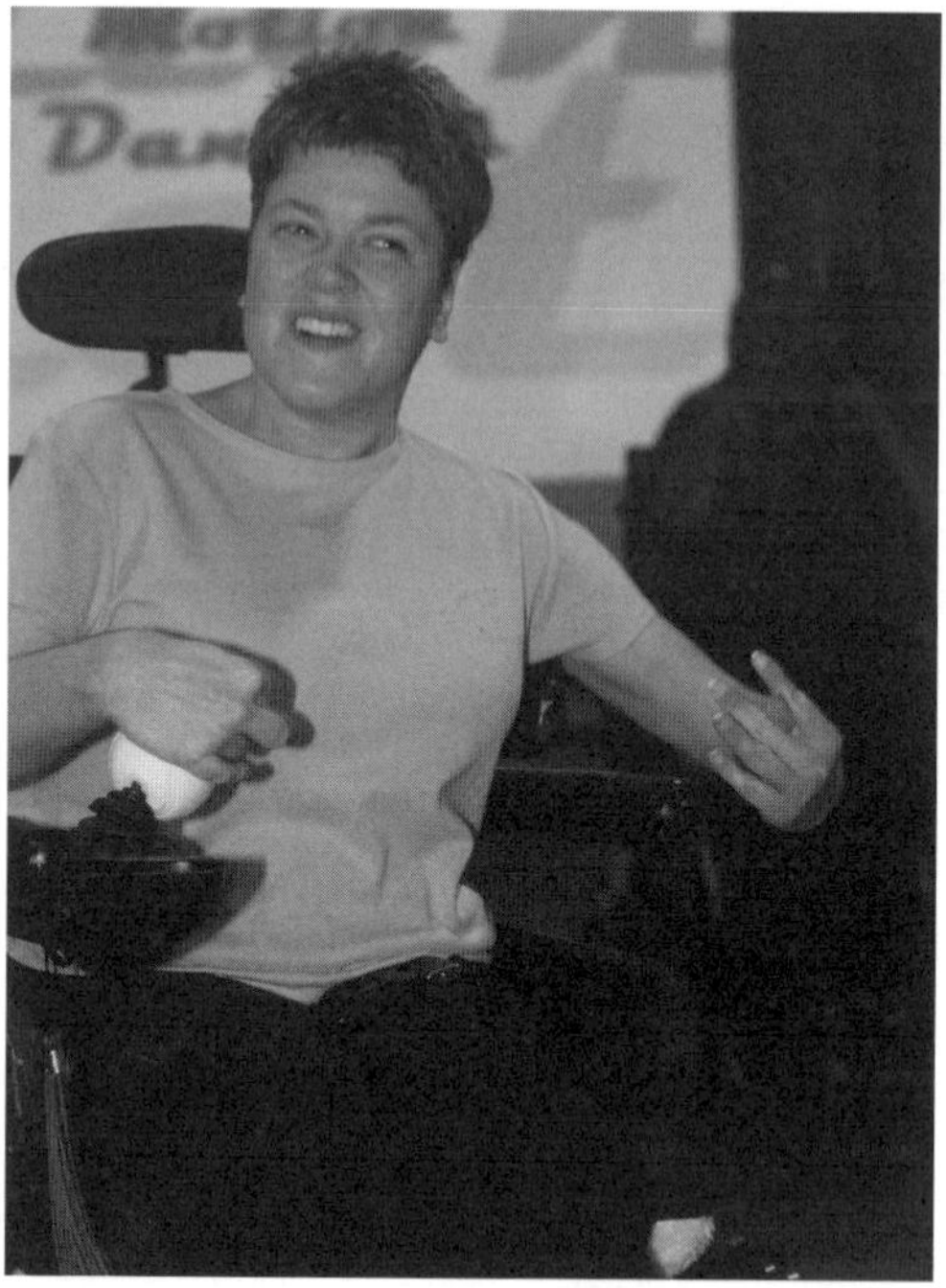

資料6・8　円舞ダンサー、トリー（Torie）。アメリカのジョージア州、ミレッジヴィルの「創造的表現のスタジオ＆ギャラリー」にて。 写真：Scott Kitchens.

められる（Aigen, 2002, p. 35）。

音楽的反応性と社会的反応性はつながっている。このことは、音楽的相互作用がしばしばコミュニケーション的音楽性や人間の交わり（companionship）の理論に照らして説明している大半の音楽療法の文献においても認められる（Malloch & Trevarthen, 2009）。パヴリチェヴィックとアンスデル（2009）が音楽と社会の発達を連結させるモデルに関する議論で論証した通り、コミュニティ音楽療法ではコミュニケーション的音楽性は不可欠であるが、充分な理論的プラットフォームではない。コミュニティ音楽療法において反応性は個々の、そして二項的な関係性への焦点化を含みつつも、それを超えていくものである。

反応性は必然的に責任へとつながる。コミュニティ音楽療法実践は、人々の状況との関係に応じて取り組まれ、コンテクストに鋭敏な方法においてサポートや援助を提供する。コミュニティ音楽療法は特に病理学に焦点を当てないため、一方的に個人の短所に目を向けたり、システムの不充分さを看過したりする可能性は下がる。「被害者を非難する」（Ryan, 1971）リスクはかなり減少する。このことは「システムを非難する」傾向と置き換えられるべきではない。時にシステムの欠陥がはっきりと露呈しているとしても、個人的責任に関する課題を探究することは常に妥当である。

リオ（Rio, 2005）はホームレス、あるいは最近ホームレス・シェルターからプライベート・ホームへと移ったグループの人々への療法的プロセスを調査した。参加者は教会のゴスペル合唱団に加わり、ホームレス、薬物乱用、人間関係、創造性、スピリチュアル性の問題を探究するための音楽療法プログラムと研究プロジェクトへの参加に同意した。リオは個人的な問題への深い洞察の発達がこれら参加者にとって中心的であり、それが嗜癖や路上生活からの立ち直りを助けると主張した。

個人的責任の探究は不可欠であるが、それが省察の一側面のみを扱うため、コミュニティ音楽療法においては充分ではない。コミュニティ音楽療法の活動家的特性は、物質的かつ社会的不平等、及び個人的、集合的レベルでの認識の欠如が、人々が経験する問題にどう影響を及ぼしているかの探究が不可欠であることを示唆する（Ruud, 1987/1990; Storsve, Westby & Ruud, 2010）。

コミュニティ音楽療法の参加型特性は、反応性と責任の関係が音楽療法士にとってのみならず、参加者全てにとっても火急的課題であることを示している。年長者の合唱団に関する研究で、スティーゲ（2010b）は他の人々のニーズへの反応性に関わることで潜在的に責任が無制限化する問題を議論している。コーラス団メンバーの数名はこのことについて懸念を表明したが、他方で人々は互いに反応し合い、責任が分配されたため、協働的な歌唱が肯定的に寄与したとも告げた。スティーゲはこれを、「相互ケアの文化」と呼称した。(3)

コラム6・7　山火事ブラック・サタデーの後で

オーストラリアの音楽療法士、カトリーナ・マクファーラン（Katrina McFerran, 2009）は、コミュニティの不測事態、この場合はヴィクトリア州で二〇〇九年二月に発生した破滅的な火事に応じて展開したコミュニティ音楽療法の事例について説明している。約二百名が命を落とし、多くの家族が家屋を失った。

私はこの小さな田舎町に七週間通い、このプロジェクトを計画した同僚のケイト・テゲロブ（Kate Teggelove）と一緒に働いた。ケイトは、学校にいる十代の若者を支援するための方法を必死で探していた地域の数学教師から連絡を受けた。ケイトは助けたいと願い、知り合いで、若者を対象とする音楽療法士たちに電子メールを送り、その中に私も含まれていた。このことは九・一一の後、ニューヨークの研究仲間が反応したように（Amir, 2002によって説明されているように）直ちに、あるいは自主的に生じた動きではない。山火事は、オーストラリアの夏ではある程度は想定されていることなので、音楽療法コミュニティの緊急対応を誘発するものではなかった。しかし、今回の火事は特に壊滅的であり……私は近々、他の支援が必然的に終了し始めた頃、是非とも貢献したいと思い返していた。したがってケイトがこのプロジェクトについて電子メールを送ってきた時、私はすぐに応答し、この「何かをする」という機会に感謝し続けている。

火事を生き残ったことによる影響と格闘するその地の若者との取り組みの経験は、多くのレベルにおいて心温まるものであった。実践の省察として、理論が真に活かされる類の取り組みは、私の心を打った。開始前、私はジュリー・サットン（Julie Sutton, 2002）による音楽療法とトラウマに関する著書に没頭しており、再トラウマ化の可能性を懸念していた。私はコミュニティ音楽療法の理論との関連性について熟考し（Pavlicevic & Ansdell, 2004; Stige, 2003）、この取り組みがこれまでの治療計画と結果の予測を伴う慣習的な音楽療法とどう異なるかを考察した。私は、アーヴィン・ヤーロム（Irvin Yalom, 2005）によるグループへの取り組みの形態、及び全て十代の若者へのアンディ・マレコフ（Andy Malekoff 1997）のアプローチから得た自分にしっくりくる影響へと立ち戻ることにした。それは、楽しむことへと開かれ、希望を失わず、諦めない大人として自らを位置づけることであった（McFerran, 2009）。

音楽療法士らは、若者たちが火事後の悲しみの話題にアプローチするに際して、ペースを任せるなど（それはグループごとに異なった）、穏当なアプローチを採ることに決めた。彼らはまた生態学的視座を採用しており、若者らを彼ら自身のコンテクストに位置づけ、地方に暮らし、火事後の再建のみならず、未来の再興をも試みている十代として焦点化した。著者ら（McFerran & Teggelove, 2011）はグループダイナミクスとグループの発達、関わったグループでの即興、演奏、ソングライティングについて叙述している。最終的に若者らは、録音作品を作りたいということを決めた。《私は私（I Am Who I Am）》と題されたCDは、地域コミュニティ在住の音楽家と協働で制作され、地元のパブで披露された。それは公開イベントで、家族と友人たちはグループの演奏を目にし、成し遂げたことを祝福することができた。

下から、外側へ、周囲に

我々が日常生活で課題（issue）という用語に割り当てている二つの意味とは、「関心事」と「議論のトピック」である。ここでは双方の意味が当てはまるが、後者の側面が極めて重要である。なぜならコミュニティ音楽療法の課題は、音楽療法士、あるいは他の専門家によって定義づけることができないからである。それらはしばしば「下から」現れ、大抵は対話と交渉を通じて実体化される。次章において、我々はこの「下から」の実践の概念を下支えする価値について探究する。本章で紹介した例は、コミュニティ音楽療法実践の流れが「外側へ、周囲に」とも言い得ることを論証している。コミュニティ音楽療法実践の一連の事例研究を要約するにあたり、スティーゲと共同研究者は次のように論じている。

本書で説明した取り組みの全体的な方向性は、しばしば「外側と周囲へ」（典型的には「下へ、内部において」働きかけることに専念する慣習的音楽療法とは対照的）である。我々はこの特徴を、用語の広い社会学的な意味において、パフォーマンス的と名付けることを選択した。時にコンサートやライブは重要であるが、コミュニティ音楽療法のパフォーマンス的性格は、このことよりもさらに広いものを示している。それは人間発達の「関係的視座」に基づいており、また社会的性格を強調する音楽概念を提示する方法においてコミュニティ音楽療法の音楽中心的本質をも強調するのである（Stige et al., 2010b, p. 282）。

下から、外側へ、周囲に、はコミュニティ音楽療法実践における参加型、関係的、生態学的な特性の要点を示している。これらの性格は、**医学モデル**と比較することにより、本質が鋭く浮き彫りになる。決断を下すプロセスとして、医学モデルでは専門職者が個人の問題を調査し、診断を確定させ、介入を処方し、処方された治療の効果を評価する。より抽象的レベルでは、医学モデルは複数の相互接続した仮定、すなわち個人の不調や症状は科学的に説明され、介入は特定の治療的要素によって規定される、という仮定を知的基盤としている。

医学モデルの仮定はコミュニティ音楽療法の参加型で関係的、生態学的な基礎とは実質的に異なっている。ただし医学モデルは、医学のみならず影響力を持つので、注目に値する。[4] 音楽療法の文献では、例えばロフスヨルド（2010）によるメンタルヘルスにおける音楽療法のリソース志向のアプローチ開発において、医学モデルが優勢であることへの懸念が表明されてきた。このアプローチは病理学よりもリソースを強調しており、療法士が症状軽減のために介入に携わることよりも、協働による相互エンパワメントを目的としている。コミュニティ音楽療法の文献では同様の方向性が共有されている。いくつかの例がそれを示している。ベインズ（Baines, 2000/2003）とプロクター（2001, 2004）は、明らかに非医学的な利用者主導のメンタルヘルス・サービスを叙述してきた。スティーゲ（2002, 2003）は、コミュニティ音楽療法が民主的協働と市民参加の方向に向けた音楽療法の再設定を表象していると論じた。アンスデル（2002, 2003）は、現代の音楽療法の仮定を批判的に検証しており、さらなる共同的、コンテクスト包摂的なアプローチを論じた。ルード（2010）は、コミュニティ音楽療法の出現が音楽療法の新たな言語の発展を意味していると提唱した。すなわち「活動」「参加」「周縁化」「健康」といった言葉が、「行動」「葛藤」「ハンディキャップ」「疾病」といった言葉の代替となっている。

このような議論は、一般的な反医学の議論と同等ではない。医学モデルには、それがデザインされたコンテクストにおいて評価されるべき固有の長所と限界がある。ここでの主たる懸念は、医学モデルの仮定が他の領域や分野へと拡張されることである。**医療化**とは人々の問題やプロセスの範囲拡大を医学的に、通常は疾病や障害の見地から定義するプロセスである（Conrad, 2007, p. 49）。医療化された問題は、観察、診断、治療、予防のために、医者やその他の専門職者の管轄下に置かれる。医療化は常に負の増進というわけではない。多くの人々が、増加する障害に対する効果的な治療法の発展の可能性を称賛している。人によっては、例えば財政的、個人的、社会的、文化的なコストの方に大きな関心がある。財政的コストは、明らかに専門職者への給与や医療機器、投薬等々への支出を含む。個人的、社会的、文化的コストは分析がより困難であるが、人の強さよりも脆弱性を開拓する「療法文化」（Furedi, 2004）の拡大、という問題の理解が関わっている。人々は専門職者の援助に左右されつつ成長する。それゆえに、医療化の社会学的文献は、大半において批判的なものである。

医療化は医療の専門職者のみによって推進、着手されるプロセスではない。その動態は複雑で、近代化の通常プロセス（たとえば専門分化や商業化）、医療化に特有なプロセス（医療専門職、権威、産業、患者組織の利益やイニシアチブと関連している）によって形成される。したがって医療化は、「医療帝国主義」の見地のみで捉えることはできない（Conrad, 2007）。複数のプロセスが様々なレベルで相互作用しており、健康に関わる専門職者は全て医療化との関係において自らの役割を考慮する必要がある。もしもコミュニティ音楽療法の実践が、診断や病理学、治療への焦点化といった医療モデルを知的基盤とする仮定に基づくならば、これら実践はコミュニティ生活の医療化に寄与することになる。コミュニティ音楽療法は参加者の日常生活に密接なプロセスと事象に関与するため、必然的に医療化に寄与するリスクについて高いレベルの自己批判的意識が求められる。ゆえに我々は、コミュニティ音楽療法が明確な非医学的、もしくは医療外的な基礎をベースとすべきと主張する。(5)

結論

本章で論じた特性と課題は、コミュニティ音楽療法実践がコンテクストにおいて人々とどう音楽的に関わるかを意味するものであることを示している。それゆえにコミュニティ音楽療法実践は個人的であると同時に公共的な課題と関わっている。これは典型的に個人的、社会的な変革双方を含む転換を必要とする。コミュニティ音楽療法の実践的課題は、個人的要素を含むことがあるかもしれないが、個人的レベルにまで縮減することはできない。インクルージョン、社会正義、平和といった論点がこの例である。コミュニティ音楽療法はまた、友情、社会的ネットワーク、音楽の創造性、スピリチュアル性、美学的な側面といった肯定的で成長志向の目標を有する健康促進の取り組みへの焦点化を増加させている。課題は問題点のみならずリソースの活用の可能性へも当てはめられ、またそれは個人、一対一のみならず、グループ、施設、コミュニティのレベルにも当てはめられる。分析の多様なレベルにおけるニーズは、相互の関係性に見いだされる。すなわち個人のニーズはグループや組織、地域性との関係において定義される。このことは、コミュニティの問題と真剣に向き合うことを要求するものである。問題にはホームレス、犯罪、暴力、偏見と排除、貧困と失業、ドラッグとアルコール依存、伝染病や不調、病気などが含まれる。

我々はいくつかの実践的課題を、頭字語ＰＲＥＰＡＲＥによって提示された諸特性において詳論することで確認してきた。コミュニティ音楽療法の参加型特性は、インクルージョンや市民参加といった課題に及び、これは排除と周縁化を経験した人々にとって明らかに重要である。コミュニティ音楽療法のリソース志向特性は、福祉と平等といった課題に関わり、これもまた有形、無形のリソースとの関係における簒奪、貧困、不平等を経験した人々にとって極めて重大である。コミュニティ音楽療法の生態学的特性は、諸システムと、人々におけるあるシステムから別のそれへの移行との間の関係性といった課題に及び、双方ともに多様な方法において生産的でも破壊的でもあり得る。パフォーマンス的特性は、コミュニティ音楽療法が通常は健康の増進と問題の予防に焦点化することで、健康と発達に関していかに主導的な役割を果たしているかを明らかにする。コミュニティ音楽療法の活動家的特性は、個人的変化と社会変革が相互関係的にみられる「転換的積極行動主義」にしばしば焦点化することで、意識や社会変革といった課題と関わる。省察的特性は認識と批評といった課題に及ぶ。認識は個人レベル、及び統合的レベルで探究され、批評は沈黙やその他抑圧のメカニズムによって理解が歪められる際、中心的に熟考される。コミュニティ音楽療法の倫理推進的特性は、反応性と責任といった課題に及ぶ。これらは個人的、共同的なレベルにおける不測の事態への挑戦に応じた、尊厳と文化的生活のための協働的努力として表明される。

ここに示された例における様々な諸課題との関連において強調された特性は、困難と可能性を取り上げ、明示するための「手がかり」として用いられている。我々が本章冒頭で明らかにしたように、各課題が反映される複雑な状況とプロセスを扱うには、多様な諸特性が相互の関係において見いだされるようなアプローチが求められる。例えば、ある生態学的、活動家的、省察的な特性を含まないある帰結は、問題を個人化し、「被害者を非難する」(Ryan, 1971) ことさえあり得る。倫理推進的な特性に関する課題は、要点を総括する。つまり個人とコミュニティの関係性に働きかけ、リソースを活用するために人々を援助し、社会変革を引き起こすことは、尊厳と平等な生活の権利の承認とみなすことができよう。

本章で議論された諸課題は、コミュニティ音楽療法が参加型、関係的、生態学的な志向性を有する実践であることを浮き彫りにする。「下から、外側へ、周囲に」というフレーズはこれらの特徴を捉えており、医学モデルとの対比をなすものでもある。もしもコミュニティ音楽療法の実践が診断、病理、治療に焦点を当てた医学的仮説に基づくものならば、それは後期近代社会における医療化への傾向に加担するであろう。したがって我々は、コミュニティ音楽療法が非医療的、あるいは付加医療的な基盤に基づかなくてはならないと主張してきた。

第二章では、「多元的ヒーリング・システム」という用語が伝統的実践の今日的コンテクストとの関連で用いられた。いくつかのアフリカの例を参照することで、伝統的なヒーラー、コミュニティのイニシアチブ、医療サービスがいかに共存し、相互を補ってきたかを述べた。コミュニティ音楽療法実践の状況もおそらくは同様であろう。現代社会には、儀式から合理的なものまで、健康を促進するための複数の実践が存在する。もし我々が健康促進と人々の積極参加の重要性を認めるならば、多元的な健康活動システム、または健康活動領域について語ることができる (Stige, 2003, p. 208)。換言すれば、現代社会においては、健康部門のサービスやその他の健康促進的イニシアチブ—コミュニティ音楽療法を含め―が共存し、互いを補完する多元的健康活動システムが存在するのである（第十章も参照のこと）。

キーターム、議論のトピックス、註

キーターム（登場順）

PREPARE、インクルージョン、市民参加、福祉、平等、生態学的関係性、生態学的移行、波及効果、健康促進、問題の予防、アイデンティティ、意識、社会変革、認識、批評、反応性、責任、「下から、外側へ、周囲に」、医学モデル、医療化、多元的健康活動システム

議論のトピックス

次の批判的思考の質問は、本章で議論したトピックスの批判的省察のために授業やグループ、または学生個人で議論することができる。付加的なリソースは、本書のウェブサイトで見つけることができる。

1．本章でコミュニティ音楽療法とは、人々と彼らのコミュニティとの関係性への取り組みであると論じてきた。音楽療法士が個人、または集団、及びより広範なコミュニティにどのように、そしてなぜ働きかけることが有益なのか、数例を示しなさい。

2．通常、コミュニティ音楽療法で主張される課題は、問題の改善を越えて、リソースの活用までを意味する。リソースは、個人はもとより対人的、制度的なレベルにおいても存在する。リソース志向の特性は、生態学的、活動家

的、省察的といったコミュニティ音楽療法の他の諸特性といかにリンクしているのかについて議論しなさい。

3. 社会正義や紛争転換といった課題に取り組んできた音楽療法士は、こういった仕事のために音楽療法の学生を養成するニーズがあると論じてきた。あなた自身が受けているトレーニングが、これらの課題のためにあなたを養成してきたのかどうか議論しなさい。音楽療法士の成長のためには、どんなコンピテンシーが不可欠となるでしょうか。

註

（1）これら諸課題は、第四章、第五章でより仔細に論じている。

（2）省察における内向的—外向的な身振りの動態については、社会批判には自己批判が求められ、その逆も然りとするフレイレ（Freire, 1970/2000）の洞察と共鳴している。

（3）分配された反応性と責任としての相互ケアは、コミュニティ開発のプロセスとして見ることができる。したがって、個人及び共同的なレベルにおける困難な不測の事態に応じ、人権の協働的努力として、反応性と責任が表明される。このテーマは、次章におけるコミュニティ音楽療法の価値の中で探究される。

（4）医学モデルは他の医療専門職に重要な影響を及ぼしてきた。心理療法研究における批判的レビューにおいて、ワムポルド（Wampold, 2001）は、心理療法の普及している系統は、医学モデルと一致した仮定を知的基盤としていると主張した。彼のレビューは、心理療法のさらなる包括的、かつ文脈的な理解が、より適切であることを示唆した。

（5）コミュニティ音楽療法は医学外となり得る。文献においては、コミュニティ音楽療法がいかに医学的コンテクストと協働している、あるいはその外側で成長していることを明示する多くの例がある（Aasgaad, 2003, 2004; Maratos, 2004; Wood, Verney & Atkinson, 2004; Helle-Valle, 2011）。

第七章　価値

第七章を学習後、次のような問いについて議論することができるようになるであろう。

■態度と価値の類似性と違いとは何か。

■人間のニーズと人間の権利の関係性はいかなるものか。

■コミュニティ音楽療法は、権利に基礎を置いた実践として発展可能か。

■コミュニティ音楽療法実践の基礎として明示できる一連の価値はあるか。

■対立する価値を、どう扱うことができるか。

実践における態度と価値

前章で我々は、非医学的あるいは医療外的基礎がコミュニティ音楽療法には必要という結論を得た。すなわち実践には、私的であると同時に公的であり、また通常、個人的な変化と社会的な変化の双方を含む転換を求める、という課題が含まれている。つまりコミュニティ音楽療法は、人々の社会参加の展望を高めるための**態度**と仮定を対象とすることが含意されている。ルード（1980, 1998）は音楽療法と活動の可能性を高める努力を関連づけるにあたって、同様な議論を提示している。これらの可能性は個人の好みやパフォーマンスのみならず、ある人々を周縁化した役割に据え置く物質的、心理的、社会文化的な力を含めた個人とコミュニティの関係性によっても定義される。

伝統的医学の思考では、療法はある種の病気や不調と結び付けられているし、西洋医学ではしばしば我々の生体とも関連づけられている。加えて、我々の文化には病気について、社会や文化とは無関係に個人を苦しめるものとみなす傾向もある……。

音楽療法士は広範囲で生活の問題とハンディキャップを取り扱うので、多くの例において療法に関するこのような考え方は、もちろん当を得ていない。時に我々が対処しなければならないのは、その人の問題が社会の物質的・経済的構造に深く織り込まれているようなクライエントや、彼ら個人、あるいは客観的な生体的構造によるというよりもむしろ、他者の態度によるのと同程度に彼ら自身の態度と省察によって抱える問題がより先鋭化しているようなクライエントである（Ruud, 1998, p. 51）。

問題と可能性についてこのように広く考えることは、コミュニティ音楽療法において典型的であり、おそらくインクルージョンと市民参加への志向性を持った実践においては最も明示的である。参加への社会的・文化的障壁を減じるために尽力するプロセスで、確立された見解や態度への挑戦に向けた実践を記述した論者は複数いる（Kleive & Stige, 1988; Bowers, 1998; Maratos, 2004; Curtis & Mercado, 2004; Krüger, 2007; Pavlicevic, 2010b）。

態度と**価値**は、コミュニティ音楽療法においては周縁ではなく、中心的な要素である。本章ではコミュニティ音楽療法のいくつかの主要な価値を概説したい。そのための第一歩として、態度と価値の関係性を明らかにしなくてはなるまい。社会心理学の古典では以下の通り、この二つは比較、区別されている。

態度と価値は区別して扱うのが伝統であったが、二つは共通の特性を持っている。両方ともある個人が期待し、熱望しているものをはっきりと示す動機的―知覚的な状態であり、ゆえに行動に影響する。両方とも他者との接触によって獲得される。

態度は、価値とはいくつかの点で異なる。態度は所与の目標、あるいは状況についての一連の信念に関係する。一方で、価値は最終状態、目的を表す。価値は個別的な事物や状況を超えて、行為の標準や追求される目標に向けた長期にわたる関心に向かう。価値の例には、真実、自由、清潔、正義が挙げられる。そして、個々人は価値よりももっと多くの態度を保持している。ロキーチ（Rokeach, 1968）が記しているように、我々は何千もの態度を保持しているかもしれないが、価値は数十程度でしかない（Hollander, 1976, pp. 138–139）。

価値は、人生において大切で価値あるものとは何かに関する判断と信念を反映する。ロキーチ（1968）は、最終価値と手段価値の間の有力な区分を見いだした。最終価値はホランダー（Hollander）の言う最終状態に当てはまり、個人的にも社会的にもそのために努力すべき目標のことである。これらは文化によって異なる。アメリカのコンテクストで仕事をしていたロキーチは、最終価値を友情、自尊心、幸福、平等、自由、楽しみ、社会的認知、知恵、家庭の安全、達成感、世界平和、快適な生活として研究を行った。手段価値とは、行動における好みの様式のことである。ロキーチの例は愉快、野心、愛、自制心、勇気、正直、想像力、独立、寛大さ、助力、責任、許しなどの諸価値を含む。

ロキーチ（1968）によれば、信念や態度、価値は皆、機能的に統合された認知システムの一部であり、そのシステムのどの部分であれ変化が起こればそれは他の部分に影響し、行動上の変化に達する可能性がある。たとえ我々が時に行為と表明された価値との間にはっきりとしたギャップを経験するとしても、そうなのである。

我々は、それがリップサービスに思えるから、あるいはそれを順守するよりも違反するほうがより誇らしいから、主に偽善者に主張されているから、というだけの理由でいかなる価値をも簡単に過少評価することはできない。なぜならこれら全ての行為は有効な通貨、認められた基準点として価値を維持するのに役立つからである—それはいつでも賞賛するためにも非難するためにも、称えるためにも信用失墜のためにも使われ得る。我々は価値が、社会的争いの中で武器として頻繁に使われるという事実を見失ってはならない（Williams, 1979, p. 29）。

態度と違って、価値は全ての生態学的レベルで分析され得る。文化的コミュニティは（態度よりもむしろ）ある種の価値を所有しているようにみなし得るし、この価値システムは個人の判断や行動に有意な効果を与える。同時に、価値システムの違いが、集団内部や集団間にも存在する。価値とは、誰もが賛同する良い考えではない。それらは、目標や優先順位を取り決める時に人々が使う道具なのである。価値は、個人とコミュニティの間の交わりや社会の中の様々な実践の間の交わりに光を投げかけ、活発化する。それゆえに、コミュニティ音楽療法の価値の基礎を明示するには、ある実践の多様な行為主体間の関係性の省察を組み込まなければならない（Stige, 2003）。

「下から、外側へ、周囲に」というフレーズは、コミュニティ音楽療法の実践の質を概説した前章で用いられた。コミュニティ音楽療法は、治療の要素についての個別的な疑問よりもむしろ、エンパワメントの価値に関するより広い問いを投げかけることによって前進する。この二つの考え方の間のコントラストは、心理療法の文献で「ポールの質問」として確立されてきたものと、我々が「クヌートの質問」とでも呼ぶべきものとを比較することによって、遊び心をもちながら照らし出すことができる。心理療法の研究者であるポールは、どうしたら治療は目的にかなうようにあつらえられるのか、を問うために一九六九年、問いを表明した。「個別的な問題を有する個人にとって、もっとも効果的なのは、誰によるどんな治療なのか。どのような環境のもとで行い、それはどう実現するのか」（Paul, 1969, Wampold, 2001, p. 21 に引用）。およそ十四年後、知的障害のある音楽グループのメンバーであるクヌートは、全く異なった質問をした。「僕たちも（マーチング）バンドで演奏できるの？」（Stiege, 2003, p. 4 に引用された Knut、コラム２・５も参照のこと）。ポールの問いは特定化された実践のコンテクストの中で生じた。クヌートの問いは参加のプロセスというコンテクストにおいて引き出された。それはコミュニティの一部分でありたいという願いから生まれ、コミュニティの中での態度と、インクルージョンと市民参加に関係する価値を主張するものであった。基本的にクヌートは、人間としての権利に関する問いを発したのである。

人間のニーズと人権

以前の章で、人間のニーズを、個人的トラブルと公共の関心とをリンクさせる見地において論じた。コミュニティ音楽療法は、個人の病理の評価よりもむしろ、人々のつながりという価値への気付きに特徴がある。我々が展開する議論とは、人間のニーズは人権に照らすことで実り豊かに検証され得る、ということである。

ニーズのある人は通常、彼らの尊厳に対する試練を経験する。つまり自分の声を持つ自由はしばしば脅かされ、教育、健康サービス、文化への参加といったリソースへのアクセスはたびたび妨げられる。端的に言えば、関心を持つべき課題とは、人権が踏みにじられるか、実現していない状況なのである。音楽療法士が働くコンテクストの多くでは、権利が制限されていることもまた事実である。病院と刑務所は人権の制限が当局により正当だと考えられている機関の例である。患者と受刑者は基本的自由を行使する機会を持たず、時に教育への権利のような文化的、社会的な

資料7・1　そうだ！子どもの福祉ミュージカル。ノルウェーのベルゲンにて。
写真：Astrid Merete Nordhaug

権利を否定される。我々はしばしばこれら権利の制限を必要なものと考えるが、しかし、コミュニティ音楽療法実践はこのようなミリューでこそ進化するのかもしれない。というのも、制限は論争となる、あるいは制限は問題であるし、問題を生み出すと認識されているからである。貧しいコミュニティでの不正義や様々な人権侵害を扱うコミュニティ音楽療法もある。この考えによれば、コミュニティ音楽療法実践を支える鍵となる価値は、人権の現実化である。

我々の議論は、人権が脅かされるところと社会的―音楽的可能性が交わるところにコミュニティ音楽療法が展開する、ということである。実践のこういった記述は、問題を個々人の病理として局在化させるのではなく、個人とコミュニティの関係の中に存在するものと定義し、解明することを意味する。人権の観点から人間のニーズを定義することは、コミュニティ音楽療法の関係的、コンテクスト的な基盤を発展させることに貢献する。もちろんこの視座を適用することは、他のあらゆる視座の適用と同様に、限界はある。しかしそれは、コンテクストの中での音楽的協働を通してリソースを活性化することで始まる転換にさらなる焦点を当てることで、この取り組みをみる別の視角を提供してくれるのである。

人権は小さな専門職にとっては壮大すぎるヴィジョンで荷が重すぎる、と反論する人もいるかもしれない。典型的に人権と関わる専門職に弁護士と政治家がいるし、人権に特徴的な手段には宣言と協定がある。では、いつギターが人権の手段となり、音楽療法が人権の専門職になったというのであろうか。我々が議論しているのは、コミュニティ音楽療法は**権利に基礎を置く実践**として行動を起こし貢献することができるということ、そして人権が協働的な音楽行為よりも高次の分野に属する、という考え方にはあまり根拠がないということである。人権のために働く弁護士や政治家の努力には高い価値があるが、限界もある。例えば、社会的文化的権利の多くは、法や規制だけでは到達し得ない。それは積極的に供給されなければならない。だからこそ、一定範囲の専門職は、その義務を人権との関係でみることが重要である（Center for Human Rights, 1994）。

伝統的に、基本的自由（市民的政治的権利）が人権に関する公的な議論を支配してきた。これらの権利は法により保護される必要があり、それによって法律の専門職が必須となる。経済的、社会的、文化的、環境的権利が認知されるようになるにつれて、積極的権利のアクティブな実現に貢献できる専門職が次第に重要になってきた（Galtung, 1994）。ソーシャルワークは、これらの専門職の一つである（Ife, 2008）。コミュニティ音楽療法もまた、とりわけ社会的、文化的な権利との関係では重要な貢献ができる。

権利ベースの実践という考え方が、一見、圧倒的なものにみえるからといって、コミュニティ音楽療法実践に人権の視点を統合することを避けるならば、それは大きな問題であろう。そんなことをすれば、弱者グループへの圧迫に関わる現状を無批判に助けることになってしまうのは火を見るよりも明らかである。コミュニティ音楽療法に権利べースの視座を統合するために、我々は人権を抽象的な条文の中だけにあるものと考えることから抜け出し、日常生活の一部として受け入れなければならない。

人権を「実践する」ことは、日常とドラマの間を行き来することである。それは遠い場所とも、家とも、つながっている。創造性と勇気が必要である。しかしそれは必ずしも深刻で困難なものではない—人権の仕事はしばしば面白くて、時にとても楽しくて、そして幾度となく、最もこの上ない友情を築き上げることになる（Ball & Gready, 2007, pp. 8-9）。

コミュニティ音楽療法を人権の実践として理解しようとする提案には、何人かの先駆者がいる。第二章を振り返れば、人権への注目が一九八〇年代の音楽療法で出現したシステム全体的、社会文化的な転換とアジェンダの拡大の中に組み込まれていることをみることができよう。ルードの研究（1980, 1992b）、例えば彼が音楽的、文化的参加への権利を論じる中に、人権への言及を認めることができる。クライヴとスティーゲ（Kleive & Stige, 1988）は、障害のある人々の社会的・文化的権利に焦点を当てた。ケニー（1982, 1988, 1989）は音楽や芸術を先住民の権利のための取り組みと捉えている。ボクシル（1988, 1997a）は、平和や正義のような人権に関する問題との関係で音楽療法の責任を強調している。

人権への焦点化はコミュニティ音楽療法に関する現代の多くの文献中に示唆されている。アンスデル（2002, 2004, 2010a, 2010b）とパヴリチェヴィック（2004, 2010a, 2010b）は、コミュニティ音楽療法における平等、協働、社会変革などのテーマの重要性を強調している。正義や平等などの価値によってコミュニティ音楽療法はどう特徴づけられるかを議論する中で、スティーゲ（2003）は実践が社会変革への注目を含まなければならないと主張した。プロクター（2001）とロフスヨルド（2004）のエンパワメントに関する議論は、平等や尊厳などの人権に関する問題と関係しているし、ルード（2010, 2011）の社会水準の認識に焦点を当てた研究、オグレイディとマクファーラン（O'Grady & McFerran, 2006）のフェミニズムと市民的権利に関連づけての研究も同様である。人権とコミュニティ音楽療法の関連性を明らかにした他の研究としては、ベインズ（Baines, 2000/2003）とソリ（Solli, 2010）の利用者の保護と回復に関する研究、ダン（Dunn, 2008）とヴァイアンクール（Vaillancourt, 2009）の社会正義と平和に関する議論、クリューガー（2012）による自らの取り組みと子どもの権利に関する国連総会とを関連づけた研究がある。

多種多様な状況において、人は人権の立場からは正当化できない権利を要求することがあるので、上記した議論には**人権に基礎を置いた要求**に合う基準を明確にすることが求められる。権利に基礎を置いた実践としてのソーシャルワークの議論において、ジム・イフェ（Jim Ife）は、コミュニティ音楽療法のコンテクストにも関連する基準のリストを提案している。

■要求されている権利の実現は、個人や集団が他者と共通して人間らしさを完全に満たすために必要である。

■要求されている権利が人間らしさの全てに適用できるものであり、その権利を要求している個人や集団がどこの誰にでも適用したいと思っている。あるいはその権利の実現が人間としての潜在力を完全に達成するために不可欠であるような特別な不利益をこうむっている人々または周縁の人々に適用される。

■要求されている権利を法制化することに現実的で普遍的な合意があること。文化的な、あるいはその他の境界を越えた広い支持がない限り、「人権」とは呼べない。

■要求された権利が、全ての正当な要求者において効果的に実現されることが可能である。供給が制限されるようなことへの権利、例えば壮大な景色の家に住む権利とか、テレビ局を所有する権利、広大な「自分の」土地を所有する権利などは除外される。
■要求された権利が他の人権と矛盾しない。武器を携帯する「権利」、他人を奴隷にする「権利」、妻や子どもを叩く男の「権利」、他者を貧困に落とし込むような過度の利益を上げる「権利」などは、人権として認められない（Ife, 2008, p. 14）。

権利はたまたま手に入るものではない。それは、力と特権を持つ人だけでなく、全ての人類の権利を支援することに人々が責任を持ち、その構造と実践を打ち立てる準備ができて達成される。言い換えれば、人権は一部の人たちの権利に勝るのである（Ishay, 2004）。上記した四点目との関係で、このことはおそらく最も明白である。権利の実現にはリソースが必要となるので、人権の要求として法制化される要求と、全ての人が到達できない要求は区別する必要がある。ほとんどの社会ではリソースの不平等な配分のために、多くの人々にとっては人並みの教育や医療への権利といった要求の法制化さえ脅かされている。このことは、人権が個人の権利だけを扱っているわけではないことを示している。人権は社会正義と結束の要求を表しているのである。

争われ、試されている価値

世界人権宣言は一九四八年に国連の年次総会で可決された。イフェ（2008）の説明によれば、たとえその条項が世界的にはまだ実行に移されていないとしても、それは人権についての特筆すべき世界的合意を表している。宣言を検討する時、人権のいくつかの「世代」について語るのが通例である。最初の世代は、しばしば**市民的・政治的権利**と分類される。シティズンシップや法の下の平等、集会の自由、信教の自由、表現の自由、選挙権、社会への自由参画の権利が含まれる。第二世代はしばしば**経済的、社会的、文化的権利**と呼ばれる。雇用と適正な賃金の権利、住居と充分な衣食の権利、教育と医療の権利、社会の安全の権利、レクリエーションとレジャーの権利、高齢になっても尊厳を持って扱われる権利が含まれる。

権利の第一世代は個人の自由に焦点が当てられている。世界人権宣言の第一条〜第二十二条までは主にこのタイプの権利に焦点を当てている。現在の見解では、中心にある知的な起源は十八世紀の啓蒙主義にまで遡る。権利の第二世代は福祉に焦点を当てている。世界人権宣言の第二十三条（「全て人は勤労の権利を持ち……」で始まる）から第二十九条（「全て人はコミュニティに……義務を負う」で始まる）はこれらの権利に焦点を当てている。この世代の起源は十九世紀と二十世紀の社会民主主義と社会主義にあり、また最も主要な信仰と文化の伝統の中に含まれたケアと正義の哲学もその起源である。第二世代の権利は全ての人に適切な条件とサービスを供給するにあたり、社会にとってアクティブな役割を担うことから、積極的権利と呼ばれることがある。第一世代の権利は法による保護が必要である。よってこれらの権利は時に消極的権利と呼ばれる。つまり国家の役割は、権利が侵されないように保護する法的メカニズムを保証することである。権利のこの二つのカテゴリーは、一九六六年の国連年次総会で可決された（一九七六年発効）二つの国際規約を通じての人権に関する取り組みへの国連のアプローチに反映されている。それは市民的及び政治的権利に関する国際規約と経済的、社会的及び文化的権利に関する国際規約である（Center for Human Right, 1994）。

次に人権の第三世代について論じよう。世界人権宣言にこの世代のシーズがあるが、二十世紀の最後の二、三十年になって、ようやくこれらの権利についての国際的な強い論調が現れた。他の二世代と異なり、第三世代の権利については対応する国連規約がない。これらの権利の表明は、人権に関する国連の論調への批判、すなわちそれらが個人に対する西洋的重点に基礎を置いており、多くのアジア文化のような、より集合的な規範をもつ文化にやや関連が薄いのではないかという批判への応答として発展してきた。そこで平和な社会に暮らす権利のような、集合的あるいは**結束の権利**が提唱されたこともこの第三世代の権利に属する。汚染されていない空気、きれいな水への権利、また自然にアクセスする権利などの様々な**環境権**も権利の第三世代に属する(1)。

人権の第二・第三世代の表明は、人権への論弁的（discursive）アプローチが必要であることを示唆している。経費のかかる権利—例えば全ての人への一定水準の健康サービス—や、権力や特権の不均衡に異議を唱える権利をめぐる政治的論争は、このことを明白に示している。世界人権規約その他の国連の条約は、人権に関する国際的な論議にとって重要な貢献であるが、様々なコンテクストにおける現実世界の困難と関連づけて批判的に検証され議論されるべきである（Ife, 2008）。このことは人権の法制化の上に確立されてきた（相対的）合意が、問題のなくなった権利資格リストに登録されて終わるものではないことを示している。人権は論争の中で闘わされ、実践で確かめられてきた価値を反映している。権利に基礎を置いた実践のために役立つ秘策など存在しない。そのような実践には常に対話が必要になるであろうし、権利の解釈や実施に関する完全な合意などはおそらくあり得ないであろう。

マーチングバンドで演奏することに関するクヌートの問い（前述を参照）への最初の応答はその例である。ノルウェーにおいて文化的統合政策が確立されてはいたが、理念と実践との間にかなりのギャップがあるという時に、彼の問いは発せられた。最初はその地域のマーチングバンドのごくわずかなメンバーだけが多くの支援を受けていた。クヌートが住んでいる田舎町ではそれは一流のアンサンブルであり、彼の問いは慣例と完全さ双方の価値に挑戦するものであった。知的障害のある人々をマーチングバンドに加えることはそれまでの慣習的実践に反していたし、そのアイデアはマーチングバンドの音楽の質に何が起こるだろうかという懸念を引き起こした。その状況により、ほぼ3年以上にもわたる交渉の期間を必要とした。クヌートのグループが彼の夢を浮かび上がらせ、グループの潜在能力を輝かせる公開の音楽パフォーマンスに出るにつれて、マーチングバンド内部の、また広くコミュニティ内部の態度が次第に変わっていった。価値と価値の間の妥協点を見つけることが可能になった。文化的参加の権利に関するクヌートの要求の正統性が認められ、それまでの音楽の質に関するマーチングバンドの関心は、公開パフォーマンスへと結実した時限的な協働プロジェクトの柔軟なアプローチへと導かれた。クヌートはマーチングバンドの常任メンバーになることはなかったが、彼のグループはそれまでにないやり方で地域コミュニティに今も歓迎され、その一員であり続けている（Kleive & Stige, 1988; Stige, 2002, pp. 113–134）。

権利に基礎を置いた実践としてのコミュニティ音楽療法は、地域のコンテクストにおける普遍的な困難の認識に関わる。コミュニティには変化への抵抗や優先順位の論争があろう。なぜなら価値の定義は大抵論争となるからである。人権の理念は、不正義と抑圧的な言説や実践は克服されなければならないことを示唆している。この要求は、たとえそれぞれのコンテクストで異なるように論議され解釈されるとしても、**人権を下支えする価値**の中心が普遍的妥当性を持つという結論に至る。我々の見立てでは、世界人権宣言の第一条は最も妥当な価値を明示する要約になっている。

全て人間は、生まれながらにして自由であり、且つ尊厳と権利とについて平等である。人間は、理性と良心とを授けられており、互いに同胞の精神をもって行動しなければならない（世界人権宣言、国連、一九四八年）。

世界人権宣言における中心的な四つの価値がこの条文で認められる。おそらく、**自由**と**平等**という対照的な価値は、**敬意**と**結束**という価値によって枠づけられている、といえるであろう。以降、我々はコミュニティ音楽療法の実践と関わって、これらの価値がいかに論じられてきたのかを探究することにしよう。これら四つの価値一つ一つが多面的である。ここでの目的は、複雑さの全てを解明することではなく、コミュニティ音楽療法におけるこれら諸価値の役割の熟慮を促し得る側面とジレンマを明示することである。

自由

自由といえば、解放、自律、独立はもとより、開放性、創意、非同調をも連想する。自由という理念はネガティブな用語でもポジティブな用語でも表現できる。例えば「……からの自由」(制限や規制の欠如)や、「……への自由」(選択や機会へのアクセスがあること)などである。それは対照的な世界観の範囲において統合されるかもしれない多面的概念である。

ジョン・スチュアート・ミル(John Stuart Mill, 1859/2003)の『自由論』は人間の自由に関する古典である。ミルは市民的、社会的自由に関心があり、その結果として社会が合法的に個人に執行する権力の本質と限界に関心を移した。彼の著作の主たる章が、思想と議論の自由、ウェルビーイングの要素としての個人、社会の権威の限界に焦点化している。ミルの著作は人間の自由の適度な範囲を定義し、保護するという意図がある。彼はその範囲を三つの領域、すなわち我々が意識とコミュニケーション、気晴らし、協働と呼ぶものに分けている。第一の領域は何に関するものであれ意見と感情を持つ自由に関連するもので、これらの思考や感情を表現する権利を含んでいる。第二の領域

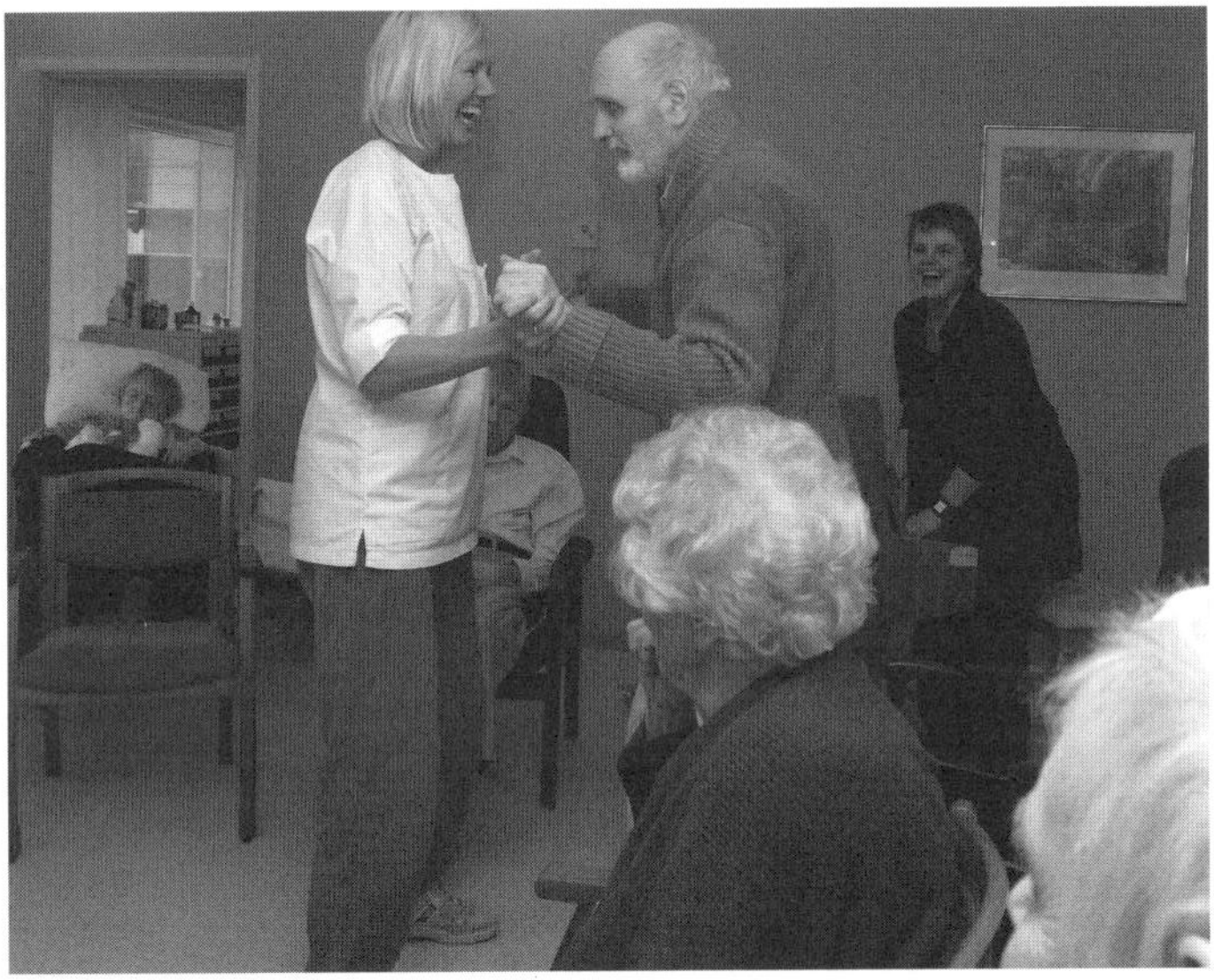

資料7・2　動く自由。ベルゲン赤十字老人ホーム、ノルウェーのベルゲンにて。
写真：Thor Brødreskift

は趣味や娯楽の自由に関連している。他者は我々の活動や好みを馬鹿げているとか、あまのじゃくだとか、間違っているとか思うかもしれないが、他者を傷つけることがない限り我々の自由を制限する権利は他者には与えられていないとミルは論じた。第三の領域は諸個人の合同の自由である。これもまた、他者を傷つけない限り、いかなる目的であれ結合する自由である。

いかなる政体であれ、これらの自由が全体として敬意を払われていないのに自由である社会はない。そして自由が絶対的且つ無制限に存在するのでなければ、完全に自由な社会はない。その名に値する唯一の自由は、他者から自由を奪おうとか他者が自由を得る努力を妨げようとしない限りで、我々自身の方法で我々自身の善を追求する自由である（Mill, 1859/2003, p. 83）。

この議論を続けてミルは、各自が「肉体的か、内面的か、精神的かに関係なく、彼（ママ）自身の健康の適切な守り手」であると示唆している。彼の文章は圧政や弾圧の批判においてはとても明瞭だが、人間の関係性というテーマに至ると様々な解釈に委ねてしまう（例えば保守的、リベラル、ラディカルな政策のように）。コミュニティ音楽療法のコンテクストにおいては、個人主義的な枠組みを強調する解釈は余り実りあるものにはならない。人の自由を個人—共同体の連続体のコンテクストにおいて熟考すれば、様々な疑問が生まれる。独立と相互依存の関係とは何か。働きかけとコントロールは、他者への関係性や感受性とどう結び付けられるのか。これまでのコミュニティ音楽療法の文献では、自律性を関係性の達成と考えることができることが示唆されている。(2)

開放性や創意としての自由は、しばしば慣習や個人間の同調圧力への同意によって妨げられる。意識とコミュニケーションの自由を改善することは関係性の達成の一つであり、その促進に関して音楽療法は絶好のポジションにある。このことはプロクター（2004）が、最初は自分自身の演奏を拒否していたクライアントであるジョシー（Josie）についての小文で示している通りである。陽気な相互関係の可能性を失っていたが、時を経るとともに次第に変わっていった。

毎週、我々のセッションの音声を聴き直すにつれ、私は彼女の音楽行為における自発性、表現力、純粋な自己開示の伸展に注目した。ある日、我々二人は多くの楽器の間を自由に動き回り、彼女の歌も伴う生き生きとした長い即興の後、自然にこう叫んだ、「わあ、すごかった！」。これは本当の変化を感じさせた。ジョシーは我々の音楽行為に楽しみを感じられるようになり始めていた。この喜びは自由を拡大することを促し、それが次にはより大きな喜びをもたらした。ジョシーの生活における音楽の役割は、以前は失敗の原因であったものが、彼女を変えつつあり、彼女が完全に彼女自身であることができるものになっているように思われる。彼女は彼女自身であることと、そして彼女自身が私と一緒にいることに喜びを感じている（Procter, 2004, pp. 223–224）。

この小文は一対一のセッションについて述べているが、しかしそのプロセスによってジョシーがより完全に「彼女自身をパフォームする」ことができ、他者と分かち合うことができるような仕方で、音楽との健康的な関係を再発見できるようになったので、プロクター（2004）はその取り組みをコミュニティ音楽療法と関連するものと考えている。

コミュニティ音楽療法の文献の中には、例えば「途中出入り自由の方針」といった参加するかしないかを選択する参加者の自由を強調する実践例が複数ある（Baines, 2003/2004; Warner, 2005）。その変形がグループセッションに加わったり、渡り歩いたりする参加者の自由を強調するものである。参加の多様な方略や、参加の開放性と寛容さを許容する儀式に関するスティーゲ（2010a）の研究は、その例である。

日本のコミュニティ音楽療法では、何人かの著者たちが自由即興のアフォーダンス（Wakao, 2002）や新しい音楽形式（Numata, 2009）に特に焦点を当て、音楽と関連した自由について議論している。批判的な視点が三宅（2008）によって付け加えられたが、それは音楽療法がコミュニティ参加の名のもとにクライエントを文化的に適合させる、「ノーマライズする訓練」として機能するかもしれないというリスクに警鐘を鳴らしたものである。

自由はいくつかのレベルでの複雑なプロセスを含む。監獄に入れられている時のように制限が実在する時でさえ、自由の島があらわれ、希望とインスピレーションが許されるかもしれない（Tuastad & Finsås, 2008; O'Grady, 2009; Tuastad & O'Grady, 2013）。

コミュニティ音楽療法の批判的で解放的なポテンシャルは、確立された見方や態度に挑戦するパフォーマンスを携えて参加者が公の場に出ていくプロセスを記述する研究者らによって探究されている。例えば、以下を参照されたい（Kleive & Stige, 1988; Maratos, 2004; Krüger, 2007; Pavlicevic, 2010b）。

コラム7・1　活動、社会空間、表現の自由

ノルウェーの音楽療法士であるブリュンユルフ・スティーゲ（2010a）は、参加者がどのようにそのコンテクストにおいて参加することを選んだのかを探究するために、知的障害のある人々のための文化祭を研究した。その文化祭の選択は、主催した非政府組織（NGO）が重視する価値によってもたらされた。その価値とは全ての参加者の参加と彼らへの敬意に焦点を当てるべきで、完全さを求めるという考え方によって誰も締め出さない、ということを強調するものであった。インクルーシブな空間としての文化祭というヴィジョンに促されてスティーゲは、多様な活動や状況で参加者がどんな自由を享受するのかを調査することにした。音楽療法の文献においてはそれまで参加の観念にあまり概念的な考察が行われてこなかったことを明らかにした以前の文献とこのことを関連づけようとした。「加わること（joining in）」（事前に定義づけされた活動に関与すること）としての参加には、しばしば焦点が当てられてきた。多くの場合、コンテクストに適合した形で行動することに価値はあるが、しかしそれは参加についての非常に限定的な概念である。技術や関心、価値が一致しないことによって、ある人々にとって参加は不可能な、あるいは受け入れ難いことであるかもしれない（Stige, 2006）。

文化祭のケーススタディの中でスティーゲ（2010a）は、予測不能で不一致の行動が典型的であることに注目した。多くの事象が、いささかなりとも「掟破り」「行為の多様化」という特徴を帯びていた。時には参加者が進行中のものを打ち壊し、音楽療法士が提案したことと違う方向に導く「転覆行為」の傾向もあった。この文化祭への参加を記述するためには、参加の多様化について明らかにする必要があるだろう、とスティーゲは論じており、それを理解するためには慣習的な参加という概

念がなければ不可能、とも付け加えている。人間の相互活動は、たとえコンテクストごとに変わるとしても、何が慣例であるかについての何らかの理解によって常に規制を受けるのである。

上述したように、文化祭は参加が多様化されたコンテクストである。普通でない、予測できない貢献もごく当たり前である。しかし、参加者がドラムでベーシックなビートを叩こうとするとか、歌うためにマイクを取ろうとするとかいった慣習的な参加もまた、このコンテクストの中では珍しくはない。そして参加が慣習によるものであろうとも、必ずしもそれが退屈で積極的な関与や熱狂を伴わないものであることを意味しない。参加者は価値や、その状況のルールをよく内面化しているかもしれないし、参加の慣習に従うことを通して表現しているのかもしれない（Stige, 2010a, pp. 129-130）。

参加者は慣習的な参加から様々な多様化までを範囲とする異なった役割や自己表現の形を探究した。参加者の観察、ビデオの解析、関連論文の参照によって、スティーゲはこの文化祭のコンテクストにおける五つの異なる自己表現様式の記述を発展させた。不参加（そこにいない）、沈黙の参加（そこにいるが加わらない）、慣習的参加（加わるが目立たない）、冒険的参加（目立っているが渡り歩かない）、エキセントリックな参加（渡り歩く）。スティーゲは、この五つの参加形態がいろいろな形で関係していたことを明らかにしている。

例えば不参加は、次第に沈黙の参加に形を変えるかもしれず、沈黙の参加は、今度は慣習的参加に取って代わられるかもしれない。いくつかの点で洗練された慣習的参加は冒険的参加になり、さらにエスカレートすればエキセントリックな参加へと変わるかもしれない。しかしながら、そのプロセスは必ずしも直線的ではない。我々が見てきたように、沈黙の参加が時には冒険的参加というべきものに変わるかもしれない。そしてエキセントリックな参加は、極端になると不参加へと変わるかもしれない。参加の形態は共に可能性のレパートリーを表している……（Stige, 2010a, p. 132）。

参加に関する可能性のレパートリーは、インクルーシブで寛容な社会空間での行為として表現された、自由の形態とみなすことができる。

平等

平等（equality）は二人、あるいはそれ以上の人々、もしくは集団間の関係である。それは同じであること、似ていることと理解することもでき、公正や正義と理解することもできるが、そちらの方がこの議論のコンテクストにおいては重要である。平等には考慮に入れる必要のある様々な形態と次元がある。平等の研究の伝統的業績において、ベイカーと共同研究者ら（Baker et al. 2004）は平等の三つの概念を明らかにした。すなわち基本的平等、リベラル平等主義、条件の平等である。

基本的平等とは、全ての人間が同じ価値と重要性を持つという概念である。これは全ての平等主義者の思考の基礎である。

> 基本的平等の理念に含まれる最低の基準は、決してささいなものではない。それには非人間的な尊厳を失わせる扱いの禁止、あからさまな暴力からの保護、人の最も基本的な欲求を満足させることへの少なくとも幾ばくかの関与……を含む。レイプや拷問などの人間性に反する犯罪が日常的に起こっているような世界では、また毎年何億人もの人が最も基本的な生活必需品の不足から亡くなっているような世界では、基本的平等の理念は行動と変

革のための力強い推進力であり続けている。

リベラル平等主義は、基本的平等を超える幅をもった一連の考え方である。例えばリソースの分配に関しては、リベラル平等主義者の観点には反貧困への焦点が含まれるのであり、単に生存に見合うだけのニーズという観点ではない。にもかかわらず基本的な前提は、不平等は避けられないというものである。この伝統における平等の考え方は、全ての人に保証される最低限を引き上げ、機会の平等の原則に従って利益をめぐる競争を規制することを意味する。

条件の平等は、不平等はなくせる、あるいはかなり減らせるという仮定のもとでのより意欲的なアプローチである。ベイカーと共同研究者ら（2004）は、この観点の鍵は不平等を、意識すれば変えられる社会構造に根ざすものと認識することであると論じた。その社会構造には抑圧のシステムが含まれる。リベラル平等主義と同じく、条件の平等という考え方にも幅がある。多様な抑圧構造が特定されてきたが、最も確固とした候補としては資本主義、家父長制、人種差別がある。障害のある人々など様々な集団の周縁化も、これに照らして検証され得る。

不平等を説明するのに社会構造を強調することは、条件の平等の理解に影響を与える。リベラル平等主義者が個人の権利と利益に焦点を当てる傾向があるのとは対照的に、条件の平等は集団の権利と利益に注意を払う。リベラル平等主義者が、ものがどう配分されるかに集中する傾向があるのと対照的に、条件の平等は人々がどのように関係するかに、とりわけ権力の関係に関心を払う。リベラル平等主義者が個人を自らの成功と失敗に責任があるものとして取り扱う傾向があるのと対照的に、条件の平等は社会要因が人々の選択と行動に与える影響を強調する（Baker et al., 2004, p. 33）。

コミュニティ心理学の分野では、ダルトン、イライアス、ウォンダースマン（Dalton, Elias, & Wandersman, 2007,

資料7・3　グループワーク。パレスチナ人難民キャンプにおける音楽教育。レバノンにて。写真：Even Ruud

pp. 60-61）がウィリアム・ライアン（William Ryan）の業績に言及して平等の概念を詳述した。彼らはリベラル平等主義と条件の平等という互いによく似た概念を区別した。つまり、公正な競技と公正な分け前の区別である。公正な競技という平等の考え方では、基本的な比喩はレースである。勝者と敗者が生じるが、レースにおいて公正なルールが保証されていればそれは受け入れられる。公正な分け前という平等の考え方では、基本的な比喩は、家族やコミュニティであり、人々はそのメンバーを養うために協働したり共有したりする。公正な分け前の支持者は、競争における公正の理念がしばしば幻想であると考える傾向にある。階級や民族、ジェンダーなどによる不平等は世代を超えて再生産されるので、人々が同じスタートラインに立つということを想像するのは難しい。公正な分け前を達成するためには、個人と集団の制約と差別を補償することが必要であろう。

第三章から第五章では、健康と福祉、社会的サポート、音楽へのアクセスの不平等が、コミュニティ音楽療法における実在する困難の中心であることを示した。このことは第六章で議論された課題によってもまた提示された。したがって、ここで細部に立ち入る必要はないが、文献から実例をいくつか挙げておこう。健康と福祉の不平等は南アフリカ（Pavlicevic, 2004; Oosthuizen, 2006）やブラジル（Barcellos, 2005; Chagas, 2007）のような格差がはなはだしい国で働く音楽療法士によって注力されてきた。また、より裕福で一般的に不平等はそれほど深刻ではないが、周縁化された集団にかなりの困難が伴う国で働く音楽療法士によっても尽力されてきた（Tuastad & Finsås, 2008; O'Grady, 2009）。社会的サポートの不平等はプロクター（2004, 2006）の社会的―音楽的関係資本に関する研究や、クリューガー（2004, 2007）のコミュニティ参加への支援的な道筋に関する研究において取り組まれてきた。また障害のある人々の文化的参加の権利を支援する様々なプロジェクトにおいて（Kleive & Stige, 1988; Curtis & Mercado, 2004）、音楽への権利がしばしば等閑視される病院などの制限的な条件において（Aasgaard, 2002; Maratos, 2004）、音楽へのアクセスの不平等の問題は扱われてきた。不平等への取り組みとは、社会正義の積極的サポートと等しいことを、コラム７・２で例証しよう。

コラム７・２　社会正義と平和のための助言

カナダの音楽療法士であるギレーヌ・ヴァイアンクール（Guylaine Vaillancourt, 2009）は、コミュニティ音楽療法を通じて音楽療法の実習生に社会正義と平和を指南する可能性について調査した。アートを基礎とする研究と参与型アクションリサーチの知見に基づいたアプローチを採り、一連の五つの共同研究者グループによる体験を五人の音楽療法実習生に参加させた。

　音楽療法の実習生のコミュニティ音楽療法に関する評価は次のようなものであった。「動機があっての集まりである」「結束を作り出す」「人に誇りを持たせる」「社会意識を向上させる」「これは創造性、自由、そして民主主義である」（Vaillancourt, 2009, p. 191）。社会正義と平和に関連し、共同研究者らは理想主義でユートピア的なヴィジョンを表明するリスクについて関心を持っていた。彼らは、二つの観念は関連づけられるべきものと考え、社会正義は平和に貢献すると主張した。彼らはまた社会正義は達成することはおろか想像することさえもとても困難であると考えたが、それにもかかわらず共同研究者の幾人かは、自身の実践において社会正義と平和とを追求する可能性を探究した。音楽療法の実習生らは、可能性のある主要な実践の場は、地域で例えば生徒間に不一致と緊張関係のある小さな町の学校で働く時などであると述べた。

私がそれぞれのクラスの子どもたちを集める際は、「小さな合唱列車」を用いる。我々はクラスからクラスへと巡り……最後は同じ教室に二十人が集まる。通常の授業では、行動上の問題のため、十人を超えることはない。しかし私と来る時は、合唱の目的は不適当な行動を取ることではない、ということを彼らはとてもよくわきまえている……。彼らは、そこが「平和の泡」を創り出す尊厳と権利の場所であることを知っている（共同研究者のアンナ（Anna), in Vaillancourt, 2009, p. 154)。

ヴァイアンクール（2009）は、個人、集団、コミュニティのレベルから、国家、国際的レベルまでの幅を持つ、平和の多層的概念の妥当性を論じている。子どもの間のいじめや喧嘩がしばしばトラブルを引き起こす学校のようなコンテクストでは、平和の文化を発展させる条件として、敬意と信頼をもって取り組むことの重要性を共同研究者たちは強調した。彼らはまた、音楽療法士は子どもたちの助言者として、平和の文化を発展させる指導者としての役割を担わなければならないと提唱した。支援と励ましがあれば、子どもたちの中には「小さな助言者」「小さな指導者」になる者が現れるのであり、それをヴァイアンクールは社会正義と平和の助言が引き起こすかも知れない肯定的な波及効果と説明している。

敬意

平等と同じく、敬意（respect）も関係性である。日々の生活において、我々が重視するように教えられてきたスタンダードを満たす行動を取る人々は、尊敬の念を集めるかもしれない。そして、中には行動やパフォーマンスによって我々の評価における敬意を失う人もいる。見方を変えれば、全ての人々は、人間としての能力においては敬意に値するものと考えることができよう（Dillon, 2010）。個々の人間に本来的に備わっており、比較できない価値を重視する、という敬意の概念は、メタ価値、すなわち他者の尊厳と人権を敬うこと、と考えることができる。[3]

自尊心、他者への敬意、相互の尊敬など、敬意には考慮すべき一つ以上の次元がある。自尊心と相互の敬意は深くつながっているという一般的仮説もある（Dillon, 2010）。相互の敬意―親密さや友情へとつながる―は、コミュニティ音楽療法と深く関係する。承認は、他者への敬意の典型的な表出である。いくつかの文化においては、畏怖と賞賛としての敬意が強調される。これらの表出が相互の尊敬や自尊心と適合する程度は幅があるため、批判的な検証に開かれるべきである。

音楽療法には、自尊心や相互の敬意を育むような方法で音楽的、対人的な関係性に取り組む強い伝統がある。この態度は例えば人格という概念、すなわち「我々一人ひとりはユニークで、他者との関わりにおいて承認され、尊敬され、信頼されるに値するという理念」と結び付けられる（Procter, 2001）。ドリート・アミール（Dorit Amir）はイスラエルの音楽療法士ミカル・ジルバーミンツ（Michal Zilbermintz）による多文化的条件におけるコミュニティ音楽療法のパフォーマンスに関する記述に言及し、相互の敬意と自尊心の関係を解明している。

年末のショーは関係者全てにとって確実な利益がある。ショーは生徒（クライエント）の内部の、時に隠れた創造性と才能を引き出す。聴衆の前でのパフォーマンスは彼らを彼ら自身の中の「健康な場所」と結び付ける。突然、スタッフと親には彼らがいつもとは別の、より健常な人間に見えてくる。生徒たちは自尊心を得るとともに、友人への敬意も高まり、他者からの敬意を受け取る（Amir, 2004, p. 263）。

コミュニティ音楽療法実践で行われるであろう公開パフォーマンスなどにおいて、聴衆が出演者の能力や努力に敬意を払うであろうことは容易に想定できる。しかしながら、それは当然そうなるというものではない。公演の出演者に対して敬意を示す聴衆の能力と意欲が、成功にとっては不可欠なのである（Baines, 2000/2003; Turry, 2005; McFerran, 2010）。聴衆を慎重に選び教育すること、聴衆もまたニーズを考慮するに値する参加者として敬意を払うことが決定的に重要である。

コミュニティ音楽療法の文献においては、敬意が必ず実行されなければならないことやその敬意には個人だけでなく文化やコミュニティも含まなければならないなど、敬意に関するいくつかの条件が提唱されている。セネット（Sennett, 2004）の研究を参照しつつアンスデル（2005b, 2010a）は、敬意は感情と意図を含むのみならず、それを越えるものであるという仮説を探究している。つまり敬意は実行されなければならないのである（コラム7・3参照）。何人かの音楽療法士は、敬意を文化やコミュニティへと拡張する提案をしている（Brown, 2001/2002; Stige & Kenny, 2002; Chase, 2003; Stige, 2004b; Shapiro, 2005）。

敬意には文化が異なれば異なった表し方や意味があるため、共感や敬意を示そうにも文化的な知識がなければ、失敗するのである。このことは、参加者にとって重要な音楽的な価値や語法に取り組めるかどうかが決定的に重要であ

資料7・4　聴取と創造：ドイツ、ベルリンでの多文化的なリソース志向を持つ音楽療法グループ。　写真：Teresa Samulewicz

ることを示している（MacDonald & Viega, 2011）。

ゆえに敬意は、文化間の鋭敏性と柔軟性という特徴を持つ対話であると考えることができる。南アフリカのプレトリアに近いイールステラストの地域で働く音楽療法士の研究により、パヴリチェヴィックはこのことを例証した。音楽療法士が文化を学び、「ストリートの人々」の知識へ敬意を払おうとする企図が、次のように記述されている。

彼女は週末にかけて開かれる地域のアートフェスティバルに参加することを決定する……音楽イベントを直接経験し、ストリートの人々が様々な音楽パフォーマンスについて何を話すかを聞くためである。彼女はどこにいようと人々とおしゃべりをする。彼らの意見や説明は彼女を教育してくれるであろうことを期待する。この経験から、彼女は本来の場所において地域の音楽の意味を獲得し、豊富な地域の意見や、地域の態度、規範を学んだことを記述している。どんなミュージッキングがどこでどんな風に誰と行われるのかについての直接的で経験重視の「知識」を彼女にアフォードしたのは社会的事象の中での彼女の関与である。彼らはイールステラストでの音楽的ハプニングに関する熟練者であり、彼女は彼らから学ぶためにそこにいるのである（Pavlicevic, 2010b, pp. 228–229）。

敬意を払うとは、社会的、文化的な含意も含めて他者を認識することを意味する。ルード（2010）はこの点について詳述する際、アクセル・ホネット（Axel Honneth, 2003）の「承認の哲学」をもとにしている。ルードは、我々が承認の理解を広げ、個人間だけでなく社会的レベルにまで作用しなくてはならないと論じている。承認は、我々の主要な関係性にとって基本的なものであるのみならず、社会的インクルージョンと人権が重要な役割を果たす、より広く決定的な視座にも含まれ得るのである（Ruud, 2010, p. 35）。

コラム7・3　「ミュージカル・マインズ」と相互の敬意

イギリスの音楽療法士、ゲイリー・アンスデル（2005b, 2010b）は、敬意はパフォーム（遂行）されなければならない、と論じている。それを示すことなくしては、敬意を払ったことにはならないのである。リチャード・セネット（Richard Sennett）を参照しつつアンスデルは、アートのパフォーマンスが、敬意を表出する協働的要素を明示していることについて熟考している。

（健康、富、機会の）不平等を避けることなしに、人はどうすれば自尊心を保てるだろう。善意のソーシャルワーカーやヘルスワーカーが支援したり療法を施したり助言するとき、相互の敬意は果たして可能であろうか。社会学者でアマチュア音楽家のリチャード・セネット（2004）は、音楽を実践したり演じたりすることは、こういった状況での相互の敬意について考える上での一つのパラダイムになるかもしれないことを提案する。セネットが言うには、敬意はただ意図されるだけでは駄目で、必ずパフォームされなければならない。「敬意は表出されるパフォーマンスである。すなわち、たとえ世界で最も良い意志を持っていたとしても、他者を敬意でもって扱うことは起こらないのである」（p. 207）。セネットは、通常、人々が欲するのは、個人的なものより協働的なものであるという。ミュージッキングは、ここでは協働的な「実践される敬意」「他者を真剣に扱うこと」の模範である（Ansdell, 2005b, p. 52）。

アンスデルはセネットの議論を、慢性的なメンタルヘルスの問題を有する成人を支援する組織がスポンサーの音楽集団「ミュージカル・マインズ」に関する事例研究のリソースとして用いている（コラム４・２を参照のこと）。ミュージカル・マインズのメンバーにとっては、スキルや音楽学習の技術的要素が自尊心を育んでいる。グループのメンバーは彼らが共有しているパフォーマンスを質の良いものにしようと音楽に積極関与し、それはセネットが言う「確かな自尊心」を養う。この取り組みが尊厳と自尊心の感覚を構築するのである。アンスデルはまた、音楽的協働は相互の敬意を育むとも論じている。

> アンサンブル作品は協働を必要とする。ミュージシャンがユニゾンで演奏しない限り、彼らは差異と不平等、静かなパートに対する大きなパート、あるいは一緒に演奏するソリストと伴奏者を、えり分けなくてはならない。これが、ミュージシャンがパフォームする相互の敬意であり、何か別のことをしている他人を認識するということである（Sennett, 2004, quoted in Ansdell, 2005b）。

この相互の敬意の実施に関する記述は、ミュージカル・マインズのリハーサルや公演でのアンスデルの経験と一致している。相互の敬意は、音楽療法士が状況の変化に応じて注意深く自分の役割を変えた際、参加者がコミュニティと自律（autonomy）とのバランスを取ることや、その相互作用などを性格づける（コラム４・２も参照のこと）。

結束

結束（solidarity）は統一性（unity）や凝集性（cohesion）、共通の目的、具体的行動へのレディネス、といった理念と関連している。集団の凝集性と共通のアイデンティティの経験としての結束は、集団における相互作用の一般的な結果である（Collins, 2004）。結束のこの形態は、理にかなっているが限定的でもある。というのは、それが排他的だからである。人は自分の集団を支援する準備はできているが、他の集団に対してはそうではない。社会においては、より広い形の結束が不可欠である。

社会学の伝統の概説においてニスベット（Nisbet, 1966/2002）は、凝集性とコミュニティは十九世紀にあらわれた学問分野である社会学により探究されてきたキー概念の一つであったと説明している。この時期の社会学者は、近代社会の誕生は伝統的なつながりを分裂させる影響を持つという理解に立っていた。コント（Comte）、テンニース（Tönnies）、デュルケーム（Durkheim）のような社会学のパイオニアが続けてこれらのプロセスを検証し、社会的凝集性の（変わりつつある）基礎と目的を理論化した。ヨーロッパのコンテクストにおける結束の理念を探究するにあたってスチョルネ（Stjernø, 2004）は、いかにしてこの理念がヨーロッパ政治における二つの主要な政治的伝統、すなわち社会民主主義とキリスト教民主主義の中心になり得たかの探究をこの構図に付け加えた。結束の起源と伝統は明らかに大陸ごとに異なるが、先述の例からはいくつかの典型的なコネクションが見えてくる。すなわち伝統的コミュニティに

資料7・5　一緒に。インクルーシブ・サマー・ワークショップでの即興。ドイツのクブランクにて。 写真：Kristin Richter

根ざしながら近代社会によって転換された結束、恵まれない集団の闘争に根ざす結束、利他主義と人間性を強調する信仰的で哲学的な伝統に根ざす結束である。

結束という概念には幅があり、それら全てが矛盾なく共存できるわけではない。スチョルネ（2004）は基礎、目的、包摂性、集合的志向性の側面を議論している。結束の基礎として共通の利益に関心を置く系統もあれば、人間性という普遍的概念に基礎を見いだす系統もある。したがって目的も、共通利益の実現から、良い社会または世界の実現までという幅がある。包摂性の理念もまた異なっており、共通利益を持つ限られた人々から、全ての人までを範囲とする。集合的志向性もまた、これら別の次元によって異なるように思われる。もし結束が共通利益に基づくものであれば、集合的志向性は強くなる傾向がある一方で、個人の自律性は共通の利益に屈する。もし結束がより広い目的を持ち、全ての人により良い社会を達成することを目指すなら、個人が自律性を保てる余地がある（我々が自由の節で議論したことと相互関連する意味で）。

コミュニティ音楽療法においては通常、所属や結束の感情は集団における相互作用の中で現れる。これは様々な方法で探究、記述されてきており、ラムジー（Ramsey, 2002）による個人的な差異よりも統合されたグループに視点を置いた議論、パヴリチェヴィックとアンスデル（2009）による協働的ミュージッキングの議論、アンスデル（2010a）による実践コミュニティにおけるホスピタリティと所属の議論、そしてスティーゲ（2010a）の共通の雰囲気、及びコミュニティと結束の強い感情を生み出す儀礼としての相互行為に関する議論などが挙げられる。これらの経験における人間の価値は、個人化された社会における人々の親交へのニーズと関連して評価されるべきかもしれない。第四章で議論したように、それはまた排除や周縁化のプロセスに関連しても評価されるべきであろう。それらがある人々や集団の社会的サポートへのアクセスを制限するからである。

したがってコミュニティ音楽療法にとって、恵まれない集団の闘争に根ざす結束は明確な妥当性を有している。一般的に、これはエンパワメントとしての音楽療法の着目へと帰趨する（Ruud, 1998; Rolvsjord, 2004）。例としては、障害のある人々の排除に異を唱えるコミュニティ音楽療法実践（Kleive & Stige, 1988; Elefant, 2010a）、友情に関する人々の平等を唱道する実践（Curtis & Mercado, 2004）、恵まれないコミュニティに提供される実践（Fouché & Torrance, 2005; Oosthuizen, 2006）がある。プロクター（2004）が議論しているように（コラム4・4参照）、恵まれない集団の闘争に根ざした結束には、「彼らのコミュニティ」のための音楽療法士であることが求められる。

総合的に考えるならば、このことは音楽療法士のさらなる政治的な役割を示唆している。音楽療法士は抑圧的実践や社会構造に積極関与することを決断するかもしれないし、例えば社会においてよりインクルーシブな音楽実践や、福祉への一般的な関心を唱道するかもしれない（Stige, 2004a）。この拡張されたアジェンダは、省察性と批判的思考を必要とする。フローネ＝ハーゲマン（Frohne-Hagemann, 2001）が論じているように、世界の無知なフィクサーは、最上でも役立たず、最悪ならば社会変革のプロセスに関して有害である（コラム7・4を参照のこと）。

コラム7・4　成長と健康のための結束及びその他の道

ドイツの音楽療法士であるイザベル・フローネ-ハーゲマン（Isabelle Frohne-Hagemann）は、コミュニティ音楽療法を理解するのに妥当ないくつかの理論的アイデアを発展させたが、成長と健康の要素としての結束に関する議論もその一つである。彼女の研究は、精神療法的視点と社会療法的視点とを統合するものである（Frohne, 1986; Frohne-Hagemann, 1998）。この点における彼女の仕事は、ヒラリオン・ペゾルド（Hilarion Petzold）をリーダーとする統合的療法の学派の中で発展してきたゲシュタルト原理を知的基盤としている。フローネ-ハーゲマンの仕事の基本的な考え方は「リズミック」原理（対立物間の弁証法的運動）であり、彼女はそれについて、音楽と運動の関係、及びより比喩的に創造と統合、印象と表現、接触と後退、共生と個人性などのバランスをとるプロセスとして議論している（Frohne-Hagemann, 2001）。

フローネ-ハーゲマンによれば、音楽療法は社会文化的、政治的なプロセスに関して人間の可能性を広げることで、伝統的な治療を超えなければならない。その議論は根本的に創造的な存在としての人間という概念に基づいている（Frohne-Hagemann, 2001, p. 98 ff.）。この観点から言えば、治療したり癒したりするだけでは充分ではなく、クライアントが成長し発達するのを援助することも必要となる。この前提に基づいてフローネ-ハーゲマンは（ペゾルドを参照しながら）、成長、健康、癒しへの四つの道筋を以下の通り示している。すなわち(1)意識と意味の探究を扱う取り組み、(2)再社会化と基本的信頼への取り組み、(3)経験の活性化と個性の発達への取り組み、(4)結束の経験、メタ的視座、積極関与、である。

第一の道筋、意識と意味の探究を扱う取り組みは、元来、一般に概念化されているところの心理療法である。第二の道筋は、第一、第三と関連しているが、再社会化と基本的信頼への取り組みである。第三の道筋は、例えば自助グループや自己経験グループによって探究されるような、肯定的な感情や経験と結び付く成長の潜在力に基づいている。彼女は、この取り組みのための音楽の重要性は、共同的で楽しい活動と経験としての潜在力に関連しているのであり、この潜在力は音楽療法士の間でもっと積極的に活用されるべき、と主張している（Frohne-Hagemann, 2001, pp. 109-111）。

フローネ-ハーゲマンが述べる第四の道筋は、結束の経験、メタ的視座、積極関与である。彼女は結束を、他者の利益のための積極関与と責任に関連づけており、これは自己愛的、自己陶酔的な相互関連の戦略や自分を目立たなくさせる戦略とは正反対なものとみている。第四の戦略はしたがって、他の三つの道筋から独立したものではない。自己認識、寛容さ、尊厳、アイデンティティが、真の結束の前提条件と考えられる。フローネ-ハーゲマン（2001, pp. 112-113）は「無知な世界修繕者」になることの危険をかなり明確に強調しており、それを中和するためにメタ的視座を発達させる断固とした試みが不可欠であることを主張している。このコンテクストにおけるメタ的視座とは個人、集団、コミュニティの健康問題につながる文化的、社会的な要素についての理論を意味する。フローネ-ハーゲマンは、結束の経験と表現としての音楽には、歴史的に位置づけられた人間として自らを認識できる可能性があり、それゆえに相互文化的な結束の可能性もあることを示唆している。

対立する価値を扱うこと

自由、平等、敬意、結束は、世界人権宣言に盛り込まれた中心的な価値である。これらの価値を意識することが、コミュニティ音楽療法に権利に根ざした実践をもたらすが、さりとて音楽療法士がそれによって倫理的ナヴィゲーションのための特別なツールを手に入れられるわけではない。それぞれの価値は複合的で論争的である。また、具体的な状況の中では、様々な価値が矛盾として経験されることもある。自由と平等の間にある矛盾の可能性は、古典的な例である。また、前述した四つの価値も、ローカルな価値と矛盾するかもしれない。価値対立をどう扱うかについての基準は助けとなり得るので、我々は三つの基準を提案しておきたい。第一に、様々なレベルの分析との関連において、価値は明確化されるべきである。第二に、価値はチェックされ、バランスが取られるべきである。第三に、価値はローカルに取り決められるべきである。[4]

価値は様々なレベルの分析との関連において明確化されるべきである。コミュニティ音楽療法は生態学的な実践であるため、価値は異なる分析レベル（個人、ミクロシステム、組織、地域、マクロシステムについては、第四章を参照のこと）で考慮される必要がある。例えば自由が個人レベルでのみ分析されるならば、他者の自由の含意、そしてそれゆえの平等、敬意、結束の含意は無視されるかもしれない。

価値はチェックされ、バランスが取られるべきである。人類の歴史には平等の名のもとに行われた抑圧の例、自由の名のもとに行われた不正義の例が幾多もある。同様に、自由、敬意、平等の価値とバランスが取れない結束は、他者の権利を危険にさらすグループ内凝集へと陥る可能性がある。このことは、ある価値が力のある個人や利益集団に資するよう誤用されることがあることを示している。これは、件の価値に何か「悪い」ものがあることを意味するわけではないが、価値をチェックしバランスを取るプロセスが存在していないことを示唆している。

価値はローカルに取り決められるべきである。価値に基づいた一般的な見通しと、所与のコンテクストにおける現実の必要、リソース、伝統、可能性の間には、常に緊張関係が存在する。したがって、人はそれぞれの状況における自由、平等、敬意、結束の意味を探究する必要がある。だからといって音楽療法士にカメレオンになれというわけではないが、音楽療法士は自身の価値を、コンテクストにおいて再考する必要はある。ここで例として敬意についてみてみよう。音楽療法士は敬意を、全ての人を各々の中に目的があるものとして扱うこと、そして彼らの尊厳を認識すること、といったモラル的な義務と考えるかもしれない。しかし、あるコンテクストにおいては、敬意は権力のある人々の名誉や評価を高める方向へと機能するかもしれない。これらの敬意の基準は必ずしも調和しないし、ある特定の状況では交渉が必要となるような価値の対立があるかもしれない。人権の普遍主義と文化的伝統の特殊性の間にあ

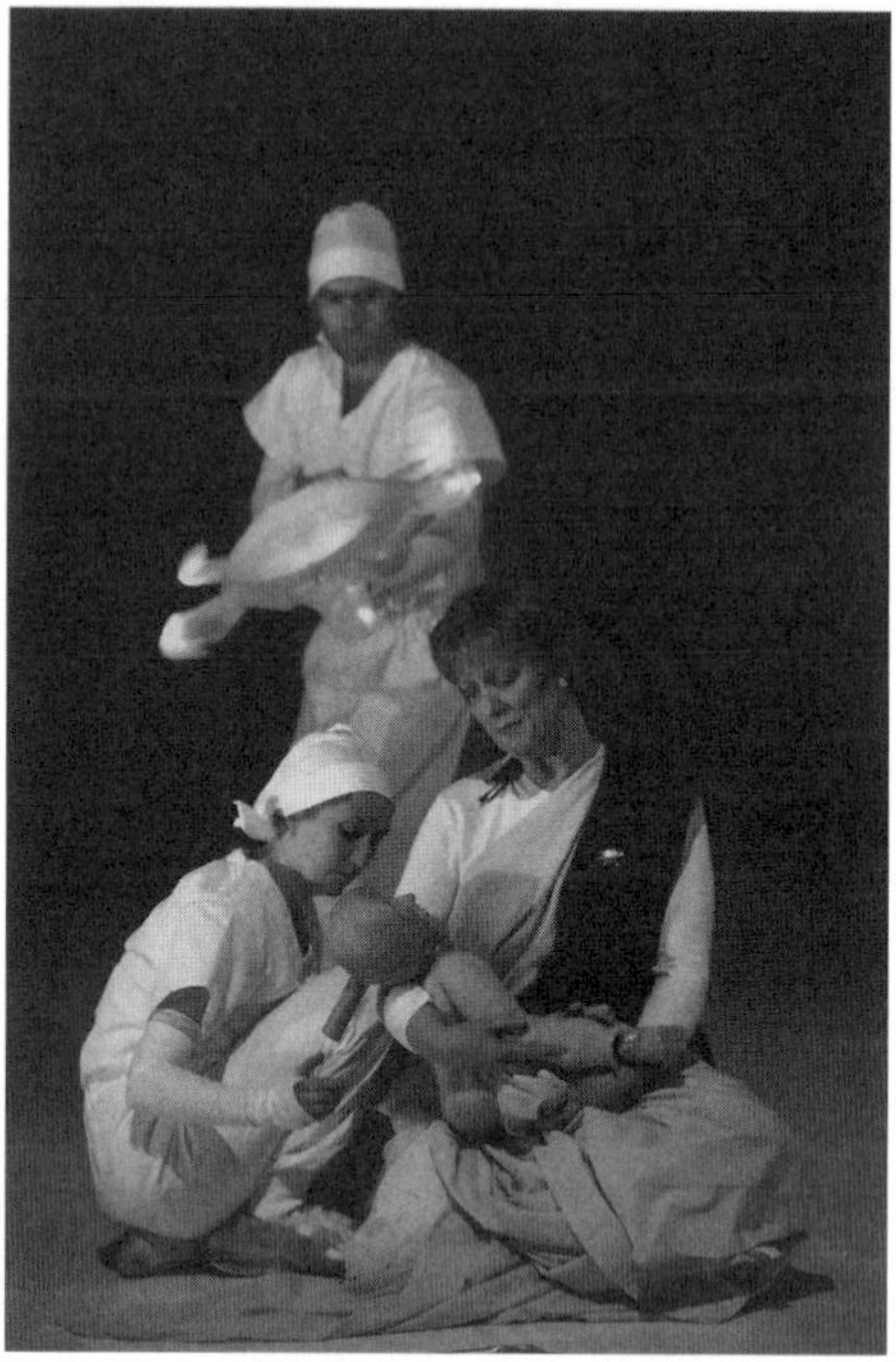

資料7・6　音楽と向き合う。がん患者とオブライエン（O'Brien）によって書かれたオペラから。オーストラリアのメルボルンにて。ソプラノのマーリン・クワイフェ（Merlyn Quaife）と操り人形師、サラ・クリグラー（Sarah Kriegler）とジェイコブ・ウィリアムズ（Jacob Williams）。
写真：Jeff Busby

る緊張関係に判定が下されなくてはなるまい。

ここで我々が提案している三つの基準は、協議のためのガイドラインであって、合理的な決断を行うためのものではないことに注意してほしい。価値の対立を解消する論理的な手続きはない。コミュニティ音楽療法のためには、手段と目的が分離されないプロセスにおける「下からの」人権の到達に関与しなければならないことを論じておきたい[5]。別言すれば、実践的な取り組みそれ自体が人権を活気づける価値に則していなければならないのである。このことは、基準が民主的な協議のコンテクストにおいて解釈されるべきことを示唆している。

民主主義は見解と価値のバランスを取る、精査済みの方法である。それは自由を許容し、敬意と結束を要求する、平等主義の伝統である（Baker et al. 2004）。したがって、次章で論じるように、コミュニティ音楽療法のプロセスは、決定プロセスへの最大限の参加を認めるものでなくてはならない。その理論的根拠は、平和協議のそれと比較できる。複雑なジレンマに答える必要はもとより、その複雑さを認識するプロセスも必要なのである。全ての声と多様な視座の正統性が傾注されるべきである（Galtung, 1999, 2008）。

結論

態度と価値はコミュニティ音楽療法の中心的要素であり、本章では実践が権利に基づいて発展し得ることを論じた。関与が求められる課題は、人権が侵害されている、あるいは実現されていない状況、音楽療法士の仕事が人権抑圧の脈絡にあるような多くのコンテクストである。

コミュニティ音楽療法の実践は、人権の危機と社会的―音楽的可能性が一致するところで伸展する。こういった実践の概念化は、個人とコミュニティの関係性において問題がどう存在しているのかに焦点を当てることを意味する。医学的視座に従えば、個人の病理は関係しているであろうが、コミュニティ音楽療法は参加、リソースの活性化、社会変革に焦点を当てるのである。

権利に基礎を置く実践には、人権に関する知識と理解が求められる。人権に基づく要求を評価する基準は、世界人権宣言及び本章で明示した三世代について議論する前から提案してきた。実践においては、権利は争われる。人権を支える価値に関する知識はそのような論争を解決することはできないが、音楽療法士に権利に関する協議に適切に参加するツールをもたらす。四つの価値が議論され、互いの関係が考察された。すなわち、自由、平等、敬意、結束である。

これら諸価値の議論により、各々が論争となっていることが明らかになったが、これらの複雑さを認識するために、我々は価値の対立を扱う三つの基準を提案した。これらの基準は論理的な決定を下すためのガイドラインではなく、いわば協議のための基礎である。「下から」行われる、権利に基礎を置く実践としてのコミュニティ音楽療法は、手段と目標が分離されるべきものではなく、(結果のみならず)プロセスは、人権を活気づける価値と関係していなければならないことを提案する。このことから、コミュニティ音楽療法のプロセスは、次章で仔細に議論する論点である参加型民主主義の形態と類似しているのである。

キーターム、議論のトピックス、註

キーターム（登場順）

態度、価値、権利に基礎を置く実践、市民的・政治的権利、経済的・社会的・文化的権利、結束の権利、環境権、人権を下支えする価値、自由、平等、敬意、結束、民主主義

議論のトピックス

次の批判的思考の質問は、本章で議論したトピックスの批判的省察のために授業やグループ、または学生個人で議論することができる。付加的なリソースは、本書のウェブサイトで見つけることができる。

1．何人かの論者はコミュニティ音楽療法のプロセスが、ソングライティングやパフォーマンス、主張、公的コミュニケーションなどを通してコミュニティにおける態度を変容させるのに適していると論じてきた。態度が参加への障壁となっている例を挙げ、所与のコンテクストにおいてそれを変容させるための実行可能な方略を論じなさい。

2．本章で議論された四つの価値の全ては複合的で論争的である。価値の一つを選び、様々な立場の概略を述べ（例

えば基本的平等、リベラル平等主義、条件の平等）、それぞれの立場の強みと限界を論じなさい。

3．本章の結論は、コミュニティ音楽療法のプロセスは参加型民主主義の形態に似ているということである。参加型民主主義のプロセスは、簡単とは言い難い。合意が達成困難な場合もあるし、発展の妨げとなることも、参加者間にフラストレーションを生み出すこともある。もし多数決となれば、少数派のニーズと権利が無視される恐れがある。本章で提出された価値が、これらの困難に対処する参加型民主主義の発展をどうもたらし得るのかについて、議論しなさい。

註

（1）第三世代の権利という概念は、文献の中で既にしっかりと確立されてはいるが、西洋社会の内部において様々なタイプの権利が認識されるようになった連鎖をかなり反映していることからして、やや自民族中心的との批判も可能であろう（Ife, 2008）。

（2）知的障害のある人々の権利に特に焦点を当てた、自己決定の対話的枠組みの議論については、タルリとサール（Tarulli & Sales, 2009）を参照のこと。自由と平等のような他の価値との関係に関するより一般的な哲学的議論については、バーリン（Berlin, 1969/2002）やスキナー（Skinner, 1998）を参照されたい。

（3）敬意もまた、国連年次総会が一九九九年に採決した決議における平和の定義の中心的な価値である。「……基礎となる一連の価値、態度、伝統と行動様式、生活様式は、生命への敬意、全ての人権と自由への敬意、対立解消への非暴力的関与、現在、及び将来の世代の発達と環境的ニーズに合致した関与、女性と男性のための平等な権利と機会への敬意、表現、言論、情報の自由への敬意、正義、民主主義、寛容さの原理の順守」（国連、Vaillancourt, 2009, pp. 34-35 に引用）。

（4）コミュニティ心理学に関連した同様の議論については、例えばネルソンとプリルテンスキー（Nelson & Prilleltensky, 2005）を参照のこと。これらの基準は、価値によって特徴づけられるともいえることに留意されたい。これらの価値を明確に区別するよう頼まれたとしても、我々は限定する必要のある文言を限定する、という無限のサイクルに陥るだろう（無限の遡及）。一般的に受け入れられる、コンテクストから独立した優先的ルールはないのである（他の価値に対して常に優先される価値はない）。

（5）ガーナ人の物の見方に刺激されて、イフェ（2010）は民主的人権を論ずる時になぜ手段と目的が分けられないのかについての議論を発展させた。「もしコミュニティが、人々が望む方向の決定に積極的に関与でき、全てに真に参加できるような自己決定のプロセスに進み出すことができたならば、事前に決定された目標、目的、標的、結果は必要ない。それはこのプロセスから自然に現れるだろうし、プロセスが健全なら、結果もまた健全であろう」（Ife, 2010, p. 37）。

第八章　プロセス

第八章を学習後、次のような問いについて議論することができるようになるであろう。

■コミュニティ音楽療法は、どんな場合に妥当なのか。
■参加型志向とはどういったものか。
■コミュニティ音楽療法は、批判的意識をどのように構築し、それに立脚することができるのか。
■コミュニティ音楽療法の計画には、どのような諸側面が関わってくるのか。
■音楽を通した団結と架橋のプロセスでは、いかにしてリソースを活用することができるであろうか。
■コミュニティ音楽療法のプロセスにおいて、どういった典型的な困難があるのか。
■コミュニティ音楽療法実践で用いられる様々な形態の評価とは、どういったものか。
■コミュニケーションと祝福は、どのように実践の中心的次元にあるのか。それはなぜか。
■コミュニティ音楽療法は音楽療法における時間と場所について、いかなる再考を求めているのか。

事前の考察

健康促進と療法的な実践で何を行うべきか、という問いは、驚くほど答えることが難しい。それぞれのイニシアチブは複雑で文脈化されており、どう行うのか、誰とどこで、どんな理由があって、等々の問いの連なりの検討へと導かれる。問いを発展させ、適切なものにすることは大切なことであるが、それは決断に挑む機会を遠ざけることではない。第七章の冒頭に出てくるポールによる問いが、全ての関連する側面について明白に主張している。「ある特定の問題を抱えたこの人にとって、どの治療を誰が行うのが最も効果的か。またその問題はどういった状況下で、いかに生じたのか」。一方、クヌートの「僕たちも（マーチング）バンドで演奏できるの？」というシンプルな問いは、まったく異なった実践に対しての考え方の扉を開いた。ポールの問いは、問題は個々のクライエントに属し、解決法は専門職のエキスパートに属している、という確固とした前提に基づくものであった。クヌートの問いは、より協働的でコミュニティ志向を指し示す前提に基づいていた。

コミュニティ音楽療法は、どんな時に妥当性を有するのであろうか。本書の理論、研究、実践例が、この問いにいくらか答えている。多くの問いが答えられることなく残されているが、この方向性のより多くの研究が触発されることは、決定的に重要である。我々の評価では、実践のコンテクストにおいて、妥当性への問いにどう取り組むかを考察することも、同様に極めて重要である。あらゆる個々の事例において最良であると評される鉄壁のアプローチが、一見存在するようにも思われる。このことを検証する際、我々は社会的、文化的、専門職的なコンテクストの中に必然的に位置づけられているという困難がある。もしも我々が出会うそれぞれの症例のニーズを査定するならば、例えば病院の中で臨床的な立場で行うのか、またはコミュニティの音楽学校で行うのかで異なってくる。同様に、問題点とリソースのどちらを精査することから開始するのか、個人あるいはコミュニティのどちらから出発するのか、それともこれらの混ざりあった形で行うのかによっても、違いが生じる。評価は、常に立場によって色づけられ、視座によって特徴づけられる。これは人間のありようの一部である。我々はこのことを認め、実践において複数の視座を探索することにより、判断が向上するよう努めることは可能である。

したがって、コミュニティ音楽療法がいつ妥当なのかという問いには、参加者のニーズは重要であるが、それのみを調査するだけでは答えることができない。音楽療法士は、関与するようになった彼あるいは彼女自身の理由と、問いが埋め込まれている社会的、文化的なコンテクストをも調査しなくてはならない。これまでの章において、この問いを検証する際に採用し得る視点のいくつかを概観した。不公正に関する研究を含めた健康とウェルビーイングに関する理論と研究が一つの知的源泉となる（第三章）。社会的リソースの重要性と協働ミュージッキングのアフォーダンスについての理論と研究は、また別の知的源泉である（第四章、第五章）。これらの知的源泉は、周縁化などの現代社会の課題に関連してくる（第六章）。これら全ての情報の評価は、我々がどのように普遍的人権の理念に関する価値と関係するかによって色づけられるであろう（第七章）。

時に音楽療法士はコミュニティ音楽療法の可能性について、クライエントのイニシアチブによって気付かされる。アラン・タリー（2005）が彼のクライエント、マリア・ロジスと行った取り組みがそれを例証している。この女性クライエントは、他者のための演奏、そして音楽作品の創造が、挑戦しないままであれば彼女を沈黙させたであろう彼女の内なる声に立ち向かうのを援助することを見いだした（コラム1・4を参照のこと）。タリーは音楽療法のプロセスの調整において、耳を傾け協働することをいとわなかった。これは我々が越境と呼ぶものへと至っており（境界侵犯との違いは第十章を参照のこと）、療法プロセスは開かれ、プロセスとそこで創られた作品は、より公のものとなった。この点で慣例的な音楽療法とコミュニティ音楽療法は、音楽療法という学問領域において確立された洞察の連続的妥当性を確認する方法のみならず、音楽療法とはどうあるべきかについてのドグマや仮説への挑戦においても、相互に支え合い挑み合う関係である。

資料8・1　ベルで楽しむ。カナダのブリティッシュ・コロンビアにおける音楽療法セッション。　写真：Randolph Parker

療法からコミュニティへの取り組みにあたって大切な考えは、コミュニティ音楽療法は常に個人セッションあるいは伝統的なグループセッションから育ってゆくものではないということである。それは社会レベルでの不平等が観察され、価値に基礎づけられた評価がなされることによって生じるかもしれないし、音楽的、文化的イニシアチブはもとより公衆衛生、あるいは健康促進のイニシアチブによっても生じ得る。本章で展開する参加型プロセスのモデルでは、様々な分析レベルにおいてニーズと権利の侵犯への批判的気づきを創出することは、コミュニティ音楽療法プロセスにおける重要な手段の一つになると考えられる。（我々が以下に述べるモデルにおいてプロセスは、相互作用的な移行によって形成される運動として説明される。）

コミュニティ音楽療法のプロセスに様々な起源があるという事実は、必然的に異なるタイプの実践が存在することを示唆している。文献をレビューする際には、少なくとも三つの異なるタイプの実践について説明することを提案する。最初のタイプを**特定のルート**と呼び、これは個人あるいはグループの特定のニーズやイニシアチブから生じるコミュニティ志向の発展の軌道である。先述したマリアの音楽療法プロセスのコンテクストの広がり（Logis & Turry, 1999; Turry, 2005）がこの例である。二番目のタイプを**プロジェクト**と呼び、これはある場所やグループの人々の利益のために、新たな実践を確立し、社会変革を引き起こすことを目的として、ある範囲の行為主体が帯同し、（大抵は限られた時間の中で）協働に尽力するものである。クヌートの質問のコンテクストは、政府レベルで着手され、地域の行為主体、地方自治体、行政区と協働して遂行された文化的インクルージョンのプロジェクトであった（Kleive & Stige, 1988）。第三のタイプを**プログラム**と呼び、これは明白な構造、アジェンダ、アプローチによって確立された実践である。ベインズ（Baines, 2000/2003）がカナダにおけるクラブハウスの社会プログラムの一環として発展させた連携型のコミュニティ・メンタルヘルス音楽療法プログラムは、このタイプの一例である（コラム６・４を参照）[1]。

これら三つのタイプは、互いに排他的なものではない。ここで紹介した用語はそれぞれの違いに敏感になるためのものであって、厳格な分類を確立するためではない。特定のルートは、コミュニティ音楽療法のプロジェクトやプログラムと同様に、慣例的な音楽療法から生じ得る。同様に、プロジェクトがプログラムに発展していったり、プログラムでの経験が新しいプロジェクトに必要とされたり、などといったことも起こり得る。どのようなテーマのバリエーションも我々にとってはコミュニティ音楽療法におけるプロセスを特徴づけるモデルを提案するために価値があると考えられる。

コミュニティ音楽療法の参加型プロセスのモデル

様々な諸点において、変容と転換が音楽療法とは何かを表しており、プロセスという言葉―変化へと向かう発展のコースに言及—は、音楽療法の文献の中で主要なものとなっている。プロセスという言葉はラテン語の processus から派生したもので、「前に進む」という意味を持つ。コミュニティ音楽療法実践のコンテクストでは、我々はプロセスを、健康、ウェルビーイング、そして社会的—音楽的変革の方向を目指した運動として捉えることができる。第五章で既に議論した通り、これらは相互に関連する領域である。

権利に基づいた実践としてのコミュニティ音楽療法の概念（第七章を参照）が、自由、平等、敬意、結束という価値とリンクしていることは、コミュニティ音楽療法のプロセスが民主的で参加型であるべきことを示唆する。参加型志向とはどういったものか。オーストラリアの音楽療法士マクファーランは、青年を対象としたコミュニティ音楽療法のプロジェクトの論述で、参加に招かれるための資格は何ら備えている必要はないと主張する。

> 参加型志向は、参加している人々に似る。この音楽療法グループは、そこにいる若者たちを直裁に反映している。プロセスの初期段階では、グループは学校や成人であることとの構造や責任よりも、ストリートライフや家庭生活とより親密な関係を持っている。グループを特徴づけるカオスは、そこに座っていたいと思う若者や音楽療法士にとって快適なものである。誰も指図しないし、誰にも命令されることはない。混乱とフラストレーションの瞬間と同様に、喜びと笑いの瞬間もセッションに立ち現れる。楽器が提供され、あたたかく歓迎される。参加するための資格は必要ない、ただそこにいるだけでよいのである（McFerran, 2010, p. 203）。

学ぶべき教訓は、全てのコミュニティ音楽療法のプロセスにおいて、カオスが不可欠な構成要素になることは滅多にないが、参加者の生活との適合性によってはそういう可能性もある、ということである。十代の若者には自由なスタイルが快適であり、構造化された活動に抵抗するかもしれない（McFerran, 2010）。他のコミュニティ音楽療法実践では、高齢者の合唱団活動に関するスティーゲの研究（2010b）のように、協働的に構造化されている。これらの参加者にとって秩序は快適で、音楽療法士が活動を主導することに満足していた。そのプロセスの参加型要素は、歌い手たちがメンバーである運営委員会の設立によって担保された。加えて、合唱団の活動が発展するためのプライオリティと方向性に関する全員出席の議論が多くなされた。ここでは構造が、主たる懐疑点ではなく、むしろ力となっていた。

それゆえコミュニティ音楽療法実践では、参加型民主主義が取り得る様々な形態を意識することが必要となる。それは、高齢者合唱団が好ましく感じたような運営委員会の設立や特別な民主的手続きの確立を必ずしも意味するわけではない。相互尊重と結束の文化の中で、参加者ができるだけ自由で平等であることを可能にする方法を模索することを意味しているのである（Baker et al., 2004）。したがって、自身の声を届けることに特定の困難さを抱える人々の声に注意することが決定的に重要である。コミュニティ音楽療法の文献には、参与型アクションリサーチがこの方向性にどう貢献し得るかを論証した重要な研究がいくつかあり（例えば Elefant, 2010b を参照）、よりドラマチックなものとしては、我々が民主的な交渉の際に大抵依拠する言語的スキルやその他リソースを有していない参加者を取り上げた研究さえある（Warner, 2005）。

コミュニティ音楽療法の**参加型プロセス**を特徴づけるために我々が提案するモデルは、参与型アクションリサーチにおけるプロセスのモデルからインスピレーションを得ており、それは一連の協働的な行為—省察のサイクルを通して社会変革へと向かうステップとしてしばしば説明される。アクションリサーチの伝統が、実践と極めて密接であり、実践、知識の発展、エンパワメント、そして社会変革の統合を可能にするため、我々はコミュニティ音楽療法の

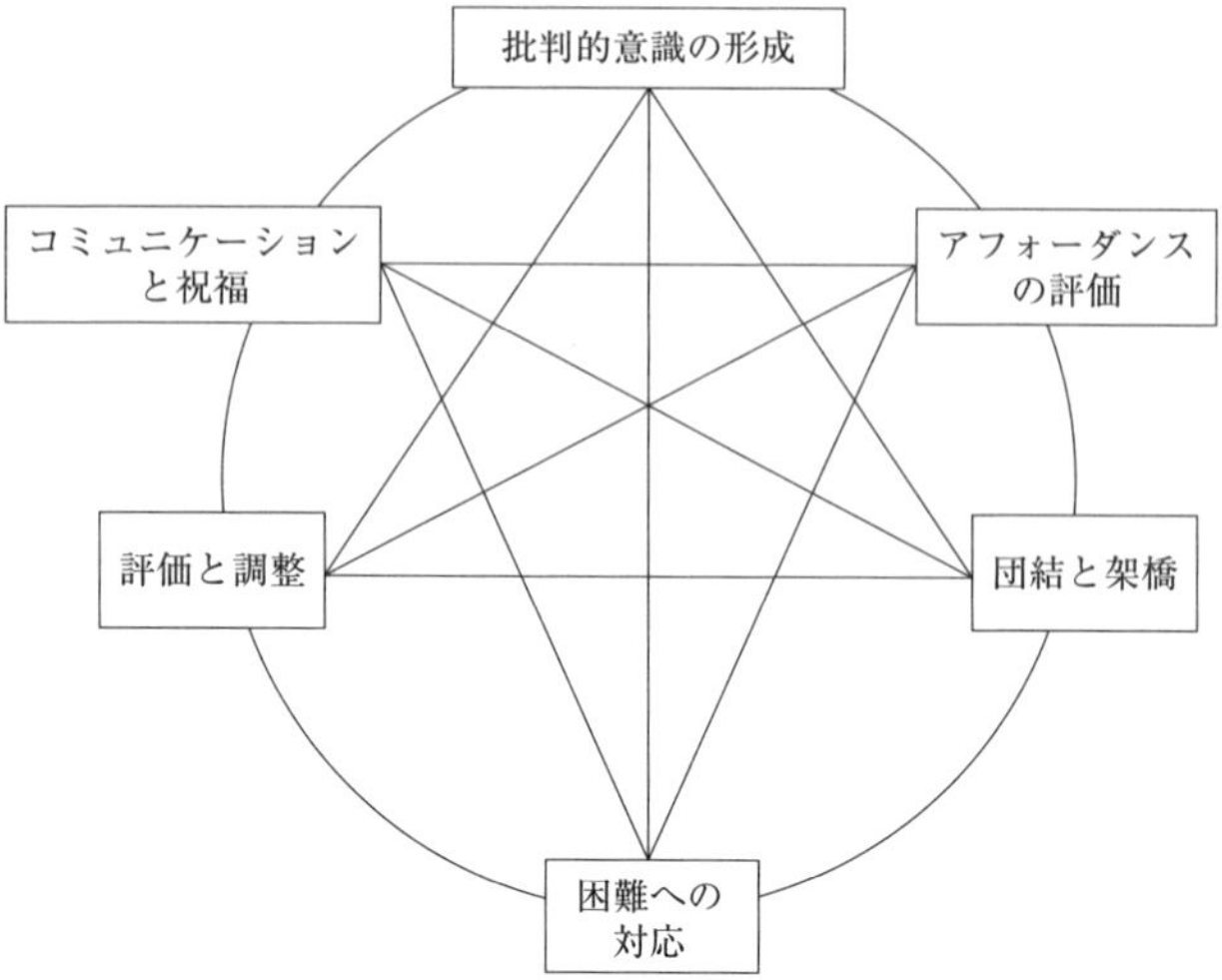

資料8・2　コミュニティ音楽療法における参加型プロセスのモデル

プロセスを記述するのに、アクションリサーチから適切なインスピレーションを得ることができるとみている。

プロセスは、取り組みの方向性を与えるいくつかの規制された価値と考え方から始まるが、そのプロセスの具体的な手順は、アセスメント、計画、行為、評価、省察という循環的なサイクルとして描写することができる。行為の目的と計画は元来の価値観や理念に基づくが、状況のアセスメントをすることで目的に到達するための利用可能な手段が検討される。計画の作成は、元となる考え方に必要な修正を含むため、具体的な行為計画を超えたものになる。ゆえにその行為は全体計画の第一歩とみなされ、次のステップ、評価へと導く。このことは、学習、次のステップを計画するための情報収集、全体計画における将来的な修正の基礎の構築といった、多面的機能に資する。これらは全て、様々な形態での総体的な議論と省察によって達成される（Stige, 2005b, p. 409）。

社会変革のための**行為―省察サイクル**における協働は、コミュニティ音楽療法実践の発展にとって有用なガイドラインであり、第一章と第六章で議論された頭字語ＰＲＥＰＡＲＥのいくつかの特性を反映している。この頭字語はまた、リソースや生態学的コンテクストへの志向性や、音楽のパフォーマンス的可能性に対する意識など、実践を特徴づける原理をも強調している。これらの原理は、コミュニティ音楽療法におけるプロセスを、事前に定義された一連の段階という見地から記述することなど不可能であることを示唆している。幅広い相互作用的移行を伴った柔軟な原型（マトリックス）は、実践に関する関係性のリアリティをより具体的に表象している（Stige, 1995, pp. 104-147; Wood, 2006）。コミュニティ音楽療法の文献におけるプロセスの理念や記述のレビューにおいて、我々はこれを、（a）参与型アクションリサーチにおけるプロセスの概念、（b）頭字語ＰＲＥＰＡＲＥによって示唆されるコミュニティ音楽療法の諸特性、（c）社会的リソースに関連づく理論、で説明した。それによって我々は、コミュニティ音楽療法のプロセスを六つの異なる手段、すなわち「批判的意識の形成」「アフォーダンスの評価」「団結と架橋」「困難への対応」「評価と調整」「コミュニケーションと祝福」を通した健康、ウェルビーイング、社会的―音楽的変革の方向性へと向かう運動（ムーヴメント）として描き得ることを提案する。資料８・２は、それぞれの手段間の関係性を示している。以下に、それぞれの手段について説明しよう。

批判的意識の形成

コミュニティ音楽療法におけるニーズが、個人のレベルを超えて検証され、権利の侵害や社会的、文化的な背景との関連で理解されるため、批判的意識の形成は極めて重要である。これにより、コミュニティ音楽療法の実践に少なくとも二つの課題が生じる。つまり、より広範なコンテクストに関する情報の要求と、イデオロギーへの挑戦であ

資料8・3　あなたの見方を共有する。子どもの福祉を題材としたミュージカル。ノルウェーのベルゲンにて。 写真：Astrid Merete Nordhaug.

る。前者は、主に方法論上の課題である。療法の導入と評価の両段階で、情報を収集するための最善の手続きとは何であろうか。エスノグラフィー的なフィールドワークや調査は、次章でも論じる通り、二つの有益なアプローチである。後者（イデオロギーへの挑戦）は、批判理論の伝統で詳論される際、複雑且つ重要なものである。第九章で議論されるアクションリサーチとも関連するが、イデオロギーは人々が現状を自然に受け入れるよう誘導する抑圧的な一連の思想として機能する。例えば不平等は不可避であると考えるとすると、それは状況や可能性を慎重に分析したからなのか、それともそう考えるように教えられたからなのか。後者が当てはまる場合に、不平等をこのようにみなすことは、誰に利するのであろうか。これらの疑問は、コミュニティ音楽療法の実践においてイデオロギーがいかに課題であり、またそれに挑戦し得るのかを例証するものである。

参加者の代理として批判的意識を形成することは、通常不可能であり、有益でもない。ここでもまた我々はアクションリサーチの伝統からインスピレーションを得ることができる。アクションリサーチでは、批判的意識づけへの第一歩は、行為主体が相互作用し、アジェンダが展開していくアリーナ（場）を確立することによって築かれる（Reason & Bradbury, 2006）。音楽のパフォーマンス的な性質は、このアリーナとアジェンダ双方に関わって、いくつかの非常に特別な可能性を作り出す。音楽は頻繁に人々を結び付けて交流を促し、アジェンダの展開に関連して言語的、非言語的コミュニケーションの組み合わせを可能にする。

今一度、クヌートの問いを例として用いてみよう。マーチングバンドで演奏することについての彼の問いは、言語的には簡潔なものであったが、その他いくつかの行為や表現の相互作用を通して重みが増した。彼や別のグループメンバーが、マーチングバンドの写真を目にした時のジェスチャーによってコミュニケートした熱狂は、その一つである。それは、グループメンバーの何人かが以前行ったような、マーチングバンドの近くでちょっとした笛を準備しておき、参加可能性が生じた際に自分たちも行進するのとは別のものであった（Stige, 2002, pp. 113-134を参照のこと）。おそらくこういった行為や表現は、音楽療法士やより広いコミュニティのメンバーが、知的障害を持つ人々によるコミュニティへの参加の権利に関する課題のコンテクストにおいてそれらを捉えることなしには、無視されていただろう。言い換えると、コミュニティ音楽療法における批判的意識とは、音楽、ジェスチャー、言葉の使用を通じて、価値とヴィジョンを取り決める協働的プロセスなのである。それはしばしば、個人と政治が相互に作用し、互いを照らし出すプロセスである。

コラム8・1　小さな聖人からのメッセージ

米国の音楽療法士、スコット・マクドナルドとマイケル・ヴィエガ（MacDonald & Viega, 2011）の研究は「私たちの声を聴く」というプログラムに関するもので、フィラデルフィア州にあるテンプル大学の「芸術と生活の質研究センター」の援助を受けて行われた。「私たちの声を聴く」とは音楽療法のソングライティングのプログラムであり、「芸術と生活の質研究センター」主催の「あなたのそばの芸術」プログラムの一部に位置づく。ヨーク・ブラット（Joke Bradt, 2009）は「希望とは変化である」というコラムにおいて「私たちの声を聴く」プログラムについて以下のように述べている。

　これはフィラデルフィアの中でも貧困と犯罪率の高い地域に住む、危機に瀕している若者を対象として行われた十四週間のソングライティング・プログラムである。毎週、多様な背景を持つ小学生たちが集い、二人の優れた音楽療法士スコット・マクドナルドとマイケル・ヴィエガの指導のもと、自分たちの生活やコミュニティについての曲を作る。歌の中で子どもたちは、愛やコミュニティ、希望、変化の必要性を強調すると同時に、貧困、暴力、そして教育の欠如の問題についても探究する。彼らの歌は複雑な日常経験を物語るが、同時に世界に対するむしろまっすぐだが洞察に富むメッセージを表現する。ちょうど数週間前、一年生と二年生の子どもたちがオバマ大統領についての歌を書いた。

大統領へ
伝えたいことがあります
この世界を変えたいです
世界を変えるのを手伝ってほしい
ぼくたちは悪いことを良いことに変えることができる
だからすべての悪い人たちを良い人たちに変えることができる
だからだれももう盗んだりしない

（略）

歌はゆっくりとしたゴスペルスタイルで始まるが、多くの打楽器のエネルギーと共に速いテンポへと変化する。私はこの子どもたちの中に……決意と希望をみた。彼らはコミュニティにどんな変化が必要か分かっていて、もし我々全員が共に取り組めば、変化は可能だと信じている……。子どもたちのメッセージを理想主義的でナイーブなものとして見ることもできるが、私はそれらを信念、希望、エンパワメントのメッセージと考えたい（Bradt, 2009）。

マクドナルドとヴィエガ（2011）はプログラムにおける自分たちの取り組みを説明するに際して、ヒップホップ文化の妥当性と、それが音楽療法のプロセスとプログラムに提供した音楽的枠組みについて議論している。このソングライティング・プログラムは、テーマを中心に据えたアプローチであり、子どもたちが自分の生活に関連した問題、例えば暴力、ギャング行為、家庭の状況、薬物使用、怒りの制御、学校、同調圧力など、これらを探究し表現するための創造的なはけ口を提供することを目標としている。このプログラムはまた、個人の安全と成功のための方略を協働的に創出する機会を提供するものでもあった。

「小さな聖人」は、「私たちの声を聴く」プログラムにおける最初のグループの一つであった。九〜十二歳の七人の女子と六人の男子からなるグループで、ほとんどがアフリカンアメリカンとラテン系を背景とした。グループの何人かは過去に公式、非公式の音楽経験があり、マクドナルドとヴィエガはグループのソングライティングの方向性を決定する重要な要素とは、彼らが何を聴いているかを知ることだと述べている。子どもたちの好む音楽はラップ、ヒップホップからレゲトン、アメリカンR&B、ポップスまで幅広かった。音楽療法士は、子どもたちの音楽的嗜好が、幼年期と青年期の間で揺れ動いており、それはおそらく彼ら自身の移行期を映し出しており、そのことに彼ら自身も気付いているようだと述べている。

> 子どもたちはからかいや競争、時折りのもめごとやいたずらのようなふるまいを示し続けたとしても、また周囲のミリューに薬物や暴力の影響があったとしても、彼らの歌詞や音楽から伝わってくることは、人間性、社会的意識、精神性に関する信念である（MacDonald & Viega, 2011, p. 156）。

資料8・4　公開演奏のリハーサル。シンガポールにおける障害を持つ子どもたちの合唱団。 写真：Beyond Social Services

アフォーダンスの評価

批判的意識の形成とは価値とヴィジョンに関することであり、何を変革するべきなのかの明確化であるのに対し、アフォーダンスを評価するとは計画についてであり、すなわちこのコンテクストにおいて当該コミュニティで何ができるのか、ということである。コミュニティ音楽療法の計画には、実践の複数の次元や分析の複数のレベルとの関連においてリソースと課題の評価が含まれるため、「アフォーダンスを評価する」というフレーズは適切である。

例えば実践の次元は、場（arena）、行為主体（agents）、活動（activities）、人為的産物（artifacts）のアフォーダンス（affordances）に焦点化することで検証することができる（Stige, 2002, pp. 210-230, 及び第五章の健康ミュージッキングの議論を参照のこと）。場とアジェンダ（agenda）の関係については前節で述べた。複数のレベルの分析がいかに適切かを明示するため、参加する行為主体の次元、つまり個人、グループ、組織、広範なコミュニティなどが本書全体を通して取り上げられている。次の段落では、活動と人為的産物のアフォーダンスがどのように評価され適用されるかを示す数例を、コミュニティ音楽療法の文献から示そう。

コミュニティ音楽療法の文献は、必然的に様々な形の協働的な音楽行為、例えば集団即興、コミュニティでの歌唱や合奏などに焦点を当てている（Kleive & Stige, 1988; Scheiby, 2002; Numata, 2009）。特色ある形態としては、ドラムサークル（Boxill & Roberts, 2003）、ロックバンド（Roer, 2001; Aigen, 2002; Krüger, 2004; Jampel, 2006, 2011; Tuastad & Finsås, 2008）、合唱団（Zanini & Leao, 2006; Knardal, 2007）などがある。これらの活動のうちいくつかは、ソングライティング（Aasgaard, 2002; McFerran, 2010; O'Grady, 2009）やパフォーマンス（Klaive & Stige, 1988; Ansdell, 2005b; Jampel, 2006, 2011）に関する文献の中でも強調されているように、幅広い聴衆とコミュニケートできる可能性をも含んでいる。聴衆とのコミュニケーションにおいて、人為的産物のアフォーダンスは、通常極めて重要である。我々が用いる楽器、歌、歌詞の文化的な含意（コノテーション）とは何であろうか。また、既に確立されている慣習に対応する、あるいは対峙する行為の可能性とはいかなるものか。これに関しては、第六章で「異なるドラム」を架橋するアフォーダンスが例示されている。「異なるドラム」は、連合主義と関係するランベグ・ドラムと、伝統的なアイルランドのアイデンティティにつながるバウロン・ドラムとを接合するものであった[2]（Smyth, 2002）。

ウッド（2006）は、彼が「コミュニティ音楽療法マトリックス」と呼称するものを用いて、アフォーダンスを評価する方法を開発した。マトリックスでは、上記実践の複数の次元を統合する相互に関連した様々なフォーマットが記述されている（コラム8・2を参照）。

計画の手続きや機能は、実践ごとに大きく変わり得る。特定のルートに関わる計画はしばしば非公式であり、次に行うべきこと（いつ、どのように、どこで）の評価に結び付けられるのに対して、プロジェクトに関わる計画には、包括的な書面文書の発案が必要となる場合がある。プログラムの中での計画は、そのために確立された構造、アジェンダ、アプローチによって制御され、有効になる。

コラム8・2　コミュニティ音楽療法マトリックス

イギリス南部で音楽療法士のスチュワート・ウッド（Stuart Wood）と同僚たちは、数多くの継続的なコミュニティ音楽療法プロジェクトを遂行してきた。開始時点のプロジェクトは、「療法からコミュニティへ」と名付けられた（Wood, Verney & Atkinson, 2004; Wood, 2006）。元来のプロジェクトはイギリス南東部のエールズベリーにある神経学的リハビリテーション・ユニットに基づいており、そこで次の三段階で構成された音楽療法プログラムが提供された。すなわち急性期及び入院患者の医療現場における個人音楽療法、コミュニティ医療の場におけるグループ音楽療法、街のアート及びその他のコミュニティ会場でのワークショップである。ウッドはこの初期のプロジェクトが彼にとっていかに困難であり、音楽療法士として取り組み方や考え方を変えるきっかけになったかを説明している。

> 私はプログラムにおいて音楽が各参加者を導くのをフォローすることに責任を感じ、それぞれのステップの安全を確保することに義務を感じていた。そこで私は、幅広い音楽体験が組み合わさり、参加者らのニーズに柔軟に対応する「結合された」（joined-up）システムを創出する方法を考案することに挑戦した。プロセスを動かし続けるためには、この取り組みの周囲にある行為主体や学問もまた統合しなければならないということを理解するに至った。理論もまた、省察するための意義あるシステムを提供する必要がある。各レベルで私は、違いと同時に統一を認め、非階層的でネットワーク化され、最適なつながりを保証する視点を持つようにした。この視点のモデルを模索する中で、私は「マトリックス」の形成が新しい考え方を可能にすることを見いだした。コミュニティ音楽療法を計画、実践、評価するという課題に対する私の

応答として、「マトリックス」を提案したい。これによって他の音楽療法士が同様の課題に直面する際の助けになることを期待している（Wood, 2006）。

ウッドが開発したコミュニティ音楽療法マトリックスは、個人音楽療法、グループ音楽療法、ワークショップ、アンサンブル、コンサートツアー、パフォーマンス・プロジェクト、授業、特別な場面の音楽など、相互に関連する実践形式で構成されている。ウッド（2006）はまた、音楽が個人とコミュニティの関係性をどのように、そしてなぜ媒介できるのか明らかにするため、神経音楽学と音楽社会学の理論的視座を取り入れている。

ウッド（2006）は、コミュニティ音楽療法の実践は生態学的で状況的であるため、マトリックスの中心点のプロセスは、他の中心点のプロセスに影響を及ぼすと論じている。ウッドによって採られたシステム全体的アプローチにおいては、個々のイニシアチブがそれほど重要ではない、ということを意味しているわけではない。それどころか彼は、担当の神経学者にとって困難な、まれな神経学的症状をもつ五十歳代半ばの女性、パム（Pam）のストーリーを例示している。パムは、彼女自身の病気の状況とは対照的に、病院内の患者から地域コミュニティにおける創造的な音楽の参加者へと、個人的変容を成し遂げたのである。

団結と架橋

「団結と架橋」という用語については、パットナム（2000, p.22）による社会関係資本の二つの形式の区別を参照しつつ、既に第四章において紹介した。このモデルのコンテクストにおいて、コミュニティ音楽療法における様々な社会的―音楽的プロセスを記述するため、我々はこの用語を幾分自由に使用する。団結とは、同種のコミュニティ内の人々を結び付けるプロセスを指し、架橋とは異種のコミュニティ内またはコミュニティ間をつなぐ社会的なプロセスを指す（Stige et al., 2010）。団結と架橋の両方が社会的リソースを構築し、活性化する。

第五章で説明した儀礼としての相互行為と実践コミュニティは、共有された音楽行為がどのように社会的リソースを構築し、活性化するのかを例証している。儀礼としての相互行為は、身体的な共存、相互に注意を向けること、そして気分の共有によって特徴づけられ、感情的なエネルギーの増加とコミュニティ感覚の構築へとつながる（Collins, 2004）。儀礼としての相互行為は「儀礼としての相互行為の連鎖」で繰り返すこともできるが、一回限りの出来事、ということもあり得る。人々が目的を持って繰り返し集まると、実践コミュニティが創出される（Wenger, 1998）。儀礼としての相互行為は多くの場合、団結を伴うが、架橋の可能性を排除するものではない。実践コミュニティにはしばしば団結が含まれ、架橋が含まれていると通常、コミュニティは強化される。

音楽療法の文献は、音楽を団結として使用することについて豊富に言及しており、グループプロセス内におけるグループの一貫性と結束に焦点化している。架橋（もしくは関連するメタファーとプロセス）は、文献にいつも等しく明記されているわけではないが、コミュニティ音楽療法における中心である。例としては、パフォーマンスに焦点を当てた音楽療法士（Ansdell, 2005b, 2010b; Jampel, 2006, 2011）、社会で周縁化されている集団のインクルージョン（Broucek, 1987; Kleive & Stige, 1988; Curtis & Mercado, 2004; Elefant, 2010a）、そして平和と紛争転換に関するものがある（Dunn, 2008; Vaillancourt, 2009; Katz, 2011）。

スティーゲと共同研究者（2010, p. 286）は、コミュニティ音楽療法実践が団結と架橋の相互作用を醸成すると論じている。架橋は多様性のための空間を構築し、これは、ジャンペル（Jampel）がコミュニティ音楽療法のパフォーマ

資料8・5　団結と架橋。ノルウェーのベルゲン赤十字老人ホームでの幼稚園の子どもたちによるパフォーマンス。 写真：Tove Gulbrandsen

ンスに関する議論で強調している点である。

民族性、ジェンダー、年齢を超えた時に、より強固なコミュニティが確立される。多様性を反映した音楽をパフォーマンスすることで、演奏者だけでなく聴衆をも融合させることができる。バウアーズ（Bowers, 1988）のパフォーマンスの経験談によると、問題を抱えたティーンエイジャーと高齢者で構成された多世代合唱団において最終的に形成された結合は、もともと存在していた誤解と反抗心のギャップを架橋するのに役立った。彼らは音楽をパフォームすることを通じて、互いに感謝することを学んだ。音楽療法士の介入によって、両世代は最初、互いに異質と感じた音楽語法の中に、最終的には自らを進んで開こうとした。この世代間対立の解決は、互いの理解を促す上で決定的に重要であった。私はこれまで、パフォーマンスへの取り組みにおいて同様の経験をした。私は常に十九歳〜七十代後半のバンドの人々と仕事をしてきた。ある種の音楽スタイルに対する好みがそもそも異なるにもかかわらず、演奏者たちはお互いの音楽的選択が理解できなくても、少なくとも容認することを最終的に学んだのである（Jampel, 2006, p. 17）[3]。

架橋はまた、連携について第十章で議論するように、より広範な提携内での取り組みを可能にする。コミュニティ音楽療法の文献では、地域のアマチュア音楽家（Kleive & Stige, 1988）、コミュニティ音楽家（McFerran & Teggelove, 2011）、警官など他の部門（Fouché & Torrance, 2005）との協働を含むこうした取り組みへの言及が豊富になされている。音楽療法士が他者（専門職者やコミュニティのメンバー）に音楽を健康と発達のためのリソースとして使用することを促す相談（コンサルテーション）など協働的実践を通じて、別の形態の架橋が行われる（Stige, 2002, pp. 135–153; Rickson, 2008, 2010）。ヴァイアンクール（2009）は、学校環境における音楽療法士がいかにしてメンター、リーダーとして働きかけ、子どもたちの一部を「小さなメンター」と「小さなリーダー」へと成長させ、肯定的な社会変革を推進するかについて述べている。ヴァイアンクールはこの可能性を、コミュニティ音楽療法がもたらす波及効果への意識として説明する。

コラム8・3　音楽でつながる

ドイツのクレーフェルト在住の音楽療法士、ゲルト・リーガー（Gerd Rieger）は、社会教育のトレーニングも受けていた。彼は長年、東ヨーロッパからの移民たちに、ロックバンドを媒介とした創造性、アイデンティティ、つながりのための働きかけをしてきた（Rieger, 1993, 2006）。二〇〇三年より彼は、「ロック・アム・リング（ロックの輪）」というバンドプロジェクトを手がけ、創造的協働プロセスを実験し、社会的に構成された分断の架橋を導いた（Rieger, 2008）。

リーガーの行ったロック・アム・リングは、知的障害を持つ人々と取り組む彼の仕事の一環であった。週に一度、様々な障害を持つ十五人のミュージシャンが練習のために集う。彼らはロックバンドで用いる楽器であるベース、ギター、キーボード、ドラムに加え、ジャンベやコンガなど多様なパーカッションを用いる。リーガー曰く、バンドのミュージシャンの多くにとって、このリハーサルは一週間の中で最も大切な時間である。

リーガーは、クレーフェルトのジャズ・ワークショップの指導者でもあり、そこでは他のミュージシャンたちが毎週集まり、ジャズのスタンダード・ナンバーを即興で演奏していた。リーガーはジャズ・ミュージシャンたちにロックのテーマで即興演奏するというアイデアを提案し、ミュージシャンたちはロック・アム・リングがソングライティングのプロセスにおいて発展させたテーマで実験することに同意した。そしてジャズ・ミュージシャンらが彼らの音楽実践において、この変奏を味わっていることが判明した。ロックのテーマは和声的にシンプルで、グルーヴ感覚を提供し、力強いサウンドであった。

偶然、ロック・アム・リングのメンバー二人が出会い、ジャズバンドのコンサートを聴くこととなった。ジャズ・ミュージシャンらがロック・アム・リングの曲を演奏し始めたので、彼らは自発的に加わり、ジャズバンドと共に即興演奏を終えた。二人のロックミュージシャンの貢献は、敬意を持って受け入れられた。彼らの演奏の誠実さ、エネルギー、演奏の巧妙さに、多くの観客が拍手を送った。そしてロック・アム・リングとジャズバンドがさらに協働する、というアイデアが生まれたのである。

地元の教会の援助のもと、ある土曜日にこの二つのグループが出会い、共に時間を過ごすことが決まった。祭壇に近い臨時ステージに楽器が運び込まれ、協働的な音楽行為を可能とするような練習とパフォーマンスのための空間が創られた。リーガー（2008）によると、当初、ジャズ・ミュージシャンの何名かは、今にも参加を断ろうとするほど慎重な様子であったという。これは新しく、それまでとは異なる経験であり、緊張をほぐすプロセスが必要であった。そのため、いくつかの準備運動が取り入れられた。アイスブレイクとなったのは、ユーモアと真剣な音楽家性の組み合わせであった。ロック・アム・リングのメンバーが、この機会を逃すはずもなかった。彼らは演奏したかったし、ジャズ・ミュージシャンと共演したかったのである。

彼らが一緒に練習する最初の曲は、慎重に選択された。それは力強くありながらもシンプルな曲で、ロック・アム・リングのメンバーがよく知っていた。彼らは安心感を得つつ、活力と自信を持って参加した。曲の一番が終わった後、ジャズバンドの管楽器奏者が力強い音色で、最初は単声、それから多声で加わった。ここからが始まりである。グルーヴへと至り、ソロパートのための音楽的空間が創出された。ロック・アム・リングのパーカッショニスト、フィリップ（Philipp）が最初のソロを演奏した。ジャズバンドのビブラフォン奏者が次のソロを続け、その後、両グループから多くが続いた。

有意義なリハーサルが続いていた。彼らが練習している間、ボランティアやメンバーの家族は昼食づくりを始めた。彼らは、一生懸命がんばったミュージシャンらに極上の食べ物、飲み物を供したかったのである。一緒に昼食をとり、会話することで、二つのグループのミュージシャンらは、互いについてさらに知ることができた。

これは、町のいつもの土曜日に起こった出来事ではない。この日は市場の日で、通りは人であふれていた。ミュージシャンらが演奏を再開した際、教会のドアを開け放しておいた。外の人々は聴こえてくる音に引き込まれ、何人かはドアからのぞいた。そこでミュージシャンらは、午後に演奏イベントをすることを告知した。小さな教会でコンサートが始まった時、そこは家族、友人、看護師、ソーシャルワーカーといった人々でいっぱいであった。さらにまた大勢の人々が、彼らの音楽のエネルギーや熱狂に誘われ、通りから聴きに訪れたのである（Rieger, 2008）。

困難への対応

団結と架橋は常にスムーズで簡単というわけではなく、それは本章で論じる参加型プロセスのモデルにおける他の全ての移行にも当てはまる。音楽療法士は予期せぬ出来事や、様々なもめごとに対処する用意がなくてはならない。コミュニティ音楽療法においては、分析のあらゆるレベルにおいて困難と遭遇するのである。

個人レベルでは、参加者はプロセスが余りに困難であったり、成果に不満であったりという経験をするであろう。

資料8・6　ビクター・ワシントン（Victor Washington）のピアノ伴奏でブルースを歌うジェニー（Jennie）。ニューヨーク、バルティック・ストリート・クリニックにて。　写真：サウスビーチ精神科センター

音楽への参加は、個人的問題や辛い記憶の誘因となるかもしれない。ダン（Dunn, 2008）は、コミュニティでの歌唱活動の状況から、ある例を挙げる。

> 音楽療法、音楽演奏、コミュニティ音楽の組み合わさった経験を通じ、私はシンプルな曲が個人に与える効果を謙虚に受け止めるようになった。歌唱活動をリードしていた際、《ユー・アー・マイ・サンシャイン》で号泣する女性がいたのを思い出す。この歌は、最近亡くなった彼女の父親が、母親によく歌っていたのだという。音楽活動のファシリテーターは、音楽が人々に強力な効果を及ぼすことを自覚しておく必要がある（Dunn, 2008, p. 89）。

ダンは、音楽への強い反応がある時には、支援サービスの紹介を含めたフォローアップの必要があると主張する。大抵の場合は、その社会状況における即座の

サポートや、音楽療法士によるフォローアップで充分である。音楽療法士がインクルーシブな（そして時には公開の）場で音楽実践を行う利点の一つは、感情的に困難な状況に対処するためのトレーニングを受けていることである。第六章において我々は、後期近代社会において人々の持つ強みではなく脆弱性を醸成する「療法文化」（Furedi, 2004）が拡大している問題を議論した。コミュニティ音楽療法のコンテクストにおいて困難な感情に対処することは、それとは異なる現象である。コミュニティ音楽療法は自由と結束によって特徴づけられる感情的コミュニティを構築することを含み込んでおり、そこには感情表現への許容性がある（Rosenwein, 2006）。

グループ内では、参加者がそれぞれ異なる価値観や態度、プロセスや成果についての経験を持っているため、衝突や困難なコミュニケーションのための充分な余地が設けられている。利害の衝突も日常的である。アンスデル（2010a）は、東ロンドンの慢性期精神疾患を抱える成人のための組織によってサポートを受けている「ミュージカル・マインズ」というグループで活動している音楽療法士、サラ（Sarah）について述べている。（コラム4・2と7・3も参照のこと）。

毎週、音楽的、社会的なプログラムが同時に行われる。サラが最初にグループに入ったとき、人々はただ自分がしたいこと（「ソリストになる」）を欲すのみで、互いをほとんど聞くことができず、尊重もしないし、一緒に開くコンサートをコーディネートすることも不可能であると実際に主張した。グループはしばしば一時的に分裂し、相違を調整することができなかった。しかしグループの中に徐々に変化が生じてきた。サラはメンタルヘルスの支援者としてのスキルを用いてグループと交渉し、互いのニーズについて協議するよう求めた。徐々に協働—音楽的にも社会的にも—がみられるようになった。サラはこのことについて、次のように述べている。

グループの大半のメンバーが、自分のアイデンティティを維持することに不安を抱いているようだ……、そしてもちろん、それはメンタルヘルスの困難を扱う上で、まさしく最も難しいことである。――レッテルを貼られ、このトラウマ的なコミュニティで生きているのである。したがって、私が彼らを一緒に音楽するよう仕向けるにつれて、彼らが個人をより感じるようになったのは、本当に意外な結果であった！…

サラを観察するにつれて、次第に異なる状況（それは全く留まることのないものであった）における彼女の役割や責任の移行に深く感銘を受けるようになった。時にグループの中で、彼女は従来型の療法士としてふるまう。すなわち、諍いを理解できるよう援助し、協議するのを助け、彼らを支えた。ショーの準備が進むにつれ、彼女はコーチのようになり、ソロ演奏とグループ・ナンバーを可能な限り良いものにするため、メンバーを手助けした。そして…パフォーマンス中にはまた異なることが起こった―そう、彼女は伴奏者であった（これも普段の必要性から生じているのである！）（Ansdell, 20101a, p. 36）。

紛争は、グループを超えたより高次の分析でも起こり得るであろう。紛争の解決をメインテーマに据えるダン（2008）は、紛争を転換しようとする試みにおいて音楽を用いることの潜在的有用性を主張している。なぜなら音楽は、より慣例的で排他的な言語的方略と比して、異なるレベルの人間の機能をうまく活用できるからである。エレファント（2010a）は、グループ間の関係に働きかけることが統合とインクルージョンにとっていかに重要であるかをまとめている。クライヴとスティーゲ（1988）は、障害者が市民参加によって権利を実現するための試みが、広範なコミュニティの支持と共感のみならず、恐怖や抵抗をどう引き起こしたかについて議論している。

コミュニティ音楽療法でよく言及される生態学的波及効果には、いくつかの困難な結果が伴うかもしれない。基本的な平等や敬意のような中心となる価値がグループ全体で共有されている場合、通常は状況を御しやすい（例えば、より広範なコミュニティにおける態度の変化に向けた体系的且つ長期的な働きかけが求められるとしてもである）。中心となる価値が共有されていない場合、あるいは歓迎されないようなプロセスで権限や特権に挑戦する場合、状況ははるかに難しく、おそらくは危険ですらある（ホームレスの子どもを助ける努力が、彼らから搾取しているドラッグのシンジケートを挑発するような場合）。これらのケースでは、肯定的な社会変革のため、広く協力者と連携することが絶対的に不可欠である。

コラム8・4　無作法な聴衆に直面した際のレジリエンス

ノルウェーでキャスリン・ダーレとベロニカ・スラタバック（Dahle & Slettebakk, 2006）は、コミュニティ音楽療法のパフォーマンスにおける役割と関係性を研究した。当該研究の焦点は、レジャークラブでのイベントのパフォーマンスであった。活動と省察を要するような予期せぬ事態が進行した。件のクラブは、地方自治体の小さな町にあった。その自治体のあらゆる成人に開かれていたが、とりわけ障害を持つ人を包摂するようにもデザインされていた。クラブのメンバーには、地域コミュニティの音楽学校のサポートを受けてバンドを結成した人もいる。ダーレとスラタバックは当時、音楽療法の修士課程に在籍しており、バンドのリハーサルとパフォーマンスの指導にあたっていた。

それは小さなバンドであった。ある演奏の際には、音楽療法の院生に加え、ドラマーとベーシストのたった二名の参加者しかいなかった。それで院生らはピアノとギターで参加することにした。ドラマーとベーシストは二人とも知的障害を持ち、言語に制約があり、調整とリズムに幾分困難を伴った。

バンドはパフォーマンスを軽く捉えてはいなかった。イベントの数週間前に彼らが好きで上手く演奏できると思う楽曲を慎重に選んだ。各曲を徹底的に練習し、四人のメンバーは役割、アレンジ、アナウンスについて話し合い、パフォーマンスの準備を進めた。ドラマーとベーシストはイベントにとても緊張しており、こうした準備の決まりごとが、ステージフライトを減じる唯一の対処法であった。

ついにギグの夜が到来した。ミュージシャンらは楽器をセッティングし、観客が到着し、バンドはレジャークラブの店長の歓迎を受けた。ドラマーは誇らしげに最初の歌をアナウンスし、バンド演奏が始まった。それぞれがうまく運んでいた。演奏が始まった当初は、リズムが余り安定していなかったが、すぐにドラマーはリラックスして、音楽は次第にしっかりとしていった。ミュージシャンらは、自らを楽しみ始めた。聴衆も確かにいい感じであったが、突然五人が立ち上がり、歩き去っていった。何があったのだろう？ベーシストとドラマーは困惑した視線を交わした。何かまずいことをしたのだろうか？彼らは音楽療法の院生たちを見た。何をすべきだろう？言葉は発されなかったが、これらはほんの一瞬の間に二人のバンドメンバーが顔の表情や身振りで伝えたことに対する院生の解釈であった。

この事例研究でダーレとスラタバック（2006）は、この困難で予想不能な状況に対処するために用いる方法論を探究した。パフォーマンス状況そのものを、情動調律と社会的参照（Stern, 1985/1998）に焦点を当てて分析した。彼らはその後、バンドリーダーと彼らがその出来事をどう処理したかをメンバーと言語的に分析し、イベント全体を通して何が起こったのかを明確化し話し合うことで、継続的で相互的な感情的サポートの提供が可能となった。その後、ダーレとスラタバックは、この出来事を見るためにはメソシステムの次元（Bronfenbrenner, 1979）を調べなければならないことを決意した。この出来事は小さな町で起こったため、立ち去った観客を見つけて話すことができた。彼らは誰で、なぜ立ち去ったのであろうか。彼らは、障害者のための支援アパートで勤務する看護師であることが判明した。彼らは、自分たちの勤務時間が終了したため、帰ったのだという。音楽療法の院生らは、勤務中の看護師が聴衆の一部となることを考えると、演奏者のニーズに対する配慮が不足していたことにはっとさせられ、他方でそのイベントの時間選択が理想的ではなかったことも認識することになった。

では、この出来事から学んだ教訓とは何か。問題は、二人の音楽療法の院生が広いコンテクストを無視し、バンドのミクロシステム内での準備と処理を、バンドメンバーにとってパフォーマンスを無事に行うことを保証するという仮定に全面的に依拠させたことではない。イベントの時間はレジャークラブの店長との対話で決定された。ただ、店長は看護師の勤務時間について、思ったよりも少ない情報しか得ておらず、広い社会的ネットワーク内で直接コミュニケーションすることの価値を認識することが重要であることが分かってきた。ダーレとスラタバック（2006）にとって、リスクのあるビジネスとしてのパフォーマンスが分析において強調された。多くの生態学的な階層でプロセスは同時に進行しており、関係する全ての行為主体は予期せぬ事態のために準備しておかなければならない。

評価と調整

評価は、音楽療法士が実践を高め、発展させるために経験や協働者から学ぶことを可能にするツールであり、専門職的な実践の中心をなす。コミュニティ音楽療法における評価のための正式な要件は、実践が余り正式でなく、体系的な評価の期待値も低いシステムで行われる可能性があるために多様である。音楽療法の実習生が、いかにして社会正義と平和に関するメンタリングを受けるのかについての研究で、あるインフォーマントは、コミュニティ音楽療法実践との出会いについて次のように説明している。「書類作成、評価、介入、変遷のノート、すべてが少ない。これ（コミュニティ音楽療法）は全く異なるプロセスである」（Vaillancourt, 2009, p. 145）。このインフォーマントは、明らかにコミュニティ音楽療法実践が必然的に伴う官僚主義の縮減を歓迎した。しかしながら、評価が学習を可能にするという議論はやはり妥当であり、評価報告書を公式に要求するシステムの有無にかかわらず、評価を作業プロセスに組み

資料8・7　休憩時間は打合せの時間でもある。ニュージーランド、オークランドの「セレブレーション合唱団」。 写真：Jeff Brass

込むことは重要である。

我々が説明してきたモデルにおける別の移行と同様、評価は協働的プロセスである必要がある。アクションリサーチにおける評価のいくつかの特徴は、集合的な討論と省察を通した評価、相互エンパワメントとしての評価、継続的または周期的なプロセスとしての評価、そして拡張された認識論によってもたらされる評価など、コミュニティ音楽療法に適合している（Stige, 2005b）。評価し、記録することは、口頭および書面による成果物を超え、芸術的側面までを含み込むことができる。例えば、コミュニティ音楽療法に関する文献の複数の著者は、プロセスの記録と評価の一方法として、ＣＤ制作を記述している（Aasgaard, 2002; Rieger, 2008; McFerran & Teggelove, 2011; MacDonald & Viega, 2011）。

評価を考える際に有用な方法の一つは、特定の移行の強みと弱み、そしてそれぞれの事例において進歩する具体的関係を検討する可能性として、評価を用いてみることである。どのくらい批判的意識が向上しているか、様々な次元と異なるレベルのアフォーダンスがどの程度調査されているか、団結と架橋のバランスがどうとられているのか、コミュニケーションと祝福がどうなされるのか、という問いについて、評価が検討される。そういった評価はプロセスと成果に焦点を当て、参加者間の価値観、立場、視点の違いが判断の不一致を生む可能性があるため、かなりの省察が必要である。

評価の機能は、特定のルート（道筋）、プロジェクト、プログラムとして構成された実践ごとに異なる。最初の事例では、評価は主にその取り組みの強化と、音楽療法士と参加者による協働を明確化するためのツールである。後ろ二つの事例では、評価の結果に関心がある第三者が少なくとも一人は参加している。プロジェクトの場合、そのプロジェクトを継続すべきか、中止すべきか、あるいはプログラムへと転換すべきかについての審議の場で、遂行された評価の質（プロジェクト自体の質だけでなく）が決定的な役割を持つかもしれない。プログラムの評価の場合、（プログラムをどう改善し得るのかに関する意思決定を伝達する）形成的評価と（プログラムを継続すべきかどうかの意思決定を伝達する）総括的評価について話し合うのが一般的である（Nelson & Prilleltensky, 2005, p. 261）。異なる評価方法（質的および量的）は、評価の異なった目的に役立つ（第九章を参照のこと）。利害関係者と参加者を、例えば構造化されたインタビューやフォーカス・グループを介して評価プロセスに加えることは、コミュニティ音楽療法において決定的に重要である（Baines, 2000/2003; Schwants, 2011）。

コラム8・5　音楽療法はコミュニティに何を意味し得るのか

オクサナ・ツァリノヴァ - サンダーソン（Oksana Zharinova-Sanderson, 2004）がドイツのベルリンで行った研究を参照すると、ヨーロッパ諸国がこの数十年でどう変化したかが説明されている。社会の単一文化性はかなり後退し、音楽療法士が異なる文化背景を持つクライエントに会う機会が増えた。彼女は、この困難によって音楽療法の理論と実践が原理的な方法において確立したと論じる。ツァリノヴァ-サンダーソンが考える疑問の一つは、音楽療法がそのコミュニティにとって何を意味するのかということである。

　この問いに対処するためにツァリノヴァ-サンダーソンは、「ベルリン拷問被害者のための治療センター」で音楽療法士として働いた自らのコンテクストを検証している。そのコンテクストは、彼女が働いている都市のものである。ベルリンは、ドイツの統合プロセスの中核であるが、ツァリノヴァ-サンダーソンはそこが難民にとっては難しい都市でもあると主張する。その都市には社会構造の凝集性の欠如と社会的、法的機関による深刻な官僚主義がみられる。外国人は、都市の一部で歓迎されていないと感じることがある。もう一方のコンテクストは、彼女が働いている施設である。音楽療法は、医学モデルに基づくトラウマ治療が主流となっている施設にどう適合するだろうか。ツァリノヴァ-サンダーソンは、このコンテクストにおける音楽療法は医学モデルに適合させようとすべきではなく、その全人性に焦点を当て、個別の文化的リソースとヒーリングの潜在性、コミュニティや社会のリソースへのアクセスに関する困難をも考慮することで、補完すべきと結論づける。音楽療法に来る患者[4]は非常に多くの点で異なっているが、いくつかのことは共有されている。

> 彼ら全員が、戦争中の拷問、及び／または政治的迫害やトラウマ的事象からの生き残りである。私は、クルド人の政治活動家や夫と子供を失ったアフリカの女性、チェチェンの銀行経営者やコソボの孤児といった多種多様な背景の人々に出会ってきた。拷問やトラウマ的経験が、概して彼らにとっての最大の懸念ではないことに驚かされた。そうではなく、安全でない居住状況、お金のない亡命生活、活動と雇用の自由、東ドイツのネオナチに対する恐怖—これらが全ての患者に共有されている火急の問題であった。難民の地位ではドイツの保健医療サービスや社会福祉サービスの支援がほとんど利用できないため、我々のような民間で運営されているセンターに援助を求めて殺到してきたのである（Zharinova-Sanderson, 2004, p. 236）。

新しい国での不安定な居住状況と不幸な生活が難民の最大の懸念であるという認識は、ツァリノヴァ-サンダーソンが自身の実践を再評価し、統合とコミュニティを重視したプロジェクトを開発することのきっかけとなった。

拷問やトラウマを経験した人は、人間性の信頼を更新することが困難である。コミュニティが繁栄するためには、信頼は必須条件である。ツァリノヴァ - サンダーソンは、被害にあった人は、孤立した状態で回復することはできないと述べる。つまり、彼らは自分たちがどこかに所属しているという感覚を回復させる必要がある。

「ベルリン拷問被害者のための治療センター」において、音楽療法が治療モデルに占める割合は、療法室の個人的空間から、人々をつなげる幅広い関与を許容するその他の環境までを含め、時間の経過と共に拡大していった。これにより音楽療法士の役割もまた、拡大する必要があった。そのプロセスで音楽療法士は、非西洋のクライエントの音楽的伝統が持つ療法的価値にアクセスすることを学ぶ「音楽家―エスノグラファー」として行動し、コミュニティにおける変革のために音楽を力として用いる「運動家（campaigner）」としてもまた行動するのである。

コミュニケーションと祝福

コミュニティ音楽療法は通常、美的なプロセスを伴っており、それは、より広い聴衆とのコミュニケーション、プロセスや成果を祝福することではじめて完成する。この移行は、明らかに架橋と団結のプロセスと関わっており、このモデルにおいて描出された移行が連鎖的（例えば団結があり、次に架橋、次に評価、次にコミュニケーション）に解釈し得るものではないことを明示している。より広い聴衆へのコミュニケーションは、新たなプレゼンテーションの方向性に向けた創造的且つ音楽的な発展に働きかける方法で「団結」と「架橋」を促進するであろう。その相互作用や、移行間の相互の影響は、しばしば中心に位置づく。

コミュニケーションと祝福は、コミュニティ音楽療法のパフォーマンス的特性と結び付き、美的および社会的プロセスを統合する。必要条件ではないとはいえ、これはしばしばライブやコンサートを伴う。近代社会においては、パフォーマンスはしばしば音楽がより完璧主義的かつ商業化された方向に進むよう機能することが多い（Keil & Feld, 1994）。したがって、コミュニティ音楽療法においてパフォーマンスを用いる際には意識と省察が求められ（Ansdell, 2005b; 2010b）、それには定義上のリスクも含まれるのである（McFerran, 2010, 及びコラム8・4を参照のこと）。

コミュニティ音楽療法で育まれるのは、パフォーマンスの参加型概念であり、そこでは演奏者と聴衆との相互作用がプロセスの重要な側面として認識される。これがうまく機能すると、音楽のパフォーマンスは個人的なパフォーマンスのみならず、コミュニティのパフォーマンスともなる。コミュニティのパフォーマンスについてのコラムで、スティーゲ（2004b）は人類学者のアスキュー（Askew, 2002）を参照している。アスキューは、ゴッフマン（1959/1990）とターナー（1967, 1969）を引き継ぎ、パフォーマンスという概念のレンズを通して人間の生活を探究した多くの社会科学者の一人である。

パフォーマンスの理論と実践が音楽療法にとっていかに妥当であるかについては、全ての読者にとって自明ではない。音楽療法におけるコミュニケーションは、しばしば、正統的で対話的なものとして（好意的に）記述されるが、公演（パフォーマンス）は非正統的で、一方向のコミュニケーションとみなされやすいであろう。すなわち、単にあらかじめ決められたテクスト、筋書き、または作品の伝達ではないかと……パフォーマンスの従来と異なるより豊かな概念化は可能であり、音楽療法士はそれを探究することができる……アスキュー（2002, p. 291）

資料8・8　確かに。「栄光のMUD（泥）合唱団」による「音楽でうまくいく」プログラム。オーストラリアのニューサウスウェールズにて。
写真：Lily Richardson

は、パフォーマンスとは発現（emergent）であり、相互作用的で偶発的であると述べている。パフォーマンスは力と同様に、単に付与された産物ではない。それは歴史やコンテクストの予測不能なプロセスであり、即応的な即興である（Stige, 2004b）。

もしもパフォーマンスを相互作用的な事象と考えるならば、聴衆の役割はパフォーマンスの質や演奏者のコンピテンシーを評価する役割を超えることになる。同様に、演奏者は、あらかじめ決まった構造の伝達者へと矮小化されることはない。各参会者及びグループの価値、選択、そして力が演奏（プレイ）と相互作用（インタープレイ）の中に入り込んでくる。

ベルトルト・ブレヒト（Berthold Brecht）の言葉をパラフレーズするならば、音楽とアートは、単に現実を映し出す鏡というだけではなく、現実を形作るためのハンマーでもあろう。クライエントのエンパワメントに取り組むに際し、パフォーマンスは我々が用いたいツールの一つであることは明らかであろう。エンパワメントが個人とコミュニティの関係性についてであるため、このことは、コミュニティが進行中の取り組みとしてどうみなされ、パフォーマンスによっていかに維持、発展するのかを照らし出すものでもある（Stige, 2004b）。

聴衆の選択、及び聴衆とのコミュニケーションを注意深く行うということが、実践的な含意である（Turry, 2005; O'Grady, 2009; McFerran, 2010）。もう一つの広範囲にわたる含意とは、音楽療法士や共同研究者が、美学や美的特性、及び音楽やパフォーマンスの概念について、社会の幅広い議論に参加することが重要ということである（Ruud, 1980; Kleive & Stige, 1988）。特定の音楽表現が疎外されているということは、人々も疎外されているということになる。したがって複数の実践を認める美学概念――いうなれば複数の美学――が、コミュニティ音楽療法には適切に思われる[5]（Stige, 1998, 2008a）。

コミュニティ音楽療法のパフォーマンス的特性は、コミュニケーションだけでなく、祝福も意味しており、このことはコミュニティのパフォーマンスにおいて決定的に重要である。パフォーマンス的事象について記述している複数の音楽療法士が、この次元に着眼している（e.g. Aasgaard, 2002; Maratos, 2004）。パブリチェビックはコミュニティ音楽療法における楽しさともてなしについての対話で、この次元に関する見解を次のように述べている。

> コミュニティ音楽療法によって促進されるミュージッキングのような活動は、人々が（困難で、ありえない場所において）集い、歌い、踊り、友だちになり、一緒に楽しむためのある種の口実として理解することができるであろうか。社会学者のリチャード・セネット（Richard Sennett）が述べるとおり、「私はあなたを尊敬する」と言う

だけで人々を尊敬することはできない。あなたは尊敬を行動に表す（パフォーマンスする）必要がある。そしてあなたは、この尊敬をパフォーマンスするための媒体をいくつか持たなければならない。それはもてなし、楽しさについても同じことがいえるであろう。人々を招き入れる場、心からの活動なくしては人を内へと歓待することはできない。何か心からすること―したいこと、すべきことなしに、共に創造的になることはできない。音楽とミュージッキングは、人を招き入れるもてなし、集団の喜びを作りだす楽しさを供与（アフォード）するのである（Pavlicevic in Stige et al., 2010b, pp. 307-308）。

コラム8・6　誇り、才能、成果を回復する

ニューヨークの音楽療法士、ピーター・ジャンペル（Peter Jampel）は、ここ数年、コミュニティの精神保健センターで音楽療法のパフォーマンスを実践してきた。この実践についての質的研究で、ジャンペル（2006）は慢性精神病患者十人による音楽パフォーマンスの経験に焦点を当てている。この話題の導入としてジャンペルは、一九九〇年代始めに関わった中年のアフリカ系アメリカ人男性、マックスウェル（Maxwell）の話を紹介している。

彼のミュージシャンとしての才能は、参加した音楽療法グループの中で明らかになった。彼は平坦にぶつぶつと同じ話を繰り返し、時として独語し、服は皺だらけ、髭は伸び放題であり、統合失調症と診断された人たちの特徴である感情鈍麻を示していたが、演奏の仕方には素晴らしい活気があった。彼は十代後半から二十代前半までリズム&ブルースバンドのミュージシャンであったが、二十二歳で精神病を発症し、それ以来、音楽のキャリアを再開することができなかったということが分かった。彼は、それから精神病院の入退院を繰り返していた。音楽への関心を維持していたが、病気になって

から演奏する機会はなかった（Jampel, 2006, p. 1）。

数ヵ月後、マックスウェルはジャンペルが病院で率いるバンドに参加するようになった。マックスウェルは歌い、ピアノを弾いた。彼は感情を込めて歌い、かなり器用にピアノを弾いた。ジャンペルはまた、マックスウェルは話す時よりも歌う時の方が声を明瞭に使えていると思った。パフォーマンスの後、彼はそれ以前よりも姿勢が良くなっているように思われた。彼の見た目と服装も改善し始めた。

さらに数ヵ月後、バンドはケーブルテレビの番組に招かれて演奏することになり、その番組はちょうど六ヵ月前に退院した精神科の入院病棟で放送された。収録の日に、彼はダークスーツとネクタイをつけ、きれいに髭をそって現れた。彼は弾き語りで《グルーヴィング》を歌った。私は今でも彼の素晴らしい演奏と歌を覚えている。私は彼が望遠のアップで映っている画面を見上げながら、なんと素晴らしく見えることかと思った。彼は私が最初に会った数ヵ月前とはまったく別人に見えた。約四十五分後に我々はテレビスタジオから出て、この病院の構内を横断して車に戻った。マックスウェルはキーボードを運んでいた。すると、彼のことに気づいた若者に呼び止められ、二人は抱き合った。彼らは少し話した。六ヵ月前に二人は同じ精神病棟にいたのである。若者はテレビ番組で彼の演奏を聴き、そのパフォーマンスを称賛した。マックスウェルは微笑み、若者が彼にサインをねだったのでさらに大きな笑顔となった。彼は喜んで了承した。私がペンとテレビ番組のチラシを持ってきて、マックスウェルはサインをした。彼らは握手を交わし、マックスウェルは若者の幸運を祈り、若者も早く退院できるようになりたいと言った。彼らは手を振りあって別れた。

マックスウェルのテレビ番組でのパフォーマンスは、入院患者からツアーするミュージシャンへの変身を後押ししたように思われた。パフォーマンスの後、闘病は五年続いたが、彼はバンドと演奏を続け、再入院することはなかった。彼は病院から遠いグループホームに移ることを決め、そこはリハーサルに通うには遠すぎるためにバンドを離れることになった。しかし彼は新しい住まいでもパフォーマンスを続けた……彼の変身は、永続的なものになったように思われた（Jampel, 2006, pp. 1-3)。

マックスウェルの音楽の才能はかなり特別なものであったが、ジャンペル（2006）の研究は、誇り、才能、成果を回復する手段として、音楽療法の演奏グループを用いる能力を有するのがマックスウェルだけではないことを示唆している。ジャンペルはこれを、精神の健康に問題のある人が社会構造の中で最大限に回復することを指す、米国におけるコミュニティ・メンタルヘルスの現在の方向性へと関連づけている（Japmel, 2011 を参照のこと）。

コミュニティ音楽療法のプロセスにおける時間と場所に関する注釈

本書を通じて紹介された事例は、コミュニティ音楽療法がかなりの柔軟性を持って実践されることを示している。プロセスの道筋は、音楽療法の実践のために通常提示されている慣例的な境界や枠組みから外れているかもしれない。音楽療法の教科書には、こういった伝統的な枠組みについて以下のように書かれている。

> 絵画の額縁が芸術作品の周囲に境界を形成しそれを包含するのと同様に、療法的枠組みはセラピストとクライエントの取り組みを包含する。
>
> 療法的枠組みには、規則的なセッションはもとより、時間と場所の一貫性が求められる。この規則性は取り組みにおいて活力に満ちたリズムを構成し、クライエントが療法設定を安全なものとして経験することに寄与する(Darnley-Smith & Patey, 2003, p. 49)。

もし我々が、このダーンリー－スミス（Darnley-Smith）とペイティ（Patey）が採用したメタファーと戯れるならば、コミュニティ音楽療法はモノ（object）としての芸術の概念よりも、関係性のアート、コンセプチュアル・アート、パフォーマンス・アートに深く関係しているということができるであろう（言うまでもなく音楽は通常、パフォーマンス・アートの一つとみなされている）。コミュニティ音楽療法では、セッションの規則性や時間の制限、音楽療法室のプライバシー、計画的な開始から終結までのプロセスは、さほど多くを求められない。場所の一貫性は常に必要ではないし、有益ですらない。時間の一貫性についても同じことが言える。それらは参加者のニーズに合っている時には設定され、そうでない時は棄却される。コミュニティ音楽療法のプロセスでは、枠組みに関するニーズは典型的には時間の経過と共に大きく変化し、柔軟であり、進化してゆく(6)。

文献のレビューを行うと、コミュニティ音楽療法のプロセスにおける時間と場所に関する極めて重要な特徴が明らかになる。

時間はしばしば非線形あるいは複数の用語で概念化される。コミュニティ音楽療法のプロセスは、健康促進の実践としばしばつながっており、その場合、継続的な活動が大事で、しかも定期的であることが奨励される。人々は毎週、バンド活動や合唱団にやってくる。彼らは気分が良くなったから去らないのではなく、気分がよいから留まっているのである。儀礼としての相互行為の連鎖と実践コミュニティにおいて、プロセスの結果は個人的な変容を超え、コミュニティと社会的リソースの継続的レクリエーションまでを包含する（Stige et al. 2010a）。またある時には、コミュニティ音楽療法では、大規模な共同コンサートのような一回限りのイベントを行ったり（Katz, 2011）、即興のパフォーマンス・イベントを行ったりする（Aasgaard. 2002; Stewart, 2004）。一回限りのイベントは標準的実践ではないが、参加者（聴衆を含む）の社会的ネットワークにおける波及効果のおかげで貴重かつ重要なものとなり得る。ここでのポイントは、時間的プロセスの直線的概念は妥当ではないということではなく、複数、かつ相互作用するプロセスが重要性を帯びる、ということである。いくつかのプロセスは、直線的な様相を有することがあり（参加者が徐々に技量を発展させる場合など）、非直線的移行（参加への社会的障壁が克服される場合）を伴ったり、循環的であったり（グループが共に活動を続けており、始まりも終わりもはっきりしていない場合）、らせん形の特性（参与型アクションリサーチにおける省察—行為のプロセスなど）を有することもある。

場所は変化のプロセスにおいて主要な要素と考えられる。慣例的な音楽療法の記述の中には、場所に関して重要なことは、場所そのものではなく、一貫性、規則性、保護であることが示唆されている。現実には、音楽療法士が病院の様々な場所や状況（ベッドサイドや開放病棟での設定など）に合わせて実践を調整する時など、場所はしばしば極めて重要である。コミュニティ音楽療法の生態学的な特性により、実践の発展に伴い場所の重要度は増す。プロセスはしばしばある場所から別の場所へと進化し、時には芸術センターや教区の教会など、予期しない会場でセッションやイベントが行われる（Wood, Verney & Atkinson, 2004; Wood, 2006）。それぞれのアリーナのアフォーダンス（及びその人為的産物、活動、関係性、聴衆）の評価と援用が決定的に重要になる。コミュニティ音楽療法では、音楽がどこで役立つのかという問いと無関係に、音楽がどう役立つのか、という問いを探求することは不可能である（Stige et al., 2010a）。

時間と場所はしばしば絡み合い、その様はコミュニティ音楽療法のプロセスをうまく説明する。コミュニティ音楽療法で場所が重要となるという事実により、時間と場所の相互作用もまた有用となる。これを記述する一つの方法として、プロセスは位置付けられている、と言うことができる。コミュニティ音楽療法の文献では、このことは「集合すること（convergences）」とも記述されることがある。すなわち、人々がある場所、ある時に集まることである

（Oddy, 2001/2005）。この他、軌道の隠喩が用いられることもある。すなわち人々があるコミュニティにおける妥当な周辺的参加から完全なる参加へと自らの道を見いだすことである（Krüger, 2004）。波及効果の考え方（Pavlicevic & Ansdell, 2004）や、音楽の新たな地理学（Aasgaard, 2002）が、この側面を照らし出している。個々の事例で、特定の時間と場所の絡み合いが起こっている。いくつかの認識可能なパターンが存在するかもしれないが、各プロセスには多くのユニークな側面もある。このことは、なぜコミュニティ音楽療法においてエスノグラフィーの伝統に則った質的研究が重要なのかの理由の一つである（第九章を参照のこと）。

結論

コミュニティ音楽療法のプロセスには様々な起源があり、必然的に異なったタイプの実践が生じる。それは特定のルート（個人やグループの特定のニーズやイニシアチブから生じるコミュニティ志向的な展開）、プロジェクト（新しい実践を確立し、社会変革を導こうとする熱意を伴った協働的努力）、プログラム（認識可能な構造、アジェンダ、アプローチによって確立されている実践）などである。

コミュニティ音楽療法実践のコンテクストにおいて、プロセスは健康、ウェルビーイング、社会的—音楽的変革の方向性に向けたムーブメントと考えられる。これらは相互に関連する領域である。権利に基づく実践としてのコミュニティ音楽療法の概念に結び付く自由、平等、敬意、結束の価値観は、コミュニティ音楽療法のプロセスは民主的かつ参加型であるべきことを示唆している。集団が異なれば、歴史、民主主義についての考え方、参加のための資格が相当程度異なるため、必然的に極めて多様なものとなる。したがって本章においてコミュニティ音楽療法における参加型プロセスを特徴づけるために提案したモデルは、複雑な現実の単純化された表象と解釈されるべきであって、実践の規制を意図した基準として解釈されるべきではない。

我々が提案したモデルは、コミュニティ音楽療法の文献におけるプロセスの理念と説明をレビューし、また以下三つの理念を組み合わせることで発展した。すなわち（a）参与型アクションリサーチにおけるプロセスの概念、（b）頭字語PREPAREによって提示されたコミュニティ音楽療法の諸特性、及び（c）社会的リソースに関する理論である。このモデルは、コミュニティ音楽療法のプロセスとは六つの異なる移行の相互作用を通じて健康、ウェルビーイング、社会的—音楽的変革の方向性に向けたムーブメントとして説明できることを提案する。六つの移行とは、(1)批判的意識の形成（より広いコンテクストに関する情報を発展させ、イデオロギーに挑戦する）、(2)アフォーダンスの評価（いくつかの次元の実践及び分析レベルにおける問題とリソースの評価を通じて、所与のコンテクストにおいて実現可能なことを計画する）、(3)団結と架橋（等質的、異質的なコミュニティの中の人々をつなぐ社会的・音楽的プロセスをサポートすること）、(4)困難への対応（個人、グループから広範なコミュニティに至るまで、様々な分析レベルでの紛争の転換）。(5)評価と調整（実践を改善する目的を持った参加型プロセス内でなされた全ての移行の長所、短所の検証）、(6)コミュニケーションと祝福（より広範な聴衆のためにパフォームし、集団的喜びを創造し、歓迎すること）である。

本章の最後に、コミュニティ音楽療法プロセスにおける時間と場所に関して三つの特質を説明した。第一に、時間はしばしば非線形、あるいは複数の用語で概念化される。第二に、場所は変化のプロセスにおいて主要な要素であると考えられる。第三に、時間と場所はしばしば絡み合い、その様はコミュニティ音楽療法のプロセスを雄弁に物語っている。

本書最後の二章では、学問と専門職における発展についての議論へと進む。第九章では研究、第十章では専門職化にとりわけ重点を置く。そこで立ち現れるいくつかの問いは、以下の通りである。すなわち、研究における適切な前提と目的とは何か。後期近代社会における音楽療法の専門職についての批判的且つ建設的な省察はどういったコンテクストで展開されるのか。そして、音楽療法、他の専門職、一般の人々が行う実践との関係性はどうなっているのか。第六章から第八章で議論してきた課題、価値、プロセスが、これらの問いの解明に影響してくる。

キーターム、議論のトピックス、註

キーターム（登場順）

特定のルート、プロジェクト、プログラム、プロセス、参加型プロセス、行為―省察サイクル、批判的意識の形成、アフォーダンスの評価、団結と架橋、困難への対応、評価と調整、コミュニケーションと祝福、時間、場所

議論のトピックス

次の批判的思考の質問は、本章で議論したトピックスの批判的省察のために授業やグループ、または学生個人で議論することができる。付加的なリソースは、本書のウェブサイトで見つけることができる。

1．参加型プロセスは、参加者のニーズ、リソース、価値観に応じて、非常に異なる形をとることがあり得る。本章では、青少年のグループとシニア合唱団の参加者間における懸隔について説明した。実践のコンテクストを一つ選び、そのコンテクストで複数の声がいかに参加でき、協議が遂行され、意思決定がなされるのかについて議論しなさい。

2．（協働的な）コンサルテーションの仕事には、他者が音楽をリソースとして使用できるようにすることが含まれる。この場合の音楽療法士の役割と求められるコンピテンシー、及びこういった実践形態の長所と短所とは何かについて、議論しなさい。

3．いくつかのサークルにおいて、音楽療法実践の構成要素としてパフォーマンスを組み込むことは論議を呼ぶこととなった。参加者グループを措定し、その事例におけるパフォーマンスの可能性と陥穽とは何かについて議論しなさい。

註

(1) いくつかの国では、コミュニティ音楽療法プログラムは、慈善団体や組織からの「ソフト・マネー」によって資金提供されているが、国によっては公的福祉制度の恒久的要素として確立されていることもある。音楽療法士や音楽教育者による専門職的サポートを含めたノルウェーの刑務所における公的資金提供による音楽プログラムは、後者の可能性を例示している。コラム10・1を参照のこと。

(2) この段落、及び次節で示されている参考文献は例示であり、包括的なものではない。

(3) 団結と架橋の相互作用を醸成することの妥当性は、第四章で論じた、人の社会的ネットワークにおける大きさ、包摂性、多重性などの側面の価値に関連づけて考えることができる。

(4) ツァリノバ‐サンダーソン（2004）は、彼女が働いている医学的志向性を持つセンターの言説で主流なため、「患者」という用語を使用しているが、彼女が発展させた広範な実践のコンテクストにあっては違和感があることを認めている。

(5) この視点への批判については、エイゲン（2008）を参照のこと。

(6) ここで行われたように、実践を比較してみると、物事を実際以上に違うものとみなすリスクが常にある。慣例的な音楽療法の枠組みに柔軟性が全くないと言っているわけではないが、そのような柔軟性はコミュニティ音楽療法においてより特徴的であり、大抵の場合、有用であると考えられている。第十章における境界の侵犯と越境との差異に関する議論も参照のこと。

第四部　研究と専門職

第四部はコミュニティ音楽療法が学問、専門職としてどう発展し得るか、より一般的には音楽療法の発展とどう関連するかについて考察する。コミュニティ音楽療法は学問と専門職、実践の差異について、そしてそれらの関係性についての省察を促す。第三部では、療法という用語はコミュニティ音楽療法の実践を叙述する際になるべく使わないようにしているということを述べたが、これらの実践で仕事をしている音楽療法士たちは今もって典型的に自らを（例えばコミュニティ音楽療法士、ミュージシャンではなく）音楽療法士と自認している。専門職としての役割は放棄されたわけではなく、むしろ広がっているのである。

第九章では、コミュニティ音楽療法の研究における特殊な困難さを議論する。我々の目標は、コミュニティ音楽療法の研究における中心的な前提、目的、手続きの全体的なイメージを描くことであり、その際、とりわけ研究における四つの異なる系統の妥当性を論じることになる。第三部で論じた参加型実践の価値を考慮すると、ノウハウと技術を必要とする研究と、平等性や結束のような参加型の価値とをいかに結び付けることができるのかを考察することは適切である。

本書の最終章である第十章では、音楽療法という専門職の現在の課題についてまとめる。専門職化すること、すなわちそれによって労働が分化され、特別な責任が専門化された職業に委任されるプロセスは、大衆参加の敵とみなされることが多かった。本書においてこれまで議論してきたように大衆の参加に価値を置くべきならば、音楽療法という専門職の意味とは何なのか。コミュニティ音楽療法は専門職であることに反対するのか、それとも新たな専門職化への招待と理解することができるのか。もしそうならば、後期近代社会における音楽療法という専門職にはどんな選択肢があるのだろうか。

第九章　研究の目的と実践

第九章を学習後、次のような問いについて議論することができるようになるであろう。

■研究の努力を特徴づける前提と目的とは何か。
■研究の手続きと成果はどのように記述し得るか。
■コミュニティ音楽療法の研究において、アクションリサーチはどのように主流を占めているのか、またそれはなぜか。
■エスノグラフィーの研究法とコミュニティ音楽療法の研究の関連とは何か。
■調査研究は音楽療法研究にどう寄与するのか。
■コミュニティ音楽療法の研究において実験的研究方法をいかに用いることができるか。
■コミュニティ音楽療法では、実践的で多元的な研究法を用いるべき、という主張の論拠は何か。

前提と目的

研究は専門職的実践の基礎の一つであり、専門職者、参加者、一般の人々の関係を形成するのに重要な役割を担う。研究の貢献を無視するようなことになれば、最適な実践ができなくなるリスクが高まる。我々が研究と関わりを持つならば、実践を省察するツールとしての理論は、我々の省察能力を高めてくれる。したがって、経験から得られる基礎知識と理論開発の統合は、学問領域としてのコミュニティ音楽療法を強化するための中核といえる。

研究は専門職の実践の基礎を提供するとみられているが、「研究をベースにした実践」よりも「研究と関連した実践」と考える方がより正確である。経験から得られる知識と理論開発はコミュニティ音楽療法に重大な影響を与える要因であるが、それが唯一というわけではない。実践は価値、その場の知識、社会―音楽的プロセスによって活力を与えられながら、その場で進化を続ける。実践が、それ以前の研究者らによって生み出された知識を技術的に適用するだけのものではないことは明らかである。研究から理論、実践へと情報が一方向に流れるイメージを描くのではなく、実践と理論、研究の関係を互恵的なものとして考え、且つこれらの関係がメタ理論によっても影響を受けているということを心に留めておくべきである（Stige, 2002）。

研究に活力を与えるのは、世界（存在論）と知識（認識論）についての基本的な仮説である。これらの仮説は、**前提**と呼んでよいであろう。これらの仮説の妥当性を客観的に評価することができないからである。例えば、述べられたことと所与の現実との一致を述べる「真実」という概念に同意する研究者もいるし、一方で解釈の首尾一貫性や、行為の形式としての知識の結果にフォーカスする研究者もいる。前提はクラスターにまとめられ、パラダイムあるいは世界観というラベルがしばしば付与される。それは例えばポスト実証主義者、構成主義者、参加型、プラグマティストの世界観ということになる[1]。

基本的仮説（前提）の相違は、**質的研究**と**量的研究**の区別を理解する上で重要である。量的研究者が事実の発見に焦点化するのに対し、質的研究者は人々の現象と過程を多元的に構成する様を描くと論じる人もいるであろう。このような二分法は、差異についてとりあえずの考えを持つには役立つが、実際のところ誤解を生じさせる。例えば、量

資料9・1　音楽の可能性を探究する準備はできている。「小さな聖人」と音楽療法士のマイク・ヴィエガ（Mike Viega）、スコット・マクドナルド（Scott MacDonald）。アメリカ、フィラデルフィアにて。　写真：Ryan Brandenberg

的研究には事実の発見以上のものがあるし、理論開発にも哲学的モデルの試行にも、量的研究を使うことができるのである。

具体的なレベルでいえば、質的研究と量的研究の違いは、使用する手続きとどういうタイプのデータを集めるかということに影響を与えるのみである。質的研究者は経験と状況を解釈する傾向があり、一方量的研究者は数値に変換して分析しやすいデータを集める傾向がある。量的研究と質的研究の類似点と差異を概念化するにあたってのコンセンサスは生まれていないが、ほとんどの研究者が同意するのは、二つの伝統の中では異なった研究課題が設けられているということ、研究者と参加者（被験者）の役割は別物として定義されているということ、そして探究のプロセスは多様な方法で理解されるということである。**客観性**、すなわちバイアスを少なくすることが、量的研究においてはしばしば理想とされる。**再帰性**、すなわち研究の基礎にあり研究を動機づける問題を明示し評価するプロセスは、質的研究のなかでますます際立った理想となってきている（Finlay & Gough, 2003）。量的研究、質的研究のいずれにおいても、研究者自身が研究プロセスに影響を及ぼし得るということは共通して認められている。客観性が理想であるのならば、この影響はできる限りコントロールされ減じられなければならないということになる。再帰性が理想であるなら、この影響（とそれに対する反応）もまた理解に資するリソースとして認識され得ることになる。この例が示すのは、二つの伝統的な研究法の違いは、複数の角度から検証されるべき、ということである。本質的な違いを考えることが役立つ場合もあるし、違いの程度を考えることが有益な場合もあろう。

我々は一体、なぜ研究するのであろうか。研究を行うのは何かを記述したい（記述的研究）からであり、重要なプロセスと原因となる要因を同定し考察したい（説明的研究）からであり、介入と政策の結果、または効果について何かを学びたい（評価研究）からである。科学、学問全体に共通した研究の**目的**を体系化する方法はいくつかある。[2] コミュニティ音楽療法が持つ参加型、活動家的な特性を考えると、我々が研究するのは状況を変化させたいからであり、単に叙述、説明、評価したいからだけではない。研究は専門職の説明責任と関連するが、コミュニティ音楽療法の場合は広い意味で解釈され、参加者やコミュニティ構成員への説明責任を含み、それを強調することになろう。

プロセスと成果

研究プロセスは、一つあるいはそれ以上の研究課題を明らかにすることから始まることが多い。このような課題はある状況や、既存の知識の上に成り立っている。先行研究をレビューし、研究デザインを決めた後、研究者はデータを集めるためにいくつかの作業を行い、材料を分析、解釈し、結果についてコミュニケートする。資料9・2では研究を行うプロセスが、特有の作業、あるいは手続きから構成される円として描かれている。

実際の研究プロセスは、資料9・2に示したように秩序だっていることは滅多にない。先行研究のレビューはプロセスの間中続くかもしれないし、プロセスの途中で新しい研究課題が生まれるかもしれない。データ分析が終わった後で、追加データを集める事態が生じることもある。研究のアプローチはある程度、現実世界のプロセスに合わせなければならない。質的調査の場合はプロセスにかなりの弾力性がある。ロブソン（Robson, 2002）は、この特質を述べるのにフレキシブル・デザインという用語を用いている。ブルーシアら（1995）は、質的調査プロセスを非直線的、個人的、対人関係的なものと特徴づけた。順序よくステップを踏むかわりに、質的調査プロセスはしばしば、調査手続きの円で提示された様々な手続き上のステップを行きつ戻りつしながら進む。本章の後ろの方でまた触れるが、アクションリサーチの考え方は、資料9・2に概括した研究手続きにさらなる異議を唱える。というのは、そのプロセスは時間の経過とともにますます参加型になっていくからである。付け加えて言えば、研究の**成果**とは必ずしも出版物とプレゼンテーションだけではない。研究ということについての理解は、エンパワメントや社会変革までをも含むよう拡張されるのである。

様々な研究法の間に不均衡はあるが、共有されている一定の**価値**はあり、それが研究者の選択に影響を与える[3]。このような価値のうちの二つは、共同体主義（communalism）と懐疑主義（skepticism）である（Ziman, 2000）。研究におけるこれらの価値の役割を理解しようとするなら、資料9・2の円の最終段階、「査読に提出するための予備実践」、「修正する」、「出版する」という下位項目に注目するとよい。これらのステップは、共同体主義と懐疑主義双方の価値を反映している。共同体主義が意味するのは、知識はより広いコミュニティのために生産されるということである。出版物その他の形で共有されなければ、このプロセスにどれほどの努力が投入されようとも、研究とはならない。懐疑主義は、新しい発見や洞察を決して額面通りに受け取るものではないことを保証する。研究のプロセスと成

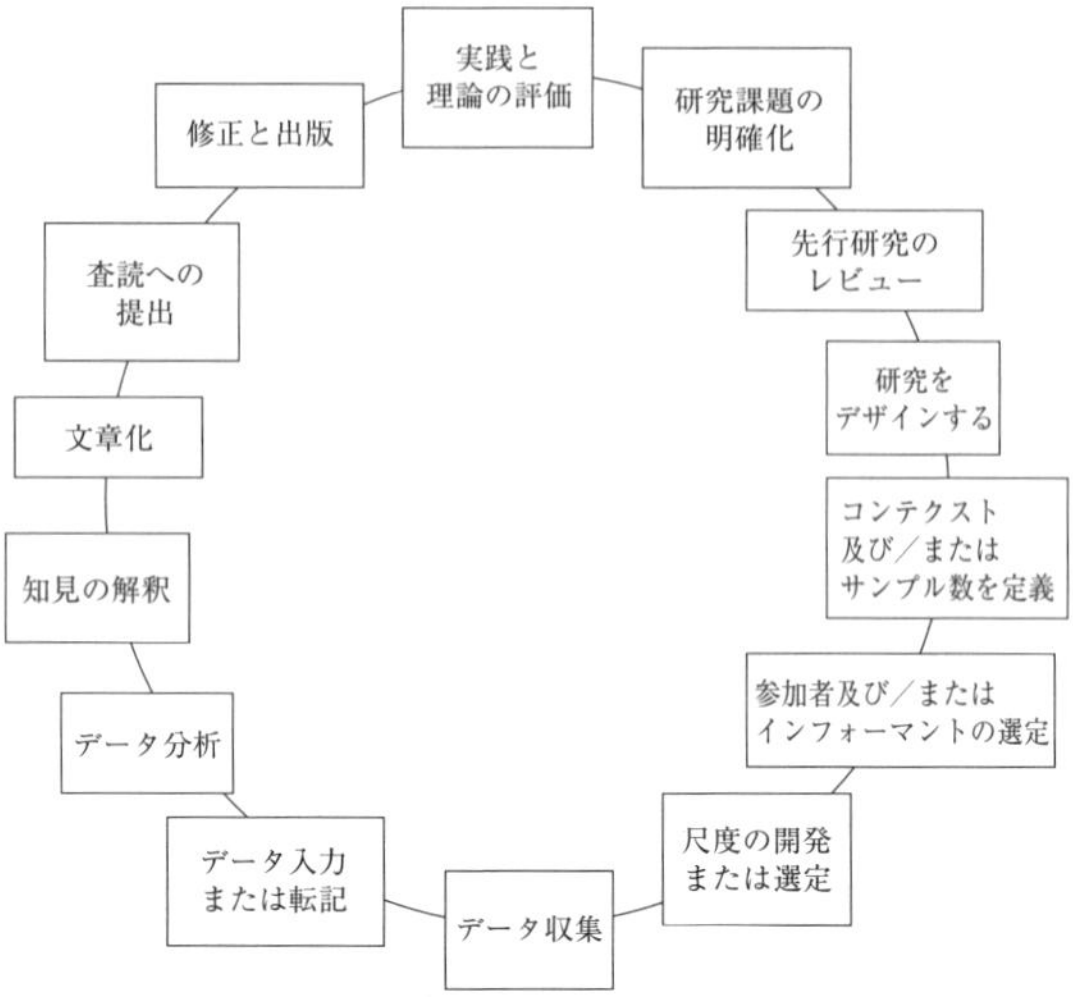

資料9・2　研究の手続き図

果の質が満足いくものであるということを保証するためには、批判的に検討される必要がある。研究者と評価者の前提の一致具合によって、このプロセスがまっすぐ進むか複雑なものになるかは変わり得る（Stige, Malterud & Midtgarden, 2009）。

研究において中核的と考えられているあと二つの価値は、公平無私とオリジナリティである（Ziman, 2000）。公平無私という価値は、何かに関わったりコミットしたりすることを除外するということではなく、前述した客観性（バイアスの縮減）と再帰性（前提の明確化）という理念と関連する。オリジナリティという価値の意味は、研究者は我々が既に知っていることを単に確かめるだけでなく、物事を叙述し理解する新しい方法を探究しなければならないということである。したがって創造性は、おそらく全てのタイプの研究において、もっとも高く価値づけられる。しかしながら、オリジナリティは創造性だけの所産ではない。研究におけるオリジナリティは、既に知られているものの上に構築されねばならない。ゆえに当該のテーマについての先行研究をレビューすることは研究プロセス上、不可欠なステップの一つであり、それによって研究者は「車輪を再発明する」ことに陥らないようにしなければならない。より重要なのは、それが他者から学ぶ方法でもあるということである。したがって研究は、伝統の中のイノベーションと考えることができる。

以降の節では四つの伝統的な研究法、すなわちアクションリサーチ、エスノグラフィー、調査研究、実験研究について述べる。もちろんこれが研究法の包括的リストではないが、それでもコミュニティ音楽療法にとって重要な研究法を充分網羅しているといえる。いかに研究するのかを説明するため、詳細な手続きについては省く。ここではむしろ、それら固有の発展史の影響を受けて形成された伝統的な方法の特徴を示しておきたい。新しく改良された手続きは、長い年月をかけて進化し、先述した伝統的研究法に帰属する前提と目的もまた進化してきた。したがって歴史的パースペクティブは、コミュニティ音楽療法の前提と目的は何か、その意義とは何かを熟考するためのリソースとなる。

コミュニティ音楽療法のコンテクストにおいて、後述する四つの伝統的研究法の相互関係を理解するためのいくつかの方法がある。四つの伝統を別々に考えることもよくある。研究者は研究目的に応じてそのうちの一つを選ぶ。代替として、コミュニティ音楽療法ではまずアクションリサーチをとりあげ、他の三つを「ツールの貯蔵庫」とみなすこともできる。このように解釈すると、いくつかの方法をミックスさせる余地もある（Creswell & Clark, 2011）が、研究法の進展において、研究法ごとの多様な抽象レベルにおける関係性（世界観から方法論まで）への評価意識が求められる。まずは四つの方法を一つずつ示し、その後それらの関係性を仔細に論じることにしよう。(4)

アクションリサーチ

アクションリサーチは協働的な研究実践の連続体を網羅する包括的用語で、その目的は実践的な問題解決から社会的転換までと幅広い。この研究の伝統の源は多種多様で、そこには、二十世紀初頭のジョン・デューイのプラグマティズム哲学、一九三〇年代から四〇年代にかけてのクルト・レヴィンの社会心理学、一九六〇年代に開始されたユルゲン・ハーバマスの批判理論、パウロ・フレイレらによって一九六〇年代、一九七〇年代に着手された解放的研究実践が含まれる（Reason & Bradbury, 2006）。

参与型アクションリサーチは、アクションリサーチという広範な一群の中でも、コミュニティ音楽療法にとってとりわけ関連が強い。参与型アクションリサーチは、他者を研究しようとする実践を超えた、協働的な研究を意味する。目指すところは、諸問題が当該のグループもしくはコミュニティでの経験において解決されることである。この研究法における伝統の中心には四つの要素がある。すなわち「（a）非専門家が積極的に研究プロセスに参加する（b）参加者のエンパワメント、及び社会文化的変革が研究上のアジェンダの一部をなす（c）理論、実践、研究の連携（d）研究のプロセスと結果を評価する際、広い知識概念を適用する」の四つである（Stige, 2005b, p. 405）。

多くの参与型アクションリサーチの研究者は、知るための様々な方法を適切に洗練させる。知識は、単に認知的、理論的な用語によって考慮されるのみならず、コンテクストにおいて立ち現われ具現化されるプロセスであり実践でもあると考えられる。関心が持たれるのはローカルな知（Geertz, 1983）であり、フランクフルト学派の批判理論（Habermas, 1968/1971を参照）で議論される社会批評、及び社会変革である。批判理論家は人間の行為主体性を強調するが、同時に行為主体性を、自然及び社会文化的な世界の抑制によって条件づけられるものと考える。批判理論にとって殊に重要な意味を持つのは、イデオロギーによって創出される抑制である。この思想の伝統においてイデオロギーは、劣位にある人々にその状況を自然なものと受け入れさせる一連の抑圧的な考えとして機能する。イデオロギーがそのように機能するなら、また機能する時、人々は特権層の世界観を受け入れてしまう。支配的役割の者たちが、不平等は必要でまた正常なことだと言う限り、イデオロギーは生み出され、絶えず再生産される。貧困は怠惰のせい、などという言い方は、イデオロギー的な起源と機能を持つ物言いの一例である。このような物言いは、「犠牲者を非難する」（Ryan, 1971）ことによって単純に考え過ぎるのみならず、現下の社会構成に権力と特権がいかに組み込まれているかを隠蔽するのである。批判理論家は、イデオロギーの分析と批評が社会研究の中心に置かれるべきであると提唱する。

参与型アクションリサーチではどのような研究方法をとるかよりもまず、協働とコミュニケーションのプロセスがどう立ち現われてくるかを考慮するほうが先である。参与型アクションリサーチのプロジェクトには、状況ごとのニーズに応じた多様で混合した方法を用いることもあり得る。質的方法が採られることが多いが、量的方法も大いに関連しており、それは例えばコミュニティのニーズと態度を評価する際である。換言すれば、参与型アクションリサーチとは、ある一つの特殊な方法論や一連の方法として記述することはできない。どの方法を選ぶかは、協働的プロセスに起因するのであって、その際、中心的な要素として機能する行為―省察のサイクルが共用される。参与型アクションリサーチのプロセスにおいては、マージナルな人々に語らせること、そして他者の複数の声を傾聴することが決定的に重要である。そのプロセスは、創造的で自己批評的なコミュニティをつくりあげることで生まれる自己省察のスパイラルと表現することもできよう（Stige, 2005b）。

参与型アクションリサーチは、研究の中で、また研究を通じて、参加と社会変革の価値を強調する。これらの価値は、暗黙知と芸術の形態を含む様々な知の形を提案し、研究プロセスの本質となる。伝統的な研究では査読と出版は研究プロセスの最終段階と考えられるのが普通であり、成果は言語、数字、図で新しい情報をコミュニケートする書かれたテクストである（資料9・2を参照のこと）。一方、アクションリサーチでは成果という概念は、出版されたテクストを超えて広がり、所与のコンテクスト内で参加者をエンパワーし、社会変革を推進する活動を含むことになる。だからといって、認知的な知の成果を等閑視してもよいと言っているわけではない。他の形式の知との直接的な関係の中にもそれは見いだされる、ということである。

アクションリサーチには協働が含まれることから、参加者の状況についての協議に基づく評価が研究プロセスを導くことになる。まさにこのことゆえに、どの研究の伝統や方法が妥当なのかに関し、かなり開かれていることが大切である。研究課題は実践的状況から生まれ、研究の意義を決めるのは刊行された研究の妥当性や精巧さだけでなく、関係者にとっての結果の妥当性、有用性も関わる。したがって参加型視座を有する実践は、プラグマティックな結果に関心を寄せる研究へといざなう。事実、アクションリサーチは、研究の発端と結果が実践的であることを提案するだけではない。参加者が互いを理解するにあたっての相互努力をめぐって展開するプロセスも実践的なのである(Gustavsen, 2006)。このような実践的エートスは、拡張された認識論を必要とする。つまり、承認されるべき様々な種類の知識があるということである。

伝統的には研究において、提案型、具象的な知識に焦点が当てられる。アクションリサーチでは、他の形式の知識もまた、等しく重要である。これらの知識の形式は、例えば知ること、というように、行為の中で自らを表現する。つまり、物事をどのように行うかを実践的に知ることであり、面前で出会うものを実験的に知ることであり、音楽やそれ以外の形式の芸術において表出されたものを表現的に知ることである（Heron, 1992）。拡張された認識論は、芸術を基礎とする研究等々の方法論と組み合わされ、音楽は知識の一形式として受け入れられ、用いられる（Vailancourt, 2009）。

アクションリサーチは、問題の解消探索として扱われるべきではない。参加者によっては社会変革に余り関心のない者もおり、そうなるとアクションリサーチ研究者は参加者が決して問うことのない質問に答えるために徹底調査をする、という危険にさらされる（McFerran & Hunt, 2008）。参与型のプロセスとしてのアクションリサーチは、客観性や結果の定義においてもオープンさと柔軟性を持つべきである。

コラム9・1　誰の声が聴かれているのか：行為の最中にあるアクションリサーチ

コミュニティ音楽療法研究の国際的協働の一部として、コハヴィット・エレファント（Cochavit Elefant, 2010b）は二つのイスラエルの合唱団、イドゥッド（Idud）とレナニム（Renanium）の質的事例研究を試みた。イドゥッド・グループは、軽度から中程度の知的、発達的な障害をもつ四十五人の成人、レナニム・グループは四肢麻痺、すなわち手足全てに及ぶ麻痺を持つ二十人程度の歌い手で構成されていた。この歌い手たちの年齢は三十歳から五十歳の間である。合唱団のメンバーは同じ町に住み、同一の音楽療法士と共に活動していた。「協働を通じて声を与えよう」を主たる理念に、音楽療法士は、二つのグループを協働させるパフォーマンスに着手した。その結果は否定的なものとなった。レナニムのメンバーはイドゥッドの方が合唱団の規模が大きいため、自分たちのパフォーマンスが陰に隠れてしまったと感じたのである。レナニムの歌い手の経験は、音楽療法士の意図は良いものであったにもかかわらず、自分たちの声は聴かれていない、というものであった。この経過を研究したエレファントは、アクションリサーチが肯定的な変化をもたらすかもしれないことに気づいた。

　私の最初の考えは、二つの合唱団の興味と、コミュニティでの音楽とパフォーマンスに対する感じ方を理解できたら、また、二つの合唱団のグループ間関係を観察できたら興味深い、というものであった。合唱団のメンバーは問題意識と関心、彼ら自身も追究していきたい目標を持っているということが明らかになった。その結果、参与型アクションリサーチの伝統に刺激を受け、我々の協働が進展することになった（Elefant, 2010, p. 189）。

レナニム・グループ、音楽療法士、エレファントは、変化のプロセスへと到達できるかどうかを確かめるために協働することにした。研究課題と採るべき方法は、参加者間の議論を通じて決定された。徐々に「誰の声が聴かれているのか」（社会的、音楽的に）というテーマが研究の主要な焦点として浮上した。プロセスは容易ではなかった。緊張状態も失望もあったし、扱うべき関心から逸れてしまうこともあった。ある時期、レナニムはイドゥッドと協働しない、という選択をしたが、やがて徐々に、新しくてよりエンパワメントできる協働の方法が育っていった。

とてもたくさんの異なる声が表現され、議論は時に白熱し、大声となった……。私の役目は一連のプロセスの間、グループのファシリテーターを務めるというものであった。各個人は、他の誰かが思い切って話そうとしているときは耳を傾けることを学習した。グループは交渉することを学び、妥協が形成された……。「イドゥッドは私たちの声を増幅することができる」と合唱団メンバーのドーリット（Dorit）は言った。これは音楽療法士のリナ（Rina）が、二年前にこの二つのグループをパフォーマンスで結び合わそうとした時に使った言葉であった。では、何が違ったのであろうか。今回、その言葉はレナニムによって語られたということであり、そこに至るまでに評価、省察、行動、再度の省察、という長いプロセスがあった。リナが二つのグループを結び付けようとした試みは、グループに全て自分たちで新しいものをつくりあげる機会を与えたことになる。「私たちの声は聴かれた！」、と彼らは二回目のパフォーマンスの中で宣言したのであった(Elefant, 2010b, p. 197)。

エスノグラフィー研究

エスノグラフィーは、集団またはコミュニティの中で人々がコミュニケートし協働する文化とコンテクストを研究するものである。エスノグラフィーの歴史をたどると、ヨーロッパの植民地権力が、植民地の地元民を描写し理解しようとする試みに行きつく。結果としてこの時点でのエスノグラファー（民族誌学者）は植民地権力に奉仕したと批判を浴びた。十九世紀終盤から二十世紀初頭にかけて、近代的エスノグラフィーの開拓者は、初期のエスノグラフィーの権力盲従の伝統を打ち破る。その端緒を開いたのはブロニスワフ・マリノフスキらであり、エスノグラファーの主要な仕事は地元の人間の目で世界を理解することであると提唱した。この観点に従えば、エスノグラフィーの目標とは、地元民の視点を把握することとなる（Eriksen, 2010）。とはいえ内側の観点を第一に置くという理想は、問題がないわけではない。解釈学のような知識と解釈の理論（Gadamer, 1960/1990）は、前提となる理解が理解に影響を及ぼすことを避けることはできないと主張する。とすると、エスノグラファーが地元民の世界観を把握することは完全には到達し得ないということになり、再帰性すなわち他者との相互作用における自身の役割りと貢献の内省が、エスノグラフィー研究における中心的な課題となる（Finlay & Gough, 2003; Hammersley & Atkinson, 2007）。現代のエスノグラファーの中では、自民族中心主義への批判が隆盛を極め、特にフェミニスト、あるいは第三世界のエスノグラファーは内側の観点と外側の観点の関係を注意深く点検してきた（Naples, 2003）。

エスノグラフィーは、人々の相互作用が生じ、且つ文化の中に埋め込まれているあらゆる設定下の研究に関わる学際的研究法へと進化してきた。エスノグラファーが焦点を合わせるのが、当該コンテクストの中で知識、人為的産

資料9・3　社会的―音楽的状況。ケニアのカンバの伝統におけるンゴマ。
写真：Kigunda Mulundi

物、価値、考えがどのように構成され、コミュニケートされるかであり、彼らが追究するのは、これらの習慣と実践を支える役割、儀式、理論的根拠、及び関係性である。研究者というものは一般に、ある特定の社会的、文化的なコンテクストにおいて、人間であることの証とは何か、ということに専念することが多いが、エスノグラフィー研究はそれとは異なり、今もって複数のコンテクストを比較しようとする。知見や洞察が、他のコンテクストに移し替えることが可能か考慮されるのである。あるエスノグラファーは次のように説明している。「もし例えば、誰かがニューギニア高地のある民族についてモノグラフを書くことを選ぶなら、記述において少なくとも他の社会の諸相と比べることができる概念（たとえば血縁関係、ジェンダー、権力）を用いることになるはずである」（Eriksen, 2010, p. 4）。

　フィールドワーク、すなわちフィールドに長く滞在して経験的な材料を集めることは、エスノグラフィー研究の柱である。フィールドワークのテクニックの用い方はフレキシブルである。というのは固定的な手続きをとるなら、優れたエスノグラフィーに求められるコンテクストへの鋭敏性にとっては逆効果だからである（Atkinson et al. 2001）。柱となるテクニックには、参与観察、インタビュー、テクストと人為的産物の解釈がある。

関心の対象となる状況で長く、そして／または、繰り返し滞在することで行う参与観察は、エスノグラフィーを実施するための主たる方法である。長い滞在には、「うろうろする」「仲良くなる」といった活動も含まれる。ある状況の中の活動に遠巻きに参加するのと、しっかりと参加するのを交互に行うことは、その文化を理解しようとする試みにおいて役立つことが多い。エスノグラフィーの記述には、具体的な観察と同様、関連する状況での自発的な対話を適切に引用することもまた含まれる。コミュニティ音楽療法の研究者は経時的に音楽活動を研究する際、また例えば日常生活の活動など別の状況における活動を追う際も、参与観察を用いることができる。状況はどれも固有の特徴を有しており、研究者が多様な方法においてとることのできる役割を規定する。大抵の場合、研究者は特定の活動と文化的伝統によって規定される制限に従いつつ、当該状況下にいるローカルな人々とその点を協議する必要がある。

インタビューは、参加者の説明が欲しい際に役立つ。時にインタビューは、分離され保護された環境の中で行われることがある一方で、ほぼ自発的な会話と大差なく、ゆえに参与観察に近いインタビューもある。インタビューによって得られる情報は、精査下で生じる現象と、その人物（たち）の説明をもたらす。コミュニティ音楽療法の研究者が関心を寄せるのは、音楽活動の参加者の説明から学ぶことであり、コミュニティの中で、コミュニティと共に働く同僚やコミュニティ成員、他の専門職者からも学ぶことである。

テクストと人為的産物の解釈は、研究対象の活動とコンテクストの理解にとって極めて重要な対象に焦点を当てる。テクストと人為的産物は、それらが社会的に使用されるコンテクストにおいて解釈されなければならないし、研究者自身が前もって有している理解に照らして理解されなければならない。これらの課題は、エスノグラフィー的な解釈が多くの点で解釈学の伝統と関連していることを明示する（Geertz, 1973/1993; Alvesson & Sköldberg, 2009）。コミュニティ音楽療法研究におけるテクストと人為的産物の解釈には、例えば歌詞、録音、音楽活動で用いられたり生産されたりするその他の人為的産物の検討が含まれる。

ここで述べたテクニックを使用する際、フィールドノーツが補足的に用いられる。そこには研究者の印象、考え、暫定的な解釈などが略述される。フィールドノーツは、四番目の中心的なテクニックとみなすことができ、また情報を統合し解釈する際の主要な方略ともみなし得る。上記のテクニックは、エスノグラフィーで最も共通することである。質問紙や世論調査といったその他のテクニックは典型的とは言えないが、時に妥当である。

エスノグラフィーを行う際、いくつかのテクニックを併用することで、研究者が経験的材料について多面的な視点を持つことができるようになる（Hammersley & Atkinson, 2007, pp. 230–232）。調査を進めていくと、大抵は極めて混乱したともいうべき経験的材料の「集積」へと導かれ、それらは既成の概念の中には見られないものである。したがって集められたフィールドノーツ、インタビューのトランスクリプト、録音から、ある種の秩序が生み出されなければならない。厚い記述というギアーツ（Geertz, 1973/1993）の概念は、エスノグラフィー研究における記述と解釈の関係を明らかにする。例えば、音楽活動で他の参加者と同じテンポで演奏していない男性の参加者をあなたが観察していることを想像して欲しい。あなたなら、これをどう解釈すべきであろうか。音楽の経験がわずかしかないため、不一致に気付いていないのかもしれない。または、何かのために気を逸らされているのかもしれない。それとも他の参加者をからかっている、または気を逸らそうとしているのかもしれない。可能性は数多くある。エスノグラフィーを行う際には、見たり聞いたりしたことだけを記述するだけでは不充分である。関わる人物、活動、文化規範、社会構造についてあなたが知り得るその他の観察や知識との関係の組上に載せることで、記述に厚みをもたせなければならない。よく似た、あるいは関係のある音楽状況、音楽以外の状況においてこの人物はどう行動するのか。他の参加者は、彼にどう反応するのか。このような行為を導き出す価値と態度は何か。厚い記述は、意味の解釈へのアプローチなのである。

コラム9・2　予期せぬ出来事のエスノグラフィー研究

メルセデス・パヴリチェヴィック（2010a）は南アフリカのケープタウンの郊外、ハイデヴェルドにある音楽療法コミュニティ・クリニックでエスノグラフィー的な事例研究を行った。この地域はギャング間の抗争、薬物シンジケート、アルコール使用障害などの困難にさらされている（コラム1・2を参照のこと）。パヴリチェヴィックが跡づけたプロジェクトの一つは、「生活に音楽を」と呼称され、合唱団、マリンバ・バンド、ドラム・グループ、ラップ・グループなどが含まれていた。またハイデヴェルド・コミュニティ・コンサートの準備として、年に一度の週末音楽キャンプも行っていた。

参与観察を基礎とし、フィールドノーツが文書化され、インタビューはトランスクリプト化され、音楽イベントはビデオで記録された。その記録を検討する中でパヴリチェヴィックは、「音楽の力」とは様々なイベントで「与えられる」ものではなく、特定の方法において切願され、共有され、取り組まれるものであると記している。このことに関して彼女はさらなる興味を持ち、詳細な研究対象として、彼女が「魔法の瞬間」と命名した協働的ミュージキングを選択した。

この魔法の瞬間には、どのグループも最上のフローの中にいた。別言すれば、それは「ピーク」の瞬間であり、グループが非常に流動的な音楽グルーヴの中を進んでいるように思われた。実を言えば、私はこの瞬間にしびれた。もっともそれに近いアナロジーは、ジャズのライブで、即興が聴衆の歓声、喝采、口笛、拍手などに呼応して「テイクオフ」した瞬間を挙げることができる。グループ音楽療法のこういう瞬間には、療法士とクライエントの（社会的にあてがわれた）アイデンティティと役割が溶けてしまうように思われ、皆が「魔法」の音楽を行う人々になっていたのである（Pavlicevic, 2010a, pp. 99-100)。

この魔法の瞬間―低いレベルの協働と音楽の支離滅裂な瞬間を有益な背景として用いる―に研究の焦点を合わせる際、パヴリチェヴィックは音楽社会学者のティア・デノーラ（2003）のエスノグラフィー的アプローチからインスピレーションを得ている。パヴリチェヴィックはその研究の中で、広範なフィールドワークのコンテクストにおけるあるビデオを詳細に分析した。選択されたその瞬間は、彼女がハイデヴェルド・コミュニティ・コンサートの準備のためにハイデヴェルド子ども合唱団を撮影しているときに訪れた。合唱団は歌のリハーサルをしており、二人の音楽療法士は少しの間、相談し、部屋ではいつも通りのおしゃべりや混乱があった。パヴリチェヴィックがビデオカメラのスイッチを切ろうとした時、後列で予期せぬ出来事が起こったのを発見した。彼女はそれにズームインした。

> 七人の子どもたちがテーブルの周辺に固まっており、互いに向き合い頭を低くしている。そして自発的に歌の最後の部分《カン・マン・ダン・ニー》を歌い、お尻を動かす。グループのうちの半分は、テーブルをタップしてリズムをとる。このタッピングが支えとなり、歌声は徐々にクレッシェンドして歌を引き締め、突然、ヤーヤーヤー！というエクスクラメーションを伴った声と身体的エネルギーによる突然のスフォルツァンドへと向かう。と同時に、テーブルから皆が後ろ側にジャンプして離れ、笑いながら、そしてほとんど即座に多様で緩やかなペアが生まれていた（Pavlicevic, 2010a, p. 101)[5]。

この事象に関する全般的コメントの中で、パヴリチェヴィックは次のように述べている。

このビデオの抜粋（と他の抜粋）のミクロ分析で現れたのは、若者たちの内部で、また若者同士の関係の中で生じた、努力を要しないシンクロ的なミュージッキングであった。「一つになって」歌ったり踊ったりしている若者グループ、といった表現では、あの個人を超えた振り付けのエレガントさを説明するには到底足りない。それはまるで、最上の瞬間において、グループの音楽的サウンド、動き、空間の使用の間には、現象学的区別が一切ない、とでもいうべきものであった(Pavlicevic, 2010a, p. 102)。

この特別な観察を基にして、いくつかの研究課題が生まれ、パヴリチェヴィックは集合的で複雑な集団ミュージッキングの事象、すなわち協働的ミュージッキングはいかに参加者に規定されるのか、音楽療法士は最上の協働的ミュージッキングを生み出すためにどのような方略を使うのかに焦点化した調査に取り掛かった（Pavlicevic, 2010a, p. 103）。

調査研究

調査研究における情報は、選択された対象者に、一続きの用意された質問（口頭、または文書で）を行うことで収集される。最も古くから行われているタイプの調査は、政府によってしばしば実施される人口調査である。全人口ではなく代表標本について研究を行うという考えは、ノルウェーの統計学者、アンネシュ・ニコライ・ヒエル（Anders Nikolai Kiær）によって創出された。一八九五年、彼は自身が「代表法」と呼称したものについての論文を発表した。その要点を示すと、キーとなる変数に関する分布が全人口のそれに対応していると考えられる標本を選ぶなら、その標本を基本とする統計は人口全体をほぼ正確に説明していると考えてよい、というものである。一九〇三年までに彼の方法は国際的な統計学者のコミュニティで多少なりとも受け入れられるようになっていた。しかしヒエルは、代表標本はランダム選択によって得られるとは提唱していない。この提案を行ったのはアーサー・レオン・ボーリー（Arthur Lyon Bowley）であり、一九〇六年のことである（Bethlehem, 1999）。現代のサンプリング手法は、もっと後の一九五〇年以降に開発されたものである。

調査を行う重要な理由は、社会問題を理解することである。これについては、チャールズ・ブース（Charles Booth, 1840–1916）まで遡ることができる。彼は一八八六年から一九〇三年の間に「ロンドン市民の生活と労働についての調査」と題されたパイオニア的研究を行った。彼の用いた手法は、今日我々が用いる明確なサンプリング法や標準化された質問項目といったスタンダードな調査方法ではなかった。しかしながら彼は、体系的な尺度を用いて重要な社会問題を描出し、分析した（Groves et al., 2004）。様々な恵まれない群における物質的問題と健康面の困難さを実証することに焦点を置く、社会調査と命名された系統の端緒を開いたのは彼である。英国のコンテクストでは、この種の調査はその後しばしば政府主導で行われ、その目的は調査対象の生活条件を改善することであった。そしてそれは、行動志向調査におけるごく初期の一例とみなすことができる。とはいえ社会調査が常に恵まれない群の生活を改善する行動につながるわけではなかった。アブラムス（Abrams, 1951）の主張によれば、アメリカ合衆国でも類似した調査は行われ、英国の調査の結果と同等以上のショッキングな結果が実証されたが、改善のための行動は起こされなかったという。ピッツバーグでの調査を要約した後に彼は、「調査の主たる結果は、その後の研究の流れを拡げ、事実を欲する学問的食欲を多少は満たしたに過ぎない」と述べている（p. 115）。

調査研究のもう一つの伝統はジャーナリズムと市場調査から生まれた。そこでは政治的嗜好や一般大衆の態度変化を描出するため、また商品の市場での成功を評価するために、調査が使われた。この伝統の中で調査を行う目的は、前述の行動志向的な社会調査とは全く異なっている。その目的は大衆に政治的な影響を、または単純に、製品の購入を促すように影響を与えることである。世論調査はサービスと製品を改善し、政治家が政策を住民の視点に合わせることができるようにするため、ということができるとしても、この種の調査は権力と既得権を持つ人々の手にある道具であることに変わりない。

研究者らは様々なタイプの調査を個別的に、または何かと組み合わせて用いる。このタイプに含まれるのは、横断研究、反復横断研究（同じ個体数だが、同一年齢の新たな標本を反復的に調査する）、パネル研究（同じインフォーマントを二度か三度調査する）、二つ以上の住民を網羅する研究（例えば二つの異なる国におけるコミュニティ音楽療法実践）である。

調査の目的は、記述すること（分布、平均、偏差を記述する）、もしくは分析すること（要因を同定し、一つの従属変数または一連の従属変数を予測する）のどちらかである。調査はまた、介入を評価する目的で用いることもできる。例えば介入群と統制群を設定した大規模なフィールド実験を行う際に、心理・社会的な介入の効果を測定し、この介入の重要な要素を同定するために、調査を用いることができる。データを扱い分析する統計学的な手続きはますます洗練され複雑になってきているので、適切に使用するためにはかなりの統計学的スキルを必要とする（Bijleveld, van der Kamp & Moojjaart, 1998; Harkness, van de Vijver & Mohler, 2003）。

典型的調査は、データ収集の方法として自記式質問紙か構造化面接を基本とする。質問紙が情報を求めるのは大抵、デモグラフィー（性別、年齢、教育など）、行動、意見と態度、主観的な健康経験、あるいは社会的または文化的コンテクストの諸相についてである。回答は通常、番号を割り当てられ、インフォーマント（被験者）ごとに横一行の大きなマトリックスの中に入力され、さらに面接の質問項目あるいはアイテム（変数）ごとに一つの欄に記入される。全回答者にとって全質問項目が関連するとは限らない。したがって空欄のマトリックスもあり得る。統計ソフトウェアを用いてデータ分析がなされる。

質問紙項目は根拠ある原理に基づき構成される必要があり、また調査目的のために予備的に使ってみる必要もある（Presser et al. 2004）。良い質問とは、インフォーマントに関連し、曖昧でなく、理解しやすいものである。質問は、社会的望ましさを避けるような方法で表現される必要がある。選択肢は意味が重ならないようにし、また関連する選択全てが網羅されるようにする。異なる文化的・社会的集団を含む調査において、選択肢間の質問項目を比較することはかなり難しい。理想的には、全ての項目と選択肢は全てのインフォーマントにとって同じ意味を持っていなければならない。同じ質問紙が異なる言語で用いられる場合、いったん翻訳したものを再翻訳して不一致を慎重に検討しなければならない。尺度の同質は、集団間の差を分析する際の必須条件である。測定尺度の検査における重要な革新は、項目反応理論分析（Embretson & Reise, 2000）である。

代表標本は、特別なルールに従ってインフォーマントを選別することで得られる。標本の選定は、研究対象集団の構成員リストから行う。理想的にはこのリストはでき得る限り完全でなければならない。音楽療法士の調査では、考えられる標本収集の範囲は、音楽療法の協会全メンバーである。高い割合の会員が網羅できるほど、リストの標本抽出の枠組みとしての精度は高くなる。代表標本は、全ての構成員が選ばれる可能性を有するが、必ず選ばれるとは限らない、という方法で引き出される。標本を選び出す方法として、個人のクラスターを選出することも可能である。これはクラスター・サンプリングと呼ばれる。クラスター・サンプリング、あるいはその他、単純なランダム・サンプリングとは異なる手続きに則ったデータを分析する際、これらのデザインのために特別に開発された統計手法を使う必要がある。

データの統計分析に使えるツールの種類は、パソコンの導入によって飛躍的に増加した。単変量の統計は、単一変数の特徴を述べるのに用いられ、二変量解析は二つの変数間の関係を述べるのに、多変量解析は三つ以上の変数間の関係を述べるのに用いられる。研究者の中には、多変量解析手法は二つ以上の従属変数がある場合の分析方法と定義する人もいるであろう。どの統計法を用いるかは、各変数、分布、変数の数と仕様、そしてそれら同士の関連の性質などを考慮して決める。記述統計は、集団の評価特性（パーセンテージ、中心化傾向の測定、分散など）を記述するのに用いられ、一方、推測統計は標本から母集団を推測する際に用いられる（有意差検定、信頼区間など）。

調査方法は単純な統計法を用いて標本を分析し母集団を記述する方法からスタートして、複雑な原因モデルを検証する調査分野へと発展した。統計手法の開発は今も続いている。コミュニティ音楽療法に関連のある領域にはマルチレベル分析、潜在変数分析がある。マルチレベル分析には、同じ統計モデルにおいて個体レベルと集団レベルのデータを組み合わせる方法が含まれる（Heck & Thomas, 2008）。潜在変数は、直接は観察できないが、一連の顕在変数から推論される要因（例えば態度や人格の特徴）である（Brown, 2006）。共分散構造分析も、潜在変数と観察された変数の間の関連パターンを分析するのに用いることができる（Hancock & Mueller, 2006）。

コラム9・3　歌うことによる生存？　文化的参加の利益に関する調査

スウェーデンでラース・オーラフ・ビグレンと共同研究者ら（Lars Olav Bygren et al., 1996）は、本や雑誌を読む会、音楽行為、合唱団での歌唱といった文化イベントへの参加等の活動が、生存の決定因となり得るのかどうかを調査した。文化的活動に参加した一二、九八二人のスウェーデン人（十六歳から七十四歳）へのインタビューが研究者によって実施された。欠損データは15%のみであった。インタビューは一九八二年から一九八三年にかけて行われ、その後一九九一年までの生存が

資料9・4　フローと白熱の只中にいる歌い手たち。ノルウェー、ソグン・オ・フィヨーラネにある音楽療法センターの「フェールデ・シニア合唱団」。写真：Bent Are lversen

調査され、この期間中に八四七人が亡くなった。

生存を従属変数として、文化的活動の参加度合い（滅多に参加しない、時々参加する、しばしば参加する）を予測変数として統計的分析が行われた。年齢、性別、教育レベル、収入、健康状態といった交絡因子を統制した上で、文化イベントによく参加していた人で生存した数と、イベントに全く参加しなかった人とで生存数を比較し、オッズ比を計算したところ、1・57（95％の信頼水準で信頼区間1・18から2・09）となった。オッズ比1は二群間に関連はないことを示す。オッズ比が1より高いので、文化的活動に参加した人の生存率は、参加しなかった人に比べて高いということになる。信頼区間に1を含まないのは、結果が統計的に有意であることを示す。研究者らは、文化イベントへの参加は生存に正の効果をもたらすかもしれないと結論づけた。この研究者らが控えめなのは、おそらくすべての交絡因子を完全に統制することができるとはいえないからであろう。とはいえ、この大がかりで良くデザインされた研究は、文化的活動への参加が健康に良い、という仮説を裏付けるエビデンスをもたらしたといえる。論者らは、文化的活動への参加が生存にもたらす正の効果を説明する生理学的メカニズムをいくつか提案している。

調査を行う理由は、生存を予測するというだけでなく、他にも種々ある。例えば都市生活者はどの程度まで新しい合唱団に参加することに興味を持つのかを調べる、性別などの人口統計変数間で音楽の嗜好がどのように異なるかを調べる、音楽的活動への参加は経年的にどう変化するのかを調べる、将来的に音楽への参加とＱＯＬの間にどのような関連が見いだされるかを研究する、等が考えられる。

実験的研究

実験において仮説は、影響（独立変数）と交絡要因をでき得る限り統制して体系的に検証される。実験の開発と洗練は、十六世紀から十八世紀にかけての自然科学における科学革命の中核である。その使用はやがて医学、心理学、社会科学といった分野に拡大された。人間に関する実験的研究では、重要なのは研究の参加者に体系的に影響を与えることであり、それはその影響において考え得るあらゆる効果を検証するためである。実験的調査には様々な形式がある。実験室実験は、環境の影響（物理的、社会的な）を厳格に統制することが特徴である。社会心理学では、規範形成についての古典的な実験が実験室環境で行われた。研究への参加者は、真っ暗な部屋の中で椅子に腰かけなければならない。規則的な間隔で、小さな明かりが目の前にともり、その明りが見えている短時間に、どの程度それが移動したかの距離を評定するというタスクをこなさなくてはならない。実は明かりはまったく動かないのであるが、何の視覚的な参照点もない真っ暗な部屋の中で座っているため、明かりは動いたと知覚する傾向が生じた。他の参加者が何と答えるのかが聞こえると、自身の答えは影響され、彼らの知覚は収束しがちになった。明かりの移動の知覚に関する「規範」が生じたのである（Sherif, 1935）。

コンテクストと影響が余り統制されない環境で実験研究が行われるとき、それは通常、フィールド実験と呼ばれる。その一例の実験はこうである。高齢者を対象としたいくつかのクラブが二つの群、すなわち介入群と対照群に割り当てられた。データ収集が行われ、使用された測定尺度の中にはＱＯＬ尺度があった。介入群では、数日間にわたって午後の音楽イベントが音楽療法士によって開催された。このイベントが特定の回数行われた後、新しいデータ収集が介入群と対照群のメンバーに対して行われた。研究者たちが知りたかったのは、介入群の住民において、音楽イベントへの参加がどの程度ＱＯＬを引き上げるか、ということであった。フィールド実験では、参加者のＱＯＬに影響を与える要因を統制するのは難しい。この種の実験における明らかな問題は、対照群のクラブで音楽活動が生じるのを止めるのは難しい（そして同時に望ましくない）、ということである。

実験的研究では内的妥当性と外的妥当性の区別がなされる。特定の結果へと導いたのがその介入であると信じるに足る理由があるならば、実験の内的妥当性は高いということになる。その研究で分かったことがその地域全体または国全体の類似した環境で汎化され得ると信じるならば、外的妥当性が高いということになる。内的妥当性は、介入と結果の因果関係に関するものである。外的妥当性は、当該研究の環境や研究に参加した人たちを超えて、成果を汎化することに関するものである。

内的妥当性を増すための用心深い対処に、ランダム化がある。ランダムに割り当てれば、介入群と対照群の体系上の差異は縮減する。ランダムな割り当てが群間の全ての差異を除去できるわけではないが、残る差異はランダムで、体系的ではない。このことは、それらは統計的統制下にあるということを意味する。割り当てられたユニットの数が少な過ぎることがなければ、群間の差異は無視してよい。フィールド実験を改善する方法の一つは、マッチングを用いることである。高齢者のクラブの例でいえば、クラブの所在地（街中か田園地域かなど）、規模、利用者の年齢と背景の類似性を考慮してペアをつくる。各ペアの片方をランダムに選んで介入群に割り当て、もう片方を統制群に割り当てる。このようなマッチングはデータの統計分析上、意義がある。

療法的介入の効果を評定しようとする研究における主たる困難は、平均への回帰効果である。回帰は、例えば心理的な不満を測る尺度で、特に得点が低いから、もしくは高いからという理由で群の対象者が選択される際に起こる。再度測定すれば、このグループの得点は極端なものではなくなっているであろう。音楽療法に加わるクライエントは、心理的不満の尺度で比較的高い得点を示しがち、ということはあり得よう。再度測定すれば、不満の平均値は低くなる傾向にあろう。統制群がなければ、この得点減少が、どの程度まで回帰効果によるものなのか、どの程度まで音楽療法によってもたらされたのかを見極めることは難しくなる。回帰効果は、音楽療法士が自身の実践を理解する際のバイアスへと容易になってしまう。クライエントが良くなっていることが定期的に観察されている場合、肯定的な変化の多く（全てではないにせよ）は音楽療法と無関係に生じていたかもしれないことを考慮せずに、改善した点を自身の療法活動の成果と考えてしまう（Barnett, van der Pols & Dobson, 2005）。

ランダム化比較試験（ＲＣＴ）は、療法介入の効果研究において「黄金のスタンダード」と考えられることが多い。コミュニティ音楽療法の分野では割り当ての単位は個人というよりもクラスターになるため、この種の研究はかなり大きな規模で費用もかさみ、実際にランダム化する単位の可能性は制限されるであろう。このような状況下では、少なくとも介入効果のエビデンスを提供できるような他の調査研究を見つける必要があるだろう[6]。選択肢の一つは、単一事例の実験デザインを検討することであろう。一定期間、少なくとも一つの独立変数の影響下で、ある対象が繰り返し観察されるという実験である（Onghena, 2005）[7]。

独立変数は通常、操作可能な条件（例えばコミュニティ音楽療法活動への関与）である。ここで関与するのが一つの事

資料9・5　リハーサルで元気いっぱいに歌う。ニュージーランドのオークランドの「セレブレーション（CeleBRation）合唱団」。写真：Neil Shepherd

例のみなので、この事例は様々なレベルの独立変数にさらされる（影響なし対影響あり）。研究対象は必ずしも個人である必要はなく、コミュニティの合唱団のような個人の集合でもよい。単一事例実験には様々なデザインが考えられる（Bordens & Abbott, 2008）。例えばレベルは、ベースライン観察（Aと示す）、介入後または暴露後の観察（Bと示す）で、ABABといったデザインになる。多元的介入または多元的暴露も可能で（C、Dなどと示す）、暴露の同時結合（BC、BDなどと示す）もあり得る。経時的な多元測定（各レベルもしくは組み合わさったレベルにおいて）もまた可能である。

単一事例実験のデザインが抱える主たる困難は、一般化である。ただ一つの研究対象しか持たない研究を行うとしたら（例えば音楽療法士の指導のもとバンドで演奏する若者のグループ）、その研究結果が他の対象者にも関連を持つと断言できるであろうか。対象者はそれぞれ異なるということが無視できるなら、一般化はそう大きな問題ではない。あるいは単一事例の論証が、ある現象の存在を証明するのに充分ならば、一般化はやはり重要な課題ではない。しかし、例えば若者グループと関わり、他の若者グループでも使える実践を開発したいと考えるのであれば、その研究の結果が他のグループにとってどの程度まで妥当かを知る必要が生じる。一般化という困難に対する明快な答えは、反復である。研究成果を新しいコンテクストで繰り返してみて、再度同じ知見を再生産することができたなら、その結果は複数のグループやコンテクストにおけるコミュニティ音楽実践にとっても妥当であろうことを実証したことになる。

コラム9・4　メンタルヘルスの問題を抱えるクライエントへのリソース志向的音楽療法についてのRCT

ノルウェーでは、クリスチャン・ゴールドとその協力者が、メンタルヘルス・ケアでの音楽療法の効果についていくつかの研究を行った。その中には体系的なレビューも含まれている（Gold, Heldal et al., 2005; Gold et al., 2009）。二〇〇四年から二〇一一年にかけてゴールドは、メンタルヘルスの問題を抱えているが治療への動機づけが低いクライエントに対して行うリソース志向的音楽療法のランダム化比較試験（ＲＣＴ）で調査責任者を務めた。研究はノルウェーのコンテクストで行われ（Gold, Rolvsjord et al., 2005）、二〇〇八年からはオーストリアとオーストラリアの協力者を含む多施設研究へと拡大された。

研究目的は、重篤なメンタルヘルス問題を抱えるクライエントへのリソース志向的音楽療法の効果測定であった。その理論的根拠は、もっとも重篤な病気のクライエントには、投薬と言語的心理療法は限定された効果しかもたらさないという事実であった。臨床的経験が示すところによれば、音楽療法はこのような辺縁におかれたグループについて、その隠れたリソースを前景化し、社会的コンピテンスを構築することができるとされた。そして実際、エンパワメント、協働、そして個人的・社会的なリソースとしての音楽を強調する理論的基礎が開発された（Rolvsjord, 2004, 2007, 2010）。

ＲＣＴは、イニシアチブの効果を調査するためにデザインされたもので、このケースでは、複雑介入が対象となる。研究対象は音楽的な刺激の効果ではなく、「音楽療法パッケージ」全体の効果であり、その中には人間同士の関係、音楽的関係性、活動、儀式、理論的根拠、省察が含まれている。ゆえに研究は、療法の医学モデルよりも、コンテクスト・モデルへと接合されることになった（Frank & Frank, 1991; Wampold, 2001）。この方法を選択したことで、研究の厳密さと療法的柔軟さの間に緊張が生まれることになった。その一例は、療法的介入の定義をめぐってである。医学の伝統の中では、研究の妥当性と再現可能性を担保するために、ＲＣＴは介入を詳細に特定すべきとされる。それを担保するために療法マニュアルがよく使われるが、テクニックの流れが固定されたマニュアルは、クライエント個人を理解し関係性を築こうとする療法的努力というもっとも基本的な原理と明らかに調和しない。リソース志向的音楽療法においてＲＣＴを行うために開発された解決方法は、特殊なテクニックよりもむしろ、療法原理のガイドラインをつくることであった。提案された中心的原理は例えば、クライエントの強みや潜在能力に注目し、療法過程に関連するクライエントのコンピテンスを認識し、肯定的な情動を育て、音楽的なスキルと潜在能力を認め、励ますこと、などである。禁止すべき原理は、クライエントの強みと潜在能力を無視すること、病理に強く焦点化すること、問題と否定的情動が湧き起こるのを避けること、協働的でないスタイルで指示することである（Rolvsjord, Gold & Stige, 2005）。

療法的柔軟性を可能にする方法で介入を定義した後に、ゴールドと共同研究者らは、効果の大きさの利用を含めた、手堅い成果研究の基準を考慮に入れた研究をデザインすることになった（Gold, 2004）。効果の大きさの計算に基づき、百四十四人のランダム抽出された参加者を介入群と比較群に振り分け、ＲＣＴが行われた。三ヵ月のランダム化の過程の間、介入がなされ、そのモニタリングが行われた。結果は、介入前調査（ランダム化の前）、初期中間時点（ランダム化の一ヵ月後）、介入後調査（ランダム化の三ヵ月後）、六ヵ月後のフォローアップ（ランダム化の九ヵ月後）によって評価された。事前の体系的レビューに基づき、中心的目標は、重篤なメンタルヘルス上の問題を抱えるクライエントがその陰性症状（情動の平板化、乏しい社会的関係、興味と動機づけの全般的喪失といったもの）をリソース志向的音楽療法は軽減できるのか見定める、というものであった。一般的な機能、音楽への興味、変化への動機、情動調節、関係づくりのコンピテンス、実際の社会的関係といった二次的結果についても吟味された。当該研究のもう一つの目標は、もし何らかの有意な効果が発見されたら、一般的結果は特定的結果によって媒介されるのかどうかを見定めることであった（Gold, Rolvsjord et al., 2005）。

本稿執筆時点で、このＲＣＴの結果は分析の途上にあり、いくつかの有望な知見が見いだされている。まだ仮説の段階であるが、音楽療法は参加者の年齢、性別、診断のタイプ（精神病性障害か非精神病性障害か）、音楽療法が提供される病院といったものとは無関係に、標準的なケアより優れている。脱落率は音楽療法では他に比べて低く、音楽療法がサービスを受ける気持ちを励まし続けるということが示唆されている。音楽療法の効果を論文化するのに加えて、研究結果には、リソース志向的音楽療法の仮説的メカニズムに関連する新しい尺度、すなわち「音楽への興味尺度」と命名されたものが含まれている（Gold et al., 2012）。

この研究は精神医療施設で実施されたものであるが、将来、コミュニティ音楽療法のためのＲＣＴを開発する際に考慮する必要があるいくつかの課題が浮き彫りとなった。実践の柔軟性を担保するような介入の定義はそういった課題の一つであり、また関連する測定方法の選択と開発もまたその一つである（個人とコミュニティにとっての結果を測定する方法）。加えて、ＲＣＴと参与型デザインとの統合、クラスター・サンプリングとランダム化の困難といった課題も生じるであろう。

実践的で多元的な研究を必要とする前提と目的

アクションリサーチは、その参与型の性質と価値の類似性から、コミュニティ音楽療法にとってとりわけ適した方法とする論者が複数いる（例えば、Kleive & Stige, 1988; Stige, 2002, 2005; Hunt, 2005; Waner, 2005; McFerran & Hunt, 2008; Vaillancourt, 2009; Elefant, 2010b）。エスノグラフィー的なフィールドワークもまた、コミュニティ音楽療法研究の妥当なアプローチとして確立されている（Stige et al., 2010aを参照のこと）。コラム９・３と９・４の例からも明らかな通り、調査と実験法で論文化されたものはほとんどない。この状況は、コミュニティ音楽療法の前提と目的を反映しているのであろうか。それとも、研究のための時間的余地を拡大する必要があるのだろうか。我々の判断では、この問いは慎重な熟慮を要する。さらなる熟考を行うため、少しばかりの提案をここに示しておこう。

第一章、第六章で議論した頭字語PREPAREによってコミュニケートされた諸特性、及び第七章で議論した価値は、コミュニティ音楽療法が参加型で関係論的で生態学的な前提と親和的であることを示唆している。このことは確かに、アクションリサーチの伝統は、コミュニティ音楽療法の柱であることを示す。だが我々は、これを特定の研究法や方法論の妥当性についての普遍化された主張に合うように持ち上げたいという誘惑には、警鐘を鳴らしておきたい。アクションリサーチの特徴のうち二つは、それが**実践的**で**多元的**であるということである（Reason & Bradbury, 2006）。我々の考えでは、このことは調査と実験的研究の妥当性と有用性が認識されなければならないことを指し示している。この議論は、コミュニティ音楽療法において混合した方法を用いることを承認することへと必然的につながる。本章の冒頭において我々は、質的研究法と量的研究法の間にはいかなる緊張と矛盾があるかを説明した。では、方法の混合はどうして有用なのか。

クレスウェルとクラーク（Creswell & Clark, 2011, pp. 38-51）は、クロッティ（Crotty）が提唱した枠組みを適用し、研究方法をデザインする際、世界観、理論的なレンズ、方法論的アプローチ、データ収集と分析の方法を区別することが有用ではないかと提案した。世界観は、それが知の主張に至る時、様々に異なる。すなわちポスト実証主義的な世界観は原因と効果に焦点を置き、構成主義の世界観は意味に、参加型世界観は政治的関心に、プラグマティストの世界観は行為の帰結に焦点を置く。これらの世界観は、ある点においては互いに排他的であるが、全てにおいてではない。例えば、原因と効果の検証を無視して政治的現実だけを議論するようなケースを支持する人は少ないであろう。同様に、政治的現実を無視するようなイニシアチブの結果を研究するのも潜在的な問題を孕んでおり、それが権

資料9・6　知識のパフォーマンス。がん患者とオブライエン（O'Brien）によって制作されたオペラ。オーストラリアのメルボルンにて。パフォーマーは、エンマ・オブライエン（Emma O'Brien）、マーリン・クアイフェ（Merlyn Quaife）、ミッシェル・ビショップ（Michael Bishop）、ジュディス・ドッズワース（Judith Dodsworth）。写真：Jeff Busby

力と特権を持つようになったとき、結局は現状を支持して終わり、ということになるであろう。

研究者として我々は、一つの世界観以上のものに関連を持つ必要があろう。つまり、これさえ信じておけば間違いない、というような統一された全体的な世界観の描写など、どこにもないのである。物事を知るための様々な方法は互いを補い合うが、何かが何かに取って代わることはない。我々の考えでは、これをつき詰めていけば、アクションリサーチをコミュニティ音楽療法の中で顕著なものと認めつつ、エスノグラフィー、調査研究、実験的研究をも含み込む多元的スタンスへと到達する。エスノグラフィーと調査を組み合わせることで、音楽が様々な集団の中で日々、どのように用いられているのかに関する情報を収集することができる。同様に、手堅いフィールド実験は、コミュニティ音楽療法の成果と利益についての極めて重要な情報を提供してくれるであろう。

あるコンテクストから別のコンテクストへと結果が一

般化され得るという前提に基づく実験的研究は、生態学的志向の実践とは結び付きにくいという反論があるかもしれない（DeNora, 2006）。ＲＣＴの専門知識と厳格さもまた、参加型で協働的なアプローチの開発にとっては取り扱いにくいものかもしれない。このような困難さは確かにあるが、しかしそれは実践的関心のコンテクストの中で検証されるべきである。多くのコンテクストで実験的研究は、実践状況を記述し分析する一方途として、一般の、あるいは専門的な参加者によって高く価値づけられるであろう。実験的研究への生態学からの批判は、例えば件の実践がどのようなものかによる。第八章で我々は、特定のルート、プロジェクト、プログラムを区別した。ＲＣＴは通常、特定のプロセスとプロジェクトの評価よりも、プログラムの評価に適している。シュヴァンテス（Schwantes, 2011）は、定性調査の使用を通して研究とプログラムの開発双方に携わることにより、あるプログラムのコンテクストにおいて、実験デザインと参加型プロセスを組み合わせることの困難さを探究した。

時に質的研究が必要とされ、また別な時には量的研究もしくは質と量を混合した研究が求められる。換言すれば、研究方法の妥当性は、理論的・哲学的な批評を参照してはっきりと定義することなどできないのである。当該の社会的・歴史的コンテクストの中で妥当性と有効性について取り決めることこそが、常に有用である（Nerheim, 1995; Ziman, 2000を参照のこと）。アクションリサーチは、特殊な研究アプローチとして扱うのではなく、個々の状況のニーズに合わせて用いるべき様々な研究法を覆う大きな傘と考えるほうが有用であろう。この「傘」をある特殊な方法の中で定義したり位置づけたりすれば、フィールドの柔軟な発展を妨げることになるであろう。前提と目的は、社会的コンテクストの中で探究され取り決められなければなるまい。もしも基盤が必要ならば、あらゆる所与の調査方法論よりも、民主的な実践に命を吹き込む価値（第七章参照のこと）の方が、研究者並びに参加者にとって資するであろう。

結論

研究から学ぶことは、音楽療法のような専門職にとって中心に位置する。しかしながら、研究はコミュニティ音楽療法実践を形作る唯一の要因ではない。実践は社会的コンテクストの中で進化し、それゆえ価値やローカルな知、及び様々な音楽的、対人関係的な事象とプロセスによって命を吹き込まれるのである。

通常、研究プロセスの初期では、一つ、あるいはそれ以上の研究課題を明確化することが中心となる。研究課題は大抵、実践の状況や伝統の中で培われた関心によってインスピレーションを与えられる。その次に行うことは、現存する先行研究をレビューすることで、それによって今日的知識の状況を学び、最初に抱いた研究課題を洗練させ、課題探究のために用いる方法とデザインを開発するのである。データを収集する前に、通常、母集団と場を定め、インフォーマントや研究上の他の要素を選択し、測定尺度を開発してそれを予備的に使用してみる。データが集まったら、トランスクリプションと分析が待っており、通常、それは直接、発見したことを解釈し、既存の理論と知識との関連の中で議論する段階へと進む。研究論文がこれらを基礎として注意深く書き終えられたら、次はそれを雑誌か出版社に投稿する。その後、査読を受け、それをもとに改訂して出版へと至る。ここで述べたことは研究プロジェクトのいくつかの段階を示しているが、そのプロセスが直線的に進むことはまずない。とりわけ質的研究では、様々な手続き上の段階の間を戻ったり進んだりという動きをとる余地がある。アクションリサーチでは、研究のプロセスと所産は参与型、実践的な次元を含み込むまでに拡張される。

研究の多様な伝統間の違いを概念化する一つの方法は、様々なパラダイムと世界観に焦点を置くことである。これらの違いのうちのいくつかは、量的研究と質的研究の伝統間の議論で表明されている。伝統間の違いにもかかわらず、コミュナリズム、懐疑主義といった多くの価値が研究者間で共有されている。コミュナリズムは、知は大衆と共に分かち合われるということを意味し、一方の懐疑主義は、あらゆる新しい考えと提案は批判的に検証、評価されるということを意味する。

研究間の伝統の相違は、何かについて述べる、何かを説明する、何かを評価するといった様々な目的との関連において明白となるであろう。アクションリサーチ学者であれば、研究は社会変革に寄与すべきと強調するであろうし、我々もまた、これはコミュニティ音楽療法において妥当な観点であると主張してきた。

研究法の伝統には、コミュニティ音楽療法にとって潜在的な妥当性を持つものがある。我々が議論したのは四つのアプローチ、すなわちアクションリサーチ、エスノグラフィー研究、調査研究、実験的研究である。アクションリサーチは調査活動、社会変革、理論開発の統合への焦点化を許容する。エスノグラフィー研究は、所与のコンテクストにおける文化実践として、コミュニティ音楽療法を探究することを可能にする。調査研究では、通常、自記式質問紙か構造化された面接が行われ、問題、リソース、態度といったものが、より大きな集団においてどのように分布しているかを探究するのに有用である。実験的研究は、研究への参加者（または集団）に影響を体系的に与え、そういった影響が及ぼす効果の可能性を検証する。

コミュニティ音楽療法の先行研究は、主にはアクションリサーチとエスノグラフィー研究から構成されている。参加型で関係論的で、生態学的で活動家的な特性を有するコミュニティ音楽療法実践が、とりわけアクションリサーチの伝統と共鳴するからといって、これが余りに支配的となり、他の研究系統の発展を妨げないようにする必要がある。調査・実験的研究も確かに、コミュニティ音楽療法の中に位置を占めている。その頂点に体系的レビューとＲＣ

Tを置き、底辺に質的研究を置くような（Kristiansen & Mooney, 2004を参照のこと）、研究方法の一般的ヒエラルキーは、コミュニティ音楽療法には存在しない。参加型の視座は、実践的で多元的な調査へといざなうが、単一の世界観、規範的な方法論上の信念とは親和的でない。

　コミュニティ音楽療法の研究者は、拡張された認識論に対し、ラディカルだが慎重な手法において興味を持つべきである。すなわちラディカルとは様々な知る方法（体験的、表現的な知を含む）を積極的に受け入れようとする意志であり、慎重とは確立された研究の価値（コミュナリズムや懐疑主義）を侵害しないことである。コミュニティ音楽療法が将来的に発展するかどうかは、質の高い研究が生み出されるかどうかにかかっている。しかしながら、評価の固定的な基準は、コミュニティ音楽療法の社会的で状況的な性格の評価に成功することはなかろう。研究の評価に関する対話的アプローチは、実践的で多元的な強みを内包しているため、より有用であろう（Stige, Malterud, & Midtgarden, 2009）[8]。

キーターム、議論のトピックス、註

キーターム（登場順）

前提、質的研究、量的研究、客観性、再起性、目的、研究プロセス、研究成果、研究の価値、アクションリサーチ、エスノグラフィー研究、調査研究、実験的研究、参加型世界観、多元主義

議論のトピックス

次の批判的思考の質問は、本章で議論したトピックスの批判的省察のために授業やグループ、または学生個人で議論することができる。付加的なリソースは、本書のウェブサイトで見つけることができる。

1．研究の必要性は、手元の知識の状態と社会的状況により、コンテクストごとに異なる。あなたが知っているもののうち、コミュニティ音楽療法が適合するコンテクストを思い浮かべ、考えられる研究課題を案出しなさい。どの研究の伝統や方法が、その課題の探究にとって妥当でしょうか。

2．参与型アクションリサーチは、人々が住まい働くコンテクストとの関連の中で、彼らが有する関心とヴィジョンによって展開される。研究者の中には、参加者が関心とヴィジョンを明示していない状況の困難さを報告する者がいる。こういった状況を扱う様々な方法について議論しなさい。

3．全ての研究者が、実験的研究はコミュニティ音楽療法の実践に適合的と考えているわけではない。本章で議論したのは、実験的研究の妥当性を抽象的な用語で評価することはできないのであって、コンテクストの中で取り決められるべき、ということであった。これが取り決められる状況を想像し、その状況における妥当性の是非に関する議論を展開しなさい。

註

（1）クーン（Kuhn, 1962/1996）の著名な社会学によって触発された（とはいえ、さらに多くの哲学的解釈を付与された）パラダイムの議論は、質的研究の文献において一般的となった（Guba & Lincoln, 2005 を参照のこと）。この議論は、哲学的仮説が研究という概念に影響を及ぼしたことを明らかにするのに役立ってきた一方で、抽象的な特徴を強調するため、現実的な研究ニーズへのプラグマティックな適用には常に有用とは限らない。

（2）（病気と死の発生と原因を研究する）疫学者は、記述疫学と分析疫学と実験疫学を区別する。社会学では、それとよく似て、三つの種類の情報をもたらすことを目的とする研究法を区別する方法が確立されている。その三つの情報とは、問題の情報（問題がどれほど大きく広がっているか）、原因の情報（問題の背景にある要因またはプロセス）、そして行為の情報（問題を縮減、または除去するために何ができるか）である。

（3）研究法の二つの文化について語ることはまれではない（Snow, 1959/1998）が、ザイマン（Ziman）は、共有された一式の価値に影響を受けたと主張する研究実践全般にわたって、類似する傾向が充分にあると述べている。ザイマンの議論は、マートン（Merton, 1942/1973）のこのテーマにおける有名な研究によってさらに発展した。

（4）本章におけるアクションリサーチとエスノグラフィーの提示は、以前に出版された『音楽療法研究』（Stige, 2005a, bを参照）における二つの章で展開された議論の再考をベースにしている。

（5）パヴリチェヴィックはこの七つの事象の連続を詳述しており、そのうちの最初のシーンを本書ではとりあげた。

（6）フィールド実験の様々なデザインの長所と短所は、文献（Shadish, Cook & Campbell, 2002）の中で丁寧に述べられている。

（7）単一事例実験デザインは、単一事例研究という、より広い分野の中のサブカテゴリーである（Yin, 2008）。

（8）スティーゲとマルテルード、ミットガーデン（Stige, Malterud & Midtgarden, 2009）は、質的研究を特徴づける伝統の多様性が、今まで共有されてきた評価のいかなる基準も問題含みであることを示唆していると主張する。著者らは評価のアジェンダを用いて、省察的対話を活気づけるような研究評価のアプローチを提案した。基準とは異なりアジェンダは、多元性を内包し得る。つまり哲学的または方法論的課題の一致を必要とせず、ただどのテーマが議論を保証するかにおいて一致する。著者らによって提案された特別な評価アジェンダ—ＥＰＩＣＵＲＥ—は、二つの次元から構成されており、それら二つの頭字語を用いてコミュニケートされるようになった。最初のＥＰＩＣは、豊かで実質的な評価を生み出す試みに言及している（Engagement 関与、Processing 処理、Interpretation 解釈、（Self-）Critique（自己）批評に基づく）。次のＣＵＲＥは、研究の前提と結果を扱う試みに言及する（（Social）Critique（社会）批評、Usefulness 実用性、Relevance 妥当性、Ethics 倫理に焦点を置く）。ＥＰＩＣＵＲＥアジェンダの議論はおそらく、一般的なコミュニティ音楽療法の評価にまで拡大されることになるであろう。というのは、多元主義と実践的妥当性への要請は類似しているからである。

第十章　参加型実践の専門職化

第十章を学習後、次のような問いについて議論することができるようになるであろう。

■コミュニティ音楽療法は、音楽療法の専門職にどんな影響を及ぼすのか。
■後期近代において、専門職の情勢を特徴づけるものは何か。
■強固な専門職的アイデンティティは、適用可能な実践の発展において障壁となるのか。
■連携（パートナーシップ）とリーダーシップの理念は、コミュニティ音楽療法ではどう関連するのか。
■コミュニティ音楽療法は、音楽療法における養成やスーパーヴィジョンにいかなる影響をもたらすのか。
■倫理推進型の実践において、倫理を特徴づけるものは何か。

専門職化のポリティクス

歴史家、ペレグリン・ホーデン（Peregrine Horden, 2000）は、音楽療法の過去と現在に関するエッセイにおいて、現代の専門職的音楽療法は、詳論するのが極めて困難であると論じている。彼は、当該領域の公式の定義がいわばオープンエンドで、成功の基準も定義と同じく捉えどころがないとみている。同様な脈絡においてルード（2010）は、今日的な音楽療法の多様性が、クライエントや職場、公衆に、それを専門職と捉えることを非常に困難にしていると

資料10・1　鍵盤上の三手。レバノンにおけるパレスチナ人難民キャンプでの音楽教育。 写真：Even Ruud

論じている。これらの懸念に照らせば、コミュニティ音楽療法はその発展において現代の音楽療法をさらなる拡張、多様化へと導くため、好ましくない状況をさらに悪化させているということになる。このことがおそらくは二〇〇〇年以降のコミュニティ音楽療法に関する国際的言説の出現が興味や熱狂のみならず、コミュニティ音楽療法は冗長である（Edwards, 2002）といった発言から、その非医学的なプロフィールは専門職的自滅である（Erkkilä, 2003）といった不同意や批判を引き起こした理由の一端であろう。二〇〇八年の『イギリス音楽療法誌』は、コミュニティ音楽療法は専門職に異議申し立てするのか、それともそれをよりポジティブに拡張するのかについての特集号を組んだ（Barrington, 2008; Ansdell & Pavlicevic, 2008; Procter, 2008）。本章で探究するテーマの一つは、専門職のアイデンティティが最良に発展するのは、規定のテリトリーにおける専門化（specialization）を通してか、もしくは偶発的、協働的関係性の関与を通してか、についてである。

専門職（professions）と、**専門職化**（professionalization）の程度を説明するには、いくつかの方法がある。ヘルネス

(Hernes, 2002) は三つの基準に焦点を当てることで文献を概括している。第一のまとまりは、なされる仕事の価値の認識と、要求される知識の種類に焦点化する。生と死と共に働き、仕事の基礎を医学に置く医師は、この枠組みに従えば極めて高度に専門職化された集団である。別の基準のまとまりは、専門職的な教育とトレーニングに関連している。高度な専門職化とは、トレーニングが長くて要求が厳しく、このトレーニングなしには誰も職に就けないことを意味している。第三の基準のまとまりは、実践者の権威、自律性 (autonomy)、責任と関係している。高度な専門職化は、結果への倫理的、法律上の責任と共に、事例の査定、取り組み、評価のプロセスにおける権威と自律性を含意する。

専門職を性格づけるこうした「チェックリスト」は、単純化し過ぎているという批判を浴びたが、とはいえ上記は重要なジレンマを充分に映し出している。専門職者は、クライエントに提供するサービスに言及することにより、また彼らの実践がエキスパートによる安全な支援をアフォードするものであることを主張することで、自らを正統化する。これらの主張は必ずしも間違いではないが、コインの片側だけを明示したに過ぎない。自らの専門職のために働くことは自己ＰＲでもあり、すなわちそのことが地位の向上や仕事の保護へと導く。それは時に、クライエントを無力化へと導くかもしれない。専門職化は近代社会における労働区分の増加に不可欠であり、近代化を特徴づける曖昧さもまた専門職化の典型である—すなわちそのプロセスがある問題を解決する一方で、別の新たな問題を生み出す (Fornäs, 1995) —という見解はもっともである。

我々が言及した『イギリス音楽療法誌』上の論争は、このジレンマに光を当てたのである。バーリントン (Barrington, 2008) は、イギリスの音楽療法における法的登録 (1997) の成功が、専門職の成長を可能にしたのみならず、クライエントにも資するものであったことを論じた。バーリントンは、健康専門職協議会（ＨＰＣ）がイギリスにおける法規制の本体であり、その主たる役割はクライエントと公衆を保護することであると説明する。したがって、HPCの監督下で専門職が設定したスタンダードは、無視すれば責任放棄となるようなエキスパートのアドバイスを意味している。ゆえにバーリントンの見地からすると、イギリスのコミュニティ音楽療法の文献における音楽療法がいかに学問、専門職として前進してきたかについての批評は、潜在的には破壊主義的である。しかしこの状況に対するプロクターの解釈は、全く異なったものである。

HPCに課せられた規制基準などは、クライエントによって書かれたものではない。つまりそれらは、公認された専門職が「専門職者」のようにふるまうのを保証することによって、「専門職主義（professionalism）」を保証するための手段である。疑う余地もなく「クライエントを保護する」のは重要である。がしかしこれは、エリート主義のためのつじつま合わせの作り話に過ぎないであろう。音楽療法士としての私は、バーリントンの仮説は正しいと信じたい。しかし社会学者としては、納得できていないままである（Procter, 2008, p. 80）。

バーリントンへの応答としてアンスデルとパヴリチェヴィック（2008, p. 73）は、彼女〔バーリントン〕の分析ではコミュニティ音楽療法が、「音楽療法の専門職的な物語における近年の予期せぬ意外な進展（twists）に対する一般的な不安の仮想敵」として用いられていると指摘する。コミュニティ音楽療法は否定的方法でもって専門職に異議申し立てしているわけではない。そうではなく、それを社会全体における社会的・文化的な変革によって引き起こされた、より一般的な転換の兆候として理解することができると彼らは述べる。フリードソン（Freidson, 1970/1988）が医学の専門職研究において明確化した論点を繰り返しつつ、アンスデルとパヴリチェヴィック（2008, p. 74）は「時代は変わる。したがって、ニーズも変わり、専門職も変わるのだ！」と主張する。フリードソンは、専門職とは包括的概念ではなく、各国のコンテクストにおける特定のルーツと共に変容する歴史的定義であることを強調する。フリードソンはまた、専門職主義―専門職としての地位と自律性を高めるための奮闘と理解し得る―とは、特にアングロアメリカの影響を受けた国々においてとりわけ顕著であると主張する。彼はそれを「アングロアメリカ的な病気」と呼称するまでに至った。もしこのことが確かならば、イギリスの音楽療法において熱気を帯びた論争全ての側面を、他国において理解することなどできないであろう。それに対し、専門職がいかに、なぜ多様な方向へと発展するのか、というより一般的なテーマについては理解可能であろう。

これが本章のテーマであり、コミュニティ音楽療法の出現は、音楽療法の専門職全体にどういった影響を及ぼしているのかをみていこう。後者の焦点は、コミュニティ音楽療法の文献が「コミュニティ音楽療法士」という肩書を避けてきたことと関係している。コミュニティ音楽療法という用語が学問と実践の発展を記述するために用いられている一方で、専門職としての肩書「音楽療法士」は維持されている。つまり、新たな専門職的な集団を創設しているわけではない。専門職についての論争の多くが、専門職者の役割がクライエントを無力化するのか否か（いつ、いかにして）という課題に関わっているのと同様に、専門職化がいかにして、我々が第六章から第八章で概括した価値と参加型実践の原理と調和することができるのかという問いは、本章を洗練へと導くものである。

コラム10・1　ノルウェーの刑務所における音楽療法の専門職化

ノルウェーの刑務所では、一九九〇年代における理想的で先駆的な取り組みの後、専門職的実践としての音楽療法を確立した。小規模で非慣習的な専門職と、確立され閉ざされた施設との出会いは何を導いたのか。施設が専門職にどう影響を及ぼし、また専門職は施設にどんな影響を与えたのか。ノルウェーの刑務所における音楽療法専門職の研究において、これらの問いが発せられた（Pettersen, 2008）。

当該調査の枠組みで研究者は、アボット（Abbott, 1988）の「専門職のシステム」理論を用いた。アボットは専門職と実践とのつながりを説明するのに管轄権（jurisdiction）という用語を用いる。管轄権は、互いの専門職における権限が及ぶ「テリトリー」を示す。伝統的には、専門職主義は独占するための争いと解されてきたが、アボットは数種類の管轄権があることを強調した。完全なる管轄権は、テリトリーの統制を意味するが、その他にも従属や労働区分（特定的なコンピテンシーに基づく）、知的管轄権（競争領域における上位の知識）といった補完的方略もある。

専門職と施設が相互にどう影響を及ぼし合うのかを調査する中でペターセン（Pettersen, 2008）は、どんな「管轄権的実践」が当該コンテクストにおけるノルウェーの音楽療法士を特徴づけるのかについても探索した。彼は、受刑者へのリハビリプログラムの一部として音楽活動を導入している三つの刑務所の事例研究を行った。二ヵ所の刑務所では音楽療法士が雇用された一方で、一ヵ所では代替として音楽教師が雇われた。ペターセンの結論の一つは、これら刑務所で働くノルウェーの音楽療法士らは、認定、またはその他公式の法的規制の要求といった公的管轄権を樹立する試みを優先しなかったということである。そのための奮闘がなかったと言っているのではなく、音楽療法士の公認に向けたアピールがより非公式な方法でなされた、ということである。音楽療法への関心と要求は、質の高い取り組み、研究、そしてメディア報道によって形成されたのである。

一九九〇年代終盤までノルウェーでは、一ヵ所の刑務所が音楽を体系的に用いていたに過ぎない。この刑務所は、音楽療法士を雇用していた（Nilsen, 2007）。新ミレニアム初頭、この先駆的取り組みは国レベルで認知され、ノルウェーの刑務所において音楽活動を確立しようという願望は、国会によって支持された。とはいえ、こういった関心や支援の顕著な高まりが、音楽療法の専門職化を自動的に導いたわけではない。音楽活動は、刑務所において確立されていた学校システムと結び付けられ、音楽療法士を含めた全ての音楽労働者は、彼らの仕事の公的肩書が音楽教師であることを受け入れざるを得なかった。この状況は、音楽療法士にとってのアイデンティティの困難さを映し出している。情報提供者の一人は、教師として雇用され、音楽療法士として働いたが、療法を行ったわけではない、とこの状況を要約した（Pettersen, 2008, p. 74）。別言すれば、専門職的なアイデンティティとしては音楽療法士であり、学問や実践の理解はコミュニティ音楽療法によってもたらされたため、実践は個人化された治療というよりもむしろ、コミュニティ参加へと導くエンパワメントとして定義されたのである。

　ペターセン（2008）は、音楽療法士と音楽教師が刑務所での自らの仕事をいかに説明したのかを検討することで、カリキュラムに沿った高質な音楽的成果を強調した音楽教師に対して音楽療法士は、個人的なリソース、個人間の関係、社会的参加によりフォーカスしたことを明らかにした。続いてペターセンは、管理者が二つの職業集団間に何らかの相違を認識しているかどうかを検討した。この点に関する結果は、大きく分かれるものであった。刑務所学校システムの施設長は、音楽療法士は教師として従事したという公的事実を主張したのに対し、二名の刑務所長は音楽家、教師、健康労働従事者、ソーシャルワーカー間のどこかに位置する新たな混淆的アイデンティティを持つ専門職として音楽療法をみる可能性に開かれていた。

　ペターセン（2008）は、ノルウェーの刑務所における音楽療法の継続的な専門職化が、音楽療法士の安定や職業的アイデンティティを強化するのみならず、参加やエンパワメントに向けた刑務所のリハビリ活動の価値に影響を与える潜在性があるゆえに重要であると結論づけた。

後期近代における専門職の情勢

　フリードソン（Freidson, 1970/1988）が論じたように、専門職の発展を検討するに際しては、各国特有の社会構造や文化的伝統を考慮に入れるべきである。他方で、全ての近代社会を特徴づけるいくつかの発展があるようにも思われる。本節では、**近代性**や**後期近代性**の概念がいかにして専門職化のプロセスに影響を及ぼし得たのかについて検討しよう。社会学において、近代性が近代社会に特有な性質に言及するのに対し、**近代化**は伝統的社会が近代性に到達するプロセスを意味する。近代化の概念は、「原始的社会からのアップグレード」におけるプロセスの一部と理解されるなど、時に偏った用いられ方をしてきた。つまりそれは、伝統的社会のポジティブな価値、近代性のネガティブな影響を等閑視するといった方法である。我々はこの用語を、プロセスと結果における両義的質を伴った持続的な工業・ポスト工業社会への恒常的転換を示すため、より広義に用いる[1]。

社会学理論に深入りすることは本章の範囲を超えるが、若干の再考は有益であろう。近代性は複数の次元から分析される。経済的近代化では技術発展と労働区分の増加とが結び付くのに対し、政治的近代化には政治制度の発展との結び付きがあり、目下の生活的脈絡や社会の権力関係とは若干の乖離がある。社会的近代化はリテラシーの成長と教育をもたらすが、同時に伝統的なネットワークや権威の構造を弱体化させた。文化的近代化は、世俗化と合理化によって性格づけられてきた。とはいえこれによって合理的な確実性が確立された、と言っているわけではない。

> 近代性は、ポスト伝統的秩序ではあるが、伝統や習慣の担保から合理的知識の確信へと取って代わられたものではない。普及した近代批判的理性の特徴である懐疑は、哲学的意識、現代のソーシャルな世界の一般的な実存的次元のみならず、日常生活にまで浸透している。近代性は抜本的懐疑の原理を制度化し、全ての知識は仮説——すなわち、まさに真実であろうが、原理的には常に改訂に開かれており、いつかの時点で捨象されるであろう——の形態をとることを主張する（Giddens, 1991, pp. 2–3)。

近代社会は、特殊化と差異化によって特徴づけられる労働区分に伴い、高度に複雑である。近代社会に浸透した抜

資料10・2　野外にて。高血圧患者への音楽療法。ブラジルのゴイアスの大学病院。
写真：Lara Silva

本的懐疑によって、なぜ近代性が専門職の成長を導いたかをある程度説明することができよう。つまり特殊領域における熟練的知識を主張する職業集団は、彼らの特殊技能を必要とするクライエント集団を援助することができると主張することが可能である。しかしこのことを、心理学的プロセスのみで考えないことが大切である。複雑で不確実な世界において、我々はみなエキスパートによる援助の必要性を感じているであろうが、ただしこの感覚は、エキスパートが公衆に自らをいかに表象してきたのかとも無関係ではない。市場競争において、専門職者は自らの利他的意図を強調しがちであり、この手のレトリックは文化にまで浸透している。

アボット（Abbott, 1988）は、イギリス、フランス、アメリカの十九世紀、二十世紀の比較・歴史研究を通し、専門職のシステム全般を検討することで、近代社会における専門職化について研究した。彼の理論の中心は、ある専門職によって採られた方向性が別のそれの機会に影響を及ぼす市場、システムにおいて、専門職同士が競っているという考え方である。もしある専門職が、比較的少数を維持することでその市場価値を高められるほど充分に強力と感じているとすれば、先行する専門職によって等閑視された区分に新たな職業が参入する機会が生まれるであろう。しかしアボットに従えば、この競争は権力の力学にのみ光を当てることで理解されるべきではない。社会的、文化的プロセスの複雑な範囲が包含されているがゆえに彼は、専門職者はクライエントと社会の理想的な従属者であるというナイーブな仮説は、彼ら（専門職者）は金と権力しか求めていないという冷笑的非難に取って代わられるべき、とは主張しない。

過去数十年間における複雑さの高まりは、複数の学者が後期近代とラベルづけした転換のプロセスといってよい。この移行の説明方法には、完全には一致しないにせよ、いくつかの関連したものがある。すなわちそれは近代性の徹底化、リスク社会の出現、再帰的近代性、あるいは液状化する近代（リキッド・モダニティ）と解されよう。(2) スティーゲ（2003）はコミュニティ音楽療法の出現を後期近代の発展と関連づけており、この論点は本書のいくつかの章において明示されてきた。三つの例を挙げよう。第一に、第三章で強調した通り、健康とは病気の不在以上のものである。さらに多くの人々にとって、それは健康とウェルビーイングをめぐる個人的プロジェクトでもあり、省察的アイデンティティと結び付いた発達であり、リスクへの懸念でもある。第二に、第四章で明らかにしてきた通り、現代社会にあっては、個人とコミュニティの関係はさらに「液状化」し、流動的である。第三に、第五章で議論した健康ミュージッキングの概念は、近代性の徹底化を例証するものである。音楽と健康に対する途方もない今日的関心は、近代性を特徴づける差異化の抜本的転換の具象化として受け止めることができるであろう。徹底化は音楽と健康の二領域に過度な差異化を導入し、結果的には医学的民族音楽、コミュニティ音楽療法、音楽の健康心理学、芸術・健康のムーブメント、といった新たな混淆を導いてきた。

後期近代は専門職の情勢を変容させた。熟練的知識の観念は疑義を呈され、専門職同士の関係性は不安定となり、フレキシブルで省察的な実践への要求は増している。職場と法的規制主体との関係のみならず、クライエントと公衆との関係も変化したのである（Pettersen, 2008）。これらの展開がどの程度、個人を無力化、またはエンパワメントへと導くかは、理論的、経験的には決して確定され得るものではない。それは具体的コンテクストに即した奮闘なのである。したがって専門職化がいつ、いかにしてクライエントの権利や、価値づけられた参加と共存することができるのか、という問いを探究するのは重要である（Knorth, Van Den Bergh & Verheij, 2002）。

専門職的アイデンティティと再帰的適用性

ヒポクラテス（Hippocrates）は、古代ギリシャ医学のパイオニアとして知られる。彼は医師の権利と義務を熟考したパイオニアでもあり、医学を実践するとは、知識が伸展し、論議されるコミュニティに所属することを意味すると論じた（Leer-Salvesen, 2002, p.13）。音楽療法を含めた近代の専門職もまた、学者―実践者のコミュニティである。第四章で我々はコミュニティのことを、空間と実践を共有し、関与の文化を発展させる人々の集団と定義した。専門職のコミュニティにおける共有された空間という考え方は、国際会議、研究ジャーナル、電子フォーラムといった一連の相互作用の場を含むよう修正されなければならない。このように専門職には「想像的なコミュニティ」の要素もあるが、通常は関与と**専門職的アイデンティティ**の強い文化が発展する。

コミュニティのように、いわば各専門職は属している社会の親類である。医療社会学の研究もまた、医学のような強力な専門職が近代社会の発展における影響力ある行為主体であったことを浮き彫りにしてきた（Turner, 2004）。タ

資料10・3　活動中の音楽。アメリカ、ジョージア州ミレッジヴィルの「創造的表現のスタジオ＆ギャラリー」。写真：Feld Whipple

ーナーによると、医学の地位と権力の「黄金期」は一九一〇年から一九七〇年代の間に認められる。権力を持ったあらゆる制度と等しく、医学は自らの公式な歴史構築において強力であった。支配的な医学史は、危険な等閑視状態から合理科学の慈悲深い勝利へと向かう、という進歩主義的発展であった。このナラティブは一度ならず異議申し立てを受けており、おそらく最も影響力があったのはフーコー(Foucault, 1961/1991)の『狂気の歴史』であろう。フーコーは、たとえ多くの精神科医個人が精神異常を救うことを意図していようとも、精神医学的実践は人々がより適合的、生産的となるような仕方で統治していると解され得ると主張した。

フーコーの議論の詳細は反論可能であろうが、彼の研究は、権力ある専門職によって展開される自己促進との関係において批判的に考察することの必要性を浮き彫りにした草分け的貢献として認識されてきた。ターナー(2004)の見立てでは、医学的専門職の公式な歴史は、社会において競合する医療システム間の恒常的奮闘を軽視するきらいがあり、近代医療のさらなる複雑化や多元性を注目し損なっている。グローバル化や経済の規制緩和に伴い、後期近代における展開はこれら諸問題をさらに深刻にしている。ゆえにターナーはリスクと権利等々に関して、直線的な進歩という考えから、自律性における専門職者と一般人、健康方略における個人と社会、解決における技術と政治との間の絶え間なき循環的な奮闘という考えへと取って代わられる必要があると主張する。

音楽療法は医学に比すればそれほど強力な専門職ではないとはいえ、音楽療法士が医療部門の内外における近代健康実践の複雑さや複数性の増進をなおざりにするという危険性がある。本書全体を通して概説してきた通り、コミュニティ音楽療法を現代社会へと適合させるためのいくつかの奮闘とは、人々の日常的コンテクストにおけるリソースに焦点化した、より参加型でエンパワメント的な実践への要求に関わるものである。とりわけ音楽の社会的、共同的な可能性に焦点化するコミュニティ音楽療法の出現は、これへの応答の一つである。これは音楽療法の文脈化された転換を暗示しているのであって、コミュニティ音楽療法実践にとって必須とされるような、ある特定の専門職的アイデンティティを同定することなど不可能である。共有されていると思われるのは、役割とアイデンティティを協議するための下地である。プロクター（2008）は、彼が考える必要性と理想を説明するために、**再帰的適用性**―状況によって変わるニーズとの関係において我々の専門職的役割を再考する意志―という用語を用いる。第七章で我々は、自律性の概念のことを、関係的達成として論じた。もし我々が、第八章においてコミュニティ音楽療法のプロセスを説明するために援用した二つの概念を用いるのであれば、音楽療法の専門職コミュニティの団結は、その他一般の人々と、専門職コミュニティとを架橋することで補強される、ということができよう。

後期近代社会において、音楽と健康への関心は劇的に高まっている。以前は音楽療法士のみが音楽を導入していた多くのコンテクストにおいて、コミュニティ音楽家や音楽教育者、その他専門職集団が今日では彼らの経験やコンピテンシーにそれを持ち込んでいる（Edwards, 2007; Hartley, 2008; MacDonald, Kreutz & Mitchell, 2012）。コミュニティ音楽療法の出現は、逆方向の動きもまた起こっていることを指し示している。すなわち、音楽療法士は彼らの経験とコンピテンシーを、かつてはコミュニティ音楽家の領分と考えられていた領域に持ち込んでいる（Aigen, 2012）。したがって音楽教育、コミュニティ音楽、コミュニティ音楽療法の関係を吟味することは重要である（Veblen, 2007）。他の専門職―医学を含む―との関係は、多くのコンテクストにおいて同等に重要である。[3] 縦横に走る関係性と責任の複雑な情勢において、多元的ヒーリングシステム（第二章）、多元的健康活動システム（第六章）という用語で示したように、いかにして協働の文化を醸成することのできる構造を構築するのかという問いは、切実である。

コラム10・2　活動における療法的経験と結束としてのアマチュアグループ歌唱

アマチュアの音楽家性を価値づけることは、コミュニティ音楽運動の要素の一つである。ベティ・ベイリーとジェイン・デイヴィッドソン（Bailey & Davidson, 2003）のホームレス男性のためのカナダ人コーラスに関する論文もまた、日常生活における音楽の療法的価値や、それに対する社会的関心の高まりを照らし出している。

ホームレス合唱団は音楽の専門家や療法士として訓練されたわけではないスープキッチン（炊き出し）のボランティアによって着手され、導かれた。数年間、ホームレスに食事を提供するサービスを手伝った後、この若者は、彼の努力が観察可能な長期的変化へと帰結していないと結論づけた。彼は、ホームレスの男性が依存の循環を抜け出すのを支援するための手段を模索し始めた。彼自身の合唱団の歌い手としてのポジティブな経験から、ホームレスの男性が歌ったり、より大きなコミュニティと声を共有することで意欲が起こるのではないかと考えるに至った（Bailey & Davidson, 2003,

p. 20)。

極少数の参加者でささやかに開始した後、合唱団のメンバーは次第に二十名程度のメンバーで安定した。ホームレスの歌い手の多くは、感情的な問題やアルコール問題、薬物依存に苦闘しており、この集団にあっては関係性の失敗や不幸な生活環境は、例外というよりも常態であった。合唱団のプロセスは決してスムーズではなかったが、歩み続け、公開演奏に踏み切った。次第に状況が変わり始めた。合唱団が設立されて数年後、メンバーは前述の研究者二名にインタビューを受け、研究者らはいくつかの顕著な変化を記述した。

> 聖歌隊員の現在の状況は、以前の環境とは全く対照的である。インタビュー時、全ての合唱団メンバーは常設家屋に住み、幾人かはパートタイムで雇用されていた。過去五年の間に、合唱団は千回を超えるコンサートにおいて、時には著名な演奏家と共に、そして最初に公衆に向けて歌った地下鉄ターミナルで頻繁に演奏した。彼らはテレビ放送に登場したし、演奏会で販売し、受刑者やその他困難な状況におかれている人々に配布するための数多くのCDを制作した（Bailey & Davidson, 2003, pp. 20–21)。

言い換えれば、その変容には抜本的な個人的変化と結束、社会的活動の要素が含まれていた。ホームレス合唱団は実際、パルティ・デ・リエン（何ものでもない政党）という政党を結成し、この国のホームレスには投票する権利が与えられているとする最初の連邦選挙で、カナダのホームレスを代表した。しかしながら、参加において研究者らが問題と考えたことも注釈することで、この驚くべき変容の物語のバランスがとられている。

スープキッチンでは何百人もの常連が日々食べに来ているにもかかわらず、いつも合唱団メンバーはたったの約二十人であることも言及されなくてはなるまい。したがって大多数の恵まれない人々にとっては、たとえその活動がコミュニティのユニークな文化的枠組みに位置づけられていたとしても、集団での歌唱活動に参加するのを思い留まらせる障壁が存在するのは明らかである。参加への一般的な躊躇が音楽的能力、ドラッグと（または）アルコールをやめることの恐怖、精神疾患、またはその他知られていない要因の影響に関わるものかどうかは、周縁化された集団の継続的な研究を通してのみ見定めることができるであろう（Bailey & Davidson, 2003, pp. 30–31）。

実際に参加した人々の結果は、コミュニティ環境においてボランティアによってコーチを受けたアマチュアの歌い手が療法的効果を経験したことを示唆するものであった。ベイリーとデイヴィッドソン（2003, p. 31）はこれらの効果を、ルードによる音楽とＱＯＬに関する音楽療法理論へと関連づけて説明した（Ruud, 1997a, 及びコラム４・３も参照のこと）。

エートスと組織としての連携

専門職化に関する文献では典型的に、専門職同士の関係性とは支配、従属、ライバルによって特徴づけられ、それは責任区分の協議によって修正されるものと説明されている（Abbott, 1988）。おそらくこれらのパターンは、医療部門の階層的構造において、とりわけ明らかであろう。病院のような複雑な組織には、労働の階層と明確な区分が不可欠であると多くが主張するであろう。批評家は、クライエントのための参加型でエンパワメント的な実践の発展は、これらの構造の中では困難と論じてきた（Rolvsjord, 2010）。したがって、「通常の専門職主義」は権力関係を生み出し、再生産しているといえるであろうし、もし専門職者が境界上の諍いを幾分か取り除くのであれば、それはクライ

資料10・4　ドラム・サークル。南アフリカのケープタウン大都市圏における音楽療法コミュニティ・クリニック。　写真：India Baird

エントに資するであろう。他方、専門職者は自らが消費者の期待の高まりと、中央政府の規制や官僚的マネージメントのシステム拡張との間に益々押し込められていると感じる者もいるという。

その点に関するコミュニティ音楽療法と専門職化の研究が不足している。イギリスにおける音楽療法の専門職化に関するバーリントン（2005）の博士論文には、コミュニティ音楽療法の文献の批評、及び確立された専門職的スタンダードを堅持する必要性の認識の欠如と彼女が考えるところの批評が含まれている。ノルウェーの刑務所における音楽療法の専門職化に関するペターセン（2008）の研究は、そこでの音楽療法士―コミュニティ音楽療法の用語で自らの取り組みを定義づけている―は、権利と責任（管轄権）の公的認定を確立するための方略を優先しなかった。この知見は、アボット（1988）の専門職化の理論で予期されているものと矛盾する。異なる両研究は、広範な結論を得るための堅固なプラットフォームこそ構成してはいないが、後期近代がいかに専門職の情勢を転換させてきたのかという本章で既に展開してきたことと併せて考えるならば、我々の解釈ではコミュニティ音楽療法は、それまでの医療専門職で用いられてきた専門職化とは異なった方略を招来しているということになる。本章のリマインダーとして、専門職のコミュニティ音楽療法実践は**連携**（パートナーシップ）によって発展するという提案で開始することでもって、この解釈に検討を加えよう。

理想的には連携は、交友と相互扶助の質と経験に基づいており、第七章で論じた価値と調和する。音楽療法士によっては、階層的な病院の壁の中でさえも、平等や相互性のような**連携のエートス**（倫理的性質）といわれるものは、少なくともある程度（そしてある瞬間において）醸成され得ることを論証してきた（Aasgaard, 2002, 2004, コラム6・3も参照のこと）。連携は組織の可能性も包含しており、我々はこの可能性を、再帰的適用性の理念と調和した専門職化のコンテクストを創出する方略の一つとして詳述しよう。

もし健康問題が、個人の生体レベルに限定されるものではないという仮定を受け入れるならば、健康とは専門家の領域としてではなく、協働のためのエリアと考えられるべきである。公衆衛生に照らしてコミュニティ音楽療法を考察することでスティーゲ（1996）は、専門職者とニーズのある人々との関連性をパートナーとして考えることの妥当性について議論した。連携の概念は専門職者の役割の交替を含んでおり、協働的プロセスにおいてそれは、エキスパートからリソースを持つ人へとしばしば転じる。この考えは、療法的関係の範囲ではしっかりと確立されているが、スティーゲの主張は、さらに広範な連携を提案するものである。このことは、コミュニティのコンテクストにおける参加に焦点化することによって、専門職的実践の伝統的な境界やモデルに挑戦するコミュニティ音楽療法プロジェクトの提唱によって例証された(4)。

連携は専門職主義と対立しない。事実、具体的には専門職的サービス会社間における連携などのように、連携の伝統は専門職主義と極めて密接につながってきた（Empson, 2007）。この伝統は、一般の人々もまた含まれるような協働的取り組みというよりは、専門職間の連携に専念するものであるため、我々がここで詳論しようとするものとは異なる。とはいえ、信頼、集合的な意思決定、共有されている目的への献身など、いくつかの同じ特徴を確かに有している。エンプソン（Empson）は、これらの諸特性が個々人の理想主義からではなく、その仕事が組織される仕方によって生み出される、と主張する。つまりパートナーは、その会社の共有の所有権、及び経営の発言権を持つのである。いわば連携は、個人主義と集産主義との緊張関係を和らげる方法である。

連携は、公衆衛生の領域の中で協働的、包摂的に取り組むことに言及する概念として確立されてきた。この概念は、コミュニティ音楽療法における専門職的役割のこれからの探究にとって適切と思われる。連携は、**相互依存的**（interdependent）とも認識されるような、**自立**（independent）したパートナー間の献身的な協働と理解することができる。連携において行為主体を結びつける原因はしばしば複雑で多面的で、伝統的な境界や相違の境界線を横断するような協働を要求する。例えばエキスパートと一般の人々、地方行政とボランティア組織は、人々の健康に影響を及ぼすようなコミュニティの問題に関わって協働するであろう（Amdam, 2010）。

連携的アプローチでは、健康が社会全ての部門とレベルを包含するものであることを考慮に入れる。ゆえに健康のための連携は、様々な部門、レベル、目標、アレンジを包含する。果てしない多様性が思い浮かぶが、コミュニティ音楽療法の文献では、連携の例は少数であり、ほとんどその用語も用いられていない。簡潔に四つの可能性、すなわち自助連携、プロジェクト連携、施設間連携、管理連携について説明しよう。

東ロンドンのＮＧＯ機関はミュージシャンに、「ミュージカル・マインズ」と自称する展開中の音楽集団をファシリテートするよう広報した。「トゥギャザー・タワー・ハムレッツ」とは、精神的な健康問題を抱える成人の多様な自助、利用者関与型トレーニング、社会的な機会を提供するコミュニティ・プロジェクトである。その組織は、指導原理として利用者関与、サポート、エンパワメントを伴った社会モデルを強調する。音楽療法士は一緒に歌い、時折りパフォーマンスすることで、ミュージカル・マインズを手助けする仕事をした（コラム4・2と7・1を参照のこと）。実践コミュニティが現出し、そこでは仕事の目標や方法はメンバー間で取り決められた（Ansdell, 2010a）。専門職者と自助グループ間の協働は、時に「補助型自助」（Williams & Windebank, 2001）と呼称される。この議論のコンテクストにおいて、協働的な関係性が、集合的な意思決定の民主的プロセスによって特徴づけられることを強調する**自助連携**もまた、関連する用語である。

南アフリカでは、音楽療法グループが「音楽療法コミュニティ・クリニック」と呼ばれるNPOを組織し、ケープタウン大都市圏における困窮したコミュニティを扱う仕事をしている。これらのコミュニティの青年は、ギャング文化に浸ってしまう危険性に直面している。ある時、音楽療法士は、コミュニティにおける危機的状況にある膨大な数の青年と関わっている地域の警察からアプローチを受けた。そこで音楽療法士と地域の警察は、若者らを刑事司法制度の外側で援助するため連携することにした（コラム1・1を参照のこと）。青年自身は当初は懐疑的で冷ややかであったが、次第に没頭していった。「音楽は磁石のようだ。それをやるのは『クール』だ」（Fouché & Torrance, 2005）。公衆衛生の文献においては、共有された目標に向けて調整されたローカルで非公式的な連携は、しばしば**プロジェクト連携**と呼称される。この事例では、音楽もまた連携の一部ということができる。

アメリカ、ジョージアの州都、ミレッジヴィルの「創造的表現のスタジオ&ギャラリー」は、発達障害のあるアーティストが、音楽療法、自然探索、視覚芸術、パフォーミング・アーツの利用を通じて創造性や自己表現を促進するためのプログラムである。二〇〇〇年には、生活向上センター（NPO）とジョージア州立大学の音楽療法学科との連携で実施された。計画的なコミュニティやより広範なコミュニティの中で、障害のある人々にパフォーミング・アーツの経験を提供することは、このプログラム開発の重要な目的であった（コラム6・1を参照されたい）。この目的は、コミュニティにおける完全なる市民として、障害のある人が当然権利のある場所を有することへの気付きとも繋がっている（Curtis & Mercado, 2004）。何年もかけてこのプログラムは拡大し、コミュニティの様々な学校、病院、クラブ、組織と連携した。当該プログラムでは専門職のアーティストや音楽療法士を雇用し、また多様なボランティアも活用した。施設間におけるこの種の公式化された協働は、**施設間連携**と呼ぶことができよう（Amdam, 2010）。施設間連携は、プロジェクト連携よりもさらに公正に結び付いている。

一九七〇年代、ノルウェーの文化的政治は実質的に変化し、全ての市民のための人権として、文化的な活動への参加に注目した。この変化は、部分的には国連にて一九六六年に「国際的、経済的、及び文化的権利に関する国際規約」が国連総会で採択されたプロセスに関わっている（第七章を参照のこと）。一九八〇年代初頭、ノルウェー文化審議会は、音楽的、文化的な参加の権利については、ほとんどのノルウェーのコミュニティにおける障害者にあっては実現されていないことを確認した。そこで審議会は、西ノルウェーの郡や地方自治体と協働してこの状況を変えるための方法を模索するため、あるプロジェクトに資金提供した。二人の音楽療法士がこの仕事に従事し、多様なアマチュア音楽団体もまたこのプロセスに関わった（コラム2・5を参照されたい）。このプロジェクトの実践的取り組みは、参与型アクションリサーチの原理を知的基盤とした（Stige, 2002）。このプロジェクトは、**管理型連携**（Amdam, 2010）としばしば呼ばれるものを例証しており、共有された目標を実現するため、公益が私益と／または第三セクターや地域の民主的組織とイノベイティブに協働するのである。

提示した例は、異なる種類の連携が相互に排他的ではないことを明示している。例えば管理型連携は、多様な施設間連携やプロジェクト連携を包含し、また自助連携も受け入れることができるであろう。上述の自助連携は、第六章から第八章にかけて説明した参加型実践の原理と、定義上ほとんど調和する。参加型実践に関するその他の形態の連携の正統性は、参加者の影響力、及び意思決定プロセスにおける民主主義の度合いによる。

連携における参加は、音楽療法における専門職の発展に向けた推奨される方向性として、ここで提示された。連携は、参加型実践の関心事と、専門職の発展のための関心事とを、順応性ある構造において結び付ける可能性を具現化する。連携が実践を組織する方途として実現すれば、垂直的ヒエラルキーや水平的区分の代替となることを意味する。とはいえ、連携モデルにも限界や問題がないわけではない。権力の相違や不信感の遺産を克服するのは、大体は困難である。したがって連携は、時に不安定で傷つきやすい（Amdam, 2010)。「連携」という用語は、権力や特権が実質的な異議申し立てを受けないような関係性の婉曲語句として誤用もされ得る（Cahill, Sultana, & Pain, 2007)。連携は、衝突や競争を消し去るものではないが、連携の正統性が伝統や権威よりもコミュニケーションと協議によって確立されるにつれて、通常はこれら諸課題に取り組むための異なった枠組みを確かに創出するのである。

専門職集団間の関係性は、我々が社会にみる多くの重なり合う社会集団になぞらえることができる。これらの集団は分野横断的な系列にあるため、ある点においては似ているが、別の点では異なる。例えば、人々は障害やセクシャリティによって互いに分割されるが、階級やジェンダーによって一体化される。同様に、専門職はトレーニングや地位において互いに分割されるかもしれないが、ある目標や価値においてはやはり一体化することができるであろう。衝突はあらゆる分割線に沿って常に起こりうるが、他方、「各集団は、共有された平等主義の正義概念―多様性を承認し価値づける概念―を担保しつつ、自らの固有のコミットメントを保持できる」(Baker et al., 2004, p. 52) こともあり得るのである。複数の音楽療法士が、この方向性での論文作成を行ってきた。オーストラリアでは、スレルフォール（Threlfall, 1998）がコミュニティ音楽と音楽療法の連携の可能性を探究してきた。ノルウェーでは、アフレット（Aftret, 2005）が地方自治体における音楽療法士の役割を二十年以上にわたり探索し、音楽療法のコミュニティ志向のアプローチは、音楽療法のアイデンティティに挑み、またそれを育む、という方法において、思慮深い協働を可能にすることを示してみせた。

もしも敬意や平等といった価値がコミュニティ音楽療法の中心にあるとすれば（第七章を参照のこと）、専門職集団間の建設的な衝突解消への貢献という抱負は、歓迎されるべきであろう。このことは、連携の考え方が**リーダーシップ**を排除すべきではないことも示唆している。ヴァイアンクール（2009）はコミュニティ音楽療法、平和、社会正義の研究において、リーダーシップの概念をサービス、転換とすることで探究している。参加型実践、アクションリサーチ、連携を性格づける価値は全て、リーダーシップ、インクルーシブ性の強調、討議、集合的意思決定でのコミュニケーション的な形式を支持するのである。

養成とスーパーヴィジョン

音楽療法の専門職者として働くとは、**学者兼実践家**になることを意味する。この学者と実践家という二重のアイデンティティは、別の専門職とも共有される（Støkken, 2002, p. 25）。とはいえ例えば音楽療法の実践家としての資格には、芸術的側面はもとよりコミュニケーションや療法的スキルも含まれる事実からして、それ特有の特徴がある。それではコミュニティ音楽療法に特有な特徴とは何であろうか。健康やサポート、音楽の社会的側面の理論的理解はその一部となり得るであろう。共同的ミュージッキングを開始し、サポートするスキルもまた別の側面であろう。前節

資料10・5 「創造的表現のスタジオ＆ギャラリー」における参加者と実習生。アメリカジョージア州、ミレッジヴィルにて。 写真：Katie Whipple

で展開した議論が示唆する通り、連携の中で柔軟に働く能力もまた不可欠であろう。

専門職的な実践としてのコミュニティ音楽療法のさらなる発展により、そういった実践に資格を付与する養成の制度化が必要となるかもしれない。コミュニティ音楽療法は既存の音楽療法と対照をなすだけでなく、その延長上にもあるため、多くの音楽療法の養成コースに既に組み込まれているともいえよう。いくつかのコースは、コミュニティ音楽療法の課題として必ずしも構想されているわけではないとしても、社会正義といった適切な課題を位置づけている。コミュニティ音楽療法実践への国際的関心の高まりは、養成の制度化に向けた新たな歩みを進めるべきことを示唆している。少なくとも四つの選択肢が想起される。第一にコミュニティ音楽療法は、既存コースの多様な科目におけるトピックとして組み込まれ得る。第二にコミュニティ音楽療法は、既存コースの独立した科目として確立され得る。第三に、コミュニティ音楽療法としての独立した養成コースが設立され得る。第四に、既に音楽療法の学位を持った学者兼実践家のための、継続的なトレーニングコースが設立され得る。

今のところ、どの選択肢が最も共有可能か、あるいは各選択肢の長所、短所などを説明するための研究はほとんどなされていない。養成の選択肢を発展させる上で考慮すべき側面とは、確立されている音楽療法の知識との充分なつながりをいかに担保するか、そしてコミュニティ音楽やコミュニティ心理学といった領域の新たなアイデアに向かってどう拓いていくのか、ということである。別の関心事として、志望者の満足いく量と質の実践的、理論的側面の養成はもとより、経験的な学習や省察のための充分な場の提供をいかに保証するかが考慮されるべきである。もしこの基準が連携における専門職的労働において求められる役割の考察ともつながっているならば、コミュニティ音楽療法におけるトレーニングとは幅広く、且つ周密である必要がある。おそらくは、これを保証するには修士レベルの養成が求められる。ただし繰り返しになるが、資格要件とはどうあるべきかについての熟慮を支える研究は、まだほとんどなされていないのである。

コミュニティ音楽療法を実践するとは、個人、及び集団の安全性と可能性が管理されるであろう多様な状況において働くことを意味する。そこには公衆、そして／または関係する連携先との討議を含めた集団同士のプロセスはもとより、広範な生態学があるに違いない。これら全ては、堅実な社会的―音楽的な取り組み、すなわち参加者における多様な文化的背景や好みを尊重することを軸に伸展されるべきである。この実践が、音楽療法室の安全な環境において一度に一人のクライエント、あるいは小グループで行う個別化された音楽療法ほどコンピテンシーやスキルを要しないかどうかは明らかではない。しかしながら一般的仮定においては、個別化された音楽療法は、その他の形式の実践よりも高いコンピテンシーを要するとされている。我々が知る限り、この仮定は研究に基づいていない。これはおそらく、地位争いにおいて個別治療が公衆衛生対策やその他の医療システムに勝利することで医療の専門職化が確立されたことによるヒエラルキーの所産である（Turner, 2004）。

ヴァイアンクール（2009）は、コミュニティ音楽療法を対象に、及びそれを通して、音楽療法初心者のメンタリングについて調査した。彼女の研究は、抑圧などプロセスの深い理解を発展させる目的において、実践と省察の構成要素を統合することは中核となることを示唆している。音楽療法初心者のために経験者集団がスーパーヴィジョンやメンタリングを提供することは、それを達成するためのアプローチの一つとなろう。コミュニティ音楽療法を特徴づける参加の価値に沿って、学生や初心者が自身のトレーニングの構成や発展においてアクティブな役割を担うことの重要性についてもヴァイアンクールは強調する。

コラム10・3　見定めるための連携としてのスーパーヴィジョン

音楽療法専攻学生のスーパーヴィジョンに関する論文において、ブリュンユルフ・スティーゲ（2001）はスーパーヴィジョンを、「無知の姿勢」（not-knowing）の傾聴モードについて議論することにより、参加型実践として探究した。

> 私が「無知の姿勢」という用語を選んだのは、アンダーソンとグーリシャン（Anderson & Goolishian, 1992）によるその用語の特有な使用を参照したからである。彼らは、人間を情報処理の「機械」として定義する療法モデルに批判を表明する。代替として彼らは、意味を生成する生命体としての人間に焦点化する。したがって、「無知の姿勢の療法士」という用語は、ナラティブ療法の伝統においても時に用いられ、それは療法士の権威に積極的に疑義を呈しつつ、クライエント中心療法の理念を表明するものである。「無知の姿勢の療法士」はクライエントのナラティブの真実を尊重し、自身の有する既定の知識以上にナラティブの真実に基づいて対話へと入る（Stige, 2001, p. 174）。

スティーゲは、「無知の姿勢」のスタンスをとることが、専門的知識を持たないことや、スーパーヴァイザーにインスピレーションを与えるような予備的理解を無視することとは全く異なると述べる。彼によると「無知の姿勢」アプローチとは開かれていることと省察性を意味しているのであって、責任放棄の言い訳であってはならないと指摘する。「無知の姿勢」アプローチは見定める聴取者としてのスーパーヴァイザーの価値をないがしろにすべきではないが、しかし主たる仕事を見定めるパートナーになることに力点を置くのである。これを成し遂げるための一方途は、パートナー双方が「初心者の心」の謙虚さを取り入れることができるような空間を試み、創出することである。

私が学生に「無知の姿勢」を取るようお願いしたとしても、それはもちろん学生の知識探究と矛盾するものではない。教員とスーパーヴァイザーとしての私の経験によると、無知の姿勢をとることができるようになるには、多くの知識が必要ということである。自身についてや、会話のトピックに関する知識の欠如は、しばしば開くことよりも閉じることに貢献してしまう……。我々が希求するのは新しく多様なストーリーのための自由と開放性であり、それは我々が音楽的即興において求める自由と開放性ともつながっている（Stige, 2000, p. 174)。

傾聴と相互学習に焦点を当てるならば、専門職的発展の方略としてのスーパーヴィジョンの利用とは協働的であろうし、参加型実践の価値とも調和する。

資料10・6　実践コミュニティ。2005年のバルティック・ストリート・バンド。ニューヨークのバルティック・ストリート・クリニックにて。
写真：South Beach Psychiatric Center

専門職倫理規約と参加型の倫理

本書で論じてきたコミュニティ音楽療法の特徴とは，プロセスが民主的で，多様な声に応じることを目的とするため，活動はインクルーシブで，関係性は多様で，理論的根拠は多声的であることを提唱してきた。そのために，時間と空間の境界は一般にフレキシブルである。端的に言えば，参加型実践とは境界が曖昧な実践である。本書冒頭で我々は，これらいくつかの特徴を，後期近代社会―すなわち確立された基準に挑戦する社会文化的傾向（Fornäs, 1995）―の今日的発展へと関連づけた。バウマン（Bauman, 1993）が言うように，「壁」が崩壊すれば，倫理的ジレンマが立ち現れる。確立されたスタンダードからの逸脱や解放は，倫理がその話題性を失うことを意味しない。このことが確かに示唆するのは，倫理的課題を新たな方法において扱うことの必要性である。

コミュニティ音楽療法における／としてのパフォーマンスの実践を提示し，議論する章において，エイゲン（Aigen, 2004）は倫理的側面を熟考している。

文化が変化し続けており、またクライエントとの新しい相互作用の方法が彼らにとって有用であることが確認されているという理由で、音楽療法士が実践を新たな方法において発展させつつあるのは明らかである。本章では、療法セッションで制作、即興された歌の公開パフォーマンスから、これら素材に関する公的議論までを範囲とする、療法セッションにおいて生成される材料の公共的側面を含めた、療法セッションの外側の活動において療法士とクライエントが関与する事例について議論してきた。これらの実践はクライエントにとって有益となり得るので、既存の倫理的ガイドラインに、これらの有益な実践が包含されるよう補完することが不可欠である（Aigen, 2004, p. 212）。

現在の倫理的ガイドラインは、国ごとに異なる。それらは適切な実施のスタンダードとして示されることもあれば、曖昧な状況下での倫理的な意思決定において考慮される一連の原理の場合もある。コミュニティ音楽療法の文脈的性質からすると、後者のアプローチの方がより適合的である。もちろん倫理基準の万能さに限界があることは、コミュニティ音楽療法に特有なものではないとはいえ、この台頭しつつある実践によってくっきりと浮き彫りになるのである。

所与の状況において原理を調和させる挑戦に加え、コミュニティ音楽療法のエートスは、倫理的決定が参加型であるべき、ということを提唱するものである。クライエント保護の意図を表明するため、専門職団体や規制機関によってトップダウン的に定義された原理や基準は、音楽療法士と参加者との非対称的関係を肯定するのに利用されてきた向きもある。特定の実践状況において、これが本当に、そしていつ有益、または不利益なのかを吟味する必要がある。換言すれば、宣言された倫理的根拠と、経験的な倫理的現実との関係を探究する必要がある。

宣言された倫理的根拠と経験的現実との関係を吟味することは、コミュニティ音楽療法にとって必須である。単純化されたコミュニティを美化する可能性と参加のプロセスに関する批判地理学における論争は（Cahill, Sultana & Pain, 2007）、これと明らかに関係している。コミュニティ音楽療法において類似の考察がアンスデル（2010）によって推し進められており、彼は液状化する近代世界との対比において、あたたかでノスタルジックな居心地の良さを心に呼び起こすことの危険について警鐘を鳴らす。参加は時に楽しく愉快かもしれないが、滅多に居心地の良いものではない。それは通常、危険と挑戦、緊張に満ちたプロセスなのである。保護された方法における参加はそれ自体、決して危険でも安全でもない。音楽療法士にとっての倫理的挑戦とは、参加者にとってプロセスが充分安全でありながら、社会的コンテクストを転換可能な程度に充分「危険」であることを担保するような方法で協働、省察することである。

第六章において我々は、コミュニティ音楽療法が倫理推進型の実践であると述べた。それは個人単位の病理学理論よりも、社会正義の価値やヴィジョンによって知的基盤を与えられた実践である。この倫理的実践の積極的な形態は、例えばスティーゲ（2003）のケアと関与の倫理に関する理論的議論、カーティスとメルカド（2004）による障害者の市民権への懸念、ダン（2008）とヴァイアンクール（2009）の音楽療法と紛争転換に関する研究など、コミュニティ音楽療法の文献において探究されている。他方で、危害を与える可能性に関するコミュニティ音楽療法のリスクを探究した文献は非常に少ない。このことは、より確立された音楽療法の専門職筋からなされるコミュニティ音楽療法批評がしばしば、同音楽療法実践における境界侵犯にしばしば焦点化することからして、おそらくは矛盾している。

リチャード・セネット（Richard Sennett）の研究からインスピレーションを得ることでアンスデルとパヴリチェヴ

ィック（2008）は、保護された境界線（boundary）というメタファーは、生態学的境界（border）、すなわち交換の場によって補完されるべきと提案する。ラディカルさは落ちるものの、これに関連する議論は心理療法の倫理と境界線に関する文献に見いだすことができるであろう。グートハイルとブロドスキー（Gutheil & Brodsky, 2008）は、近代心理療法史における療法的な境界線が比較的新しいものであることを論証している。フロイト（Freud）における今日確立されている基準からの逸脱の例として、ドナウ川沿いを患者と一緒に歩きながら分析したり、プレゼントを贈ったり、食事を共にしたり、などが挙げられる。境界線はある時点における専門職的行為の外縁を表象する。境界線は歴史的コンテクスト、及び療法的契約と関係している。

　グートハイルとブロドスキー（2008）は、境界線を横断する療法士は療法プロセスの価値を低下させ、クライエントに危害を加え、専門職的なスタンダードにそむくリスクを負うと論じている。しかしながらグートハイルとギャバード（Gutheil & Gabbard, 1993）によるそれ以前の研究（1993）を参照すると、彼らは境界線侵犯と境界線横断を区別している。境界線侵犯とは、クライエントへの搾取的性質や危害効果として定義されている。境界線横断とは、いくつかの方法において療法士がクライエントに危害を与えない範囲で通常の枠組みを踏み出すことを意味する。ケースによっては、これが療法的協調を前進させ、療法プロセスに影響を及ぼす（Gutheil & Brodsky, 2008）。

　タリー（2005）の研究が例証している通り、心理療法志向の音楽療法から生じたコミュニティ音楽療法実践にとっては、この区別は大いに関係している。もしも我々がゲームのメタファーを用いるとするならば、我々はゲームのルールを、（全てのプレーヤーに）さらにやりがいのあるものにするため、または変化する状況に順応するために、拡張する。この拡張が有用で安全であるかは、注意深くモニタリングされる必要がある。その他、ルールの拡張が広範囲に及び、永続するようであれば、新たなゲームが確立されたといってもよい。多くのコミュニティ音楽療法の文献は、このように性格づけることのできる実践を論じている。

「心理療法ゲーム」のルールは普遍的ではないが、利害対立は注意深く扱われなくてはならないという原理のように、それらいくつかは一般的な原理に基づいている。スティーゲ（2003）は、コミュニティ音楽療法において一般的な二重、複合の関係性に関するジレンマについて論じている。エイゲン（2004）が言及している通り、もう一つの考慮すべきテーマとは、守秘義務についてである。こういったリストは、もっと長く引き伸ばすことができるであろう。これらジレンマには注意深い考察、批判的研究、理論開発が求められる。もちろんそれらは実践において極めて重要であるが、より広いコミュニティで声を上げることがしばしばアジェンダの一部をなす参加型実践においては、守秘義務のような問題がその性格を変えることにも留意すべきである（Cahill, Sultana, & Pain, 2007）。

専門職倫理規約と**参加型の倫理**の間には緊張関係があるだろうし、それは必ずしも簡単には解決できない。排他性（二重関係の回避）などの明確な基準は、コミュニティ音楽療法には適さない。例えば再帰性（自身の位置や影響を注意深く考察する意志）や表現性（なされた考察についてコミュニケートし、共有する意志）といった適用可能な基準が重要となるであろう（Stige, 2003）。もし再帰性の基準が真剣に捉えられるならば、音楽療法士は自らの自己洞察やコミュニケーションの能力の限界を悟るに相違ない。第八章で概説した通り、参加型のプロセスは、多様な角度からのインプットの可能性を生み出す。これによって集合的省察の中での自己省察のための空間を拓くことができる。倫理的ジレンマとの関係において、そのことは多様な方法で、協働的な意思決定のモデルとしても機能する。ケースによっては音楽療法士と参加者は、双方ともにプロセスにおいてインプットや援助が必要であろう。参与型アクションリサーチは、例えばアジェンダが隠蔽されているためにプロセスが停滞しているような場合、倫理的ジレンマを解決する方途となろう（Elefant, 2010b）。

参加型の倫理は転換を包含するのであり、それは専門職的な責任の放棄ではない。コミュニティ音楽療法における倫理的パフォーマンスの論点は、関与している状況においてコミュニケーションや省察を共有するための道筋を確立する実践と密接に関連している。倫理的パフォーマンスには、個人間の対話で敬意を示すことから、社会的な不正義の状況への積極関与を示す行動までが含まれる。もし我々がこのことを第七章で論じた価値と結び付けるならば、倫理的パフォーマンスとは、他者の自由や平等の権利を承認することで結束が醸成されるコンテクストにおいて敬意を示すことが含まれるということができよう。

コラム10・4　オーストリアにおけるコミュニティ音楽家と音楽療法士の倫理的思考

オーストラリアの音楽療法士、ルーシー・オグレイディ（2005）は、音楽家と音楽療法士がいかにしてコミュニティのコンテクストにおける自身の取り組みを記述し、意味づけるのかを研究した。当該研究は、オグレイディ自身が音楽療法士兼コミュニティ音楽家として、劇団で刑務所の女性と演劇を制作した実践的経験に基づいている。劇団のディレクターは、このコンテクストにおいて「療法」という用語を適用することには極めて批判的であった。

この劇団のクリエイティブ・ディレクターらは、劇団作品が療法とラベル付けされることに強く反対していた。なぜならば、そのことで当該女性らが不必要に病理と特徴づけられ、無力化され、またその作品の持つ創造的強調を無効にしてしまうからである（O'Grady, 2005, p. 2）。

この懸念は主にディレクターに帰属することなのか、あるいは参加者にも共有されるのであろうか。オグレイディは、この懸念が幾分かは共有されたとみている。とはいえ、彼女の取り組みは、自らが受けた音楽療法のトレーニングの影響を色濃く受けていたと感じている。この状況をめぐるジレンマが、彼女の専門職者としての役割に関する一連の省察を誘発することとなった。文献から彼女は、こういった疑問を持つのは彼女一人ではないことを学び、それゆえに次のように系統立てて論じた。すなわち「コミュニティのコンテクストにおいて、音楽家と音楽療法士が自身の仕事を記述し、意味づける方法の関係性とは何か」（O'Grady, 2005, p. 3）。

当該研究の結果を簡単に要約すると、コミュニティ音楽家と音楽療法士が自身の仕事について話したことが示唆するのは、二つのプロセスに何らかの衝突が生じた際、前者は音楽の進む方向に、後者は参加者の進む方向に向かう傾向がある、ということである。このことをオグレイディは、メソッドの適用よりもむしろ、関与している人々の健康状況によって定義されるコミュニティ音楽と音楽療法の理解へと関連づける。

この議論を続ける中でオグレイディは、コミュニティ音楽家と音楽療法士によってなされる倫理的配慮の相違について探究した。彼女が見いだしたのは、音楽療法士が主に倫理的ジレンマについて、専門職団体によって定義された行動規約に照らして考慮していることである。コミュニティ音楽家にはそういったガイドラインがなく、多様で複雑な環境下で自身の価値と参加者のそれとの関係性を考慮しつつ、状況をよりフレキシブルに評価する自由があると感じている。

この知見は、コミュニティ音楽療法実践における倫理についての少なくとも二つの問題を提起する。すなわち行為に関する既存の専門職倫理規約はどの程度、コミュニティ音楽療法のジレンマ的性格を考慮に入れた明示ができているのか。そしてコミュニティ的な設定下において衝突する価値に遭遇した際、音楽療法士はどの程度フレキシブルに既存の行動規範に関連づけることができているか。オグレイディ（2005）の研究は、おそらくはコミュニティ音楽家の倫理はより規制することが可能であり、音楽療法士はより状況的であることが可能であることを示唆している。当該研究は特定の国のコンテクストに位置づけられており、数年前になされたもののため、倫理的実践が場所によってどう異なり、時間と共にいかに進化するのかも想起させてくれる。

結論と展望

我々は、後期近代の展開との関係でコミュニティ音楽療法の現出を論じ、また再帰的適用性と連携的取り組みとの関係について述べてきた。このことは、参加型の原理が音楽療法士の養成やスーパーヴィジョンにおいて傑出すべきであり、その倫理的パフォーマンスは敬意、自由、平等、結束の価値に照らして理解されるべきことを示唆する。これら諸価値を擁護する人々の覚悟が消え去ることはあるまい。彼らの健康やウェルビーイングへの関与、音楽への興味、人々をまとめあげる音楽の力もまた、消え去りそうもない。この観点において、コミュニティ音楽療法に類する実践は（第二章でみてきたように）長い歴史を有し、また未来があろう。問題は、コミュニティ音楽療法がこの未来の一部となるかどうかである。アメリカ音楽療法のパイオニアの一人、フローレンス・タイソンはコミュニティ音楽療法についての重要なヴィジョンを抱いていた。すなわち、「コミュニティ音楽療法は重要な発展的飛躍を我々の領域において表象しており、それは刺激的挑戦をもたらし、成長とサービスのための新たな機会を提供している」（Tyson, 1973, p. 123）。

この言葉は別の歴史的コンテクストにおいて表明されたものであり、二〇〇〇年以降に確立されたコミュニティ音楽療法の概念よりも限定的なものと結び付いている。現況において再解釈することで、彼女の表明はコミュニティ音楽療法の展望に関する熟慮へといざなう。多くの音楽療法士は、コミュニティ音楽療法が人々にとっての有益性の新たな機会を意味しており、また学問と専門職への有望な発展を表象していると論じている。他方でコミュニティ音楽療法は専門職的な刷新というよりも、専門職的自滅に近いと主張する論者もいる。

もし我々が展望の分極化を望むならば、コミュニティ音楽療法とは認定された専門職にダメージを与え、アマチュアの人道主義的ミッションの状態へとそれを引き戻すものか、または後期近代社会においてスペシャリストによる限定された空間からコミュニティの発展と公衆衛生のための音楽という広大な領野へと転換することで、音楽療法を周縁的位置から中心へと移行させるものかのどちらかであると提案することができよう。これら両極の間においても、例えば次のような別の展望もある。すなわち、コミュニティ音楽療法の分野の成長が余りに遅く、より大きな学問領域や専門職に吸収される。コミュニティ音楽療法への関心はしばらく続くが、空騒ぎの後に終焉するが如く次第に消え去っていく。コミュニティ音楽療法は、当該学問領域の別の部分の発展に強い影響を与え／与えることなく、音楽療法内における自らの堅固な専門性を確立する。コミュニティ音楽療法は、主流音楽療法の余剰のオルタナティブとしての地位をなす程度に、音楽療法の学問と専門職の転換に寄与する、等々である。

これらについては、将来に生き、参加するもののみが知り得る。将来的発展は直線的進歩に性格づけられるものではないが、我々各自がそれを定義するであろう。ターナー（2004）が叙述したように、コミュニティ音楽療法の展望は、専門職者と一般の人々の自律性、個人化・社会化された健康方略、技術的、政治的解決策、リスクと権利への関心のあわいにある終わりなき円環的奮闘において形成されていくように思われるのである。

キーターム、議論のトピックス、註

キーターム（登場順）
専門職、専門職化、近代性、後期近代性、近代化、専門職的アイデンティティ、再帰的適用性、自立、相互依存、連

携、自助連携、プロジェクト連携、施設間連携、管理型連携、連携のエートス、リーダーシップ、学者兼実践家、参加型の倫理

議論のトピックス

次の批判的思考の質問は、本章で議論したトピックスの批判的省察のために授業やグループ、または学生個人で議論することができる。付加的なリソースは、本書のウェブサイトで見つけることができる。

1. コミュニティ音楽療法は新たな領域として出現したため、専門職的役割の変更や倫理的意識の拡張が含意される。もしこれが、音楽療法士が療法室を離れてストリートへと歩みだし、いつでも正義や平等を唱道する用意があるかのように描写されるならば、その像は幾分理想主義的である。コミュニティ音楽療法は、音楽療法職のためのある種の財政措置なしに発展することは不可能である。コミュニティ音楽療法を支えることができる福祉制度や、支援の意志がある、またはそれが可能なスポンサー、組織の範囲は、国ごとに異なる。次のような例が挙げられる。

a. ある医療制度は、音楽療法士の役割の拡張をサポートする。

b. いくつかのコミュニティ音楽療法実践は、保育所や学校、音楽学校といった非医療的コンテクスト内での予防や健康促進に関わっている。

c. 多くのコミュニティ音楽療法実践が、刑務所のようなコミュニティ参加のためのリハビリや技能に焦点化した施設と関わっている。

d. 多くのコミュニティ音楽療法実践は、コミュニティや自助組織によって確立されてきた。

e．何人かの音楽療法士が、多様なソースからサポートを受け取るＮＰＯのコミュニティ音楽療法を確立してきた。

f．多くのコミュニティ音楽療法実践がプロジェクトとして、例えば管理型連携と関わって確立されてきた。

あなたが住んでいる場所のコンテクストでは、コミュニティ音楽療法実践のための財政措置として最も現実的な選択肢は何だと考えますか。

2．専門職間の関係性は競争、または協働と性格づけることができる。あなたのコンテクストにおいては、コミュニティの音楽療法士が衝突しそうな専門職とは何か。どのような条件が競争を前進させ、何が協働を前進させるのだろうか。

3．多様な国における音楽療法団体によって開発された専門職的実践の倫理規約は、必ずしもコミュニティ音楽療法の可能性や挑戦を考慮に入れていない。あなたの国の規約や基準はコミュニティ音楽療法実践に対応しているだろうか。もしそうでなければ、どのような変更を提案しますか。

註

（1）スウェーデンの文化理論家、ジョアン・フォルネス（Johan Fornäs）は両義性（ambivalence）という用語を以下の方法で説明する。すなわち、「『同価値（equi-valence）』が二つのものを同等の価値と言及するのに対し、接頭語 ambi は『両方』を意味するため、両義的は二つの（正反対の）価値を同時に持つ。これは一般的な漠然さではなく、むしろ一つの力が二つの明確だが矛盾する含意を有していることを意味する」（Fornäs, 1995）。

（2）近代性の急進化の理念はクルック、パクルスキ、ウォーターズ（Crook, Pakulski & Warters, 1992）によって例証されており、彼らはその傾向が顕著となり、そして変容していると論じる。リスク社会の出現としての後期近代性の理念は、ベック（Beck, 1986/1992）によって有名となった。再帰的近代の理念は、とりわけギデンズ（Giddens, 1991）の仕事と結び付けられる一方、「液状化する近代性」はバウマン（Bauman, 2000/2001）によって適用されてきた。

（3）第三章と第五章で我々は、生体医学の知識では、音楽とコミュニティの健康における潜在性を理解するには全く不充分であることを論証する多様な理論的視座を概説した。第六章と第八章では、アセスメント、診断、治療、評価に焦点化する医学モデル実践は、コミュニティ音楽療法には不充分であることを強調した。本章においては、医学に性格づけられてきた専門職化のモデルのあらゆる側面を熱心に見習うのは、音楽療法にとって妥当ではないことを論じた。このことはコミュニティ音楽療法が本質的に非医学的、あるいは医学の外側であるとはいえ、医師との協働とは無関係であるという結論には達しないことを示唆する。国によっては、コミュニティ音楽療法実践は新たな役割に挑戦することを望む病院の医師によって育まれてきたからである（Aasgaard, 2002; Maratos, 2004）。国によっては、健康の増進や問題の予防のために働く音楽療法士にとって、主たる医療制度の一般的実践家が重要な協働者となり得るのである（Helle-Valle, 2011）。

（4）スティーゲと共同研究者（2010）は、専門職の役割の再考の必要性について詳論し、また連携の理念を取り入れた。

フォト・クレジット

本書のために写真を提供くださった多くの研究仲間たちに感謝申し上げたい。これらの写真のおかげで、その取り組み自体のリアリティ（及び素晴らしさ）をより身近に感じることができる。以下の方々に感謝申し上げたい。

カピラノ大学（カナダ・バンクーバー）のスーザン・ベインズ（Susan Baines）には、コミュニティ・メンタルヘルス・センターでの彼女の仕事と関わりのある、ドイツ系カナダ人ケアホームの写真を提供いただいた（資料６・２）。

ヴィクトリア音楽学校（カナダ・ブリティッシュコロンビア州）のジョアンナ・ブロドゥール（Johanne Brodeur）からは、子どもたちとの音楽療法セッションの写真を提供いただいた（資料８・１）。

西ノルウェーのサンダーネにおけるコミュニティ音楽療法チームの元関係者であるイングン・ビルシェダル（Ingunn Byrkjedal）、グレーテ・ブルスタッド（Grethe Brustad）、メッテ・クライヴ（Mette Kleive）、ブリュンユルフ・スティーゲからは、一九八〇年代の音楽療法プロジェクトの写真を提供いただいた（資料２・３）。

コンコルディア大学（カナダ・ケベック州）のサンドラ・カーティス（Sandra Curtis）とジョージアカレッジ州立大学（アメリカ・ジョージア州）のチェスリー・シグモン・メルカド（Chesley Sigmon Mercado）には、アメリカ・ジョージア州ミレッジヴィルにあるジョージアカレッジ州立大学における「手話の歌」の音楽演奏家との取り組みの写真を提供いただいた（資料２・２）。

テンプル大学ボイアー音楽舞踏カレッジの「アートとＱＯＬ研究センター」（アメリカ・フィラデルフィア）所属のシェリル・ディレオ（Cheryl Dileo）、ヨーク・ブラット（Joke Bradt）、スコット・マクドナルド（Scott MacDonald）、マイク・ヴィエガ（Mike Viega）には、同センターの音楽療法コミュニティ・プログラムの写真を提供いただいた（資料１・２、６・３、９・１）。

オークランド大学脳研究センター（ニュージーランド）のローラ・フォッグ（Laura Fogg）とアリソン・タルメージ（Alison Talmage）には、「セレブレーション（CeleBRation）合唱団」の写真を提供いただいた（資料３・１、６・７、８・７、９・５）。

音楽療法コミュニティ・クリニック（南アフリカ・ケープタウン大都市圏）のスネル・フーシェ（Sunelle Fouché）とケリン・ト

ランス（Kerryn Torrance）には、恵まれないコミュニティにおいて、当該組織が行っている取り組みの写真を提供いただいた（資料1・1、3・4、10・4）。

「音楽療法クロッセン」（ドイツ・ドレスデン）のウルリケ・ホースとクリストーフ・シュヴァーベには、当該施設の社会的・包括的な音楽療法プログラムの写真を提供いただいた（資料4・3、5・1、5・8、7・5）。

ベルリン芸術大学のアンドレア・イントヴェーン（Andrea Intveen）、スザンナ・バウアー（Susanne Bauer）からは、多文化的なリソース志向の音楽療法グループの写真を提供いただいた（資料7・4）。

サウス・ビーチ精神医療センター（ニューヨーク・ブルックリン）のピーター・ジャンペル（Peter Jampel）には、バルティック・ストリート・クリニックにおけるバルティック・ストリート・バンドと過去に取り組んだ折りの写真を提供いただいた（資料3・5、6・5、8・6、10・6）。

アップランド（アメリカ・カリフォルニア州）のムリーチ・キグンダ（Muriithi Kigunda）には、ケニアのカンバの伝統におけるンゴマ儀礼の写真を提供いただいた（資料2・1、5・9、9・3）。

ベルゲン赤十字老人ホーム（ノルウェー）のソルグン・クナーダルは、当該施設で開発されたインクルーシブな音楽療法活動の写真を提供くださった（資料7・2、8・5）。

アレリス社とベルゲン大学（ノルウェー）に勤務するヴィーゴ・クリューガー（Viggo Krüger）には、児童福祉施設にて青年たちが制作、上演した音楽劇プロジェクト「もっと近くに」の写真を提供いただいた（資料1・4、6・6、7・1、8・3）。

ニューヨーク大学ノードフ・ロビンス音楽療法センターのマリア・ロジス（Maria Logis）、アラン・タリー（Alan Turry）は、音楽心理療法からコミュニティ音楽療法へと導かれたプロセスの写真を提供くださった（資料1・5）。

メルボルン大学のカトリーナ・マクファーラン（Katrina McFerran）からは、二〇〇九年にメルボルン北部で起きたブラック・サタデー森林火災の後、始動したコミュニティ音楽療法プロジェクトの写真を提供いただいた（資料5・5）。

シンガポールのワン・フェン・ング（Wang Feng Ng）とジョリーン・フォック（Jolene Fok）は、ボランティア福祉組織「ソーシャル・サービスを超えて」の中での音楽療法プログラムの写真を提供いただいた。この機関は、シンガポールの恵まれない子供と青年のためのものである（資料8・4）。

神戸大学（日本・神戸）の沼田里衣には、「音遊びプロジェクト」という知的障害のあるミュージシャンとないミュージシャンによる集団即興の写真を提供いただいた（資料1・3、2・4）。

ソグン・オ・フィヨーラネ県立音楽療法センター（ノルウェー・フェールデ）のヨルン・バッケ・ニーダル（Jorunn Bakke Nydal）には、フェールデ・シニア合唱団との取り組みの写真を提供いただいた（資料9・4）。

王立メルボルン病院（オーストラリア・メルボルン）のエンマ・オブライエン（Emma O'Brien）は、オペラ療法プロジェクト「アヴァターラ」二〇〇九年の最終回の写真を提供くださった（資料7・6、9・6）。

クレーフェルト・レーベンスヒルフェ音楽療法のゲルト・リーガー（Gerd Rieger）からは、クレーフェルトのコミュニティ・センター（レーベンスヒルフェ）で開発された「ロック・アム・リング（ロックの輪）」プログラムの写真を提供いただいた（資料4・2、4・6、4・7、5・7）。

ノルウェー国立音楽大学（ノルウェー・オスロ）のエヴェン・ルード（Even Ruud）とヴェガー・ストルスヴ（Vegar Storsve）には、「文化と国際協力のためのフォーラム」の支援のもと、レバノンのパレスチナ人難民キャンプ、ラシュディーで行った音楽教育とコミュニティ音楽のプロジェクトの写真を提供いただいた（資料2・5、4・4、6・4、7・3、10・1）。

オーストラリア・ノーザンテリトリーのアンニャ・テイト（Anja Tait）（ノーザンテリトリー図書館）とキャサリン・スレルフォール（Catherine Threlfall）（ノーザンテリトリー・ヘンブリー学校）には、コミュニティを形成し、健康を増進し、教育を行うイニシアチブである「アートストーリーズ（ArtStories）」と「音楽でうまくいく（Making Music Being Well）」の写真を提供いただいた（資料3・8、5・10、6・1、8・8）。

「創造的表現のスタジオ&ギャラリー」、及びジョージアカレッジ州立大学（いずれもアメリカ・ジョージア州ミレッジヴィル）のカティー・ウィップル（Katie Whipple）とチェスリー・シグモン・メルカド（Chesley Sigmon Mercado）には、音楽療法士が発達障害を有するアーティストたちの創造性と自己表現を促進するための連携プログラムの写真を提供いただいた（資料6・8、10・3、10・5）。

ゴイアス連邦大学（ブラジル）のクローディア・ザニーニ（Claudia Zanini）からは、当該国で主要な健康問題である高血圧症と糖尿病を持つ人たちのグループでの取り組みの写真を提供いただいた（資料3・3、10・2）。

訳者あとがき

本書は、Stige, Brynjulf & Aarø, Leif E.（2012）. *Invitation to Community Music Therapy*. New York: Routledge の全訳である。

第一筆者のブリュンユルフ・スティーゲ氏はベルゲン大学グリーグ・アカデミー音楽療法科教授であり、同研究センター（ＧＡＭＵＴ）、及び後述のＰＯＬＹＦＯＮ（音楽療法のためのナレッジ・クラスター）プロジェクトの代表を務めている。国際電子ジャーナル『ボイセス：音楽療法のための世界フォーラム』の創設者の一人であり、現在も共同編集委員を担当している。

スティーゲ氏は、コミュニティ音楽療法の理論的指導者として、国際的に広くその名を知られている。過去二十年における音楽療法界で最も影響力を持ち、重要なムーブメントを巻き起こした立役者といって間違いあるまい。参考文献表にもある通り、数々の著書、論文を著している。主著の『文化中心音楽療法』（阪上正巳監訳、音楽之友社、二〇〇八年）、及び国立音楽大学（東京）での講演会記録「音楽療法とコミュニティ」（井上勢津・岡崎香奈通訳、国立音楽大学音楽研究所音楽療法研究部門編『音楽療法の現在』人間と歴史社、二〇〇七年）等が、邦訳出版されている。

二〇一七年七月、つくばにて開催された世界音楽療法大会でのスティーゲ氏は、基調講演を始め、八面六臂の活躍であった。また、同大会におけるコミュニティ音楽療法に関する発表の質、量双方における圧倒的な充実ぶりは、同音楽療法が国際的には重要な潮流をなしていること、及びそこにみられるスティーゲ氏の影響力の大きさを印象づけることとなった。そして、各国においてコミュニティ音楽療法を理論的、実践的に探究する論者らが、総じて重要な基礎、リソースとして位置づけていたのが、まさに本書だったのである。

序論にもある通り、本書はスティーゲ氏の博士論文（二〇〇二年）を端緒に、（スティーゲ氏とは対照的ともいえる）量的志向の社会心理学者、レイフ・エドヴァルド・オーロ氏の協力を得ながら、およそ八年間の歳月を費やして上梓された労作である。音楽教育学を専門とする私（杉田）がこの大著の邦訳を手掛けるようになったのは、いくつかの幸運な偶然が重なったからであった。

福島大学の同僚で、共訳者である青木真理（臨床心理学）、谷雅泰（教育学）らが二〇〇五年頃から展開していたデンマークの教育改革や特別なニーズを有する若者の支援政策に関する実地調査に私が加わったのは二〇一二年のことである。翌二〇一三年、デンマークの若者支援政策の比較対象として、同じ北欧のノルウェーが選ばれ、初めて訪れることになった。ノルウェーといえばコミュニティ音楽療法が有名、という話をかねてより聞き関心を持っていた私は、哲学研究者でノルウェーの思想・哲学、音楽療法に造詣の深い中河豊氏のご紹介で、臨床即興家として名高いトム・ネス氏をオスロに訪ねた。ネス氏にはノルウェー国立音楽大学音楽療法コースの授業を観察させていただいた（詳細は後述の杉田他、二〇一四年を参照いただければ幸いである）。

それを契機にノルウェーの音楽療法への関心をさらに深めた我々は、翌二〇一四年、中河氏やネス氏からもご紹介いただき、ベルゲン大学GAMUTにてブリュンユルフ・スティーゲ氏にお会いする機会に恵まれた。その数年前から音楽教育における、あるいはそれを通した民主主義、社会正義について探究していた私は、スティーゲ氏が音楽療法の世界でそのことを最も強力に推進、具現化している人物であることを確信し、強く心打たれた（インタビューの詳細は、杉田他、二〇一五年）。その場で同僚からの促しもあり、半ば勢いで本書の翻訳出版の話を持ちかけてみたところ、関心を示してくださった。その後、スティーゲ氏が共著者のオーロ氏や、ラウトレッジ社に働きかけてくださり、ゴーサインを得るに至った。

帰国してすぐに、音楽療法を専門とする伊藤孝子と菅田文子を加えたチームを編成し、翻訳を開始した。ところが、英語の難解さや扱われている学問領域の広範さに加え、コミュニティ音楽療法の実像が良く分からぬままの作業は困難を極めることとなった。そこで科研費を申請し、幸いにも採択され、二〇一五年から二〇一七年まで毎年八月下旬にスティーゲ氏を訪ね、翻訳の打ち合わせやインタビュー調査を重ねた。併せて、氏のコーディネートによりコミュニティ音楽療法実践を展開している病院、福祉施設、公共施設、刑務所等を訪問調査し、実態把握に努めた。二〇一五年から伊藤が、二〇一六年からは菅田が、現地調査に加わった。

当初の刊行予定より大幅に遅れ、都合五年近くを要してしまった。しかしながら、音楽療法はもとより、思想・哲学、（民族）音楽学、文化人類学、社会学、（文化・芸術）心理学、文学までを縦横に論じるスティーゲ氏に加え、オーロ氏の専門領域である社会心理学、コミュニティ心理学、公衆衛生までを網羅した本書の重厚な中身を理解し、訳出するにはそれくらいの歳月が必要であったのも事実である。最善を尽くしたつもりであるが、力量不足ゆえにまだまだ不十分な箇所も多々あることと思う。諸賢からのご批判を仰ぎたい。

さて、本書は学生教育を意識して執筆された、コミュニティ音楽療法に関する初めての体系的な教科書である。訳書出版を機に、日本でもコミュニティ音楽療法への理解が深まることを願っている。読者は、自らの実践を氏が提案したコミュニティ音楽療法の諸特性（ＰＲＥＰＡＲＥ）と照合することで、どんな強みや課題があるのかを考察し、周囲と議論することができるであろう。また本書で紹介された世界中の事例を、自身の実践の方向性を模索するためのよすがとすることもできよう。本書をベースとしながら、参加者の置かれている社会・文化的なコンテクストに意識を傾注しつつ、時にその問題とも対峙することで、自らのコミュニティ音楽療法実践をどう形づくっていくかは各療法士に委ねられているのであり、そこにマニュアルやハウツーは存在し得ない。

先述の通り、スティーゲ氏は多くの訪問調査の機会をコーディネートしてくださった。本書でも紹介されているソルグン・クナーダル氏が勤務するオラヴィケン病院、ラース・テューアスタッド氏が主宰し、刑務所出所後の音楽活動をサポートするUSF文化センター、ヴィーゴ・クリューガー氏による子どもを主たる対象に音楽活動を展開するFANA文化センター等、様々なアリーナにて参与観察やインタビューをする機会を得た。詳細は論文等の形で改めて紹介、分析するが、各アリーナで扱われている音楽的な活動内容は、実に多種多様なものがあった。その点、スティーゲ氏が「コミュニティ音楽療法」の最終的、決定論的な定義づけを回避し、代替として諸特性を提示したことが、実践の多様性と奥行きを担保し、オリジナリティを形成する上で奏功しているように思われた。他方、音楽療法士へのインタビュー調査を通じて彼ら彼女らに共通してみられたのが、各実践の延長上を見据えた（社会的）ヴィジョンであり、熱心な社会的、政治的働きかけであり、また他職種連携の模索であった。

翻って日本の現状はというと、数十年の音楽療法実践の蓄積を経て、生態学的に言えばミクロシステムレベルにおける精緻化、充実化は進展したと言えよう。しかるに、研究、実践、教育いずれにおいてもミクロシステムレベルに特化して扱われるきらいがあり、そのことが、当該実践がメソ・エクソ・マクロシステムのレベルにどういった波及効果を齎すのか、ということへの見通しを持ちづらくしているように思う。とりわけメソシステムを超えるレベルに働きかけるためには、音楽療法士による活動家的、倫理推進的なムーブメントが必要とされるが、その辺りが活発とは到底言えまい。無論、単に社会的、政治的に動けば良いというわけではない。それが人権や社会正義といった理念に立脚しているかどうかが厳しく問われなければならないのであるが、そういった音楽療法をめぐる思想・哲学や、価値に関する理論研究も立ち遅れている印象は否めない。かかる諸点において、日本の音楽療法の研究と実践とが、本書から学ぶべきことは多かろう。

先ほど、コミュニティ音楽療法実践をどう形づくるのかは、各療法士に委ねられていると述べた。とはいえ、音楽療法士はもちろん孤立しているわけではなく、スティーゲ氏流に言えば、「学者兼実践家」のコミュニティに帰属しているのである。本書で述べられているような自由や平等、敬意、人権、社会正義といった諸価値や方向性を共有できる「学者兼実践家コミュニティ」が形成されるならば、医学、心理学主導でトップダウン型傾向の強い日本の音楽療法においても、ある種のパラダイムシフトを引き起こせる可能性は多分にあろう。そして音楽療法はもとより、それが属するコミュニティや社会を、健康ミュージッキングを通して漸進的により良きものにしていける可能性は充分にあると信じたい。そういった意味では、本書を音楽療法関係者はもちろん、地域での文化・表現活動、音楽教育、特別支援教育、アウトリーチ、社会福祉、コミュニティ活動、ソーシャルワーク等々、幅広い分野の実践や研究に携わる方々にも手に取っていただき、連携の輪が拡がることを願っている。

本書の訳の分担は、杉田：日本語版への序文、序論、謝辞、第二章、第十章、索引、伊藤：第一章、第五章、青木：第三章、第九章、フォトクレジット、谷：第四章、第七章、菅田：第六章、第八章、参考文献である。各人が分担した訳稿全てに監訳の杉田が修正を施し、また訳語や文体を統一した。力量不足ゆえに、全体を理解し、修正する作業に三年近くを要してしまった。なお、最終的な確認を、音楽療法の専門的見地から、伊藤が行っている。

翻訳作業を進めながら、同時並行して作成したノルウェーの音楽療法に関する論文、報告書、翻訳を以下に紹介しておく。（スティーゲ氏とも関係の深いエヴェン・ルード氏やトム・ネス氏らの論文、翻訳も含めておきたい）。本書と併せてお読みいただくことで、コミュニティ音楽療法やノルウェーの音楽療法の動向、アクチュアリティがご理解いただけるであろう。特にPOLYFONは、ノルウェーにおいて音楽療法が精神医療に関する国のガイドラインで強く推奨されるに至り、医療認定化の機運が高まっている昨今、それに呼応して音楽療法士数を増やすためにスティーゲ氏が目下、最も力を注いでいるプロジェクトである。この動向と帰趨を見極めることが我々の次なる研究主題となっており、国家資格化を目指す日本への示唆は大きいものと考えている。

・杉田政夫・青木真理・伊藤孝子「トム・ネスの音楽療法に関する一考察―ノルウェー国立音楽大学における授業観察を中心に」『福島大学総合教育研究センター紀要』第一七号、二〇一四年、二九〜三八頁。
・杉田政夫・青木真理・伊藤孝子「ノルウェーのコミュニティ音楽療法に関する一考察―スティーゲ氏へのインタビュー、及びオラヴィケン病院への訪問調査を通して」『福島大学総合教育研究センター紀要』第一九号、二〇一五年、五五〜六四頁。
・【翻訳】トム・ネス、エヴェン・ルード著　杉田政夫、伊藤孝子訳「聴取可能なジェスチャー：臨床即興からコミュニティ音楽療法へ」『福島大学地域創造』第二七巻第二号、二〇一六年、六一〜七二頁。
・【翻訳】カレッテ・ステンセス、トム・ネス著　伊藤孝子、杉田政夫訳「'一緒に！'　ラグナロック、バンドとメンバーの音楽的ライフヒストリー」『名古屋芸術大学研究紀要』第三七巻、二〇一六年、三一〜五一頁。
・杉田政夫・伊藤孝子・青木真理「ノルウェーの音楽療法におけるPOLYFONプロジェクト　―ブリュンユルフ・スティーゲ氏へのインタビュー調査を中心に」『福島大学地域創造』第二八巻第二号、二〇一七年、一〇七〜一一九頁。

本書は多くの方々のご助力のおかげで、刊行することができた。

まず、スティーゲ氏をご紹介くださり、またノルウェーの社会、文化の魅力や奥深さについて教えてくださった中河豊氏に、厚く御礼申し上げたい。

ノルウェーの音楽療法の魅力と特質を、見事な臨床即興や、社会に開かれた音楽グループ「ラグナロック」でもって示してくださり、またスティーゲ氏へもつないでいただいたトム・ネス氏にも、深甚なる謝意を表したい。

出版の労をとってくださった風間書房の風間敬子氏には、こちらからの無理なお願いにも迅速、且つ丁寧にご対応いただいた。記して衷心より感謝申し上げる。

訳者の伊藤孝子が主宰するマイエ（名古屋芸術大学音楽総合研究所音楽療法部門）のスタッフや参加者には、音楽療法が専門ではない私に、その重要性や意義、可能性に目を開かせてくださったことに感謝したい。折りに触れて関わらせていただいた参加者との音楽活動が、私にとってはこの仕事を進める上での支えとなった。

マイエの参加者である、あべくるみさんからは、素晴らしい表紙絵を提供いただいた。初めてこの絵をギャラリーで目にしたとき、私は完全に心奪われた。人間やコミュニティのつながり、インクルージョン、生態学的なシステム、楽器、音符等々、本書の内容を次々と想起させてくれる魅力的なこの絵は、スティーゲ氏にも大変気に入っていただいた。くるみさんに、心からのお礼を言いたい。

最後に、企画が持ち上がってから随分と長い時間が経ったが、その間ずっと応援し続けてくれ、またお忙しい中、何度も翻訳打ち合わせや実践現場のコーディネートをしてくれた著者のブリュンユルフに、最大限の感謝を捧げたい。出版直前まで、メールでの質問やお願いにも幾度となく応えてくださった。斯界における傑出した碩学であることは言うまでもないが、鷹揚さとユーモアを兼ね備えた、本当に心優しき紳士でもある。今年八月にベルゲンを再訪予定であり、その折り、本書を直接にお届けできるのが、今から楽しみである。

二〇一九年五月十二日

杉田政夫

（付記）

本書は、科研基盤研究（C）「ノルウェーに学ぶコミュニティ音楽療法の実践モデルと音楽療法士養成プログラムの構築」（研究代表：杉田政夫、二〇一六～二〇一八年度、課題番号：16K02228）、及び基盤研究（C）「ノルウェーのコミュニティ音楽療法を基軸としたＰＯＬＹＦＯＮプロジェクトの研究」（研究代表：杉田政夫、二〇一九～二〇二一年度、課題番号：19K00213）の成果の一部である。なお、刊行にあたっては、福島大学学術振興基金の学術出版助成（課題番号：18FA001）を受けた。いつも研究をあたたかくサポートしてくださる研究振興課のみなさまに、厚く御礼申し上げたい。

人名索引

〔ア行〕
アイネッテ，ミカエル（Ainette, Michael） 140, 165
アインブ，トルン（Einbu, Torun） 44
アーシン，ヘルガー（Ursin, Helger） 142
アスキュー，ケリー（Askew, Kelly） 325
アトキンソン，ジェシカ（Atkinson, Jessica） 252, 308, 332
アトキンソン，ポール（Atkinson, Paul） 353, 355-356
アバド，ヴィッキー（Abad, Vicky） 228
アブラムス，ドミニク（Abrams, Dominic） 360
アブラムス，マーク（Abrams, Mark） 154
アプリー，マウリス（Apprey, Maurice） 53
アフレット，カリ（Afret, Kari） 403
アボット．アンドリュー（Abbott, Andrew） 386, 389, 396
アミール，ドリート（Amir, Dorit） 233, 244, 277-278
アムダム，ローア（Amdam, Roar） 401-402,
アメリカ音楽療法学会（AMTA） 36
アメリカ精神医学会（America Psychiatric Association） 104
アルヴァン，ジュリエット（Alvin, Juliette） 53-54, 80
アルベッソン，マッツ（Alvesson, Mats） 356
アンスデル，ゲーリー（Ansdell, Gary） 4, 24-26, 44, 55, 70-72, 81-82, 103, 132-134, 144, 170, 181, 183, 187-189, 200, 213, 220, 224, 227, 229, 242, 244, 247, 260, 278, 280-281, 284, 307, 310, 316-317, 325, 333, 384, 400, 410
アンダーウッド，リン・G（Underwood, Lynn G.） 139
アンダーソン，ハーレーン（Anderson, Harlene） 406
アントノフスキー，アーロン（Antonovsky, Aaron） 97
イシェイ，ミシュリン・R（lshay, Micheline R.） 262
イースタリン，リチャード・A（Easterlin, Richard A.） 92
イフェ，ジム（lfe, Jim） 259, 261-264,291-292
イライアス，モーリス・J（Elias, Maurice J.） 126, 273
イン，ロバート・K（Yin, Robert K.） 379
ヴァイアンクール，ギレーヌ（Vaillancourt, Guylaine） 65, 160, 233, 261, 275-276, 291, 310, 312, 320, 350, 371. 403, 406, 410
ヴァーニー，レイチェル（Verney, Rachel） 252, 308, 332
ヴァン・デ・ヴィーヴェル，フォンス・J・R（Van de Vijver, Fons J. R.） 361
ヴァン・デン・バーグ，ピーター（Van Den Bergh, Peter） 391
ヴィエガ，マイケル（Viega, Michael） 218, 279, 303-305, 321
ヴィゴツキー，レフ（Vygotsky, Lev） 207
ヴィトゲンシュタイン，ルートヴィヒ（Wittgenstein, Ludwig） 83-84, 206-207
ウィートン，ブレア（Wheaton, Blair） 142-143
ヴィナデル，マリア・E・ロペス（Vinader, Maria E. López） 64-65
ウィリアムズ，アリステア（Williams, Alistair） 170
ウィリアムズ，ロビン・M（Williams, Robin M.） 256
ウィルキンソン，リチャード（Wilkinson, Richard） 114-115
ウィルス，トーマス・A（Wills, Thomas A.） 140, 165
ウィルソン，ミッチェル（Wilson, Mitchell） 105
ヴィーンホヴェン，ルート（Veenhoven, Ruut） 118-119, 162
ウェストビー，インガ・アンネ（Westby, Inger Anne） 59, 132, 201, 220, 243
ヴェブレン，カリ・K（Veblen, Kari K.） 394
ヴェルヘイ，フォップ（Verheij, Fop） 391
ウェンガー，エティエンヌ（Wenger, Etienne） 199-200, 207
ウォーカー，スコット（Walker, Scott） 131
ウォーターズ，マルコム（Waters, Malcolm） 418
ヴォッシュ，トーマス（Wosch, Thomas） 224
ウォーリン，ニルス・L（Wallin, Nils L.） 206
ウォンダースマン，エイブラハム（Wandersman, Abraham） 126, 273

ウーストハイゼン，ヘレン（Oosthuizen, Helen） 116-118, 160, 218, 224, 275, 284
ウッド，スチュアート（Wood, Stuart） 252, 308-309, 332
ウッドワード，アルファ・M（Woodward, Alpha M.） 76
ウリコシェ，アナ・シーラ（Uricoechea, Ana Sheila） 160, 215
エアーズ，スーザン（Ayers, Susan） 140
エイゲン，ケネス（Aigen, Kenneth） 172, 177, 218, 229, 241-242, 307, 336, 394, 408-409, 412
エヴェリスト，マーク（Everist, Mark） 205
エクルストン，コレット・P（Eccleston, Collette P.） 156
エコノミスト（Economist） 95
エップ，エリン（Epp, Erinn） 173-175, 177
エドワーズ，ジェフリー・R（Edwards, Jeffrey R.） 145
エドワーズ，ジェーン（Edwards, Jane） 382, 394
エリー，エリザベス（Ely, Elisabeth） 160, 215
エリオット，デイヴィッド・J（Elliott, David J.） 44
エリクセン，トーマス・H（Eriksen, Thomas H.） 353-354
エリクセン，ヘーゲ（Eriksen, Hege） 142
エルキレ，ヨーコ（Erkkilä, Jaakko） 382
エレファント，コハヴィット（Elefant, Cochavit） 26, 216, 223, 284, 299, 310, 351-352, 371, 412
エンプソン，ローラ（Empson, Laura） 399
エンブレトソン，スーザン・E（Embretson, Susan E.） 362
オーウェン，フランシス（Owen, Frances） 83
オグレイディ，ルーシー（O'Grady, Lucy） 75, 144, 160, 219, 220-222, 228, 261, 269, 275, 307, 327, 413-414
オースゴール，トリグヴェ（Aasgaard, Trygve） 225-226, 228, 252, 275, 307, 321, 327, 331, 333, 398, 419
オースルンド，セシリア（Åslund, Cecilia） 149
オッディ，ニコラ（Oddy, Nicola） 76, 333
オルドリッジ，デイヴィッド（Aldridge, David） 97, 227
オンゲーナ，パトリック　Onghena, Patrick 367

〔カ行〕

カイル，チャールズ（Keil, Charles） 168, 189, 325
カガン，キャロリン（Kagan, Carolyn） 157
カーク，スチュアート・A（Kirk, Stuart A.） 106
ガストン，E・セイヤー（Gaston, E. Thayer） 51, 172
カスロー，フローレンス・W（Kaslow, Florence W.） 98
ガダマー，ハンス－ゲオルク（Gadamer, Hans-Georg） 353
カチンス，ハーブ（Kutchins, Herb） 106
カッサー，ティム（Kasser, Tim） 94-95
カッツ，シャロン（Katz, Sharon） 310, 331
カーティス，サンドラ・L（Curtis, Sandra L.） 157, 160, 216-217, 232, 254, 275, 284, 310, 401, 410
カーヒル，カイトリン（Cahill, Caitlin） 402, 410, 412
ガルトゥング，ヨハン（Galtung, Johan） 44, 259, 289
ガレッド，ルディ（Garred, Rudy） 172, 218
カワチ，イチロー（Kawachi, lchiro） 115, 146-147, 150-151, 166
カンプ，レオ・J・Th・ヴァン・デル（Kamp, Leo J.Th. van der） 361
カーン，ペトラ（Kern, Petra） 160, 215
カーン，ロバート・L（Kahn, Robert L.） 94
ギアーツ，クリフォード（Geertz, Clifford） 348, 356
キグンダ，B・ムリーティ（Kigunda, B. Muriithi） 49
キースラー，ドナルド・J（Kiesler, Donald J.） 98
ギデンス，アンソニー（Giddens, Anthony） 388, 418
キム，ダニエル（Kim, Daniel） 147, 150, 166
キャセル，ジョン（Cassel, John） 140
ギャバード，グレン・O（Gabbard, Glen O.） 411
キャロライン，ケニー・B（Kenny, Carolyn B.） 50, 52, 56-57, 59 67, 76, 80, 232, 260, 278
キャンベル，ドナルド・T（Campbell, Donald T.） 379
グーク，ペネロープ（Gouk, Penelope） 51
グスタヴセン，ビヨルン（Gustavsen,

Bjørn）350
グーゼ，サミュエル・B（Guze, Samuel B.） 88
クック，トーマス・D（Cook, Thomas D.） 379
クック，ニコラス（Cook, Nicholas） 205
グートハイル，トーマス・G（Gutheil, Thomas G.） 411
クナーダル，ソルグン（Knardal, Solgunn） 141, 190, 307
グーバ，エゴン・G（Guba, Egon G.） 378
クライヴ，メッテ（Kleive, Mette） 44, 62, 132, 160, 223, 232, 254, 260, 265, 270, 275, 284, 297, 307, 310, 312, 317, 327, 371
クラーク，エリック（Clarke, Eric） 185, 189, 195, 201, 207
クラーク，ビッキ・P（Clark, Vicki P.） 347, 372
グラス，トーマス（Glass, Thomas） 126, 136, 140
グーリシャン，ハロルド（Goolishian, Harold） 406
グリフィス，ドロシー（Griffiths, Dorothy） 83
クリフト，ステファン（Clift, Stephen） 190
クリューガー，ヴィーゴ（Krüger, Viggo） 132, 160, 200, 220, 224, 233, 237, 254, 261, 270, 275, 307, 333
グリーン，ルーシー（Green, Lucy） 171
クルック，スティーブン（Crook, Stephen） 418
クレイトン，マーティン（Clayton, Martin） 205
クレスウェル，ジョン（Creswell, John） 347, 372
グレディ，ポール（Gready, Paul） 260
クロイツ，ギュンター（Kreutz, Gunter） 189, 394
クロス，イアン（Cross, Ian） 178, 206
グローブス，ロバート・M（Groves, Robert M.） 360
クンスト，アントン・E（Kunst, Anton E.） 115
クーン，トーマス・S（Kuhn, Thomas S.） 378
ゲック，マーティン（Geck, Martin） 59
コーエン，アンソニー（Cohen, Anthony） 186
コーエン，シェルドン（Cohen, Sheldon） 138-139, 145, 165
コーエン，ジーン（Cohen, Gene） 190
国連（United Nations） 265
国連開発計画（United Nations Development Programme） 111
国連教育文化機関（ユネスコ） United Nations Educational, Scientific and Cultural Organization 158
ゴットリーブ，ベンジャミン・H（Gottlieb, Benjamin H.） 139
ゴッフマン，アーヴィング（Goffman, Erving） 107, 156, 207, 325
ゴフ，ブレンダ（Gough, Brenda） 343, 353
コリンズ，ランドール（Collins, Randall） 196, 198, 207, 282, 310
コルシン，ケヴィン（Korsyn, Kevin） 168
ゴールド，クリスチャン（Gold, Christian） 108, 369-371
コール，マイケル（Cole, Michael） 164
ゴンザレス，ポウラ・A・M（Gonzalez, Paula A. M.） 76
コンラッド，ピーター（Conrad, Peter） 247

〔サ行〕

ザイデル，アルムート（Seidel, Almut） 83
ザイマン，ジョン（Ziman, John） 345-346, 374, 379
サクスビー，ダービー（Saxbe, Darby） 135
サケレス・チャワ（Sekeles, Chava） 50
サットン，ジュリー・P（Sutton, Julie P.） 244
ザトンスキ，ウィットオールド（Zatonski, Witold） 124
ザニーニ，クライディア・R・デ・オリヴェイラ（Zanini, Claudia R. de Oliveira） 9, 190, 307
サラッチ・ロドルフォ（Saracci, Rodolfo） 88
サラフィーノ，エドワード・P（Sarafino, Edward P.） 88
サール，キャロル（Sales, Carol） 291
サルタナ，ファラーナ（Sultana, Farhana） 402, 410, 412
シェイビー，ベネディクト・バース（Scheiby, Benedikte Barth） 307
シェフ，トマス（Scheff, Thomas） 107
シェリフ，ムザファー（Sherif, Muzafer） 365
シェルドベルイ，カイ（Sköldberg, Kaj） 356
ジーグリスト，ヨハネス（Siegrist, Johannes） 144

ジャスター，F・トーマス（Juster, F. Thomas） 94
シャディッシュ，ウィリアム・R（Shadish, William R.） 379
ジャー，プラブハット（Jha, Prabhat） 124
ジャンス，クリスチャン（Janss, Christian） 20
ジャンペル，ピーター（Jampel, Peter） 229, 307, 310, 328-330
シュヴァーベ，クリストーフ（Schwabe, Christoph） 59-60, 67, 218
シュヴァンテス，メロディ（Schwantes, Melody） 322, 374
シュトルスフェ，ヴェガー（Storsve, Vegar） 59, 132, 201, 220, 243
シューメイカー，サリー・アン（Shumaker, Sally Ann） 138
シューメイカー，リン（Schumaker, Lyn） 49
シュリアン，ドロシー（Schullian, Dorothy） 51
ショーン，マックス（Schoen, Max） 51
人権センター（Centre for Human Rights） 259, 263
スキナー，クェンティン（Skinner, Quintin） 291
スコット，カレン（Scott, Karen） 215
スコット，デレク・B（Scott, Derek B.） 205
スコンランド・マリー（Skånland, Marie） 207
スターリン，ベンクト（Starrin, Bengt） 149
スタンスフェルト，ステファン・A（Stansfeld, Stephen A.） 140
スターン，ダニエル（Stern, Daniel） 179, 319
スチュアート，デイヴィッド（Stewart, David） 233, 331
スチョルネ，スタイナー（Stjernø, Steinar） 282-283
スティーゲ，ブリュンユルフ（Stige, Brynjulf） 4, 22, 26, 39, 44, 48, 50, 62-64, 67-68, 70, 78-79, 81, 100-101, 109, 114, 126, 132, 141, 160, 170, 173, 176, 183-184, 191-193, 196-198, 206-207, 215-216, 220, 223-224, 228, 232, 237, 239, 243-247, 250, 300-301, 303, 306-307, 310, 312, 317, 321, 325-326, 331-332, 342, 346, 348-349, 370-371, 377, 379, 390, 398, 401, 406-407, 410, 412, 419
ステップトー，アンドリュー（Steptoe, Andrew） 140
ストッケン，アンナ・マリー Støkken, Anne Marie 403
スノー・チャールズ・P（Snow, Charles P.） 379
スブラマニアン，S・V（Subramanian, S.V.） 147, 150, 166
スミス・マリー（Smyth, Marie） 233-234, 307
スモール，クルストファー（Small, Christopher） 44, 173, 183-184, 202, 207
スラタバック，ヴェロニカ・V（Slettebakk, Veronica V.） 144, 229, 318-320
スレルフォール，キャサリン（Threlfall, Catherine） 402-403
世界保健機構（WHO） 90, 104, 106, 110, 116, 124, 159
セネット，リチャード（Sennett, Richard） 278, 280-281, 327
セリエ，ハンス（Selye, Hans） 165
セルマン，デレク（Sellman, Derek） 241
全米健康機構（Pan American Health Organization） 110
ソーリカリオ，スーヴィ（Saarikallio, Suvi） 207
ソリ，ハンス・ペーター（Solli, Hans Petter） 219, 261

〔タ行〕
タイソン，フローレンス（Tyson, Florence） 51-53, 415
ターナー，ヴィクター・W（Turner, Victor W.） 206-207, 325
ターナー，ブライン（Turner, Bryan） 391-392, 406
タリー，アラン（Turry, Alan） 13-16, 229, 278, 295, 297, 327, 411
ダルトン，ジェームズ・H（Dalton, James H.） 126, 273
タルリ，ドナト（Tarulli, Donato） 291
ダーレ，キャスリン（Dahle, Kathrine） 144, 229, 318-320
ダン，バーバラ（Dunn, Barbara） 234-236, 261, 310, 315, 410
ダーンリー－スミス，レイチェル（Darnley-Smith, Rachel） 330-331
チェニー，デイヴィッド（Chaney, David） 72
チクセントミハイ，ミハイ（Csikszentmihalyi, Mihaly） 195
チャヴィス，デイヴィッド・M（Chavis, David M.） 130

チャガス，マーリー（Chagas, Marly） 9-10, 76, 160, 275
ツァリノヴァ－サンダーソン，オクサナ（Zharinova-Sanderson, Oksana） 229, 322-324, 336
ディサナーヤカ，エレン（Dissanayake, Ellen） 178, 180
テイト，アンニャ（Tait, Anja） 159
ディーナー，エド（Diener, Ed） 93, 124
デイヴィッドソン，ジェイン・W（Davidson, Jane W.） 145-146, 394-396
ディベン，ニコラ（Dibben, Nicola） 185, 189, 195, 201
ディレオ，チェリル（Dileo, Cheryl） 165
ディロン，ロビンス・S（Dillon, Robin S.） 277
テオレル，トーレス（Theorell, Tores） 144
テゲロブ，ケイト（Teggelove, Kate） 244-245, 312, 321
デ・シルヴァ，マリー・J（De Silva, Mary J.） 149
デノーラ，ティア（DeNora, Tia） 20, 59, 176, 195, 203, 207, 358, 374
テューアスタッド，ラース（Tuastad, Lars） 11-12, 160, 224, 269, 275, 307
デュルケーム，エミール（Durkheim, Emile） 139, 207, 282
デランティ，ジェラード（Delanty, Gerald） 133
テリー，デボラ（Terry, Deborah J.） 154
トウェンギ，ジーン・M（Twenge, Jean M.） 155
ドブソン，アネット・J（Dobson, Annette J.） 367
トーマス，スコット・L（Thomas, Scott L.） 363
ドライア，オーレ（Dreier, Ole） 100
トランス，ケリン（Torrance, Kerryn） 6-8, 28-29, 224, 284, 312, 400
トレヴァーセン，コルウィン（Trevarthen, Colwyn） 39, 178-179, 203, 242

〔ナ行〕

ナッセン，クリスティーナ（Knussen, Christina） 202
ナポリ，ナンシー・A（Naples, Nancy A.） 353
ニスベット，ロバート・A（Nisbet, Robert A.） 282
ニューマン，キャサリン・S（Newman, Katherine S.） 158
ニールセン，ベーニャ・ルード（Nilsen, Venja Ruud） 386
ニルソン，ケント・W（Nilsson, Kent W.） 150
沼田里衣（Numata, Rii） 16-17, 269, 307
ヌーン，ジェイソン（Noone, Jason） 65
ネトル，ブルーノ（Nettl, Bruno） 51
ネルソン，ジェフリー（Nelson, Geoffrey） 25, 216, 291
ネルハイム（Nerheim, Hjordis） 374
ノース，エリック・J（Knorth, Erik J.） 391
ノードフ，ポール（Nordoff, Paul） 55
ノーマン，レイチェル（Norman, Rachel） 241

〔ハ行〕

パウエル，ハリエット（Powell, Harriet） 229
ハウス，ジェームス・S（House, James S.） 139
バウマイスター，ロイ（Baumeister, Roy） 126, 155
バウマン，ジグムント（Bauman, Zygmunt） 408, 419
パヴリチェヴィック，メルセデス（Pavlicevic, Mercédès） 4, 26, 44, 74, 160, 181, 183, 188, 213, 218, 224, 242, 244, 254, 260, 270, 275, 279-280, 284, 327-328, 333, 357-359, 379, 384, 410-411
バウワーズ，ジュディ（Bowers, Judy） 254, 311
パウンシー・クレア（Pouncey, Claire） 105
バーカーク，オッド（Berkaak, Odd） 58, 207
バーク，ケネス（Burke, Kenneth） 207
ハークネス，ジャネット・A（Harkness, Janet A.） 361
バークマン，リサ・F（Berkman, Lisa F.） 115, 126, 136, 140, 146
パクルスキ，ヤン（Pakulski, Jan） 418
バーズ，グレゴリー（Barz, Gregory） 49, 114
ハーゼ，ウルリケ（Haase, Ulrike） 59-60
ハセル，ナンシー（Hadsell, Nancy） 53
パットナム，ロバート（Putnam, Robert） 147-149, 153, 163, 309
バット－ローデン，カリ・B（Batt-Rawden, Kari B.） 59, 195
ハード，スーザン（Hird, Susan） 92-93
ハートリー，ナイジェル（Hartley, Nigel） 394
バートレイ，メラニー（Bartley, Melanie）

144
バートン，マーク（Burton, Mark）157
ハニファン，リディア・J（Hanifan, Lydia J.）146
バーネット・アドリアン・G（Barnett, Adrian）367
ハーバート，トレヴァー（Herbert, Trevor）205
ハーバマス，ユルゲン（Habermas, Jurgen）348
ハマースリー，マーティン（Hammersley, Martyn）353, 356
バーリン，アイザイア（Berlin, Isaiah）291
バーリントン，アリソン（Barrington, Alison）382, 383–384, 397
ハルステッド，ジル（Halstead, Jill）228
バルセロス，リア・レジェンヌ・メンデス（Barcellos, Lia Rejane Mendes）9, 76, 160, 275
ハルドルソン，マスラス（Halldorsson, Mathras）116
バレラ・マニュエル（Barrera, Manuel）138
ハンコック，グレゴリー・R（Hancock, Gregory R.）363
バーンズ，ジョン・A（Barnes, John A.）134
ハント，メーガン（Hunt, Meagan）351, 371
バント，レスリー（Bunt, Leslie）64, 67–68, 81
ビイレヴェルト，カトリエン・C・J・H（Bijleveld, Catrien C. J. H）361
ピケット，ケイト（Pickett, Kate）114
ピッツ，ステファニー（Pitts, Stephanie）185, 189, 195, 201
ビヨルクヴォルト，ジョン－ロアール（Bjørkvold, Jon-Roar）169
ヒラリー，ジョージ・A・Jr（Hillery, George A. Jr.）129
ビルシェダル，イングン（Byrkjedal, lngunn）44
ピンカー，スティーヴン（Pinker, Steven）206
フィンソス，ローア（Finsås, Roar）11–12, 160, 224, 269, 275, 307
フィンレイ，リンダン（Finlay, Lindan）343, 353
フェルス，デイヴィッド（Felce, David）93
フェルド，スティーブン（Feld, Steven）168, 189, 325
フェルドマン，パメラ・J（Feldman, Pamela J.）138
フェリー，ジェーン・E.（Ferrie, Jane E.）144
フェルカー，ウルリケ（Völker, Ulrike）201
フォルクマン，スーザン（Folkman, Susan）144
フォルサム，ゼネバ・S（Folsom, Geneva S.）51
フォルネス，ジョアン（Fornäs, Johan）132, 383, 408, 418
ブキャナン，ジェニファー（Buchanan, Jennifer）76, 83
フーコー，ミシェル（Foucault, Michel）124, 392
フーシェ，スネル（Fouché, Sunelle）6–8, 28–29, 224, 284, 312, 400
ブラウネル・アイリーン（Brownell, Arlene）138
ブラウン，ジュリー（Brown, Julie）278
ブラウン，スティーヴン（Brown, Steven）206
ブラウン，ティモシー・A（Brown, Timothy A.）363
ブラッドバリー，ヒラリー（Bradbury, Hilary）302, 348, 372
ブラット，ヨーク（Bradt, Joke）304–305
フランク，ジェローム・D（Frank, Jerome D.）370
フランク，ジュリア・B（Frank, Julia B.）370
フリス，サイモン（Frith, Simon）187
プリーストリー，メアリー（Priestley, Mary）54, 174
フリードソン，エリオット（Freidson, Eliot）384, 387
フリードソン，スティーヴン・M（Friedson, Steven M.）48
プリルテンスキー，アイザック（Prilleltensky, Isaac）25, 216, 291
ブルーシア，ケネス（Bruscia, Kenneth）21, 29, 64, 68–69, 81, 96–97, 345
ブルーチェク，マルシア（Broucek, Marcia）61
ブルデュー，ピエール（Bourdieu Pierre）146
ブル，ミカエル（Bull, Michael）207
フレイレ，パウロ（Freire, Paulo）231, 252, 348
プレッサー，スタンリー（Presser, Stanley）

362
フレディ，フランク（Furedi, Frank） 247, 316
プロクター，サイモン（Procter, Simon） 43, 109, 151-153, 160, 220, 228, 247, 260-261, 268-269, 275, 277, 284, 384, 393
ブロドスキー，アーチー（Brodsky, Archie） 411
フローネ－ハーゲマン，イザベル（Frohne-Hagemann, Isabelle） 83, 285-286
ブロンフェンブレンナー，ユリー（Bronfenbrenner, Urie） 44, 126, 160,
ベイカー，ジョン（Baker, John） 272-273, 288, 299, 402
ベイリー，ベティー（Bailey, Betty） 394-396
ベイリー，デレク（Bailey, Derek） 16
ベインズ，スーザン（Baines, Susan） 76, 247, 261, 269, 278, 297, 322
ペイン，レイチェル（Pain, Rachel） 402, 410, 412
ペターセン，ヤーレ・A（Pettersen, Jarle A.） 386-387, 391, 397
ベック，ウルリッヒ（Beck, Ulrich） 418
ヘック，ロナルド・H（Heck, Ronald H.） 363
ヘッレ－ヴァッレ，アンナ（Helle-Valle, Anna） 419
ベツレヘム，イェールケ・G（Bethlehem, Jelke G.） 360
ペティー，ヘレン・M（Patey, Helen M.） 330
ヘネップ，アーノルド・ファン（Gennep, Arnold van） 206
ペリー，ジョナサン（Perry, Jonathan） 93
ペリッツァーリ，パトリシア・C（Pellizzari, Patricia C.） 76-77
ベルガンサ，カルロス（Berganza, Carlos） 105
ヘルネス，ヘルゲ（Hernes, Helge） 383
ヘロン，ジョン（Heron, John） 350
ボイド，ケネス・M（Boyd, Kenneth M.） 90
ボクシル，エディス・H（Boxil, Edith H.） 64-67, 81-82, 232, 260, 307
ホッグ，マイケル・A（Hogg, Michael A.） 154-155
ボーデンス・ケネス・S（Bordens, Kenneth S.） 368
ホーデン，ペレグリン（Horden, Peregrine） 381
ホネット，アクセル（Honneth, Axel） 237, 280
ホームズ，トーマス・A（Holmes, Thomas A.） 165
ホランダー，エドウィン・P（Hollander, Edwin P.） 255
ボール，オリヴィア（Ball, Olivia） 260
ポルス，ジョリーク・C・ヴァン・デル（Pols, Jolieke C. van der） 367
ポルテス，アレハンドロ（Portes, Alejandro） 147
ボールマン・フィリップ（Bohlman, Philip V.） 169-171

〔マ行〕

マイケル，スタンリー・T（Michael, Stanley T.） 144
マクガイアー，マイケル・G（McGuire, Michael G.） 53
マクドナルド，スコット（MacDonald, Scott） 218, 279, 303-305, 321
マクドナルド，レイモンド（MacDonald, Raymond） 189, 202, 394
マクファーラン，カトリーナ（McFerran, Katrina） 75, 227, 229, 237-239, 244-245, 261, 278, 298-299, 307, 312, 321, 325, 351, 371
マクマホン，ミリアム・A（McMahon, Miriam A.） 160, 215
マクミラン，デイヴィッド・W（McMillan, David W.） 129-130
マクラリー，スーザン（McClary, Susan） 205
マダックス，ジェームス・E（Maddux, James E.） 106
マックイーン，キャスリン・M（MacQueen, Kathleen M.） 129
マッケンジー，クワーミ（McKenzie, Kwame） 150
マッケンバッハ，ヨハン・P（Mackenbach, Johan P.） 115
マッテルン，マーク（Mattern, Mark） 231
マーティン，ピート・J（Martin, Pete J.） 205
マートン，ロバート・K（Merton, Robert K.） 379
マーフィー，マイケル（Murphy, Michael） 124
マラトス，アンナ（Maratos, Anna） 229, 252, 254, 270, 275, 327, 419
マルケス，ジョゼ・M（Marques, Jose M.） 154
マレコフ，アンドリュー（Malekoff, An-

drew）244
マロック，スティーヴン（Malloch, Stephen）39, 178-179, 203, 242
ミッチェル，ローラ（Mitchell, Laura）189, 202
ミッテルマーク，モーリス（Mittelmark, Maurice）137
ミドルトン，リチャード（Middleton, Richard）205
三宅博子（Miyake, Hiroko）216, 269
ミュラー，ラルフ（Mueller, Ralph O.）363
ミラー，ジェフリー（Miller, Geoffrey）178
ミルグラム，スタンリー（Milgram, Stanly）135-136
ミル，ジョン・スチュアート（Mill, John Stuart）266-267
ムジャート，アブ（Mooijaart, Ab）361
ムランガン，レオニー（Murrungun, Leonie）159
メイ，エリザベス（May, Elizabeth）179
メカニック，デイヴィッド（Mechanic, David）106
メーカー，ビヨルン（Merker, Björn）206
メジャー，ブレンダ（Major, Brenda）156
メチック，ジュアン・E（Mezzich, Juan E.）105
メーテル，マーレン（Metell, Maren）201
メルカド，チェスリー・S（Mercado, Chesley S.）157, 160, 216-217, 232, 254, 275, 284, 310, 401, 410
モーラー，ピーター・Ph（Mohler, Peter Ph.）361
モーリー，ライン（Morley, lain）178
モレノ，ジョーゼフ（Moreno. Joseph）50, 232
モントゴメリー，スコット・M（Montgomery, Scott M.）144

〔ヤ行〕
ヤーロム，アーヴィン・D（Yalom, Irwin D.）244
ヤンツェン，ジョン・M（Janzen, John M.）50
ユイスマン，マルティン（Huisman, Martijn）115
ユルバン，オリヴィエ（Urbain, Olivier）83

〔ラ行〕
ライアン，ウィリアム（Ryan, William）242, 250, 349
ライズ，スティーブン・P（Reise, Steven P.）362
ラーエ，リチャード・H（Rahe, Richard H.）165
ラグランド，ゼイン（Ragland, Zane）53
ラザルス，リチャード（Lazarus, Richard S.）144
ラター，マイケル・L（Rutter, Michael L.）144
ラパポート，ジュリアン（Rappaport, Julian）25
ラムジー，デイヴィッド（Ramsey, David）127-128, 132, 284
ランガー，トーマス・S（Langner, Thomas. S.）144
リーア－サルヴェンセン，ポール（Leer-Salvesen, Paul）391
リアリー，マーク・R（Leary, Mark R.）126
リオ，ロビン（Rio, Robin）243
リーガー，ゲルト（Rieger, Gerd）312-314, 321
リクソン，ダフネ（Rickson, Daphne）312
リー，コリン（Lee, Colin）114
リーズン，ピーター（Reason, Peter）302, 348, 372
リンカーン，イヴォンナ・S（Lincoln, Yvonna S.）378
ルード，エヴェン（Ruud, Even）21-22, 37-38, 50, 57-59 97, 103, 132 170, 185, 195, 201, 206, 220, 227, 237, 243, 247, 254, 260-261, 280, 284, 327, 381, 396
ルベット，アレックス・J（Lubet, Alex J.）180
レア・ステン（Roer Sten）307
レイブ，ジーン（Lave, Jean）199-200, 207
レオン，エリアアーヌ（Leao, Eliane）9, 190, 307
レドフィールド，ロバート（Redfield, Robert）130-131, 164
レパート，リチャード（Leppert, Richard）205
レフサム，クリスチャン（Refsum, Christian）20
ロキーチ，ミルトン（Rokeach Milton）255
ロジス，マリア（Logis, Maria）13-15, 295, 297
ロジャー，ウェンディ・スティントン（Roger, Wendy Stainton）107
ローゼンワイン，バーバラ・H（Rosenwein Barbara H.）316

ロドリゲス，リカルド・J（Rodriguez Ricardo J.） 77
ローバッカー，マイケル（Rohrbacher, Michael） 50
ロフスヨルド，ランディ（Rolvsjord, Randi） 108, 218-219, 228 246, 261, 284, 369-370, 396
ロブソン，コリン（Robson, Colin） 345
ロペス，アラン・D（Lopez, Alan D.） 96, 112-114

〔ワ・ン行〕

若尾裕（Wakao, Yu） 269
ワーグメイカース，アンマリー（Wagemakers, Annemarie） 162
ワーナー，キャサリン（Warner, Catherine） 237, 239-241, 269, 299, 371
ワムポルド，ブルース（Wampold, Bruce） 252, 257, 370
ング・ワン・フェン（Ng, Wang Feng） 65, 233

参考文献

Aasgaard, Trygve (1998). Musikk-miljøterapi: Uvanlig? Uinteressant? Uutforsket! Kommentarer til Nisima Marie Munk-Madsen. [Music Milieu Therapy: Uncommon? Uninteresting? Unexplored! Comments to Nisima Marie Munk-Madsen]. *Nordic Journal of Music Therapy*, 7(2), pp. 168-171.

Aasgaard, Trygve (1999). Music Therapy as a Milieu in the Hospice and Pediatric Oncology Ward. In: Aldridge, David: *Music Therapy in Palliative Care. New Voices*. London: Jessica Kingsley Publishers.

Aasgaard, Trygve (2000). 'A Suspiciously Cheerful Lady.' A Study of a Song's Life in the Pediatric Oncology Ward, and Beyond. *British Journal of Music Therapy*, 14(2), pp. 70-82.

Aasgaard, Trygve (2001). An Ecology of Love: Aspects of Music Therapy in the Pediatric Oncology Environment. *Journal of Palliative Care*, 17(3), pp. 177-181.

Aasgaard, Trygve (2002). Song Creations by Children with Cancer—Process and Meaning. Aalborg, Denmark: Unpublished Doctoral Dissertation, Aalborg University, Department of Music and Music Therapy.

Aasgaard, Trygve (2004). A Pied Piper among White Coats and Infusion Pumps: Community Music Therapy in a Pediatric Hospital Setting. In: Pavlicevic, Mercédès & Gary Ansdell (Eds.). *Community Music Therapy*. London: Jessica Kingsley Publishers.

Abbott, Andrew (1988). *The System of Professions. An Essay on the Division of Expert Labor*. Chicago: The University of Chicago Press.

Abrams, Dominic, Michael A. Hogg & José M. Marques (2005). A Social Psychological Framework for Understanding Social Inclusion and Exclusion. In: Abrams, Dominic, Michael A. Hogg & José. M. Marques (Eds.). *The Social Psychology of Inclusion and Exclusion* (pp. 1-23). New York: Psychology Press (Taylor & Francis).

Abrams, Mark (1951). *Social Surveys and Social Action*. London: William Heinemann's Medical Books.

Aftret, Kari (2005). Samspill. Om musikkterapeuten i kommunen [Interaction and Collaboration. On the Role of the Music Therapist in the Municipality]. Unpublished Master's Thesis. Oslo, Norway: Norwegian Academy of Music.

Aigen, Kenneth (1995). An Aesthetic Foundation of Clinical Theory: An Underlying Basis of Creative Music Therapy. In: Kenny, Carolyn (Ed). *Listening, Playing, Creating: Essays on the Power of Sound*. State University of New York Press.

Aigen, Kenneth (2002). *Playin' in the Band: A Qualitative Study of Popular Music Styles as Clinical Improvisation*. New York: Nordoff-Robbins Center for Music Therapy, New York University.

Aigen, Kenneth (2004). Conversations on Creating Community: Performance as Music Therapy in New York City. In: Pavlicevic, Mercédès & Gary Ansdell (Eds.). *Community Music Therapy*. London: Jessica Kingsley Publishers.

Aigen, Kenneth (2005). *Music-Centered Music Therapy*. Gilsum, NH: Barcelona Publishers.（ケネス・エイゲン著、鈴木琴栄、鈴木大裕訳『音楽中心音楽療法』春秋社、2013年。）

Aigen, Kenneth (2008). In Defense of Beauty: A Role for the Aesthetic in Music Therapy Theory. Part II: Challenges to Aesthetic Theory in Music Therapy: Summary and Response. *Nordic Journal of Music Therapy*, 17(1), pp. 3-18.

Aigen, Kenneth (2012). Community Music Therapy. In: McPherson, Gary & Graham Welch (Eds.). *The Oxford Handbook of Music Education*. New York: Oxford University Press.

Aldridge, David (1996). *Music Therapy Research and Practice in Medicine. From Out of the Silence*. London: Jessica Kingsley Publishers.

Aldridge, David (2004). *Health, the Individual and Integrated Medicine*. London: Jessica Kingsley Publishers.

Alvesson, Mats & Kaj Sköldberg (2009). *Reflexive Methodology: New Vistas for Qualitative Research* (2nd edition). London: Sage Publications.

Alvin, Juliette (1966/1975). *Music Therapy*. London: Hutchinson & Co.（ジュリエット・アルヴァン著、桜林仁、貫行子訳『音楽療法』音楽之友社、1969年。）

Alvin, Juliette (1968). Changing Patterns in Music Therapy — The Mental Patient and Community Care in England. In: Gaston, E Thayer (Ed.). *Music in Therapy*. New York: Macmillan Publishing.

Amdam, Roar (2010). *Planning in Health Promotion Work. An Empowerment Model*. New York: Routledge.

American Music Therapy Association (2011). What is the Profession of Music Therapy? American Music Therapy Association Website. Retrieved February 21, 2011, from http://www.musictherapy.org/.

American Psychiatric Association (1980). *DSM-III. Diagnostic and Statistical Manual of Psychiatric Disorders*. Washington, DC: American Psychiatric Association.（米国精神医学会著、高橋三郎、花田耕一、藤縄昭訳『DSM-III 精神障害の分類と診断の手引』医学書院、1982年。）

American Psychiatric Association (2000). *DSM-IV TR. Diagnostic and Statistical Manual of Psychiatric Disorders*. Washington, DC: American Psychiatric Association.（米国精神医学会著、高橋三郎、大野裕、染矢俊幸訳『DSM-IV-TR　精神疾患の分類と診断の手引』医学書院、2003年。）

Amir, Dorit (2002). What is the Meaning of Music Therapy These Days? *Voices: A World Forum for Music Therapy*. Retrieved November 26, 2005, from http://voices.no/?q=fortnightly-columns/2002-what-meaning-music-therapy-these-days.

Amir, Dorit (2004). Community Music Therapy and the Challenge of Multiculturalism. In: Pavlicevic, Mercédès & Gary Ansdell (Eds.). *Community Music Therapy*. London: Jessica Kingsley Publishers.

Anderson, Harlene & Harold Goolishian (1992). The Client is the Expert: a Not-Knowing Approach to Therapy. In: McNamee, Sheila and Kenneth J. Gergen (Eds.). *Therapy as Social Construction*. London: Sage Publications.（ハーレーン・アンダーソン、ハロルド・グーリシャン著「第二章　クライエントこそ専門家である――セラピーにおける無知のアプローチ」S・マクナミー、K・J・ガーゲン編、野口裕二、野村直樹訳『ナラティブ・セラピー――社会構成主義の実践』遠見書房、2014年。）

Ansdell, Gary (1997). Musical Elaborations. What has the New Musicology to Say to Music Therapy? *British Journal of Music Therapy*, 11(2), pp. 36-44.

Ansdell, Gary (2001). Musicology: Misunderstood Guest at the Music Therapy Feast? In: Aldridge, David, Gianluigi DiFranco, Even Ruud & Tony Wigram. *Music Therapy in Europe*. Rome: Ismez.

Ansdell, Gary (2002). Community Music Therapy and the Winds of Change — A Discussion Paper. *Voices: A World Forum for Music Therapy*, 2(2). Retrieved February 23, 2011, from https://normt.uib.no/index.php/voices/article/view/83/65.

Ansdell, Gary (2003). The Stories We Tell: Some Meta-Theoretical Reflections on Music Therapy. *Nordic Journal of Music Therapy*, 12(2), pp. 152-159.

Ansdell, Gary (2004). Rethinking Music and Community: Theoretical Perspectives in Support of Community Music Therapy. In: Pavlicevic, Mercédès and Gary Ansdell (Eds.). *Community Music Therapy*. London: Jessica Kingsley Publishers.

Ansdell, Gary (2005a). Community Music Therapy: A Plea for "Fuzzy Recognition" Instead of "Final Definition." [Contribution to Moderated Discussions] *Voices: A World Forum for Music Therapy*. Retrieved January 17, 2006, from http://www.voices.no/discussions/discm4-07.html.

Ansdell, Gary (2005b). Being who You Aren't; Doing what You can't: Community Music Therapy & the Paradoxes of Performance. *Voices: A World Forum for Music Therapy*. Retrieved February 24, 2011, from https://normt.uib.no/index.php/voices/article/view/229/173.

Ansdell, Gary (2010a). Belonging through Musicing: Explorations of Musical Community. In: Stige, Brynjulf, Gary Ansdell, Cochavit Elefant & Mercédès Pavlicevic (Eds.). *Where Music Helps. Community Music Therapy in Action and Reflection*. Aldershot, UK: Ashgate Publishing Limited.

Ansdell, Gary (2010b). Where Performing Helps: Processes and Affordances of Performance in Community Music Therapy. In: Stige, Brynjulf, Gary Ansdell, Cochavit Elefant & Mercédès Pavlicevic (Eds.). *Where Music Helps. Community Music Therapy in Action and Reflection*. Aldershot, UK: Ashgate Publishing.

Ansdell, Gary & Mercédès Pavlicevic (2005). Musical Companionship, Musical Community: Music Therapy and the Process and Values of Musical Communication. In: Miell, Dorothy, Raymond MacDonald, & David Hargreaves (Eds.). *Musical Communication*. Oxford: Oxford University Press.（ゲーリー・アンスデル、メルセデス・パブリチェヴィック著、鈴木涼子訳「第９章　音楽交流と音楽コミュニティ――音楽療法と音楽的コミュニケーションのプロセスと意義」ドロシィ・ミール、レイモンド・マクドナルド、デーヴィッド・J・ハーグリーヴズ編、星野悦子監訳『音楽的コミュニケーション――心理・教育・文化・脳と臨床からのアプローチ』誠信書房、2012年。）

Ansdell, Gary & Mercédès Pavlicevic (2008). Responding to the Challenge: Between Boundaries and Borders (Response to Alison Barrington). *British Journal of Music Therapy*, 22(2), pp. 73-76.

Antonovsky, Aaron (1987/1991). *Hälsans Mysterium* [Unraveling the Mystery of Health: How People Manage Stress and Stay Well]. San Francisco: Jossey-Bass Publishers.
（アーロン・アントノフスキー著、山崎喜比古、吉井清子監訳『健康の謎を解く――ストレス対処と健康保持のメカニズム』有信堂高文社、2001年。）

Askew, Kelly M. (2002). *Performing the Nation. Swahili Music and Cultural Politics in Tanzania*. Chicago: The University of Chicago Press.

Åslund, Cecilia, Bengt Starrin & Kent W. Nilsson (2010). Social Capital in Relation to Depression, Musculoskeletal Pain, and Psychosomatic Symptoms: A Cross-Sectional Study of a Large Population-Based Cohort of Swedish Adolescents. *BMC Public Health*, 10, pp. 715-724.

Atkinson, Paul, Amanda Coffey, Sara Delamont, Jon Lofland & Lyn Lofland (Eds.). (2001). *Handbook of Ethnography*. Thousand Oaks, CA: Sage.

Baily, Betty & Jane W. Davidson (2003). Amateur Group Singing as a Therapeutic Instrument.

Nordic Journal of Music Therapy, 12(1), pp. 18-32.

Baily, Derek (1992). *Improvisation - Its Nature and Practice in Music*. London: The British Library National Sound Archive.

Baines, Susan (2000/2003). A Consumer-Directed and Partnered Community Mental Health Music Therapy Program: Program Development and Evaluation. *Canadian Journal of Music Therapy, VII*(1), pp. 51-70. Republished in : *Voices: A World Forum for Music Therapy*. Retrieved January 26, 2011, from https://normt.uib.no/index.php/voices/article/view/137/113.

Baker, John, Kathleen Lynch, Sara Cantillon & Judy Walsh (2004). *Equality. From Theory to Action*. Hampshire, UK: Palgrave MacMillan.

Ball, Olivia & Paul Greagy (2007). *The No-Nonsense Guide to Human Rights*. Oxford, UK: New Internationalist.

Barcellos, Lia Rejane Mendes (2002). An "Impossible Dream?" In: Chapter 19 of: Kenny, Carolyn & Stige, Brynjulf (Eds.) (2002). *Contemporary Voices in Music Therapy: Communication, Culture, and Community* (pp. 249-251). Oslo, Norway. Unipub.

Barcellos, Lia Rejane Mendes (2005). Juggling with Life. *Voices: A World Forum for Music Therapy*. Retrieved November 26, 2005, from http://www.voices.no/columnist/colbarcellos 140205.html.

Barnes, John Arundel (1954). Class and Committees in a Norwegian Island Parish. *Human Relations*, 7, pp. 39-58.

Barnett, Adrian G., Jolieke C. van der Pols, Annette J. Dobson (2005). Regression to the Mean: What It is and How to Deal with It. *International Journal of Epidemiology*, 34(1), pp. 215-220.

Barrera, Manuel (2000). Social Support Research in Community Psychology. In: Rappaport, Julian & Edward Seidman (Eds.). *Handbook of Community Psychology* (pp. 215-245). New York: Kluwer Academic/Plenum Publisher.

Barrington, Alison (2005). Music Therapy: A Study in Professionalisation. Unpublished doctoral dissertation. Durham, UK: University of Durham, Department of Music.

Barrington, Alison (2008) Challenging the Profession. *British Journal of Music Therapy*, 22(2), pp. 65-72.

Bartley, Melanie, Jane E. Ferrie & Scott M. Montgomery (2006). Health and Labor Market Disadvantage: Unemployment, Non-Employment and Job Insecurity. In: Marmot, Michael & Richard G. Wilkinson (Eds.). *Social Determinants of Health* (pp. 78-96). Oxford University Press.（メラニー・バートレイ、ジェーン・E・フェリー、スコット・M・モントゴメリー著、石崎昌夫訳「第５章　健康と労働市場における不利益——失業と非雇用そして雇用不安」マイケル・マーモット、リチャード・G・ウィルキンソン編、烏帽子田彰、織田一衛編訳『社会的健康決定要因——健康政策の新潮流』日本公衆衛生協会、2017年。）

Barz, Gregory (2006). *Singing for Life. HIV/AIDS and Music in Uganda*. New York: Routledge.

Batt-Rawden, Kari Bjerke (2007). Music and Health Promotion: The Role and Significance of Music and Musicking in Everyday Life for the Long-Term Ill. Unpublished Doctoral Dissertation. Exeter, UK: University of Exeter.

Batt-Rawden, Kari Bjerke, Tia DeNora & Even Ruud (2005). Music Listening and Empowerment in Health Promotion: A Study of the Role and Significance of Music in Everyday Life of the Long-term Ill. *Nordic Journal of Music Therapy*, 14(2), pp. 120-136.

Bauman, Zygmunt (1993). *Postmodern Ethics*. Oxford: Blackwell.

Bauman, Zygmunt (2000/2001). *Flytende modernitet* [Liquid Modernity]. Translated by Mette

Nygård. Oslo: Vidarforlaget.（ジークムント・バウマン著、森田典正訳『リキッド・モダニティ――液状化する社会』大月書店、2001年。）

Baumeister, Roy & Mark R. Leary (1995). The Need to Belong: Desire for Interpersonal Attachments as a Fundamental Human Motivation. *Psychological Bulletin*, 117(3), pp. 497-529.

Beck, Ulrich (1986/1992). *Risk Society: Towards a New Modernity* (Translated by Mark Ritter). London: Sage Publications.（ウルリヒ・ベック著、東廉、伊藤美登里訳『危険社会――新しい近代への道』法政大学出版局、1998年。）

Berganza, Carlos E., Juan E. Mezzich & Claire Pouncey (2005). Concepts of Disease: Their Relevance for Psychiatric Diagnosis and Classification. *Psychopathology*, 38, pp. 166-170.

Berkaak, Odd Are (1993). *Erfaringer fra riskosonen: opplevelse og stilutvikling i rock* [Experiences from the Zone of Risks: Experience and Development of Style in Rock]. Oslo, Norway: Universitetsforlaget.

Berkaak, Odd Are & Even Ruud (1992). *Den påbegynte virkelighet. Studier i samtidskultur* [Emerging Reality. Studies in Contemporary Culture]. Oslo, Norway: Universitetsforlaget.

Berkaak, Odd Are & Even Ruud (1994). *Sunwheels. Fortellinger om et rockeband* [Sunwheels. Stories about a Rock Band]. Oslo, Norway: Universitetsforlaget.

Berkman, Lisa F. & Thomas Glass (2000). Social Integration, Social Networks, Social Support, and Health. In: Berkmen, Lisa F. & Ichiro Kawachi (Eds.). *Social Epidemiology* (pp. 137-173). Oxford, UK: Oxford University Press.（リサ・F・バークマン、トーマス・グラス著、伊角彩、雨宮愛理、田淵貴大、白井こころ訳「社会的統合、ソーシャルネットワーク、ソーシャルサポートの測定方法」リサ・F・バークマン、イチロー・カワチ、M・マリア・グリモール編、高尾総司、藤原武男、近藤尚己監訳『社会疫学〈上〉』大修館書店、2017年。）

Berlin, Isaiah (1969/2002). *Liberty* (Incorporating *Four Essays on Liberty*, edited by Henry Hardy). Oxford, UK: Oxford University Press.（アイザィア・バーリン著、小川晃一、小池銈、福田歓一、生松敬三訳『自由論』みすず書房、2018年。）

Bethlehem, Jelke G. (1999). Cross-Sectional Research. In: Adèr, Herman J. & Gideon J. Mellenbergh (Eds.). *Research Methodology in the Social, Behavioural and Life Sciences* (pp. 110-142). London: Sage Publications.

Bijleveld, Catrien C.J.H., Leo J. Th. van der Kamp & Ab Mooijaart (1998). *Longitudinal Data Analysis: Designs, Models and Methods*. London: Sage Publications.

Bjørkvold, Jon-Roar (1989/1992). *The Muse Within. Creativity and Communication, Song and Play from Childhood through Maturity* (translated by William H. Halverson). St. Louis, MO: Magna-Music Baton.

Black, Douglas (1980) *Inequalities in Health*. Report of a research working group chaired by Sir Donald Black. London: DHSS.

Bohlman, Philip V. (1999). Ontologies of Music. In: Cook, Nicholas & Mark Everist (Eds.). *Rethinking Music* (pp. 17-34). New York: Oxford University Press.

Bordens, Kenneth S. & Bruce B. Abbott (2008). *Research Design and Methods. A Process Approach* (7th edition). Boston: McGraw Hill.

Bourdieu, Pierre (1986). The Forms of Capital. In: Richardson, John G. (Ed.). *The Handbook of Theory: Research for the Sociology of Education* (pp. 241-258). New York: Greenwood Press.

Bowers, Judy (1998). Effects of Intergenerational Choir for the Community-Based Seniors

and College Students on Age-Related Attitudes. *Journal of Music Therapy*, 35(1), pp. 2-18.
Boxill, Edith Hillman (1985). *Music Therapy for the Developmentally Disabled*. Maryland: An Aspen Publication.（E・H・ボクシル著、林庸二、稲田雅美訳『実践・発達障害児のための音楽療法』人間と歴史社、2003年。）
Boxill, Edith Hillman (1988). Continuing Notes: Worldwide Networking for Peace (Editorial). *Music Therapy*, 7(1), pp. 80-81.
Boxill, Edith Hillman (1997a). Music Therapists for Peace, Inc.: A Global Imperative. Retrieved August 21, 2009, from http://pages.nyu.edu/ehb2mtp.html.
Boxill, Edith Hillman (1997b). *The Miracle of Music Therapy*. Gilsum, NH: Barcelona Publishers.
Boxill, Edith Hillman (1997c). Students against Violence Everywhere –S.A.V.E. — Through Music Therapy: A Manual of Guidelines, Music Therapy Interventions, Music Activities, Music Materials. New York: Music Therapists for Peace, Inc.
Boxill, Edith Hillman & Cella Schieffelin Roberts (2003). Drumming Circle for Peace. *Voices: A World Forum for Music Therapy*. Retrieved March 12, 2003, from http://www.voices.no/discussions/discm19_01.html.
Boyd, Kenneth M. (2011). Disease, Illness, Sickness, Health, Healing and Wholeness: Exploring Some Elusive Concepts. *Journal of Medical Ethics*, 26, pp. 9-17.
Bradt, Joke (2009). Hope is Change. *Voices: A World Forum for Music Therapy*. Retrieved July 26, 2010, from http://www.voices.no/columnist/colbradt090309.php.
Bronfenbrenner, Urie (1979). *The Ecology of Human Development. Experiments by Nature and Design*. Cambridge, MA: Harvard University Press.（U・ブロンフェンブレンナー著、磯貝芳郎、福富護訳『人間発達の生態学——発達心理学への挑戦』川島書店、1996年。）
Broucek, Marcia (1987). Beyond Healing to 'Whole-ing': A Voice for the Deinstitutionalization of Music Therapy. *Music Therapy*, 6(2), pp. 50-58.
Brown, Julie (2001/2002). Towards a Culturally Centered Music Therapy Practice. *Canadian Journal of Music Therapy*, VIII (1) (Fall 2001), pp. 11-24. Republished in: *Voices: A World Forum for Music Therapy*. Retrieved February 24, from https://normt.uib.no/index.php/voices/article/view/72/62.
Brown, Timothy A. (2006). *Confirmatory Factor Analysis for Applied Research*. New York: Guilford Press.
Bruscia, Kenneth (1989). *Defining Music Therapy*. Spring City, PA: Spring House Books.
Bruscia, Kenneth (1995). The Process of Doing Qualitative Research: Part I: Introduction. In: Wheeler, Barbara L. (Ed.). *Music Therapy Research. Quantitative and Qualiative Perspectives*. Gilsum, NH: Barcelona Publishers.
Bruscia, Kenneth (1998). *Defining Music Therapy*. (2nd edition). Gilsum, NH: Barcelona Publishers.（ケネス・E. ブルシア著、生野里花訳『音楽療法を定義する』東海大学出版会、2001年。）
Buchanan, Jennifer (2009). Fran Herman, Music Therapist in Canada for over 50 years. *Voices: A World Forum for Music Therapy*. Retrieved July 20, 2010, from http://www.voices.no/mainissues/mi40009000311.php.
Bull, Michael (2000). *Sounding Out the City: Personal Stereos and the Management of Everyday Life*. New York: Berg Publishers.
Bull, Michael (2007). *Sound Moves: iPod Culture and Urban Experience*. London: Routledge.
Bunt, Leslie (1994). *Music Therapy. An Art Beyond Words*. London: Routledge.（レスリー・バント著、稲田雅美訳『音楽療法——ことばを超えた対話』ミネルヴァ書房、1996年。）
Burke, Kenneth (1945/1969). *A Grammar of Motives*. Los Angeles: California University

Press.（ケネス・バーク著、森常治訳『動機の文法』晶文社、1982年。）
Bygren, Lars Olov, Boinkum Benson Konlaan & Sven-Erik Johansson (1996). Unequal in Death. Attendance at Cultural Events, Reading Books or Periodicals, and Making Music or Singing in a Choir as Determinants for Survival: Swedish Interview Survey of Living Conditions. *British Medical Journal*, 313, pp. 1577-1580.
Byrkjedal, Ingunn (1992). Musikkterapi ved klassemiljøutvikling [Music Therapy for Classroom Climate Development]. *Nordic Journal of Music Therapy*, 1(1), pp. 14-20.
Cahill, Caitlin, Farhana Sultana & Rachel Pain (2007). Participatory Ethics: Politics, Practices, Institutions. ACME: *An International E-Journal for Critical Geographies*, 6(3), pp. 304-318.
Cassel, John (1976). The Contribution of the Social Environment to Host Resistance. *American Journal of Epidemiology*, 104, pp. 107-123.
Centre for Human Rights (1994). Human Rights and Social Work: A Manual for Schools of Social Work and the Social Work Profession. Professional Training Series, No. 1. Geneva: United Nations.
Chagas, Marly (2007). Art along the Path: Art, Society, and Constructions of Subjectivities. *Voices: A World Forum for Music Therapy*. Retrieved January 19, 2008, from http://www.voices.no/mainissues/mi40007000230.php.
Chaney, David (2002). *Cultural Change and Everyday Life*. New York: Palgrave.
Chase, Kristen (2003). Multi-Cultural Music Therapy: A Review of Literature. *Music Therapy Perspectives*, 21, pp. 84-88.
Clarke, Eric (2005). *Ways of Listening: An Ecological Approach to the Perception of Musical Meaning*. New York: Oxford University Press.
Clarke, Eric, Nicola Dibben & Stephanie Pitts (2010). *Music and Mind in Everyday Life*. New York: Oxford University Press.
Clayton, Martin, Trevor Herbert & Richard Middleton (Eds.) (2003). *The Cultural Study of Music. A Critical Introduction*. New York & London: Routledge.（マーティン・クレイトン、トレヴァー・ハーバート、リチャード・ミドルトン編、若尾裕監訳、卜田隆嗣、田中慎一郎、原真理子、三宅博子訳『音楽のカルチュラル・スタディーズ』アルテスパブリッシング、2011年。）
Clift, Stephen, Grenville Hancox, Ian Morrison, Bärbel Hess, Günter Kreutz, & Don Stewart (2010). Choral Singing and Psychological Wellbeing: Quantitative and Qualitative Findings from English Choirs in a Cross-National Survey. *Journal of Applied Arts and Health*, 1(1), pp. 19-34.
Cohen, Anthony (1985/1993). *The Symbolic Construction of Community*. London: Routledge.（A・P・コーエン著、吉瀬雄一訳『コミュニティは創られる』関東学院大学人文科学研究所選書、八千代出版、2005年。）
Cohen, Gene (2009). New Theories and Research Findings on the Positive Influence of Music and Art on Health with Aging. *Arts & Health*, 1(1), pp. 48-63.
Cohen, Sheldon & Jeffrey R. Edwards (1989). Personality Characteristics as Moderators of the Relationship between Stress and Disorder. In: Neufeld, Richard W.J. (Ed.). *Advances in the investigation of Psychological Stress* (pp. 235-283). Oxford: john Wiley.
Cohen, Sheldon, Benjamin H. Gottlieb & Lynn G. Underwood (2000). Social Relationships and Health. In: Cohen, Sheldon, Benjamin H. Gottlieb & Lynn G. Underwood (Eds.). *Social Support Measurement and Intervention* (pp. 3-25). New York: Oxford University Press.（シェルドン・コーエン、リン・G・アンダーウッド、ベンジャミン・H・ゴットリーブ著、田中健吾訳「第１章　社会的関係と健康」シェルドン・コーエン、リン・G・アンダーウッド、ベンジャミン・H・ゴッ

トリーブ編著、大塚泰正、小杉正太郎、島津美由紀、鈴木綾子監訳『ソーシャルサポートの測定と介入』川島書店、2005年。）

Cole, Michael (1996). *Cultural Psychology. A Once and Future Discipline.* Cambridge, M.A: The Belknap Press of Harvard University Press.（マイケル・コール著、天野清訳『文化心理学——発達・認知・活動への文化—歴史的アプローチ』、新曜社，2002年。）

Collins, Randall (2004). *Interaction Ritual Chains.* Princeton, NJ: Princeton University Press.

Conrad, Peter (2007). *The Medicalization of Society: On the Transformation of Human Conditions into Treatable Disorders.* Baltimore, MD: The Johns Hopkins University Press.

Cook, Nicholas (1998). *Music. A Very Short Introduction.* New York: Oxford University Press.

Cook, Nicholas & Mark Everist (Eds.) (1999). *Rethinking Music.* New York: Oxford University Press.

Creswell, John & Vicki Plano Clark (2011). *Designing and Conducting Mixed Methods Research* (2nd edition). Thousand Oaks, CA: Sage Publications.（J・W・クレスウェル、V・L・プラノ・クラーク著、大谷順子訳『人間科学のための混合研究法』北大路書房、2010年。）

Crook, Stephen, Jan Pakulski & Malcolm Wateres (1992). *Postmodernization. Change in Advanced Society.* London: Sage Publications.

Cross, Ian (2003). Music and Biocultural Evolution. In: Clayton, Martin, Trevor Hervert & Richard Middleton (Eds.). *The Cultural Study of Music. A Critical Introduction.* New York & London: Routledge.（イアン・クロス著、若尾裕訳「第１章　音楽と生物文化的進化」マーティン・クレイトン、トレヴァー・ハーバート、リチャード・ミドルトン編、若尾裕監訳、卜田隆嗣、田中慎一郎、原真理子、三宅博子訳『音楽のカルチュラル・スタディーズ』アルテスパブリッシング、2011年。）

Cross, Ian (2005). Music and Meaning, Ambiguity and Evolution. In: Miell, Dorothy, Raymond MacDonald, & David Hargreaves (Eds.). *Musical Communication.* Oxford: Oxford University Press.（イアン・クロス著、片平健史訳「第２章　音楽と意味、多義性、そして進化」ドロシィ・ミール、レイモンド・マクドナルド、デーヴィッド・J・ハーグリーヴズ編、星野悦子監訳『音楽的コミュニケーション——心理・教育・文化・脳と臨床からのアプローチ』誠信書房、2012年。）

Cross, Ian & Iain Morley (2009). The Evolution of Music: Theories, Definitions and the Nature of the Evidence. In: Malloch, Stephen & Colwyn Trevarthen (Eds.). *Communicative Musicality. Exploring the Basis of Human Companionship.* Oxford, UK: Oxford University Press.（イアン・クロス、イアン・モーリー著、渡辺久子、香取菜穂訳「第５章　音楽の進化：理論、定義、エビデンスの性質」スティーヴン・マロック、コルウィン・トレヴァーセン編、根ヶ山光一、今川恭子、蒲谷槙介、志村洋子、羽石英里、丸山慎監訳『絆の音楽性——つながりの基盤を求めて』音楽之友社、2018年。）

Csikszentmihalyi, Mihaly (1990). *Flow. The Psychology of Optimal Experience.* New York: Harper Perennial.（M・チクセントミハイ著、今村浩明訳『フロー体験——喜びの現象学』世界思想社、1996年。）

Curtis, Sandra L. & Chesley Sigmon Mercado (2004). Community Music Therapy for Citizens with Developmental Disabilities. *Voices: A World Forum for Music Therapy.* Retrieved February 24, 2011, from https://normt.uib.no/index.php/voices/ article/view/185/144.

Dahle,Kathrine & Veronica Vågnes Slettebakk (2006). Framføring i samfunnsmusikkterapi — med blikk på roller I framføringssituasjonen [Performance in Community Music Therapy — With a Focus on Roles and Relationships in Situations of Performance]. Sandane: Sogn og Fjordane University College, Norway.

Dalton, James H.,Maurice J. Elias & Abraham Wandersman (2007). *Community Psychology. Linking Individuals and Communities* (2nd edition). London: Wadsworth (Thomson Learn-

ing).（ジェームズ・H・ダルトン、エイブラハム・ウォンダースマン、モーリス・J・イライアス著、笹尾敏明訳『コミュニティ心理学――個人とコミュニティを結ぶ実践人間科学』トムソンラーニング、2007年。）

Darnley-Smith, Rachel & Helen M. Patey (2003). *Music Therapy*. London: Sage Publications.

Delanty, Gerald (2003). *Community*. London: Routledge.（ジェラード・デランティ著、山之内靖、伊藤茂訳『コミュニティ――グローバル化と社会理論の変容』NTT 出版、2006年。）

DeNora, Tia (2000). *Music in Everyday Life*. Cambridge, UK: Cambridge University Press.

DeNora, Tia (2003). *After Adorno. Rethinking Music Sociology*. Cambridge, UK: Cambridge University Press.

DeNora, Tia (2006). Evidence and Effectiveness in Music Therapy. *British Journal of Music Therapy*, 20(2), pp. 81-93.

DeNora, Tia (2007). Health and Music in Everyday Life —— A Theory of Practice. *Psyke & Logos*, 28(1), pp. 271-287.

De Silva, Mary J., Kwame McKenzie, Trudy Harpham & Sharon R.A. Huttly (2005). Social Capital and Mental Illness: A Systematic Review. *Journal of Community Health*, 59, pp. 619-627.

Diener, Ed(1984). Subjective Well-Being. *Psychological Bulletin*, 95, pp. 542-575.

Dileo, Cheryl (2000). *Ethical Thinking in Music Therapy*. Cherry Hill, NJ: Jeffrey Books.

Dilloon, Robin S. (2010). Respect. In: *The Stanford Encyclopedia of Philosophy*. Retrieved July 22, 2010, from http://plato.stanford.edu/entries/respect/.

Dissanayake, Ellen (1992/1995). *Homo Aestheticus. Where Art Comes From and Why*. Seattle: University of Washington Press.

Dissanayake, Ellen (2000a). Antecedents of the Temporal Arts in Early Mother — Infant Interaction. In: Wallin, Nils L., Björn Merker & Steven Brown (Eds.). *The Origins of Music*. Cambridge, MA: The MIT Press.

Dissanayake, Ellen (2000b). *Art and Intimacy: How the Arts Began*. Seattle: University of Washington Press.

Dissanayake, Ellen (2001). An Ethological View of Music and its Relevance to Music Therapy. *Nordic Journal of Music Therapy*, 10(2), pp. 159-175.

Dissanayake, Ellen (2009). Root, Leaf, Blossom, or Bole: Concerning the Origin and Adaptive Function of Music. In: Malloch, Stephen & Colwyn Trevarthen (Eds.). *Communicative Musicality. Exploring the Basis of Human Companionship*. Oxford, UK: Oxford University Press.（エレン・ディサナーヤカ著、根ヶ山光一訳「第２章　根、葉、花、または幹――音楽の起源と適応的機能について」スティーヴン・マロック、コルウィン・トレヴァーセン編、根ヶ山光一、今川恭子、蒲谷槙介、志村洋子、羽石英里、丸山慎監訳『絆の音楽性――つながりの基盤を求めて』音楽之友社、2018年。）

Dreier, Ole (1994). Sundhedsbegreber i psykososial praksis [Concepts of Health in Psychosocial Practice]. In: Jensen, Uffe Juul & Peter Fuur Andersen (Eds.). *Sundhedsbegreper i filosofi og praksis* [Corcepts of Health in Theory and Practice]. Århus, DK: Philosophia.

Dunn, Barbara (2008). Transforming Conflict through Music. Unpublished PhD dissertation. Cincinnati, OH: Union Institute and University.

Durkheim, Emile (1912/1995). *The Elementary Forms of Religious Life*. (Translated by Karen E. Fields). New York: The Free Press.（エミール・デュルケーム著、山崎亮訳『宗教生活の基本形態――オーストラリアにおけるトーテム体系』ちくま学芸文庫（上・下）、2014年。）

Easterlin, Richard A. (2003). Building a Better Theory of Wellbeing. March 2003. *IZA Discus-*

sion Paper, 2003/742. Los Angeles: University of Southern California. http://ssrn.com/abstract=392043.

Economist (2005). The Economist Intelligence Unit's Quality of Life Index. http://www.economist.com/media/pdf/QUALITY_OF_LIFE.pdf.

Edwards, Jane(2002). 'Music Therapy by any Other Name Would Smell as Sweet' or 'Community Music Therapy' Means 'Culturally Sensitive Music Therapy' in Our Language". *Voices: A World Forum for Music Therapy*. Retrieved October, 15, 2002, from http://www.voices.no/discussions/discm8_03.html.

Edwards, Jane (2007). *Music: Promoting Health and Creating Community in Healthcare Contexts*. Newcastle: Cambridge Scholars Publishing.

Einbu, Torun (1993). Prosjektet 'Aktiv musikk for alle' [The Project "Music Activities for Everybody"]. *Nordic Journal of Music Therapy*, 2(2), pp. 26-28.

Elefant, Cochavit (2010a). Musical Inclusion, Intergroup Relations, and Community Development. In: Stige, Brynjulf, Gary Ansdell, Cochavit Elefant & Mercédès Pavlicevic (Eds.). *Where Music Helps. Community Music Therapy in Action and Reflection*. Andershot, UK: Ashgate Publishing.

Elefant, Cochavit (2010b). Giving Voice: Participatory Action Research with a Marginalized Group. In: Stige, Brynjulf, Gary Ansdell, Cochavit Elefant & Mercédès Pavlicevic (Eds.). *Where Music Helps. Community Music Therapy in Action and Reflection*. Aldershot, UK: Ashgate Publishing.

Elliott, David J, (1995). *Music Matters. A New Philosophy of Music Education*. New York: Oxford University Press.

Ely, Elisabeth & Miriam A. McMahon (1990). Integration — Where Does it Begin? ... A Creative Arts Perspective. *Australian Journal of Music Therapy*, 1, pp. 36-44.

Ely, Elisabeth & Karen Scott (1994). Integrating Clients with an Intellectual Disability into the Community through Music Therapy. *Australian Journal of Music Therapy*, 5, pp. 7-18.

Embretson, Susan E. & Steven P. Reise (2000). *Item Response Theory for Psychologists*. Mahwah, New Jersey: Erlbaum Publishers.

Empson, Laura (2007). Surviving and Thinking in a Changing World: The Special Nature of Partnership. In: Empson, Laura (Ed.). *Managing the Modern Law Firm. New Challenges, New Perspectives* (pp. 10-36). Oxford: Oxford University Press.

Epp, Erinn (2007). Locating the Autonomous Voice: Self-Expression in Music-Centered Music Therapy. *Voices: A World Forum for Music Therapy*. Retrieved January 19, 2011, from https://normt.uib.no/index.php/voices/article/view/463/372.

Eriksen, Thomas Hylland (2010). *Small Places, Large Issues. An Introduction to Social and Cultural Anthropology* (3rd edition). London: Pluto Press.

Erkkilä, Jaakko (2003). Book Review of *Contemporary Voices in Music Therapy: Communication, Culture, and Community* (Kenny, Carolyn, & Brynjulf Stige) [online]. *Nordic Journal of Music Therapy*, Retrieved April 2, 2003, from http://www.njmt.no/bookreview-2003 029.html.

Felce, David & Jonathan Perry (1995). Quality of Life: Its Definition and Measurement. *Research in Developmental Disabilities*, 16(1), pp. 51-74.

Feldman, Pamela J. & Sheldon Cohen (2000). Social Support. In: Kazdin, Alan E. (Ed.). *Encyclopedia of Psychology*, 7(pp. 373-376). Washington, DC: American Psychological Association.

Finlay, Lindan & Brenda Gough (Eds.) (2003). *Reflexivity. A Practical Guide for Research in Health and Social Sciences*. Oxford, UK: Blackwell Publishing.

Folson, Geneva Sheihing (1968). The Developing Situation. In: Gaston, E. Thayer (Ed.). *Music in Therapy*. New York: Macmillan Publishing.

Fornäs, Johan (1995). *Cultural Theory and Late Modernity*. London: Sage Publications.

Foucault, Michel (1961/1991). *Galskapens historie i opplysningens tidsalder* [Madness and Civilization: A History of Insanity in the Age of Reason. Original title in French: Folie et dêraison. Historie de la folie à l' âge classiquie]. Oslo, Norway: Gyldendal.（ミシェル・フーコー著、田村俶訳『狂気の歴史——古典主義時代における』新潮社、1975年。）

Fouché, Sunelle & Kerryn Torrance (2005). Lose Yourself in the Music, the Moment, Yo! Music Therapy with an Adolescent Group Involved in Gangsterism. *Voices: A World Forum for Music Therapy*. Retrieved February 24, 2011, from https://normt.uib.no/index.php/voices/article/view/232/176.

Frank, Jerome D. & Julia B. Frank (1991). *Persuasion & Healing. A Comparative Study of Psychotherapy*. Baltimore: The Johns Hopkins University Press.（ジェローム・D・フランク、ジュリア・B・フランク著、杉原保史訳『説得と治療——心理療法の共通要因』金剛出版、2007年。）

Freidson, Eliot (1970/1988). *Profession of Medicine: A Study of the Sociology of Applied Knowledge*. Chicago: The University of Chicago Press.

Freire, Paulo (1970/2000). *Pedagogy of the Oppressed: 30th Anniversary Edition*. New York: Continuum.（パウロ・フレイレ著、三砂ちづる訳『被抑圧者の教育学——50周年記念版』亜紀書房、2018年。）

Friedson, Steven M. (1996). *Dancing Prophets. Musical Experience in Tumbuka Healing*. Chicago: The University of Chicago Press.

Friedson, Steven M. (2000). Dancing the Disease: Music and Trance in Tumbuka Healing. In: Gouk, Penelope (Ed.). *Musical Healing in Cultural Contexts*. Aldershot, UK: Ashgate Publishing.

Frith, Simon (2004). Why Does Music Make People so Cross? *Nordic Journal of Music Therapy*, 13(1), pp. 64-69.

Frohne, Isabelle (1986). Music Therapy in Social Education and Music Therapy in Psychiatry. In: Ruud, Even (Ed.). (1986). *Music and Health*. Oslo, Norway: Norsk Musikforlag.

Frohne-Hagemann, Isabelle (1998). The 'Musical Life Panorama' (MLP). A Facilitating Method in the Field of Clinical and Sociocultural Music Therapy. *Nordic Journal of Music Therapy*, 7(2), pp. 104-112.

Frohne-Hagemann, Isabelle (2001). *Fenster zur Musiktherapie. Musik-therapie-theorie 1976-2001* [A Window to Music Therapy. Music Therapy Theory 1976-2001]. Wiesbaden, Germany: Reichert Verlag.

Furedi, Frank (2004). *Therapy Culture: Cultivating Vulnerability in an Uncertain Age*. London: Routledge.

Gadamer, Hans-Georg (1960/1999). *Truth and Method*. New York: Continuum.（ハンス・ゲオルク・ガダマー著、轡田收、麻生建、三島憲一、北川東子、我田広之、大石紀一郎訳『真理と方法 1——哲学的解釈学の要綱』法政大学出版局、1986年。）

Galtung, Johan (1994). *Human Rights in Another Key*. Cambridge, UK: Polity Press.

Galtung, Johan (1999). The NATO War, the Ethnic Cleansing, Is There a Way Out? [online]. *Transnational Foundation for Peace and Future Research*. Retrieved April 6, 2003, from http://www.radiobergen.org/serbia/galtung.htm.

Galtung, Johan (2008). Peace, Music, and the Arts: In Search of Interconnectedness. In: Urbain, Olivier (Ed.). *Music and Conflict Transformation. Harmonies and Dissonances in Geopolitics* (pp. 53-60). London & New York: I. B. Tauris.

Garred, Rudy (2002). The Ontology of Music in Music Therapy: A Dialogical View. In:Kenny, Carolyn B. & Brynjulf Stige (Eds.). *Contemporary Voices of Music Therapy: Communication, Culture, and Community* (pp. 35-45). Oslo, Norway: Unipub forlag.

Garred, Rudy (2006). *Music as Therapy: A Dialogical Perspective*. Gilsum, NH: Barcelona Publishers.

Gaston, E. Thayer (Ed.) (1968). *Music in Therapy*. New York: Macmilan Publishing.
（E・セイヤー・ガストン編、山松質文監修、堀真一郎、山本祥子訳『音楽による治療教育（上）―実践的アプローチ―』岩崎学術出版社、1971年。E・セイヤー・ガストン編著、山松質文監修、堀真一郎、丹下庄一訳『音楽による治療教育（下）―応用と実験計画―』岩崎学術出版社、1972年。）

Geck, Martin (1972/1977). *Musikterapi. Bot eller bedövning? En kritisk diskussion om musiken i samhället?* [Music Therapy. Remedy or Apathy? A Critical Discussion of Music in Society. (Original title in German: Musiktherapie als Problem der Gesellschaft)]. Stockholm: Wahlstoröm & Widstrand.

Geertz, Clifford (1973/1993). *The Interpretation of Cultures*. London: Fontana Press.（クリフォード・ギアーツ著、吉田禎吾、中牧弘允、板橋作美、柳川啓一訳『文化の解釈学１』岩波現代選書118、1987年。『文化の解釈学２』岩波現代選書119、1987年。）

Geertz, Clifford (1983). *Local Knowledge. Further Essays in Interpretive Anthropology*. New York: Basic Books.（クリフォード・ギアーツ著、梶原景昭、小泉潤二、山下晋司、山下淑美訳『ローカル・ノレッジ――解釈人類学論集』岩波書店、2014年。）

Gennep, Arnold van (1909/1999). *Rites de Passage. Overgangsriter* [Transitional Rites]. Oslo, Norway: Pax.（ファン・ヘネップ著、綾部恒雄、綾部裕子訳『通過儀礼』岩波文庫、2012年。）

Giddens, Anthony (1991). *Modernity and Self-Identity: Self and Society in the Late Modern Age*. Cambridge, UK: Polity Press.（アンソニー・ギデンズ著、秋吉美都、安藤太郎、筒井淳也訳『モダニティと自己アイデンティティ――後期近代における自己と社会』ハーベスト社、2005年。）

Gibson, James J. (1979/1986). *The Ecological Approach to Visual Perception*. Hillsdale, NJ: Lawrence Erlbaum Associates, Publishers.（ジェームズ・J．ギブソン著、古崎愛子、古崎敬、村瀬旻、辻敬一郎訳『生態学的視覚論――ヒトの知覚世界を探る』サイエンス社、1985年。）

Goffman, Erving (1959/1990). *The Presentation of Self in Everyday Life*. London: Penguin Books Ltd.

Goffman, Erving (1963). *Stigma. Notes on the Management of Spoiled Identity*. Englewood Cliffs, NJ: Prentice Hall.

Goffman, Erving (1967). *Interaction Ritual. Essays on Face-to-Face Behavior*. New York: Anchor Books.（アーヴィング・ゴッフマン著、広瀬英彦、安江孝司訳『儀礼としての相互行為――対面行動の社会学』法政大学出版局、1986年。）

Gold, Christian (2004). The Use of Effect Sizes in Music Therapy Research. *Music Therapy Perspectives*, 22(2), pp. 91-95.

Gold, Christian, Tor Olav Heldal, Trond Dahle & Tony Wigram (2005). Music Therapy for Schizophrenia and Schizophrenia-Like Illnesses. *Cochrane Database of Systematic Reviews*(2), CD004025. Retrieved February 19, 2011, from http://onlinelibrary.wiley.com/o/cochrane/clsysrev/articles/CD004025 /pdf_fs.html.

Gold, Christian, Randi Rolvsjord, Leif Edvard Aarø, Trond Aarre, Lars Tjemsland, & Brynjulf Stige (2005). Resource-Oriented Music Therapy for Psychiatric Patients with Low Thera-

py Motivation: Protocol for a Randomised Controlled Trial (RCT-MTPSY). *BioMed Central Psychiatry*, 5:39 https://www.biomedcentral.com/content/5/1/39.

Gold, Christian, Hans Petter Solli, Viggo Krüger & Stein Atle Lie (2009). Dose-Response Relationship in Music Therapy for People with Serious Mental Disorders: Systematic Review and Meta-Analysis. *Clinical Psychology Review*, 29, pp. 193-207.

Gold, Christian, Randi Rolvsjord, Karin Mössler & Brynjulf Stige (2012). Reliability and Validity of a Scale to Measure Interest in Music among Clients in Mental Health Care. *Psychology of Music*, 41(5), pp. 665-682.

Gonzalez, Paula Alicia Melante, Mariana Cardoso Puchivailo, Sheila Volpi & José Roberto Neves D'Amico (2008). Musica, Education y Sociedad, una vision transdisciplinar en Musicoterapia [Music, Education and Society: a Transdisciplinary Vision in Music Therapy]. *Paper at the 12th World Congress in Music Therapy*, Buenos Aires, Argentina, July 2008.

Gouk, Penalope (2000). Sister Disciplines? *Music* and *Medicine* in Historical Perspective. In: Gouk, Penelope (Ed.). *Musical Healing in Cultural Contexts* (pp. 171-196). Aldershot, UK: Ashgate Publishing.

Green, Lucy (2002). *How Popular Musicians Learn. A Way Ahead for Music Education*. Farnham, UK: Ashgate Publishing.

Green, Lucy (2008). *Music, Informal Learning and the School: A New Classroom Pedagogy*. Farnham, UK: Ashgate Publishing.

Groves, Robert M., Floyd J. Fowler Jr., Mick P. Couper, James M. Lepkowski, Eleanor Singer & Roger Tourangeau (2004). *Survey Methodology*. Hoboken, NJ: John Wiley.（ロバート・M・グローブス、フロイド・J・ファウラー・Jr、ミック・P・クーパー、ジェームズ・M・レプカウスキー、エレノア・シンガー、ロジャー・トゥランジョー著、大隅昇監訳、松本渉、氏家豊、村田磨里子、鳰真紀子訳『調査法ハンドブック』朝倉書店、2011年。）

Guba, Egon G. & Yvonna S. Lincoln (2005). Paradigmatic Controversies, Contradictions, and Emerging Confluences. In: Norman K. Denzin & Yvonna S. Lincoln (Eds.). *The Sage Handbook of Qualitative Research* (3rd edition). Thousand Oaks, CA: Sage Publications.

Gustavsen, Bjørn (2006). Theory and Practice: The Mediating Discourse. In: Reason, Peter & Hilary Bradbury. *The Handbook of Action Research*. (Concise paperback edition.) London: Sage Publications.

Gutheil, Thomas G. & Archie Brodsky (2008). *Preventing Boundary Violations in Clinical Practice*. New York: The Guilford Press.

Gutheil, Thomas G.& Glen O. Gabbard (1993). The Concept of Boundaries in Clinical Practice: Theoretical and Risk Management Dimensions. *American Journal of Psychiatry*, 150(2), pp. 186-196.

Guze, Samuel B. (1978). Nature of Psychiatric Illness: Why Psychiatry is a Branch of Medicine. *Comprehensive Psychiatry*, 19(4), pp. 295-307.

Habermas, Jürgen (1968/1971). *Knowledge and Human Interests* (Original title in German: Erkenntnis und Interesse). Boston: Beacon Press.（ユルゲン・ハーバーマス著、奥山次良、八木橋貢、渡辺祐邦訳『認識と関心』未來社、1981年。）

Hadsell, Nancy (1974). A Sociological Theory and Approach to Music Therapy with Adult Psychiatric Patients. *Journal of Music Therapy*, xi, pp. 113-124.

Halldorsson, Mathias, Anton E. Kunst, Lennart Köhler & Johan P. Mackenbach (2000). Socioeconomic Inequalities in the Health of Children and Adolescents. A Comparative Study of the Five Nordic Countries. *European Journal of Public Health*, 10(4), pp. 281-288.

Halstead, Jill (2010). Making Music: Action, Embodiment, Health. Locating Music as Act and Activity in Contemporary Culture. Post doctoral project proposal. Bergen, Norway: The Grieg Academy, University of Bergen.

Hammersley, Martyn & Paul Atkinson (2007). *Ethnography. Principles in Practice* (2nd edition). London: Routledge.

Hancock, Gregory R. & Ralph O. Mueller (2006). *Structural Equation Modeling: A Second Course*. Greenwich, CT: Information Age Publishing.

Hanifan, Lydia Judson (1916). The Rural School Community Center. *Annals of the American Academy of Political and Social Science*, 67, pp. 130-138.

Harkness, Janet A., Fons J. R. Van de Vijver & Peter Ph. Mohler (Eds.) (2003). *Crosscultural Survey Methods*. Hoboken, NJ: John Wiley & Sons.

Hartley, Nigel (2008). The Arts in Health and Social Care: Is Music Therapy Fit for Purpose? *British Journal of Music Therapy*, 22(2), pp. 88-96.

Heck, Ronald H. & Scott L. Thomas (2008). *An Introduction to Multilevel Modeling Techniques*. Mahwah, NJ: Erlbaum.

Helle-Valle, Anna (2011). Restless Children: Who are They, How can They Best be Met, and What can be the Contribution of Music Therapy? Unpublished PhD Proposal. Bergen, Norway: The Grieg Academy, University of Bergen.

Hernes, Helge (2002). Perspektiver på Profesjoner [The Profession in Perspective]. In: Nylehn, Børre & Anne Marie Støkken (Eds.). *De Profesjonelle* [The Proffesionals]. Oslo, Norway: Universitetsforlaget.

Heron, John (1992). *Feeling and Personhood: Psychology in another Key*. London: Sage Publications.

Hillery, George A. Jr. (1955). Definitions of Community: Areas of Agreement. *Rural Sociology*, 20(4), pp. 111-123.

Hird, Susan (2003). What is Wellbeing? A Brief Review of Current Literature and Concepts. NHS Scotland, April 2003. Retrieved January 17, 2011, from http://www.phis.org.uk/doc.pl?file=pdf/What%20is%20wellbeing%202.doc.

Hogg, Michael A. (2001). Social Categorization, Depersonalization, and Group Behavior. In: Hogg, Michael A. & R. Scott Tindale (Eds.). *Blackwell Handbook of Social Psychology: Group Processes* (pp. 56-85). Oxford, U.K.: Blackwell.

Hogg, Michael A. & Deborah J. Terry (2001). Social Identity Theory and Organizational Processes. In: Hogg, Michael A. & Deborah J. Terry (Eds.). *Social Identity Processes in Organizational Contexts* (pp. 1-12). Philadelphia, PA: Psychology Press (Taylor & Francis).

Hollander, Edwin P. (1976). *Principles and Methods of Social Psychology* (3rd edition). New York: Oxford University Press.

Holmes, Thomas A. & Richard H. Rahe (1967). The Social Readjustment Rating Scale. *Journal of Psychosomatic Research*, 11, pp. 213-218.

Honneth, Axel (2003). *Behovet for anerkendelse* [The Need for Recognition]. Copenhagen, DK: Hans Reitzels forlag.

Horden, Peregrine (Ed.) (2000). *Music as Medicine: The History of Music Therapy since Antiquity*. Aldershot, UK: Ashgate Publishing.

House, James S. (1981). *Work Stress and Social Support*. Reading, MA: Addison-Wesley.

Huisman, Martijn, Anton E. Kunst & Johan P. Mackenbach (2005). Inequalities in the Prevalence of Smoking in the European Union: Comparing Education and Income. *Preventive*

Medicine, 40, pp. 756-764.
Hunt, Meagan (2005). Action Research and Music Therapy: Group Music Therapy with Young Refugees in a School Community. *Voices: A World Forum for Music Therapy*. Retrieved February 24, 2011, from https://normt.uib.no/index.php/voices/article/view/223/167.
Ife, Jim (2008). *Human Rights and Social Work. Towards Rights-Based Practice*. New York: Cambridge University Press.
Ife, Jim (2010). *Human Rights from Below. Achieving Rights through Community Development*. New York: Cambridge University Press.
Ishay, Micheline R. (2004). *The History of Human Rights*. Berkeley, CA: University of California Press.（ミシェリン・R・イシェイ著、横田洋三監訳、滝澤美佐子、富田麻理、望月康恵、吉村祥子訳『人権の歴史――古代からグローバリゼーションの時代まで』明石書店、2008年。）
Jampel, Peter (2006), Performance in Music Therapy with Mentally Ill Adults. Unpublished Doctoral Dissertation. New York: New York University.
Jampel, Peter (2011). Performance in Music Therapy: Experiences in Five Dimensions. *Voices: A World Forum for Music Therapy*, 11(1). Retrieved March 14, 2011, from https://normt.uib.no/index.php/voices/article/view/275/440.
Janss, Christian & Christian Refsum (2003). *Lyrikkens liv. Innføring i diktlesing* [The Life of Lyrics: Introduction to the Reading of Poetry] Oslo, Norway: Universitetsforlaget.
Janzen, John M. (2000). Theories of Music in African Ngoma Healing. In: Gouk, Penelope (Ed.). *Musical Healing in Cultural Contexts*. Aldershot, UK: Ashgate Publishing.
Kagan, Carolyn & Mark Burton (2005). Marginalization. In: Nelson, Geoffrey & Isaac Prilleltensky (Eds.) *Community Psychology. In Pursuit of Liberation and Well-Being* (pp. 293-308). New York: Palgrave MacMillan.
Kahn, Robert L. & F. Thomas Juster (2002) Wellbeing: Concepts and Measures. *Journal of Social Issues*, 58(4), pp. 627-644.
Kaslow, Florence W. (Ed.) (1996). *Handbook of Relational Diagnosis and Dysfunctional Family Patterns*. New York: Wiley.
Kasser, Tim (2002). *The High Price of Materialism*. Cambridge, MA: The MIT Press.
Katz, Sharon (2011). The Peace Train. *Voices: A World Forum for Music Therapy*. 11(1). Retrieved March 14, 2011, from https://normt.uib.no/index.php/voices/article/view/284/439.
Kawachi, Ichiro (2000). Income Inequality and Health. In: Berkmen, Lisa F. & Ichiro Kawachi (Eds.). *Social Epidemiology* (pp. 76-94). Oxford: Oxford University Press.
Kawachi, Ichiro & Lisa F. Berkman (2000). Social Cohesion, Social Capital, and Health. In: Berkmen, Lisa F. & Ichiro Kawachi (Eds.). *Social Epidemiology* (pp. 174-190). Oxford: Oxford University Press.
Kawachi, Ichiro, S.V. Subramanian & Daniel Kim (2007) Social Capital and Health —— A Decade of Progress and Beyond. In: Kawachi, Ichiro, S.V. Subramanian & Daniel Kim (Eds.). *Social Capital and Health* (pp. 1-26). New York: Springer.（イチロー・カワチ、S・V・スブラマニアン、ダニエル・キム著、高尾総司訳「第１章　ソーシャル・キャピタルと健康――これまでの10年間と今後の方向性」イチロー・カワチ、S・V・スブラマニアン、ダニエル・キム編著、藤澤由和、高尾総司、濱野強監訳『ソーシャル・キャピタルと健康』日本評論社、2008年。）
Keil, Charles & Steven Feld (1994). *Music Grooves*. Chicago: The University of Chicago Press.
Kenny, Carolyn B. (1982). *The Mythic Artery. The Magic of Music Therapy*. Atascadero, CA: Ridgeview Publishing Company.
Kenny, Carolyn B. (1985). Music: A Whole Systems Approach. *Music Therapy*, 5(1), pp. 3-11.

Kenny, Carolyn B. (1988). A Song of Peace: Dare We Dream? *Music Therapy*, 7(1), pp. 51-55.

Kenny, Carolyn B. (1989). *The Field of Play. A Guide for the Theory and Practice of Music Therapy*. Atascadero, CA: Ridgeview Publishing Company.（キャロライン・ケニー著、近藤里美訳『フィールド・オブ・プレイ――音楽療法の「体験の場」で起こっていること』春秋社、2006年。）

Kenny, Carolyn B. (1999). Music Therapy Qualitative Research: How Music Therapy Research Can Influence Social Change. Panel debate, chaired by Carolyn Kenny, at the 9th World Congress of Music Therapy, Washington, DC.

Kenny, Carolyn B. (2002a). Blue Wolf Says Goodbye for the Last Time. *American Behavioral Scientist*, 45(8), pp. 1214-1222.

Kenny, Carolyn B. (2002b). Keeping the World in Balance —— Music Therapy in a Ritual Context. In: Kenny, Carolyn B. & Brynjulf Stige (eds). (2002). *Contemporary Voices of Music Therapy: Communication, Culture, and Community* (pp. 157-170). Oslo, Norway: Unipub forlag.

Kenny, Carolyn B. (2006). *Music and Life in the Field of Play*. Gilsum, NH: Barcelona Publishers.

Kenny, Carolyn B. & Brynjulf Stige (Eds.) (2002). *Contemporary Voices of Music Therapy: Communication, Culture, and Community*. Oslo, Norway: Unipub forlag.

Kern, Petra (2005). Using a Music Therapy Collaborative Consultative Approach for the Inclusion of Young Children with Autism in a Child Care Program. In: *Jahrbuch Musiktherapie*. Band 1: Forschung und Lehre [Music Therapy Annual, 1: Research and Development, pp. 107-134]. Berufsverband der Musiktherapeutinnen und Musiktherapeuten in Deutschland e. V. (BVM), Wiesbaden, Rechert Verlag.

Kiesler, Donald J. (1991). Interpersonal Methods of Assessment and Diagnosis. In: Snyder, C.R. & Donelson R. Forsyth (Eds.). *Handbook of Social and Clinical Psychology* (pp. 438-468). New York: Pergamon.

Kigunda, Bernard M. (2004). Music Therapy Canning and the Healing Rituals of Catholic Charismatics in Kenya. *Voices: A World Forum for Music Therapy*. Retrieved February 26, 2011, from https://normt.uib.no/index.php/voices/article/view/186/145.

Kim, Daniel, S. V. Subramanian & Ichiro Kawachi (2010). Social Capital and Physical Health: A Systematic Review of the Literature. In: Kawachi, Ichiro, S. V. Subramanian & Daniel Kim (Eds.). *Social Capital and Health* (pp. 130-190). New York: Springer.（イチロー・カワチ、S・V・スブラマニアン、ダニエル・キム編著、藤澤由和、高尾総司、濱野強 監訳『ソーシャル・キャピタルと健康』日本評論社、2008年。）

Kirk, Stuart A. & Herb Kutchins (1994). The Myth of the Reliability of DSM. *Journal of Mind and Behavior*, 15(1&2), pp. 71-86.

Kleive, Mette & Brynjulf Stige (1988). *Med lengting, liv og song* [With Longing, Life, and Song.] Oslo, Norway: Samlaget.

Knardal, Solgunn (2007). I songen vi møtest... Ein tekst om pensjonistar som syng i kor, basert på medlemmene sine eigne forteljingar [In Singing We're Relating... A Text on Senior Choir Singers, Based on Their own Words]. Unpublished master thesis. Oslo/Sandane, Norway: Norwegian Academy of Music/Sogn og Fjordane University College.

Knorth, Erik J., Peter Van Den Bergh, & Fop Verheij (Eds.) (2002). *Professionalization and Participation in Child and Youth Care: Challenging Understandings in Theory and Practice*. Aldershot, UK: Ashgate Publishing.

Korsyn, Kevin (2003). *Decentering Music. A Critique of Contemporary Musical Research*. New York: Oxford University Press.

Kristiansen, Ivar Sønbø & Gavin Mooney (Eds.) (2004). *Evidence-Based Medicine. In its Place.* London and New York: Routledge.

Krüger, Viggo (2004). Læring gjennom deltagelse i et rockeband. Et instrumentelt case studie om situert læring i musikkterapi [Learning through Participation in a Rock Band. An Instrumental Case Study on Situated Learning in Music Therapy]. Unpublished master thesis. Oslo/Sandane, Norway. Norwegian Academy of Music/Sogn og Fjordane University College.

Krüger, Viggo (2007). Music as Narrative Technology. *Voices: A World Forum for Music Therapy.* Retreived January 19, 2011, from https://normt.uib.no/index.php/voices/article/view/492/399.

Krüger, Viggo (2012). Musikk-fortelling-fellesskap. Musikkterapi i en barnevernsinstitusjon [Music-Narrative-Community. Music Therapy in a Children's Welfare Institution]. Unpublished Doctral Dissertation. Bergen, Norway: The Grieg Academy, University of Bergen.

Kuhn, Thomas S. (1962/1996). *The Structure of Scientific Revolutions* (3rd Edition). Chicago: The University of Chicago Press.（トーマス・クーン著、中山茂訳『科学革命の構造』みすず書房、1971年。）

Langner, Thomas. S. & Stanley T. Michael (1963). *Life Stress and Mental Health.* London: Free Press.

Lave, Jean & Etienne Wenger (1991). *Situated Learning. Legitimate Peripheral Participation.* Cambridge, UK: Cambridge University Press.（ジーン・レイヴ、エティエンヌ・ウェンガー著、佐伯胖訳『状況に埋め込まれた学習――正統的周辺参加』産業図書、1993年。）

Lazarus, Richard S. & Susan Folkman (1984). *Stress, Appraisal and Coping.* New York: Springer.（リチャード・S・ラザルス、スーザン・フォルクマン著、本明寛、織田正美、春木豊訳『ストレスの心理学――認知的評価と対処の研究』実務教育出版、1991年。）

Lee, Colin (1996). *Music at the Edge. The Music Therapy Experiences of a Musician with AIDS.* London: Routledge.

Leer-Salvesen, Paul (2002). Preludium: Arven fra Hippocrates [Prelude: The Hippocratic Heritage]. In: Nylehn, Børre & Anne Marie Støkken (Eds.). *De profesjonelle* [The Professionals]. Oslo, Norway: Universitetsforlaget.

Leppert, Richard & Susan McClay (Eds) (1987). *Music and Society. The Politics of Composition, Performance and Reception.* Cambridge: Cambridge University Press.

Logis, Maria & Alan Turry (1999). Singing My Way through It: Facing the Cancer, the Darkness and the Fear. In: Hibben, Julie (Ed.). *Inside Music Therapy: Client Experiences*, pp. 97-118. Gilsum, NH: Barcelona Publishers.

Lopez, Alan D., Colin D. Mathers, Majid Ezzati, Dean T. Jamison & Christopher J. L. Murray (Eds.) (2006). *Global Burden of Disease and Risk Factors.* New York: Oxford University Press.

Lubet,Alex J. (2004). Tunes of Impairment: An Ethnomusicology of Disability. *Review of Disability Studies*, (1)1, pp. 133-155.

MacDonald, Raymond, Gunter Krentz & Laura Mitchell (Eds.) (2012). *Music, Health and Wellbeing.* New York: Oxford University Press.

MacDonald, Scott & Michael Viega (2011). Hear Our Voices: A Music Therapy Songwriting Program and the Message of the Little Saints. In: Hadley, Susan & George Yancy (Eds.). *Therapeutic Uses of Rap and Hip-Hop.* New York: Routledge.

MacQueen, Kathleen M., Eleanor McLellan, David S. Metzger, Susan Kegeles, Ronald P. Strauss, Roseanne Scotti, Lynn Blanchard & Robert T. Trotter (2001). What is Community? An Evidence-Based Definition for Participatory Public Health. *Americal Journal of Public Health*, 91(12), pp. 1929-1943.

Maddux, James E. (2002). Stopping the "Madness" — Positive Psychology and the Deconstruction of the Illness Ideology and the DSM. In: Snyder, C. R. & Lopez, Shane J. (Eds.). *Handbook of Positive Psychology* (pp. 13-25). Oxford: Oxford University Press.

Maddux, James E. (2008). Positive Psychology and the Illness Ideology: Toward a Positive Clinical Psychology. *Applied Psychology: An International Review*, 57, pp. 54-70.

Major, Brenda & Collette P. Eccleston (2005). Stigma and Social Exclusion. In: Abrams, Dominic, Michael. A. Hogg & José. M. Marques (Eds.). *The Social Psychology of Inclusion and Exclusion* (pp. 63-87). New York: Psychology Press (Taylor & Francis).

Malekoff, Andrew (1997). *Group Work with Adolescents*. New York: Guildford Press.

Malloch, Stephen & Colwyn Treverthen (Eds.). (2009). *Communicative Musicality. Exploring the Basis of Human Companionship*. Oxford, UK: Oxford University Press.（スティーヴン・マロック、コルウィン・トレヴァーセン編、根ヶ山光一、今川恭子、蒲谷槙介、志村洋子、羽石英里、丸山慎監訳『絆の音楽性――つながりの基盤を求めて』音楽之友社、2018年。）

Maratos, Anna (2004). Whatever Next? Community Music Therapy for the Institution. In: Pavlicevic, Mercédès & Gary Ansdell (Eds.). *Community Music Therapy*. London: Jessica Kingsley Publishers.

Marmot, Michael, Johannes Siegrist & Töres Theorell (2006). Health and the Psychosocial Environment at Work. In: Marmot, Michael & Richard G. Wilkinson (Eds.). *Social Determinants of Health* (pp. 97-130). Oxford: Oxford University Press.（マイケル・マーモット、リチャード・G・ウィルキンソン編著、烏帽子田彰監修、烏帽子田彰、織田一衛編『社会的健康決定要因――健康政策の新潮流』日本公衆衛生協会、2017年。）

Martin, Pete J. (1995). *Sounds and Society*. Manchester: Manchester University Press.

Martin, Pete J. (2006). *Music and the Sociological Gaze. Art Worlds and Cultural Production*. Manchester: Manchester University Press.

Mathers, Colin D., Alan D. Lopez & Christopher J. L. Murray (2006). The Burden of Disease and Mortality by Condition: Data, Methods and Results for 2001. In: Lopez, Alan D., Colin D. Mathers, Majid Ezzati, Dean T. Jamison & Christopher J. L. Murray (Eds.). *Global Burden of Disease and Risk Factors* (pp. 45-240). New York: Oxford University Press.

Mattern, Mark (1998). *Acting in Concert: Music, Community, and Political Action*. New Brunswick, NJ: Rutgers University Press.

May, Elizabeth (1983). *Musics of Many Cultures*. Berkeley: California University Press.

McFerran, Katrina (2009). A Journey into the Heart: Music Therapy after the "Black Saturday" Bush Fires. *Voices: A World Forum for Music Therapy*. Retrieved January 3, 2010, from http://www.voices.no/columnist/colMcFerran7*mm*yy.php.

McFerran, Katrina (2010). *Adolescents, Music and Music Therapy: Methods and Techniques for Clinicians, Educators and Students*. London: Jessica Kingsley Publishers.

McFerran, Katrina (2011). Moving out of Your Comfort Zone: Group Music Therapy with Adolescents Who Have Misused Drugs. In: Meadows, Anthony (Ed.). *Developments in Music Therapy Practice: Case Study Perspectives*. Gilsum, NH: Barcelona Publishers.

McFerran, Katrina & Meagan Hunt (2008). Learning from Experiences in Action: Music in Schools to Promote Healthy Coping with Grief and Loss. *Educational Action Research*,

16(1), pp. 43-54.
McFerran, Katrina & Kate Teggelove (2011). Music Therapy with Young People in Schools: After the Black Saturday Fires. *Voices: A World Forum for Music Therapy*, 11(1). Retrieved March 14, 2011, from https://normt.uib.no/index.php/voices/article/view/285.
McGuire, Michael G. (Ed.) (2004). *Psychiatric Music Therapy in the Community: The Legacy of Florence Tyson*. Gilsum, NH: Barcelona Publishers.
McKenziie, Kwame (2006). The State of the Art. In: McKenzie, Kwame & Trudy Harpham (Eds.). *Social Capital and Mental Health* (pp. 151-158). London: Jessica Kingsley Publishers.
McMillan, David W. (1976). Sense of Community: An Attempt at Definition. Nashville, TN: George Peabody College for Teachers (Unpublished manuscript).
McMillan, David W. & David M. Chavis (1986). Sense of Community: A Definition and Theory. *Journal of Community Psychology*, 14 (January 1986), pp. 6-23.
Mechanic, David (1999). Mental Health and Mental Illness: Definitions and Perspectives. In: Horwitz, Allan V. & Teresea L.Schied (Eds.). *A Handbook for the Study of Mental Health* (pp. 12-28). Cambridge, UK: Cambridge University Press.
Merton, Robert K. (1942/1973). The Normative Structure of Science. In: Merton, Robert K. The Sociology of Science. *Theoretical and Empirical Investigations*. Chicago: The University of Chicago Press.
Metell, Maren (2011). What Can Music Therapy Afford Children with Severe Visual Impairment in Terms of Social Participation? Unpublished Master thesis. Bergen, Norway: The Grieg Academy, University of Bergen.
Milgram, Stanley (1967). The Small-World Problem. *Psychology Today* 1, pp. 61-67.
Mill, John Stuart (1859/2003). *On Liberty* (edited by David Bromwich & George Kateb). New Haven and London: Yale University Press.（ジョン・スチュアート・ミル著、山岡洋一訳『自由論』日経BP社、2011年。）
Miller, Geoffery (2000). Evolution of Human Music through Sexual Selection. In: Wallin, Nils L., Björn Merker & Steven Brown (Eds.). *The Origins of Music*. Cambridge, MA: The MIT Press.
Miller, Geoffery (2001). *The Mating Mind. How Sexual Choice Shaped the Evolution of Human Nature*. London: Vintage, Random House.
Mitchell, Laura, Raymond MacDonald & Christina Knussen (2008). An Investigation of the Effects of Music and Art on Pain Perception. *Psychology of Aesthetics, Creativity, and the Arts*, 2(3), pp. 162-170.
Mittelmark, Maurice, Leif Edvard Aarø, Sigrun G. Henriksen, Johan Siqveland & Torbijørn Torsheim (2004). Chronic Social Stress in the Community and Associations with Psychological Distress: A Social Psychological Perspective. *International Journal of Mental Health Promotion*, 6, pp. 4-16.
Miyake, Hiroko (2008). Rethinking Music Therapy from the Perspective of Bio-politics. *Voices: A World Forum for Music Therapy*. Retrieved February 3, 2011, from https://normt.uib.no/index.php/voices/article/ view/413/337.
Moreno, Joseph (1988). The Music Therapist: Creative Arts Therapist and Contemporary Shaman. *The Arts in Psychotherapy*, 15(4), pp. 271-280.
Moreno, Joseph (1995a). Candomblé: Afro-Brazilian Ritual as Therapy. In: Kenny, Carolyn B. (Ed.). *Listening, Playing Creating. Essays on the Power of Sound*. Albany: State Universi-

ty of New York Press.
Moreno, Joseph (1995b). Ethnomusic Therapy: An Interdisciplinary Approach to Music Healing. *The Arts in psychotherapy*, 22(4), pp. 329-338.
Moreno, Joseph (2003). Music Therapy in the White House. *Voices: A World Forum for Music Therapy*. Retrieved May 9, 2004, from http://www.voices.no/discussions/discm17_01.html.
Murphy, Michael, Martin Bobak, Amanda Nicholson, Richard Rose & Michael Marmot (2006). The Widening Gap in Mortality by Educational Level in the Russian Federation, 1980-2001. *American Journal of Public Health*, 96, pp. 1293-1299.
Naples, Nancy A. (2003). *Feminism and Method: Ethnography, Discourse Analysis, and Activist Research*. New York: Routledge.
Nelson, Geoffrey & Isaac Prilleltensky (Eds.) (2005). *Community Psychology. In Pursuit of Liberation and Well-Being*. New York: Palgrave MacMillan.
Nerheim, Hjördis (1995). *Vitenskap og kommunikasjon. Paradigmer, modeller og kommunikative strategier i helsefagenes vitenskapsteori* [Science and Communication, Paradigms, Models and Strategies of Communication in the Health Disciplines' Theory of Science.] Oslo, Norway: Universitetsforlaget.
Nettl, Bruno (1956). Aspects of Primitive and Folk Music Relevant to Music Therapy. In: *Music Therapy 1955. Fifth Book of Proceedings of the National Association for Music Therapy*. Lawrence, KS: The National Association for Music Therapy.
Newman, Katherine S. (1999). *Falling from Grace. Downward Mobility in the Age of Affluence*. Berkeley, CA: University of California Press.
Ng, Wang Feng (2005). Music Therapy, War Trauma, and Peace: A Singaporean Perspective. *Voices: A World Forum for Music Therapy*. Retrieved November 2, 2007, from http://www.voices.no/mainissues/mi40005000191.html.
Nilsen, Venja Ruud (2007). "Musikk i fengsel og frihet" — et samfunnsmusikkterapeutisk tilbud. ["Music in Custody and Liberty" — A Community Music Therapy Program]. Unpublished Master's Thesis. Oslo, Norway: Norwegian Academy of Music.
Nisbet, Robert A. (1966/2002). *The Sociological Tradition*. New Brunswick, NJ: Transaction Publishers.（ロバート・A・ニスベット著、中久郎監訳『社会学的発想の系譜』アカデミア出版会、1975–1977年。）
Noone, Jason (2008). Developing a Music Therapy Programme within a Person Centred Planning Framework. *Voices: A World Forum for Music Therapy*, 8(3). Retreived December 6, 2009, from http://www.voices.no/mainissues/mi40008000281.php.
Nordoff, Paul & Clive Robbins (1965/2004). *Therapy in Music for Handicapped Children*. Gilsum, NH: Barcelona Publishers.（ポール・ノードフ、クライヴ・ロビンズ著、桜林仁、山田和子訳『心身障碍児の音楽療法』日本文化科学社、1973年。）
Nordoff, Paul & Clive Robbins (1971/1983). *Music Therapy in Special Education*. Saint Louis, MO: Magna-Music Baton.（ポール・ノードフ、クライヴ・ロビンズ著、林庸二監訳、望月薫、岡崎香奈訳『障害児教育におけるグループ音楽療法』人間と歴史社、1998年。）
Nordoff, Paul & Clive Robbins (1977/2007). *Creative Music Therapy*. Gilsum, NH: Barcelona Publishers.
Norman, Rachel, Derek Sellman & Catherine Warner (2006). Mental Capacity, Good Practice and the Cyclical Consent Process in Research Involving Vulnerable People. *Clinical Ethics*, 1(4), pp. 228-233.

Numata, Rii (2009). EinScream! Possibilities of New Musical Ideas to Form a Community. *Voices: A World Forum for Music Therapy*. 9(1). Retrieved January 29, 2011, from https://normt.uib.no/index.php/voices/ article/view/363/286.

Oddy, Nicola (2001/2005). Convergences: Possibilities for Therapeutic Intervention in a Large Scale Community Performance. *Canadian Journal of Music Therapy*, VIII (1), pp. 48-63. Republished in: *Voices: A World Forum for Music Therapy*. Retrieved January 26, 2011, from https://normt.uib.no/index.php/voices/article/view/239/183.

O'Grady, Lucy (2005). The Relationship between the Ways that Musicians and Music Therapists Describe their Work in Community Contexts: A Grounded Theory Analysis. Unpublished Master's Thesis. Melbourne: University of Melbourne, Faculty of Music.

O'Grady, Lucy (2009). The Therapeutic Potentials of Creating and Performing Music with Women in Prison: A Qualitative Case Study. Unpublished Doctoral Dissertation. Melbourne: University of Melbourne, Faculty of Music.

O'Grady, Lucy & Katrina McFerran (2006). Birthing: Feminist Community Music Therapy: The Progeny of Community Music Therapy Practice and Feminist Therapy Theory. In: Hadley, Susan (Ed.) *Feminist Perspectives in Music Therapy*. Gilsum, NH: Barcelona Publishers.

O'Grady, Lucy & Katrina McFerran (2007). Community Music Therapy and its Relationship to Community Music: Where Does it End? *Nordic Journal of Music Therapy*, 16(1), pp. 14-26.

Onghena, Patrick (2005). Single-Case Designs. In: Everitt, Brian S. & David Howell (Eds.). *Encyclopedia of Statistics in Behavioral Science*, 3(pp. 1850-1854). New York: Wiley.

Oosthuizen, Helen (2006). Diversity and Community: Finding and Forming a South African Music Therapy. *Voices: A World Forum for Music Therapy*. Retrieved February 19, 2011. From https://normt.uib.no/index.php/voices/article/view/277/202.

Oosthuizen, Helen, Fouché, Sunelle & Torrance, Kerryn (2007). Collaborative Work: Negotiations between Music Therapists and Community Musicians in the Development of a South African Community Music Therapy Project. *Voices: A World Forum for Music Therapy*. Retrieved February 19, 2011, from https://normt.uib.no/index.php/voices/article/view/546/407.

Owen, Frances & Dorothy Griffiths (Eds.) (2009). *Challenges to the Human Rights of People with Intellectual Disabilities*. London: Jessica Kingsley Publishers.

Pan American Health Organization (1999). Methodological Summaries: Measuring Inequity in Health. *Epidemiological Bulletin*, 20(1), 1. Retrieved February 16, 2011, from http://www.ops-oms.org/english/sha/be991ineq.htm.

Pavilicevic, Mercédès (2003). Risk, Indemnity and Social Responsibility in Music Therapy Training. *Voices: A World Forum for Music Therapy*. Retrieved March 17, 2003, from http://www.voices. no/mainissues/ mi40003000115.html.

Pavilicevic, Mercédès (2004). Learning from Thembalethu: Towards Responsive and Responsible Practice in Community Music Therapy. In: Pavlicevic, Mercédès & Gary Ansdell (Eds.). *Community Music Therapy*. London: Jessica Kingsley Publishers.

Pavilicevic, Mercédès (2010a). Let the Music Work: Optimal Moments of Collaborative Musicing. In: Stige, Brynjulf, Gary Ansdell, Cochavit Elefant & Mercédès Pavilicevic. *Where Music Helps: Community Music Therapy in Action and Reflection*. Aldershot, UK: Ashgate Publishing.

Pavilicevic, Mercédès (2010b). Crime, Community, and Everyday Practice: Music Therapy as Social Activism. In: Stige, Brynjulf, Gary Ansdell, Cochavit Elefant & Mercédès Pavilicev-

ic. *Where Music Helps: Community Music Therapy in Action and Reflection*. Aldershot, UK: Ashgate Publishing.

Pavilicevic, Mercédès & Gary Ansdell (Eds.) (2004). *Community Music Therapy*. London: Jessica Kingsley Publishers.

Pavilicevic, Mercédès & Gary Ansdell (2009). Between Communicative Musicality and Collaborative Musicing. In: Malloch, Stephen & Colwyn Trevarthen (Eds.). *Communicative Musicality*. Oxford: Oxford University Press.（メルセデス・パヴリチェヴィック、ゲイリー・アンスデル著、沼田里衣訳「第16章　コミュニカティブ・ミュージカリティとコラボレイティブ・ミュージッキングのはざまで――コミュニティ音楽療法からの展望」スティーヴン・マロック、コルウィン・トレヴァーセン編、根ヶ山光一他監訳『絆の音楽性――つながりの基盤を求めて』音楽之友社、2018年。）

Pellizzari, Patricia C. & Ricardo J. Rodrìguez (2005). *Salud, Escucha y Creatividad. Musicoterapia Preventiva Psicosocial* [Health, Listening, and Creativity. Preventive Psychosocial Music Therapy]. Buenos Aires: Ediciones Universidad del Salvador.

Peterson, Jarle A. (2008). Musikkterapi i fengsel. Møte mellom musikkerapien og "den totale institusjonen" [Music Therapy in Custody. The Encounter between Music Therapy and "the Total Institution"]. Unpublished Master's Thesis. Bergen, Norway: Department of Administration and Organization Studies, University of Bergen.

Pinker, Steven (1997). *How the Mind Works. The New Science of Language and Mind*. London: Penguin.（スティーブン・ピンカー著、椋田直子訳『心の仕組み［上］』筑摩書房、2013年、山下篤子訳『心の仕組み［下］』筑摩書房、2013年。）

Portes, Alejandro (1998). Social Capital: Its Origins and Applications in Modern Sociology. *Annual Review of Sociology*, 24, pp. 1-24.

Powell, Harriet (2004). A Dream Wedding: From Community Music to Music Therapy with a Community. In: Pavilicevic, Mercédès & Gary Ansdell (Eds.) (2004). *Community Music Therapy*. London: Jessica Kingsley Publishers.

Presser, Stanley, Jennifer M. Rothgeb. Mick B. Couper, Judith T. Lessler, Elisabeth Martin, Jean Martin & Eleanor Singer (Eds.) (2004). *Methods for Testing and Evaluating Survey Questionnaires*. New York: Wiley.

Priestley, Mary (1975/1985). *Music Therapy in Action*. St. Louis, MO: MagnaMusic Baton.

Procter, Simon (2001). Empowering and Enabling: Improvisational Music Therapy in Non-Medical Mental Health Provision. *Voices: A World Forum for Music Therapy*. Retrieved February 23, 2011, from https://normt.uib.no/index.php/voices/article/view/58/46.

Procter, Simon (2004). Playing Politics: Community Music Therapy and the Therapeutic Redistribution of Musical Capital for Mental Health. In: Pavilicevic, Mercédès & Gary Ansdell (Eds.). (2004). *Community Music Therapy*. London: Jessica Kingsley Publishers.

Procter, Simon (2006). What are we Playing at? Social Capital and Music Therapy. In: Edwards, Rosalind, Jane Franklin & Janet Holland (Eds.). *Assessing Social Capital: Concept, Policy and Practice*. Cambridge: Scholars Press.

Procter, Simon (2008). Premising the Challenge (Response to Alison Barrington). *British Journal of Music Therapy*, 22(2), pp. 77-82.

Procter, Simon (2011). Reparative Musicing: Thinking on the Usefulness of Social Capital Theory within Music Therapy. *Nordic Journal of Music Therapy*. First Published March 18, 2011 (iFirst). DOI: 10.1080/08098131.2010.489998.

Putnam, Robert (2000). *Bowling Alone: The Collapse and Revival of American Community*. New York: Simon and Schuster.

Ragland, Zane & Maurice Apprey (1974). Community Music Therapy with Adolescents. *Journal of Music Therapy*, XI(3), pp. 147-155.

Ramsey, David (2002). The Restoration of Communal Experiences during Music Therapy. Unpublished Doctoral Dissertation. New York: New York University, The School of Education, Health, Nursing, and Arts Professions.

Rappaport, Julian (1977). *Community Psychology. Values, Research, and Action*. New York: Holt, Rinehart & Winston.

Reason, Peter & Hilary Bradbury (2006). *The Handbook of Action Research.* (Concise paperback edition.) London: Sage Publications.

Redfield, Robert (1953/1963). *The Little Community/Peasant Society and Culture*. Chicago: The University of Chicago Press.（ロバート・レドフィールド著、安藤慶一郎訳『文明の文化人類学——農村社会と文化』誠信書房、1960年。）

Reis, Harry T. (1995). Social Support. In: Antony S.R. Manstead & Miles Hewstone (Eds.). *The Blackwell Encyclopedia of Social Psychology* (pp. 608-609). Cambridge, MA:Blackwell.

Rickson, Daphne (2008). The Potential Role of Music in Special Education (The PROMISE). New Zealand Music Therapists Consider Collaborative Consultation. *The New Zealand Journal of Music Therapy*, 6, pp. 76-97.

Rickson, Daphne (2010). Music Therapy School Consultation: A Literature Review. *The New Zealand Journal of Music Therapy*, 8, pp. 59-91.

Rieger, Gerd (1992). Rockmusik mit jungen Aussiedlern [Rock Music with Young Immigrants]. *Musiktherapeutische Umschau*, 13(3), pp. 217-220.

Rieger, Gerd (2006). Musiktherapie und Gemeinwesenarbeit [Music Therapy and Community work]. *Musiktherapeutische Umschau*, 27(3), pp. 235-244.

Rieger, Gerd (2008). Musik verbindet. Das Lebenshilfe-Bandprojekt *Rock am Ring* und Community Music Therapy [Music Connects. The Life Enhancing Band Project *Rock am Ring* and Community Music Therapy]. *Geistige Behinderung*, 47(3), pp. 257-266.

Rio, Robin (2005). Adults in Recovery: A Year with Members of the Choirhouse. *Nordic Journal of Music Therapy*. 14(2), pp. 107-119.

Robson, Colin (2002). *Real World Research*. (2nd edition). Oxford, UK: Blackwell.

Roer, Sten (2001). Performance as Therapy: Chok-Rock New York Tour 1997. Paper at The 5th European Music Therapy Congress, Naples, Italy, April 2001.

Rogers, Wendy Stainton (1991). *Explaining Health and Illness: An Exploration of Diversity*. New York: Harvester Wheatsheaf.

Rohrbacher, Michael (1993). The Ethnomusicology of Music Therapy. Unpublished doctoral dissertation. Baltimore, MD: University of Maryland, Baltimore County.

Rohrbacher, Michael (2008). The Application of Hood's Nine Levels to the Practice of Music Therapy. In: Koen, Benjamin D. (Ed.). *The Oxford Handbook of Medical Ethnomusicology*. New York: Oxford University Press.

Rockeach, Milton (1968). *Beliefs. Attitudes and Values: A Theory of Organization and Change*. San Francisco: CA: Jossey-Bass Inc. Pub.

Rolvsjord, Randi (2004). Therapy as Empowerment: Clinical and Political Implications of Empowerment Philosophy in Mental Health Practices of Music Therapy. *Nordic Journal of Music Therapy*, 13(2), pp. 99-111.

Rolvsjord, Randi (2007). "Blackbirds Singing": Explorations of Resource-Oriented Music Therapy in Mental Health Care. Unpublished Doctoral Dissertation. Aalborg Universitet.

Rolvsjord, Randi (2010). *Resource-Oriented Music Therapy in Mental Health Care*. Gilsum, NH: Barcelona Publishers.

Rolvsjord, Randi, Christian Gold, & Brynjulf Stige (2005). Research Rigour and Therapeutic Flexibility: Rationale for a Therapy Manual Developed for a Randomized Controlled Trial. *Nordic Journal of Music Therapy*, 14(1), pp. 15-32.

Rosenwein, Barbara H. (2006). *Emotional Communities in the Early Middle Ages*. Ithaca, NY: Cornell University Press.

Rutter, Michael L., Bridget Yule, David Quinton, Olwen Rowlands, William Yule & Michael Berger (1975). Attainment and Adjustment in Two Geographical Areas: III. Some Factors Accounting for Area Differences. *British Journal of Psychiatry*, 126, pp. 493-509.

Ruud, Even (1980). *Hva er musikkterapi?* [What is Music Therapy?] Oslo, Norway: Gyldendal.

Ruud, Evan (Ed.) (1986). *Music and Health*. Oslo, Norway: Norsk Musikforlag.

Ruud, Even (1987/1990). *Musikk som kommunikasjon og samhandling. Teoretiske perspektiver på musikkterapien.* [Music as Communication and Interaction. Theoretical Perspectives on Music Therapy.] Oslo, Norway: Solum.

Ruud, Even (1988). Music Therapy: Health Profession or Cultural Movement? *Music Therapy*, 7(1), pp. 34-37.

Ruud, Even (1991). Improvisasjon som liminal erfaring — om jazz og musikkterapi som overgangsritualer [Improvisation as Liminal Experience — On Jazz and Music Therapy as Rites de Passage]. In: Stige, Brynjulf & Bente Østergaard (Eds.). *Levande musikk. Foredrag og referat fra 1. Nordiske Musikkterapikon-feranse* [Live Music. Proceedings from the First Nordic Music Therapy Conference]. Sandane: Høgskuleutdanninga på Sandane.

Ruud, Even (1992a). Improvisasjon som liminal erfaring — om jazz og musikkterapi som overgangsritualer [Improvisation as Liminal Experience — On Jazz and Music Therapy as Rites de Passage]. In: Berkaak, Odd Are & Even Ruud. *Den påbegynte virkelighet. Studier i samtidskultur.* Oslo, Norway: Universitetsforlaget.

Ruud, Even (1992b). Innføring i systematisk musikkvitenskap [Introduction to Systematic Musicology]. Oslo, Norway: Institutt for musikk og teater, University of Oslo.

Ruud, Even (1995). Jazz and Music Therapy as Modern 'Rites de Passage.' In: Kenny, Carolyn (Ed.). *Listening, Playing, Creating. Essays on the Power of Sound.* Albany: State University of New York Press.

Ruud, Even (1997a). Music and Identity. *Nordic Journal of Music Therapy*, 6(1), pp. 3-13.

Ruud, Even (1997b). *Musikk og identitet* [Music and Identity]. Oslo, Norway: Universitetsforlaget.

Ruud, Even (1998). *Music Therapy: Improvisation, Communication and Culture*. Gilsum, NH: Barcelona.

Ruud, Even (2000). 'New Musicology', Music Education and Music Therapy. *Paper at the 13th Nordic Congress of Musicology, Århus, Denmark.* Retreived March 31, 2004, from www.njmt.no.

Ruud, Even (2002). Music as a Cultural Immunogen---Three Narratives on the Use of Music as a Technology of Health. In: Hanken, Ingrid Maria, Siw Graabæk & Monika Nerland (Eds.). *Research in and for Higher Music Education. Festschrift for Harald Jørgensen.* Oslo, Norway: NMH-Publications, 2002:2.

Ruud, Even (2004). Defining Community Music Therapy. [Contribution to Moderated Discussions] *Voices: A World Forum for Music Therapy.* A World Forum for Music Therapy. Re-

trieved January 16, 2006, from http://www.voices.no/discussions/discm4_07.html.

Ruud, Even (2010). *Music Therapy: A Perspective from the Humanities.* Gilsum, NH: Barcelona Publishers.

Ruud, Even (2011). Musikk med helsekonsekvenser. Et musikkpedagogisk prosjekt for ungdommer i en palestinsk flykningleir [Music with Health Consenquences. A Music Education Project for Youths in a Pelestinian Refugee Camp]. *Nordic Research in Music Education, Yearbook.* 12, pp. 59-80.

Ruud, Even (2013). The New Health Musicians. In: MacDonald, Raymond, Gunter Kreutz & Laura Mitchell (Eds.). *Music, Health and Wellbeing.* New York: Oxford University Press.

Ryan, William (1971). *Blaming the Victim.* New York: Oxford University Press.

Saarikallio, Suvi (2007). Music as Mood Regulation in Adolescence. Doctoral dissertation. Jyväskylä, Finland: University of Jyväskylä, The Faculty of Humanities.

Saracci, Rodolfo (1997). The World Health Organization Needs to Reconsider its Definition of Health. *British Medical Journal,* 314(10 May 1997), p. 1409.

Sarafino, Edward P. (2002). *Health Psychology — Biopsychosocial Interactions.* New York: John Wiley.

Saxbe, Darby (2003). Six Degrees of Separation. *Psychology Today Magazine,* Nov/Dec 2003.

Scheff, Thomas (1966). *Being Mentally Ill: A Sociological Perspective.* Chicago: Aldine.（トマス・J・シェフ著、市川孝一、真田孝昭訳『狂気の烙印——精神病の社会学』誠信書房、1970年。）

Scheiby, Benedikts Barth (2002). Caring for the Caregivers: Trauma, Improvised Music and Transformation of Terror into Meaning through Community Music Therapy Training. In: Loewy, Joanne & Andrea Frisch (Eds.). *Caring for the Caregiver: The Use of Music, Music Therapy in Grief and Trauma.* Silver Spring, MD: American Music Therapy Association.

Schullian, Dorothy & Max Schoen (Eds.) (1948). *Music and Medicine.* New York: Henry Schuman.

Schumaker, Lyn (2000). The Dancing Nurse: *Kalela* Drums and the History of Hygiene in Africa. In: Gouk, Penelope (Ed.). *Musical Healing in Cultural Contexts.* Aldershot, UK: Ashgate Publishing.

Schwabe, Christoph (1983). *Aktive Gruppenmusiktherapie für erwachsene Patienten* [Active Group Music Therapy for Adult Patients]. Leipzig: Veb Georg Thieme.

Schwabe, Christoph (1987). *Regulative Musiktherapie* [Regulative Music Therapy]. Leipzig: Veb Georg Thieme.

Schwabe, Christoph (2005). Resource-Oriented Music Therapy — The Development of a Concept. *Nordic Journal of Music Therapy,* 14(1) pp. 49-56.

Schwabe, Christoph & Ulrike Haase (1996). Social Music Therapy in Response to the Changes of Social Conditions. Hamburg: *Paper at the 8th World Congress of Music Therapy.*

Schwabe, Christoph & Ulrike Haase (1998). *Die Sozialmusiktherapie (SMT)* [Social Music Therapy]. Wetzdorf, Germany: Akademie für angewandte Musikthearpie Crossen.（クリストーフ・シュヴァーベ、ウルリケ・ハーゼ著、中河豊訳『出会いの音楽療法』風媒社、2011年。）

Schwantes, Melody (2011). Music Therapy's Effects on Mexican Migrant Farmworker's Levels of Depression, Anxiety, and Social Isolation: A Mixed Methods Randomized Control Trial Utilizing Participatory Action Research. Unpublished Doctoral Dissertation. Aalborg, Denmark: Aalborg University.

Scott, Derek B. (Ed.) (2000). *Music, Culture, and Society. A Reader.* Oxford: Oxford University Press.

Seidel, Almut (1992). Sozialpädagogische Musiktherapie. Anmerkungen zu einem Praxis-und Ausbildungskonzept. [Music Therapy in Social Work: Observations on a Concept for Practice and Training.] *Musiktherapeutische Umschau*, 13(4), pp. 298-306.

Seidel, Almut (1996). Sozialwesen (Sozialarbeit/Sozialpädagogik) [Social Service (Social Work/Social Education)] In: Decker-Voigt, Hans-Helmut, Polo J. Knill. & Eckhardt Weymann (Eds.). *Lexikon Musiktherapie*. Göttingen, Germany: Hogrefe.（ハンス＝ヘルムート、デッカー＝フォイクト他編著、阪上正巳、加藤美知子、齋藤考由、真壁宏幹、水野美紀訳『音楽療法事典　新訂版』人間と歴史社、2004年。）

Sekeles, Chave (1996). Music in the Traditional Healing Rituals of Morocco. *Paper at the 8th World Congress of Music Therapy*, Hamburg, July 1996.

Selye, Hans (1956). *The Stress of Life*. New York: McGraw-Hill.（ハンス・セリエ著、杉靖三郎、田多井吉之介、竹宮隆、藤井尚治訳『現代社会とストレス』法政大学出版局、1988年。）

Sennett, Richard (2004). *Respect: The Formation of Character in an Age of Inequality*. London: Allen Lane.

Shadish, William R., Thomas D. Cook & Donald T. Campbell (2002). *Experimental and Quasi-Experimental Designs for Generalized Causal Inference*. Boston, MA: Houghton-Mifflin.

Shapiro, Noah (2005). Sounds in the World: Multicultural Influences in Music Therapy in Clinical Practice and Training. *Music Therapy Perspectives*, 23, pp. 29-35.

Sherif, Muzafer (1935). A Study of Some Social Factors in Perception. *Archives of Psychology*, 27(187), pp. 1-60.

Shumaker, Sally Ann & Arlene Brownell (1984). Toward a Theory of Social Support: Closing Conceptual Gaps. *Journal of Social Issues*, 40, pp. 11-36.

Skånland, Marie (2007). Soundescape: En studie av hvordan musikk blir integrert i hverdagen til brukere av mp3-spillere [Soundescape: A study of How Music is an Integrated Part of the Everyday Life of Users of MP3-Players]. Unpublished Master thesis. Oslo, Norway: University of Oslo, Department of Music.

Skånland, Marie (2012). A Technology of Well-Being. A Qualitative Study of the Use of MP3 Players as a Medium of Musical Self-Care. Unpublished Doctoral dissertation. Oslo: Norway: Norweigian Academy of Music.

Skinner, Quintin (1998). *Liberty before Liberalism*, Cambridge: Cambridge University.（クェンティン・スキナー著、梅津順一訳『自由主義に先立つ自由』聖学院大学出版会、2001年。）

Small, Christopher (1998). *Musicking. The Meanings of Performing and Listening*. Hanover, NH: Wesleyan University Press.（クリストファー・スモール著、野澤豊一、西島千尋訳『ミュージッキング——音楽は"行為"である』水声社、2011年。）

Smyth, Marie (2002). Culture and Society. The Role of Creativity in Healing and Recovering One's Power after Victimisation. In: Sutton, Julie P. (Ed.). *Music, Music Therapy and Trauma. International Perspectives*. London: Jessica Kingsley Publishers.

Snow, Charles P. (1959/1998). *The Two Cultures*. Cambridge, UK: Cambridge University Press.（チャールズ・P.・スノー著、松井巻之助訳『二つの文化と科学革命』みすず書房、2011年。）

Solli, Hans Petter (2006). Aldri bare syk. Om ressursorientert musikkterapi for en mann med schizofreni [Never Just Sick. On Resource-Oriented Music Therapy for a Man with Schizophrenia] Unpublished Master's Thesis. Oslo, Norway: Norweigian Academy of Music.

Solli, Hans Petter (2010). Rediscovering Recovery. Music Therapy in Contemporary Mental Health Care. Paper at the 8th European music therapy congress, 5-9 May in Cadiz, Spain.

Stansfeld, Stephen A. (2006). Social Support and Social Cohesion. In: Marmot, Michael & Richard G. Wilkinson (Eds.). *Social Determinants of Health* (pp. 148-171). Oxford: Oxford University Press.（スタンフィールド・A・ステファン著、中村幸志訳「社会的支援と社会的連携」マイケル・マーモット、リチャード・G・ウィルキンソン編、烏帽子田彰、織田一衛編訳『社会的健康決定要因――健康政策の新潮流』日本公衆衛生協会、2017年。）

Steptoe, Andrew & Susan Ayers (2004). Stress and Health. In: Sutton, Stephen R., Andrew S. Baum & Marie Johnson (Eds.). *The SAGE Handbook of Health Psychology*. London: Sage Publications.

Stern, Daniel (1985/1998). *The Interpersonal World of the Infant. A View from Psychoanalysis and Development Psychology*. London: Karnack.（ダニエル・N・スターン著、神庭靖子、神庭重信訳『乳児の対人世界――理論編』岩崎学術出版社、1989年。ダニエル・N・スターン著、小此木啓吾、丸田俊彦訳『乳児の対人世界――臨床編』岩崎学術出版社、1991年。）

Stern, Daniel (1995). *The Motherhood Constellation. A Unified View of Parent-Infant Psychotherapy*. New York: Basic Books.（ダニエル・N・スターン著、馬場禮子、青木紀久代訳『親・乳幼児心理療法――母性のコンステレーション』岩崎学術出版社、2000年。）

Stern, Daniel (2004). *The Present Moment in Psychotherapy and Everyday Life*. New York: W.W. Norton.（ダニエル・N・スターン著、奥寺崇監訳、津島豊美訳『プレゼントモーメント――精神療法と日常生活における現在の瞬間』岩崎学術出版社、2007年。）

Stern, Daniel (2010). *Forms of Vitality: Exploring Dynamic Experience in Psychology and the Arts*. New York: Oxford University Press.

Stewart, David (2004). Transformational Contexts in Music Therapy. In: Pavlicevic, Mercédès & Gary Ansdell (Eds.). *Community Music Therapy*. London: Jessica Kingsley Publishers.

Stige, Brynjulf (1983). Ngoma, musirør og anna rør [Ngoma, Music, and Movement]. Oslo, Norway: Unpublished Thesis, Østlandets musikkonservatorium, Section for Music Therapy.

Stige, Brynjulf (1993). Endringar i det musikkterapeutiske 'rommet' — med kulturarbeid i lokalsamfunnet som eit eksempel [Changes in the Music Therapy "Space" — With Cultural Engagement in the local Community as an Example]. *Nordic Journal of Music Therapy*, 2(2).

Stige, Brynjulf (1993/1999). Music Therapy as Cultural Engagement. Or: How to Change the World, if Only a Bit. Paper at the 7th World Congress in Music Therapy. Vitoria-Gasteiz, Spain. Republished in: Aldridge, David (Ed.). (1999). *Music Therapy info*, Vol. II, CD-Rom.

Stige, Brynjulf (1995). *Samspel og relasjon. Perspektiv på ein inkluderande musikkpedagogikk* [Interaction and Relationship. Perspectives on Inclusive Music Education.] Oslo, Norway: Samlaget.

Stige, Brynjulf (1996). Music, Music Therapy, and Health Promotion. In: *Report, International UNESCO-conference, Oslo, September 1995*. Oslo, Norway: The Norwegian National Commission for UNESCO.

Stige, Brynjulf (1998). Aesthetic Practices in Music Therapy. *Nordic Journal of Music Therapy*, 7(2), pp. 121-134.

Stige, Brynjulf (2001). The Fostering of Not-Knowing Barefoot Supervisors. In: Forinash, Michele (Ed.). *Music Therapy Supervision*. Gilsum, NH: Barcelona Publishers.（ブリュンユルフ・スティーゲ著「第11章　知識が不十分な裸足のスーパーバイザーの成長」ミシェル・フォーリナッシュ編著、加藤美知子、門間陽子訳『音楽療法スーパービジョン　上』人間と歴史社、2007年。）

Stige, Brynjulf (2002). *Cultural-Centered Music Therapy*. Gilsum, NH: Barcelona Publishers.（ブ

リュンユルフ・スティーゲ著、阪上正巳監訳、井上勢津、岡崎香奈、馬場存、山本晃弘訳、『文化中心音楽療法』音楽之友社、2008年。)

Stige, Brynjulf (2003). *Elaborations toward a Notion of Community Music Therapy*. Doctoral Dissertation. Oslo, Norway: University of Oslo, Norway: Published by: Unipub.

Stige, Brynjulf (2004a). Community Music Therapy: Culture, Care, and Welfare. In: Pavlicevic, Mercédès & Gary Ansdell (Eds.). *Community Music Therapy*. London: Jessica Kingsley Publishers.

Stige, Brynjulf (2004b). Performance of Community. *Voices: A World Forum for Music Therapy*. Retrieved February 21, 2011, from http://testvoices.uib.no/?q=fortnightly-columns/2004-performance-community.

Stige, Brynjulf (2005a). Ethnography and Ethnographically Informed Research. In: Wheeler, Barbara (Ed.) *Music Therapy Research* (2nd edition) (pp. 392-403). Gilsum, NH: Barcelona Publishers.

Stige, Brynjulf (2005b). Participatory Action Research. In: Wheeler, Barbara (Ed.) *Music Therapy Research* (2nd edition) (pp. 404-415). Gilsum, NH: Barcelona Publishers.

Stige, Brynjulf (2006). Toward a Notion of Participation in Music Therapy. *Nordic Journal of Music Therapy*, 15(2), pp. 121-138.

Stige, Brynjulf (2007). The Grieg Effect — On the Contextualized Effects of Music in Music Therapy. *Voices: A World Forum for Music Therapy*. Retrieved January 19, 2001, from https://normt.uib.no/index.php/voices/article/view/548/409.

Stige, Brynjulf (2008a). The Aesthetic or Multiple Aesthetic? A Response to Kenneth Aigen. *Nordic Journal of Music Therapy*, 17(1), pp. 25-29.

Stige, Brynjulf (2008b). Dancing the Drama and Singing for Life: On Ethnomusicology and Music Therapy. *Nordic Journal of Music Therapy*, 17(2), pp. 155-171.

Stige, Brynjulf (2010a). Musical Participation, Social Space and Everyday Ritual. In: Stige, Brynjulf, Gary Ansdell, Cochavit Elefant & Mercédès Pavlicevic (Eds.). *Where Music Helps. Community Music Therapy in Action and Reflection*. Farnham, UK: Ashgate Publishing.

Stige, Brynjulf (2010b). Practicing Music as Mutual Care. In: Stige, Brynjulf, Gary Ansdell, Cochavit Elefant & Mercédès Pavlicevic (Eds.). *Where Music Helps. Community Music Therapy in Action and Reflection*. Farnham, UK: Ashgate Publishing.

Stige, Brynjulf (2011). The Grieg Effect — On Music Therapy as Source of Knowledge about the Contextualized Effects of Music. In: Solomon T. (Ed.). *Music and Identity in Norway and Beyond. Essays in Commemoration of Edvard Grieg the Humanist*. Bergen, Norway: Fagbokforlaget.

Stige, Brynjulf (2012). Health Musicking. In: MacDonald, Raymond, Gunter Kreutz & Laura Mitchell (Eds.). *Music, Health and Wellbeing*. New York: Oxford University Press.

Stige, Brynjulf, Gary Ansdell, Cochavit Elefant & Mercédès Pavlicevic (2010a). *Where Music Helps. Community Music Therapy in Action and Reflection*. Farnham, UK: Ashgate Publishing.

Stige, Brynjulf, Gary Ansdell, Cochavit Elefant & Mercédès Pavlicevic (2010b). When Things Take Shape in Relation to Music. Towards an Ecological Perspective on Music's Help. In: Stige, Brynjulf, Gary Ansdell, Cochavit Elefant & Mercédès Pavlicevic (Eds.). *Where Music Helps. Community Music Therapy in Action and Reflection*. Farnham, UK: Ashgate Publishing.

Stige, Brynjulf & Carolyn Kenny (2002). Introduction — The Turn to Culture. In: Kenny, Caro-

lyn & Brynjulf Stige (Eds.). *Contemporary Voices in Music Therapy. Communication, Culture, and Community*. Oslo, Norway: Unipub forlag.

Stige, Brynjulf, Kirsti Malterud & Torjus Midtgarden (2009). Towards an Agenda for Evaluation of Qualitative Research. *Qualitative Health Research*, 19(10), pp. 1504-1516.

Stjernø, Steinar (2004). *Solidarity in Europe. The History of an Idea*. Cambridge, UK: Cambridge University Press.

Støkken, Anne Marie (2002). Profesjoner: kontinuitet og endring [Professions: Continuity and Change]. In: Nylehn, Børre & Anne Marie Støkken (Eds.). *De profesjonelle* [The Professionals]. Oslo, Norway: Universitetsforlaget.

Storsve, Vegar, Inger Anne Westby & Even Ruud (2010). Hope and Recognition. A Music Project among Youth in a Palestinian Refugee Camp. *Voices: A World Forum for Music Therapy*. Retreived February 21, 2011, from https://normt.uib.no/index.php/voices/article/view/158/246.

Sutton, Julie P. (Ed.) (2002). *Music, Music Therapy and Trauma. International Perspectives*. London: Jessica Kingsley Publishers.

Tait, Anja, & Leonie Murrungun (2010). ArtStories: Early Childhood Learning in Remote Indigenous Australian Communities. *Imagine*, 1(1), pp. 52-54. Retrieved February 21, 2011 from http://Imagine.musictherapybiz/imagine/imagine_online_magazine.html.

Tarulli, Donato & Carol Sales (2009). Self-Determination and the Emerging Role of Person-Centered Planning: A Dialogical Framework. In: Owen, Frances & Dorothy Griffiths (Eds.). *Challenges to the Human Rights of People with Intellectual Disabilities*. London: Jessica Kingsley Publishers.

Threlfall, Catherine (1998). Community Music and Music Therapy — Partnerships and Possibilities. *Australian Music Therapy Association Network*, November, pp. 10-15.

Trevarthen, Colwyn & Stephen Malloch (2000). The Dance of Wellbeing: Defining the Musical Therapeutic Effect. *Nordic Journal of Music Therapy*, 9(2). pp. 3-17.

Tuastad, Lars & Roar Finsås (2008). Jeg fremfører, altså er jeg. En studie av deltagernes opplevelser i to rockeband tilknyttet musikktilbudet "Musikk i fengsel og frihet" [I perform, thus I am. A Study of Participant Experiences in Two Rock Bands Linked to the Project "Music in Custody and Liberty"]. Unpublished Master Thesis. Bergen, Norway: The Grieg Academy, University of Bergen.

Tuastad, Lars & Lucy O'Grady (2013). Music as a "Free Space" in Prison. *Nordic Journal of Music Therapy*, 22(3). pp. 210-232.

Turner, Bryan (2004). *The New Medical Sociology. Social Forms of Health and Illness*. New York: W. W. Norton & Company.

Turner, Victor W. (1967). *The Forest of Symbols: Aspects of Ndembu Ritual*. Ithaca, NY: Cornell University Press.

Turner, Victor W. (1969). *The Ritual Process: Structure and Anti-Structure*. Chicago: Aldine.（ヴィクター・W・ターナー著、富倉光雄訳『儀礼の過程』新思索社、1996年。）

Turry, Alan (2005). Music Psychotherapy and Community Music Therapy: Questions and Considerations. *Voices: A World Forum for Music Therapy*. Retrieved February 26, 2011, from https://normt.uib.no/index.php/vo1ces/art1cle/v1ew/208/152.

Tyson, Florence (1959). The Development of an Out-Patient Music Therapy Referral Service. In: *Music Therapy 1958. Eight Book of Proceedings of the National Association for Music Therapy*. Lawrence, KS: The National Association for Music Therapy.

Tyson, Florence (1968). The Community Music Therapy Center. In: Gaston, E. Thayer (Ed.). *Music in Therapy*. New York: Macmillan Publishing.（フローレンス・タイソン「第33章　コミュニティ・ミュージック・セラピィ・センター」E・セイヤー・ガストン編著、山松質文監修、堀真一郎、丹下庄一訳『音楽による治療教育（下）—応用と実験計画—』岩崎学術出版社、1972年。）

Tyson, Florence (1973). Guidelines toward the Organization of Clinical Music Therapy Programs in the Community. *Journal of Music Therapy*, 10(3), pp. 113-124.

Twenge, Jean M. & Roy F. Baumeister (2005). Social Exclusion Increases Aggression and Self-Defeating Behavior while Reducing Intelligent Thought and Procosial Behavior. In: Abrams, Dominic, Michael A. Hogg & José M. Marques (Eds.). *The Social Psychology of Inclusion and Exclusion* (pp. 27-46). New York: Psychology Press (Taylor & Francis).

United Nations (1948). Universal Declaration of Human Rights. Retrieved January 24, 2006, from http://www.un.org/Overview/rights.html.

United Nations Development Programme (UNDP) (2005). *Human Development Report 2005 — International Cooperation at a Crossroads: Aid, Trade and Security in an Unequal World*. New York: United Nations Development Program.

United Nations Educational, Scientific and Cultural Organization (UNESCO) (2010). *Reaching the Marginalized. EFA (Education for All) Global Monitoring Report, 2010*. Oxford, UK: Oxford University Press.

Urbain, Olivier (Ed.). (2008). *Music and Conflict Transformation. Harmonies and Dissonances in Geopolitics*. London & New York: I.B.Tauris.

Uricoechea, Ana Sheila (2003). Rethinking Music Therapy with the Mentally Handicapped. *Voices: A World Forum for Music Therapy*. Retrieved November 26, 2005, from http://www.voices.no/mainissues/mi40003000123.html.

Ursin, Holger & Hege Randi Eriksen (2004). The Cognitive Activation Theory of Stress. *Psychoneureo-endocrinology*, 29, pp. 567-592.

Vaillancourt, Guylaine (2007). Multicultural Music Therapy as an Instrument for Leadership Listening — Vision — Process. *Voices: A World Forum for Music Therapy*, 7(2). Retrieved February 26, 2011, from https://normt.uib.no/index.php/voices/article/view/493/400.

Vaillancourt, Guylaine (2009). Mentoring Apprentice Music Therapists for Peace and Social Justice through Community Music Therapy: An Arts-Based Study. Dissertation submitted to the phD in Leadership and Change Program. Santa Barbara, CA: Antioch University.

Veblen, Kari K. (2007). The Many Ways of Community Music. *International Journal of Community Music*, 1(1), pp. 5-21.

Veenhoven, Ruut (1995). The Cross-National Pattern of Happiness: Test of Predictions Implied in Three Theories of Happiness. *Social indicators Research*, 34, pp. 33-68.

Veenhoven, Ruut (2004). Happiness as an Aim in Public Policy. In: Linley, P. Alex, Stephen, Joseph & Martin E. P. Seligman (Eds.). *Positive Psychology in Practice* (pp. 658-678). Hoboken, NJ: John Wiley.

Vinader, Maria Elena López (2008). Music Therapy: Healing, Growth, Creating a Culture of Peace. In: Urbain, Oliver (Ed.). *Music and Conflict Transformation. Harmonies and Dissonances in Geopolitics*. London & New York: I. B. Tauris.

Völker, Ulrike (2004). Chance zur Teilhabe über die Therapie hinaus. Musiktherapie zwischen kultur-therapeutischen Fragestellungen und (psycho-) therapeutischem Selbstverständnis auf der Grundlage Integrativer Therapie [Possibilities of Participation beyond Thera-

py. Music Therapy between Cultural Therapeutic Problems and (Psycho) therapeutic Self Understanding in Integrative Therapy]. Unpublished Master thesis, University of Applied Sciences, Magdeburg-Stendal.

Vygotsky, Lev (1978). Mind in Society. *The Development of Higher Psychological Processes.* Cambridge, MA: Harvard University Press.（ヴィゴツキー著、柴田義松監訳『文化的――歴史的精神発達の理論』学文社、2005年。）

Wagemakers, Annemarie (2010).Commnity Health Promotion. Facilitating and Evaluating Coordinated Action to Create Supportive Social Environment. Unpublished doctoral dissertation. Wageningen, The Netherlands: Wageningen University.

Wakao, Yu (2002). John Cage and Therapeutic Silence. *Voices: A World Forum for Music Therapy*, 2(3). Retrieved February 26, 2011, from https://normt.uib.no/index.php/voices/article/view/99/76.

Wallin, Nils L. (1991). *Biomusicology. Neurophysiological, Neuropsychological and Evolutionary Perspectives on the Origins and Purposes of Music.* Stuyvesant, NY: Pendragon Press.

Wallin, Nils L., Björn Merker & Steven Brown (Eds.) (2000). *The Origins of Music.* Cambridge, MA: The MIT Press.（ニルス・L・ウォーリン、ビョルン・マーカー、スティーブン・ブラウン編著、山本聡訳『音楽の起源　上』人間と歴史社、2003年。）

Walker, Scott (Ed.) (1993). *Changing Community.* Saint Paul, MN: Graywolf Press.

Wampold, Bruce (2001). *The Great Psychotherapy Debate: Models, Methods, and Findings.* Mahwah, NJ: Lawrence Erlbaum Associates.

Warner, Catherine (2005). Music Therapy with Adults with Learning Difficulties and 'Severe Challenging Behavior.' An Action Research Inquiry into the Benefits of Group Music Therapy within a Community Home. Unpublished Doctoral Dissartation, University of the West of England, Bristol, UK.

Wenger, Etienne (1998). *Communities of Practice: Learning, Meaning and Identity.* New York: Cambridge University Press.

Wenger, Etienne, Richard McDermott & William M. Snyder (2002). *Cultivating Communities of Practice.* Boston, MA: Harvard Business School Press.（エティエンヌ・ウェンガー、リチャード・マクダーモット、ウィリアム・M・スナイダー著、野村恭彦監修、櫻井祐子訳、『コミュニティ・オブ・プラクティス――ナレッジ社会の新たな知識形態の実践』翔泳社、2002年。）

Wheaton, Blair (1999). The Nature of Stressors. In: Horwitz, Allan V. & Teresa L. Scheid (Eds.). *A Handbook for the Study of Mental Health. Social Contexts, Theories, and Systems* (pp. 176-197). Cambridge, UK: Cambridge University Press.

Wilkinson, Richard (1996). *Unhealthy Societies---The Afflictions of Inequality.* London: Routledge.

Wilkinson, Richard & Kate Pickett (2010). *The Spirit Level: Why Equality is Better for Everyone.* London: Penguin.（リチャード・ウィルキンソン、ケイト・ピケット著、酒井泰介訳『平等社会』東洋経済新報社、2010年。）

Williams, Alistair (2001). *Constructing Musicology.* Aldershot, UK: Ashgate Publishing.

Williams, Colin C. & Jan Windebank (2001). *Revitalizing Deprived Urban Neighborhoods: An Assisted Self-Help Approach.* Aldershot, UK: Ashgate Publishing.

Williams, Kate & Vicky Abad (2005). Reflections on Music Therapy with Indigenous Families: Cultural Learning put into Practice. *Australian Journal of Music Therapy*, 16, pp. 60-69.

Williams, Raymond (1961/1971) *The Long Revolution.* Harmondsworth, UK: Pelican Books.（レイモンド・ウィリアムズ著、若松繁信、妹尾剛光、若松繁信、長谷川光昭訳『長い革命』ミネルヴ

ァ書房、1983年。）

Williams, Robin M. (1979). Change and Stability in Values and Value Systems: A Sociological Perspective. In: Rokeach, Milton (Ed.). *Understanding Human Values, Individual and Societal*. New York: Free Press.

Wills, Thomas A. & Michael G. Ainette (2007). Social Support and Health. In: Ayers, Susan, Andrew Baum, Chiris McManus, Stanton Newmand, Kenneth Wallston, John Weinman & Robert West (Eds.). *Cambridge Handbook of Psychology, Health and Medicine* (pp. 202-207). Cambridge: Cambridge University Press.

Wilson, Mitchell (1993). DSM III and the Transformation of American Psychiatry: A History. *American Journal of Psychiatry*, 150, pp. 399-410.

Wittgenstein, Ludwig (1953/1967). *Philosophical Investigations*. Oxford: Blackwell.（ルートヴィヒ・ウィトゲンシュタイン著、藤本隆志訳『哲学探究』大修館書店、1976年。）

Wood, Stuart (2006). "The Matrix": A Model of Community Music Therapy Processes. *Voices: A World Forum for Music Therapy*. Retrieved February 19, 2011, from https://normt.uib.no/index.php/voices/article/view/279/204.

Wood, Stuart, Rachel Verney & Jessica Atkinson (2004). From Therapy to Community: Making Music in Neuro-Rehabilitation. In: Pavlicevic, Mercédès & Gary Ansdell (Eds.). *Community Music Therapy*. London: Jessica Kingsley Publishers.

Woodward, Alpha M. (2002/2004). Finding the Client in Their Environment: A Systems Approach to Music Therapy Programming. *Canadian Journal of Music Therapy*, 9(1), pp. 50-64. Republished in: *Voices: A World Forum for Music Therapy*. Retrieved February 26, 2011, from https://normt.uib.no/index.php/voices/article/view/183/142.

World Health Organization (1946). The Constitution of the World Health Organization. Geneva: World Health Organization. See also: http://w3.whosea.org/aboutsearo/pdf/const.pdf.

World Health Organization (1978). The Alma Ata Conference on Primary Health Care. *WHO Chronicle*, 32(11), pp. 409-430. See also: http://www.who.int/hpr/NPH/docs/declaration_almaata.pdf.

World Health Organization (1986). Ottawa Charter for Health Promotion. Geneva: World Health Organization.（世界保健機関著、島内憲夫、鈴木美奈子訳『ヘルスプロモーション——WHO: オタワ憲章』垣内出版、1990年。）

World Health Organization (2001a). International Classification of Functioning, Disability, and Health (ICF). Geneva: World Health Organization: Fifty-Fourth World Health Assembly.（世界保健機関著、厚生労働省社会・援護局障害保健福祉部編『国際生活機能分類——国際障害分類改定版（ICF）』中央法規出版、2002年。）

World Health Organization (2001b). *The World Health Report 2001: Mental Health: New Understanding, New Hope*. Geneva: The World Health Organization.

World Health Organization (2003). *The World Health Report 2003: Shaping the future*. Geneva: The World Health Organization.

World Health Organization (2007a). Achieving Health Equity: From Root Causes to Fair Outcomes. Interim Statement from the Commission on Social Determinants of Health. Geneva: The World Health Organization. http://who.int/social_determinants.

World Health Organization (2007b). *Social Determinants of Indigenous Health: The International Experience and its Policy Implications*. Report for the International Symposium on the Social Determinants of Indigenous Health, Adelaide, 29-30 April 2007. Geneva: The

World Health Organization.

Wosch, Thomas (2011). *Musik und Alter in Therapie und Pflege. Grundlagen, Institutionen und Praxis der Musiktherapie bei Alter und Demenz*. Stuttgart: Kohlhammer.

Yalom, Irwin D with Molyn Leszcz (2005). *The Theory and Practice of Group Psychotherapy* (5th edition). New York: Basic Books.（アーヴィン・D・ヤーロム著、中久喜雅文、川室優監訳『ヤーロム グループサイコセラピー――理論と実践』西村書店、2012年。）

Yin, Robert K. (2008). *Case Study Research: Design and Methods* (4th edition). Thousand Oaks, CA: Sage Publications.

Zanini, Claudia Regina de Oliveira & Eliane Leao (2006). Therapeutic Choir — A Music Therapist Looks at the New Millennium Elderly. *Voices: A World Forum for Music Therapy*, 6(2). Retrieved February 21, 2011, from https://normt.uib.no/index.php/voices/article/view/249/193.

Zatonski, Witold & Prablat Jha (2000). *The Health Transformation in Eastern Europe after 1990: A Second Look*. Warsaw: Department of Epidemiology and Prevention of Cancer, Centre of Oncology, Marie Sklodowska Curie Memorial Institute in Warsaw.

Zharinova-Sanderson, Oksana (2004). Promoting Integration and Socio-Cultural Change: Community Music Therapy with Traumatised Refugees in Berlin. In: Pavlicevic, Mercédès & Gary Ansdell (Eds.). *Community Music Therapy*. London: Jessica Kingsley Publishers.

Ziman, John (2000). *Real Science. What it is, and What it means*. Cambridge, UK: Cambridge University Press.

〈訳者プロフィール〉

伊藤孝子：音楽療法

広島大学大学院教育学研究科修了、同大学院生物圏科学研究科博士課程後期退学。名古屋芸術大学芸術学部音楽ケアデザインコース准教授。同大学音楽総合研究所音楽療法部門（実践グループ“マイエ”）主任。論文に「音楽療法における共感に関する一考察」（『名古屋芸術大学研究紀要』第34巻、2013年）、翻訳に「‘一緒に！’ラグナロック、バンドとメンバーの 音楽的ライフストーリー〈カレッテ・ステンセス、トム・ネス著〉」（『名古屋芸術大学研究紀要』第37巻、2016年）など。

青木真理：臨床心理学・教育臨床学

京都大学教育学研究科博士課程後期単位取得、教育学修士。福島大学人間発達文化学類附属学校臨床支援センター教授。著書に『風土臨床』（編著、コスモスライブラリー、2006年）、『現場で役立つスクールカウンセリングの実際』（分担執筆、創元社、2012年）、『転換期と向き合うデンマークの教育』（共編著、ひとなる書房、2017年）、『新・教職教養シリーズ2020』（分担執筆、協同出版、2018年）など。

谷　雅泰：教育学

東京大学大学院教育学研究科博士課程単位取得の上満期退学。福島大学人間発達文化学類教授。著書に、教育科学研究会編『３・11と教育改革』（共著、かもがわ出版、2013年）、『転換期と向き合うデンマークの教育』（共編著、ひとなる書房、2017年）、論文に「震災から８年福島の現在、そして未来へ」（『教育』876号、2019年１月）など。

菅田文子：音楽療法

岐阜大学地域科学研究科修了、広島大学総合科学研究科博士課程単位取得退学、修士（地域科学）。大垣女子短期大学音楽総合学科教授。著書に『音楽療法で使う即興・作曲・伴奏』（あおぞら音楽社、2013年）、『弾き語りキーボード・セッション④　音楽療法の必須100曲 ノスタルジー編』（あおぞら音楽社、2016年）など。

〈表紙絵アーティスト、プロフィール〉

あべ　くるみ

３歳より自宅リビングで500本の色ペンを用いた絵画創作を始める。数多くの作品を制作しており、14歳から計11回の個展を開催している。16歳のある日に目を閉じたままで過ごす生活が始まり、その１年22日後に突然目を開け満面の笑みで書いたのが表紙絵である。本作品で、「第17回キラキラっとアートコンクール（2018年）」優秀賞を受賞した。他の作品においても、「あいちアール・ブリュット展（2015年、2016年）」優秀賞、「第78回全国教育美術展（2018年）」特選を受賞しており、注目を集める自閉症アーティストである。

〈著者プロフィール〉

ブリュンユルフ・スティーゲ（Brynjulf Stige）：
音楽療法

現在、ベルゲン大学グリーグアカデミー音楽療法科教授、同研究センター（GAMUT）所長、POLYFON（音楽療法のためのナレッジ・クラスター）プロジェクト代表を務めている。ベルゲン大学と密接に連携している共同研究所の健康部門代表を歴任。

レイフ・エドヴァルド・オーロ（Leif Edvard Aarø）：
社会心理学

現在、ノルウェー公衆衛生研究所メンタルヘルス部門（オスロ・ベルゲン）専門職ディレクターを務めている。同部門主任研究員、ベルゲン大学社会心理学准教授、スタンフォード大学心理学部研究員を歴任。

〈監訳者プロフィール〉

杉田政夫：音楽教育学

広島大学教育学研究科博士課程後期修了、博士（教育学）。福島大学人間発達文化学類教授。著書に『学校音楽教育とヘルバルト主義』（風間書房、2005年）、『転換期と向き合うデンマークの教育』（共著、ひとなる書房、2017年）など。論文に「ポール・ウッドフォード著『民主主義と音楽教育』が投げかけた波紋」（『福島大学人間発達文化論集』第19号、2014年）、「ノルウェーのコミュニティ音楽療法に関する一考察　―スティーゲ氏へのインタビュー、及びオラヴィケン病院への訪問調査を通して」（共著、『福島大学総合教育研究センター紀要』第19号、2015年）、「音楽教育哲学における『社会正義』論の地平　―ポストコロニアル批評、脱構築、リベラリズムに基づく議論の諸相―」（日本音楽教育学会編『音楽教育学』第48巻第1号、2018年）など。

コミュニティ音楽療法への招待

二〇一九年六月二八日　初版第一刷発行
二〇二三年六月三〇日　初版第二刷発行

著者　ブリュンユルフ・スティーゲ
　　　レイフ・エドヴァルド・オーロ
監訳者　杉田政夫
訳者　伊藤孝子
　　　青木真理
　　　谷　雅泰
　　　菅田文子
発行者　風間敬子
発行所　株式会社　風間書房
101-0051　東京都千代田区神田神保町一―三四
電話　〇三―三二九一―五七二九
FAX　〇三―三二九一―五七五七
振替　〇〇一一〇―五―一八五三
印刷　太平印刷社
製本　井上製本所

NDC 分類：140
ISBN978-4-7599-2287-5　Printed in Japan